Verdeckte Sacheinlagen im GmbH- und Aktienrecht

Schriften zum Gesellschafts-, Bilanz- und Unternehmensteuerrecht

Herausgegeben von Joachim Hennrichs

Band 8

PETER LANG

Frankfurt am Main · Berlin · Bern · Bruxelles · New York · Oxford · Wien

Ulrike Petig

Verdeckte Sacheinlagen im GmbH- und Aktienrecht

Die Veränderungen durch MoMiG und ARUG

PETER LANG
Internationaler Verlag der Wissenschaften

Bibliografische Information der Deutschen Nationalbibliothek
Die Deutsche Nationalbibliothek verzeichnet diese Publikation in der Deutschen Nationalbibliografie; detaillierte bibliografische Daten sind im Internet über http://dnb.d-nb.de abrufbar.

Zugl.: Köln, Univ., Diss., 2010

Umschlaggestaltung:
© Olaf Glöckler, Atelier Platen, Friedberg

Gedruckt auf alterungsbeständigem,
säurefreiem Papier.

D 38
ISSN 1867-500X
ISBN 978-3-631-62135-6

www.peterlang.de

Vorwort

Die großen Reformvorhaben MoMiG – das Modernisierungsgesetz zum GmbHG und zur Bekämpfung von Missbräuchen – und ARUG – das Gesetz zur Umsetzung der Aktionärsrechterichtlinie – haben das Rechtsinstitut der verdeckten Sacheinlage erstmals einer gesetzlichen Regelung zugeführt. Als ein von der Rechtsprechung entwickeltes und durch diese geprägtes Rechtsinstitut war es in der Vergangenheit verstärkter Kritik aus der wissenschaftlichen Literatur ausgesetzt. Mit der Fragestellung, welche Auswirkungen die Reform im GmbH-Recht auf das Aktienrecht haben würde, habe ich Ende des Jahres 2007 mit den Recherchen zu dieser Arbeit begonnen. Zwischenzeitlich zeichnete sich ab, dass der Gesetzgeber diese Frage durch eine Reform auch des Aktienrechts selber beantworten würde. Hierdurch veränderte sich meine Fragestellung in der Weise, dass ich nunmehr den Fragen nachging, ob die gesetzgeberische Lösung der Frage nach den angemessenen Rechtsfolgen verdeckter Sacheinlagen gelungen ist und ob die Rechtsfolgen verdeckter Sacheinlagen als eine Erscheinungsform von Gesellschaftergeschäften nicht mit anderen Erscheinungsformen – wie beispielsweise dem sogenannte Hin- und Herzahlen – zu harmonisieren sein könnten.

Das Manuskript dieser Arbeit wurde im September 2010 als Dissertation von der Rechtswissenschaftlichen Fakultät der Universität zu Köln angenommen. Aktuelle Rechtsprechung und Literatur wurde im Rahmen einer Überarbeitung der Arbeit von April bis Juni 2011 eingearbeitet.

An dieser Stelle möchte ich mich bei verschiedenen Personen und Institutionen bedanken, ohne die diese Arbeit in der vorliegenden Form nicht möglich gewesen wäre.

Danken möchte ich zuvorderst meinem Doktorvater Herrn Prof. Dr. Joachim Hennrichs. Er hat mich zunächst im September 2004 als studentische Hilfskraft an seinem Lehrstuhl angestellt und mir nach meinem ersten Juristischen Staatsexamen im März 2007 die Möglichkeit geboten, bei ihm als Wissenschaftliche Mitarbeiterin zu arbeiten und die Dissertation anzufertigen. Als Wissenschaftliche Mitarbeiterin hat er mir stets interessante Themen zur Bearbeitung anvertraut, mir aber auch die erforderlichen Freiheiten zur Anfertigung dieser Arbeit gelassen. Die angenehme Arbeitsatmosphäre am Lehrstuhl hat sehr zum Gelingen der Arbeit beigetragen. Daher gilt mein Dank auch dem gesamten Lehrstuhl-Team, insbesondere meinen beiden Büro-Kolleginnen Dr. Ulrike Hoffsümmer und Gudrun von der Laage.

Der Zweitgutachterin dieser Arbeit, Frau Prof. Dr. Barbara Grunewald, möchte ich nicht nur für die Übernahme und äußerst zügige Erstellung des Zweitgutachtens danken, sondern auch dafür, dass sie mit ihrem Themenvorschlag den Anstoß zu dieser Arbeit gab und mir durch wissenschaftliche Diskussionen über das Thema helfend zur Seite stand.

Besonders danken möchte ich ferner Herrn Prof. Dr. Jens-Peter Meincke, der mich in meiner Zeit am Lehrstuhl immer sehr unterstützt hat. Ich danke ihm für die vielen Gespräche, die aufmunternden Worte und sein unnachlässiges Interesse für die Rechtswissenschaften, die Lehre allgemein und mein persönliches Vorankommen mit der Arbeit, das mir immer wieder neue Kraft und Ansporn gegeben hat.

Weiterer Dank gilt der Friedrich-Ebert-Stiftung, die mich nicht nur als Studentin, sondern auch im Rahmen meiner Promotion als Stipendiatin gefördert und unterstützt hat. Hierdurch hatte ich die Möglichkeit, neben Studium und Promotion so manches Mal über den juristischen Tellerrand hinauszublicken und darüber hinausgehende Erfahrungen zu machen.

Aus meinem privaten Umfeld habe ich ebenfalls viel Unterstützung und Förderung erhalten. Ich danke all meinen Freunden, die mir durch aufbauende Worte, Diskussionen und Korrekturlesen zur Seite standen.

Schließlich gilt jedoch mein größter Dank meiner Familie, meinen Schwestern Andrea und Christiane, meinen Brüdern Ingo und Dennis sowie meinen Eltern Maria Elisabeth Johanna und Paul Bernd Petig, die mich in meinem Wunsch, Jura zu studieren sowie promovieren zu wollen, immer unterstützt und darin bekräftigt haben.

Ulrike Petig

Meinen Eltern

Inhaltsverzeichnis

Abkürzungsverzeichnis

a.A.	andere Auffassung
Abs.	Absatz
AcP	Archiv der civilistischen Praxis (Zeitschrift)
a.F.	alte Fassung
AG	Aktiengesellschaft
AktG	Aktiengesetz
Art.	Artikel
ARUG	Gesetz zur Umsetzung der Aktionärsrechterichtlinie
Aufl.	Auflage
BB	Betriebs-Berater (Zeitschrift)
Bd.	Band
BDI	Bundesverband der Deutschen Industrie
Beschl.	Beschluss
BFH	Bundesfinanzhof
BFHE	Sammlung der Entscheidungen des Bundesfinanzhofs
BFH/NV	Sammlung amtlich nicht veröffentlichter Entscheidungen des Bundesfinanzhofs
BGB	Bürgerliches Gesetzbuch
BGBl.	Bundesgesetzblatt
BGH	Bungesgerichtshof
BGHZ	Amtliche Sammlung von Entscheidungen des Bundesgerichtshofs
BMF	Bundesministerium der Finanzen
BR-Drs.	Bundesrat-Drucksache
bspw.	beispielsweise
BStBl.	Bundessteuerblatt
BT-Drs.	Bundestag-Drucksache
BVerfG	Bundesverfassungsgericht
BVerfGE	Amtliche Sammlung von Entscheidungen des Bundesverfassungsgerichts
BVerwG	Bundesverwaltungsgericht
bzw.	beziehungsweise
DAV	Deutscher Anwaltsverein

DB	Der Betrieb (Zeitschrift)
ders.	derselbe
dies.	dieselbe(n)
Diss.	Dissertation
DJT	Deutscher Juristentag
DNotZ	Deutsche Notarzeitung (Zeitschrift)
DÖV	Die Öffentliche Verwaltung (Zeitschrift)
DR	Zeitschrift für deutsches Recht und deutsche Rechtswissenschaft
DStR	Deutsches Steuerrecht (Zeitschrift)
DstRE	Deutsches Steuerrecht Entscheidungsdienst
DStZ	Deutsche Steuer-Zeitung (Zeitschrift)
DVBl	Deutsches Verwaltungsblatt (Zeitschrift)
EFG	Entscheidungen der Finanzgerichte (Zeitschrift)
EG	Europäische Gemeinschaft
EGGmbHG	Einführungsgesetz zum Gesetz betreffend die Gesellschaften mit beschränkter Haftung
EGV	Vertrag zur Gründung der Europäischen Gemeinschaft
EMRK	Europäische Menschenrechtskonvention
EuGH	Gerichtshof der Europäischen Gemeinschaften
EuR	Europarecht (Zeitschrift)
EUV	Vertrag über die Europäische Union
EuZW	Europäische Zeitschrift für Wirtschaftsrecht
evtl.	eventuell
f./ff.	folgende
FG	Finanzgericht
Fn.	Fußnote
FR	Finanz-Rundschau (Zeitschrift)
FS	Festschrift
GbR	Gesellschaft bürgerlichen Rechts
gem.	gemäß
GG	Grundgesetz für die Bundesrepublik Deutschland
ggf.	gegebenenfalls
GmbH	Gesellschaft mit beschränkter Haftung
GmbHG	Gesetz betreffend die Gesellschaften mit beschränkter Haftung

GmbHR	GmbH-Rundschau (Zeitschrift)
GmbHStB	Der GmbH-Steuer-Berater (Zeitschrift)
grds.	grundsätzlich
GS	Gedenkschrift
HGB	Handelsgesetzbuch
h.M.	herrschende Meinung
Hrsg.	Herausgeber
InsO	Insolvenzordnung
i.S.d.	im Sinne des
i.S.v.	im Sinne von
i.V.m.	in Verbindung mit
JA	Juristische Arbeitsblätter (Zeitschrift)
Jura	Juristische Ausbildung (Zeitschrift)
JuS	Juristische Schulung (Zeitschrift)
JZ	Juristen Zeitung (Zeitschrift)
Kap.	Kapitel
KG	Kommanditgesellschaft
KStG	Körperschaftsteuergesetz
LG	Landgericht
MDR	Monatsschrift für Deutsches Recht (Zeitschrift)
m.E.	meines Erachtens
MittBayNot	Mitteilungen des bayerischen Notarvereins
m.N.	mit Nachweisen
MoMiG	Das Modernisierungsgesetz zum GmbHG und zur Bekämpfung von Missbräuchen
MüKo	Münchener Kommentar
m.w.N.	mit weiteren Nachweisen
NJW	Neue Juristische Wochenschrift (Zeitschrift)
NotBZ	Zeitschrift für die notarielle Beratungs- und Beurkundungspraxis
Nr.	Nummer
Nrn.	Nummern

NVwZ	Neue Zeitschrift für Verwaltungsrecht
NZG	Neue Zeitschrift für Gesellschaftsrecht
OHG	Offene Handelsgesellschaft
OLG	Oberlandesgericht
Prof.	Professor
RegE	Regierungsentwurf
RG	Reichsgericht
RGBl.	Reichsgesetzblatt
RGZ	Amtliche Sammlung von Entscheidungen des Reichsgerichts
RIW	Recht der Internationalen Wirtschaft (Zeitschrift)
Rn.	Randnummer
RNotZ	Rheinische Notar-Zeitschrift
Rs.	Rechtssache
RStBl.	Reichssteuerblatt
S.	Seite
Slg.	Sammlung der Rechtsprechung des Gerichtshofes und des Gerichts erster Instanz
sog.	sogenannte(r)
St. Rspr.	Ständige Rechtsprechung
Stbg	Steuerberatung (Zeitschrift)
StBP	Die steuerliche Betriebsprüfung (Zeitschrift)
StuB	Steuern und Bilanzen (Zeitschrift)
StuW	Steuer und Wirtschaft (Zeitschrift)
u.a.	unter anderem
UG	Unternehmergesellschaft (haftungsbeschränkt)
u.U.	unter Umständen
Urt.	Urteil
usw.	und so weiter
v.	vom
Verh.	Verhandlung(en)
Vfg.	Verfügung
vgl.	vergleiche

WiB	Wirtschaftsrechtliche Beratung (Zeitschrift)
WM	Wertpapier-Mitteilungen – Zeitschrift für Wirtschafts- und Bankrecht
WPg	Die Wirtschaftsprüfung (Zeitschrift)
WuB	Entscheidungssammlung zum Wirtschafts- und Bankrecht (Zeitschrift)
z.B.	zum Beispiel
ZfZ	Zeitschrift für Zölle und Verbrauchsteuern
ZGR	Zeitschrift für Unternehmens- und Gesellschaftsrecht
ZHR	Zeitschrift für das gesamte Handelsrecht und Wirtschaftsrecht
ZInsO	Zeitschrift für das gesamte Insolvenzrecht
ZIP	Zeitschrift für Wirtschaftsrecht
zit.	zitiert
ZRP	Zeitschrift für Rechtspolitik

Einleitung

Die Rechtsfolgen verdeckter Sacheinlagen zählen zu den am meisten diskutierten Rechtsfragen der letzten Jahre im Kapitalgesellschaftsrecht. Dies liegt nicht zuletzt daran, dass es durch die beiden großen Gesetzgebungsverfahren MoMiG[1] und ARUG[2] erstmals zu einer Kodifikation des durch Rechtsprechung und Lehre entwickelten Rechtsinstituts der verdeckten Sacheinlage gekommen ist und sich der Gesetzgeber für eine Lösung entschieden hat, die zu nicht bloß unerheblichen Änderungen in der Handhabung dieses Rechtinstituts führen muss(te). Auch die Rechtsprechung hatte sich mit diesem Sachkomplex auseinander zu setzen.[3] Dass gleich vier[4] der ergangenen Entscheidungen Aufnahme in die amtliche Entscheidungssammlung des BGH gefunden haben, zeigt deren Bedeutung für Praxis und Wissenschaft.

Das Zivilrecht geht von dem Gedanken der Privatautonomie aus, welcher seinerseits den Grundsatz der Vertragsfreiheit beinhaltet. Dieser besagt, dass ein jeder frei ist, ob, mit wem und zu welchen Konditionen er Verträge abschließt. Da jede Vertragspartei beim Vertragsschluss ihre eigenen Interessen verfolgt und diese regelmäßig gegenläufig zu denjenigen der anderen Partei sind, wird davon ausgegangen, dass aus den Vertragsverhandlungen ein „fairer" Vertrag hervorgeht.[5] Zu Durchbrechungen dieses Grundsatzes kommt es jedoch in Fällen, in denen der Gesetzgeber von der Unterlegenheit der einen bzw. der Überlegenheit der anderen Vertragspartei ausgeht sowie in solchen Fällen, in denen nicht allein die Interessen der Vertragsparteien in Rede stehen, sondern sogleich die Interessen Dritter betroffen sind. In diesen Fällen ist es Aufgabe von Gesetzgebung und Rechtsprechung, einen angemessenen Ausgleich zu schaffen, um so die Berücksichtigung der Drittinteressen hinreichend sicher zu stellen. Im Kapitalgesellschaftsrecht ist ein klassischer Fall der potentiellen Beeinträchtigung von Drittinteressen derjenige der so genannten Gesellschaftergeschäfte. Ein solches liegt vor, wenn auf der einen Seite des Rechtsgeschäfts die Gesellschaft, auf der anderen Seite einer ihrer Gesellschafter tätig wird. In diesen Fällen werden neben den Interessen der Gesellschaft und dem Gesellschafter regelmäßig auch die Interessen der übrigen Gesellschafter sowie diejenigen der Gläubiger der Gesellschaft berührt. Auch ver-

---

1 Das Modernisierungsgesetz zum GmbHG und zur Bekämpfung von Missbräuchen: BT-Drs. 16/6140 v. 25.7.2007; BGBl. I, S. 2026.

2 Das Gesetz zur Umsetzung der Aktionärsrechterichtlinie, BR-Drs. 512/09 vom 29.05.2009; BT-Drs. 16/13098; BGBl. I, S. 2479.

3 BGH, Urt. v. 9.7.2007 – II ZR 62/06 = BGHZ 173, 145 = ZIP 2007, 1751 ff. (Lurgi), BGH, Urt. v. 18.2.2008 – II ZR 132/06 = BGHZ 175, 265 = NZG 2008, 425 (Rheinmöve), BGH, Urt. v. 11.5.2009 – II ZR 137/08 = DB 2009, 1285 (Lurgi II), BGH, Urt. v. 16.2.2009 – II ZR 120/07 = BGHZ 180, 38 = ZIP 2009, 713 (Qivive), BGH, Urt. v. 20.7.2009 – II ZR 273/07 = WM 2009, 1574 (Cash-Pool II).

4 BGH, Urt. v. 16.2.2009 – II ZR 120/07 = BGHZ 180, 38 = ZIP 2009, 713 (Qivive), BGH, Urt. v. 20.7.2009 – II ZR 273/07 = BGHZ 182, 103 (Cash-Pool II); BGH, Urt. v. 01.02.2010 – II ZR 173/08 (EUROBIKE) = BGHZ 184, 158 ff.; BGH, Urt. v. 22.03.2010 – II ZR 12/08 (ADCOCOM) = BGHZ 185, 44 ff.

5 Vgl. *Brox/Walker*, BGB AT, Rn. 25.

deckte Sacheinlagen sind als Gesellschaftergeschäfte in diesem Sinne zu qualifizieren. Sie bedürfen daher einer Regulierung. Bei einer Regulierung durch Gesetzgebung oder Rechtsprechung besteht die Gefahr einer Überregulierung. Die Rechtsprechung sah sich im Bereich der Rechtsfolgen verdeckter Sacheinlagen lange Zeit von Teilen der Lehre dem Vorwurf einer solchen Überregulierung ausgesetzt. Die Rechtsprechung wurde mit folgender Sachlage konfrontiert:

Das Grundkapital einer Aktiengesellschaft kann ebenso wie das Stammkapital einer GmbH durch Bar- sowie Sacheinlagen erbracht werden. Da der Wert der Sacheinlagen nicht ohne weiteres erkennbar ist, sehen Aktien- und GmbH-Recht Prüfungs- sowie Publizitätspflichten bei deren Aufbringung vor. Geschützt werden hierdurch zum einen die Gläubiger der Gesellschaft, zum anderen die übrigen Gesellschafter.[6]

Nicht zuletzt die Gründungsprüfung sowie die Überprüfung durch das Registergericht kosten Zeit und Geld. Um sich dieses zu ersparen, aber oftmals auch aufgrund unzutreffender „Parallelwertung in der Laiensphäre"[7], wählen Gesellschaftsgründer einen anderen Weg: Sie bringen Geld als Bareinlage in die Gesellschaft ein; von diesem kauft die Gesellschaft sodann vom Gesellschafter den „Vermögensgegenstand"[8], der andernfalls als Sacheinlage eingebracht worden wäre. Rechtsprechung und Literatur sehen hier die Gefahr, dass dem Gesellschafter ein unangemessen hoher Kaufpreis gezahlt wird und es letztlich nicht zu einer realen Kapitalaufbringung kommt. Als Antwort auf dieses *„Umgehungsgeschick einiger Gesellschafter"* entwickelten Rechtsprechung und Lehre das Rechtsinstitut der verdeckten Sacheinlage.[9] Eine solche soll vorliegen, wenn die gesetzlichen Regeln für Sacheinlagen dadurch unterlaufen werden, dass zwar eine Bareinlage vereinbart wird, die Gesellschaft aber bei wirtschaftlicher Betrachtung von dem Einleger aufgrund einer im Zusammen-

---

6 *Pentz*, in: MüKo AktG, § 27 Rn. 84; *Bayer*, ZIP 1998, 1985 (1985); *Dauner-Lieb*, AG 2009, 217 (217); *Schöpflin*, GmbHR 2003, 57 (58); *Ulmer*, ZHR 154 (1990), 128 (131); *Raiser/Veil*, Recht der Kapitalgesellschaften, § 26 Rn. 62

7 *Grunewald*, Stellungnahme zur öffentlichen Anhörung vor dem Rechtsausschuss des Deutschen Bundestages am 23.1.2008; *Markwardt*, BB 2008, 2414 (2414).

8 Hierunter kann bspw. auch die Einbringung von Forderungen oder Patenten fallen.

9 Vgl. hierzu nur: BGH, Urt. v. 15.1.1990 – II ZR 164/88 = BGHZ 110, 47 (Konkurs IBH/Lemmerz); BGH, Urt. v. 18.2.1991 – II ZR 104/90 = BGHZ 113, 335 = NJW 1991, 1754 ff.; BGH, Urt. v. 13.4.1992 – II ZR 277/90 = BGHZ 118, 83 (Konkurs BuM); BGH, Urt. v. 5.4.1993 – II ZR 195/91 = BGHZ 122, 180 = NJW 1993, 1983 ff.; BGH, Urt. v. 4.3.1996 – II ZR 89/95 = BGHZ 132, 133 = NJW 1996, 1286; BGH, Urt. v. 18.9.2000 – II ZR 365/98 = BGHZ 145, 150 = GmbHR 2000, 1198; BGH, Urt. v. 7.7.2003 – II ZR 235/01 = BGHZ 155, 329 = GmbHR 2003, 1051; BGH, Urt. v. 20.11.2006 – II ZR 176/05 = BGHZ 170, 47 (51) = BB 2007, 458 (459); BGH, Urt. v. 9.7.2007 – II ZR 62/06 = BGHZ 173, 145 = ZIP 2007, 1751 ff (Lurgi); BGH, Urt. v. 11.2.2008 – II ZR 171/06 = NZG 2008, 311 ff.; BGH, Urt. v. 18.2.2008 – II ZR 132/06 = NZG 2008, 425 (Rheinmöve); OLG Köln, Urt. v. 2.2.1999 – 22 U 116/98 = GmbHR 1999, 663 f.; OLG Brandenburg, Urt. v. 1.7.1998 – 7 U 17/98 = GmbHR 1998, 1033 f.

hang mit der Übernahme der Einlage getroffenen Absprache einen Sachwert erhalten soll.[10]

Nach der ständigen Rechtsprechung des für das Gesellschaftsrecht zuständigen 2. Zivilsenats des Bundesgerichtshofs[11] war dieser Vorgang nicht geeignet, die Einlagepflicht des Gesellschafters zu erfüllen. Vielmehr bestand diese – unabhängig vom Wert des eingebrachten Vermögensgegenstandes – in voller Höhe fort. Auf das zwischen der Gesellschaft und dem Gesellschafter getätigte Rechtsgeschäft wurde § 27 Abs. 3 S. 1 AktG a.F. (analog[12]) angewendet. Sie waren unwirksam, so dass der Gesellschaft hinsichtlich des an den Gesellschafter gezahlten Geldes und dem Gesellschafter hinsichtlich des verdeckt eingelegten Vermögensgegenstandes Rückabwicklungsansprüche zustanden. Diese – zumindest auf den ersten Blick – konsequent[13] erscheinende Rechtsfolge erlangte ihre Dramatik dadurch, dass verdeckte Sacheinlagen regelmäßig erst in der Insolvenz der Gesellschaft vom Insolvenzverwalter aufgedeckt wurden. Diesen freute es, die Insolvenzmasse durch Einforderung der vereinbarten Bareinlage mehren zu können. Der Gesellschafter war hingegen oftmals überrascht und erlebte die „katastrophale" Konsequenz: Stand ihm gegen die Gesellschaft ein Anspruch aus § 985 BGB zu, konnte er den verdeckt eingelegten Vermögensgegenstand mittels Aussonderungsrecht gem. § 47 S. 1 InsO zurückfordern und musste „nur" den inzwischen eingetreten Wertverlust tragen; stand ihm ein solcher Anspruch – wie dies regelmäßig der Fall war – nicht (mehr) zu, musste er mit ansehen, dass sein Bereicherungsanspruch regelmäßig zur wertlosen Insolvenzforderung wurde. Er erlangte von der Gesellschaft nahezu nichts zurück, musste aber die Einlagepflicht voll erfüllen. War der verdeckt eingelegte Gegenstand werthaltig, leistete der Gesellschafter wirtschaftlich betrachtet doppelt.

Diese „katastrophale"[14] Rechtsfolge hinnehmend, unterstützten Lehre und Literatur den BGH lange Zeit. Ende der 80er Jahre des vergangenen Jahrhunderts wurde erstmals Kritik[15] an dieser Rechtsprechung geäußert. Diese Kritik fand in der Folgezeit immer mehr Zuspruch.[16] Dem BGH wurde vorgeworfen,

---

10 St. Rspr., zuletzt: BGH, Urt. v. 22.03.2010 – II ZR 12/08 (ADCOCOM) = NJW 2010, 1948 ff.; BGH, Urt. v. 20.7.2009 – II ZR 273/07 = WM 2009, 1574 (Cash-Pool II); BGH, Urt. v. 16.2.2009 – II ZR 120/07 = BGHZ 180, 38 = ZIP 2009, 713; BGH, Urt. v. 20.11.2006 – II ZR 176/05 = BGHZ 170, 47 = BB 2007, 458 (459); BGH, Urt. v. 9.7.2007 – II ZR 62/06 = BGHZ 173, 145 = ZIP 2007, 1751 (1753); BGH, Urt. v. 11.2.2008 – II ZR 171/06 = NZG 2008, 311 f.; BGH, Urt. v. 18.2.2008 – II ZR 132/06 = NZG 2008, 425 (426).

11 Bis zum MoMiG sowie ARUG.

12 Die Vorschrift des § 27 Abs. 3 S. 1 AktG a.F. wurde auf die GmbH analog angewendet, BGH, Urt. v. 7.7.2003 – II ZR 235/01 = BGHZ 155, 329 = NJW 2003, 3127.

13 *Dauner-Lieb*, AG 2009, 217 (219).

14 *Lutter*, in: FS Stiefel, S. 505 (S. 517).

15 *Bergmann*, AG 1987, 57 ff.; *Loos*, AG 1989, 381; *Meilicke*, Die verschleierte Sacheinlage; ders., DB 1989, 1067 ff.; ders., DB 1989, 1119 ff.; ders., GmbHR 1989, 411 ff.; *Roth*, NJW 1991, 1913; *Wilhelm*, ZHR 152 (1988), 333.

16 *Brandner*, in: FS Boujong, S. 37 (38); *Einsele*, NJW 1996, 2681 (2688), Gesell, BB 2007, 2241 (2245); *Grunewald*, GesellR, 6. Aufl., S. 241; dies., in: FS Rowedder, S. 111 (114 ff.); dies., WM 2006, 2333 (2335 f.); *Heidenhain*, GmbHR 2006, 455; *Karsten*, GmbHR 2006, 57 (61);

seine Rechtsprechung belaste die Gesellschafter über die Maßen und schränke die Gesellschaft in ihrer Handlungsfreiheit nicht nur unerheblich ein. Kritisiert wurde insbesondere, dass der Wert des verdeckt eingebrachten Vermögensgegenstandes im Rahmen der Rechtsfolge völlig ohne Beachtung blieb. Der BGH zeigte sich jedoch unbeeindruckt von dieser Kritik.

Die Dramatik der Rechtsfolgen soll durch einen Fall aus der jüngsten Vergangenheit vor der Gesetzesänderung, der an der Angemessenheit der Rechtsfolgen durchaus zweifeln lässt, verdeutlicht werden: In der Entscheidung *Lurgi*[17] ging es um die Rechtsvorgängerin der Beklagten, eine GmbH, die im Rahmen einer Barkapitalerhöhung ein Jahr nach deren Gründung Anteile an einer AG erworben hatte. Die Einlageschuld betrug 30.000 DM nebst Agio in Höhe von 2 Mio. DM. In unmittelbarem zeitlichem Zusammenhang verpflichtete sich die Erwerberin zur Herstellung einer Industrieanlage für den Preis von 292,2 Mio. DM für die AG. In der Folgezeit stellte sich jedoch heraus, dass es der AG nicht möglich war, die Anlage wirtschaftlich zu betreiben. Über das Vermögen der AG musste das Insolvenzverfahren eröffnet werden. Der Insolvenzverwalter klagte nunmehr auf Rückzahlung des geleisteten Werklohns aus § 62 Abs. 1 S. 1 i.V.m. § 52 Abs. 1 S. 2 AktG, mit der Begründung, dass der Werkvertrag ein unwirksames Nachgründungsgeschäft gewesen sei. Der BGH sah hier eine verdeckte gemischte Sacheinlage[18] mit der Folge, dass die Bareinlageverpflichtung mangels befreiender Zahlung noch fortbestand und das gem. § 183 Abs. 2 S. 1 AktG unwirksame Verkehrsgeschäft rückabzuwickeln war.

Besonders hart traf die Beklagte hier nicht die noch offene Einlageforderung in Höhe von 30.000 DM, sondern vielmehr die Rechtsfolge der Unwirksamkeit des Austauschgeschäftes, welches ein Auftragsvolumen von 292,2 Mio. DM hatte. Hätte sich die Beklagte nicht an der Gesellschaft beteiligt, wäre das für die AG im Ergebnis ungünstige Rechtsgeschäft für die Beklagte ohne Konsequenzen geblieben. Allein die Beteiligung mit einer Einlageschuld von 30.000 DM setzte sie dem Risiko der verdeckten Sacheinlage aus und führte zu einer Rückabwicklung eines Rechtsgeschäfts über 292,2 Mio. DM. Dass der für die Errichtung der Anlage vereinbarte Preis bzw. deren Wert die übernommene Einlageverpflichtung nebst Agio um ein Vielfaches überstieg, führt nach Ansicht des BGH zu keiner anderen Beurteilung des Falles.[19]

Krieger, ZGR 1996, 674 (691); *Maier-Reimer*, ZIP 2008, 1449; *Seibert*, ZIP 2006, 1157 (1168); *Triebel/Otte*, ZIP 2006, 1321 (1323); DAV, WiB 1996, 707 ff.; *K. Schmidt*, in: Blaurock, Recht der Unternehmen in Europa, 1993, S. 103 (S. 116 ff.).

17 Vereinfachte Darstellung des Sachverhalts der Entscheidung BGH, Urt. v. 9.7.2007 – II ZR 62/06 = BGHZ 173, 145 = ZIP 2007, 1751 ff. Vgl. auch die Kritik aus der Literatur: *Martens*, AG 2007, 732 ff.; *Kersting*, in: VGR Gesellschaftsrecht in der Diskussion 2008, S. 101 (S. 125).

18 Zur Rechtslage nach neuem Recht: BGH, Urt. v. 22.03.2010 – II ZR 12/08 (ADCOCOM) = NJW 2010, 1948 ff.

19 BGH, Urt. v. 9.7.2007 – II ZR 62/06 = BGHZ 173, 145 = ZIP 2007, 1751 (1753).

Der Gesetzgeber erhörte die Kritiker inzwischen und setzte sich im Rahmen der Reform des GmbH-Gesetzes[20] erstmals mit den Vorschlägen der Literatur auseinander. Letztlich entschied er sich für das sog. Anrechnungsmodell. Die Vorschrift des § 19 Abs. 4 GmbHG n.F.[21] sieht nunmehr vor, dass die Einlagepflicht im Falle einer verdeckten Sacheinlage fortbesteht, dem Gesellschafter jedoch – nach Eintragung der Gesellschaft im Handelsregister – der Wert des verdeckt eingebrachten Vermögensgegenstandes auf diese angerechnet wird. Auch wenn dieses Modell dogmatischen Diskussionsbedarf beinhaltet, stellt es im Ergebnis eine sachgerechte Antwort auf das *„Umgehungsgeschick einiger Gesellschafter"* dar, da es den vom Gesellschafter in die Gesellschaft eingebrachten Wert berücksichtigt. Nachdem sich aufgrund einer Nichtanpassung des AktG im Bereich verdeckter Sacheinlagen durch das MoMiG zunächst die Frage stellte, ob die Veränderung des GmbH-Gesetzes auch Auswirkungen auf aktienrechtliche Fallgestaltungen haben müsse, änderte der Gesetzgeber im Zuge des ARUG[22] nunmehr auch das Aktiengesetz. Die Neufassung des § 27 Abs. 3 AktG folgt ebenso wie § 19 Abs. 4 GmbHG der Anrechnungslösung.

Zu ersten Aussagen des BGH zu der Kodifikation durch das GmbHG ist es durch die Entscheidungen Qivive[23] und Cash-Pool-II[24] gekommen. In letzterer hat sich der BGH mit den Rechtsinstituten der verdeckten Sacheinlage sowie des Hin- und Herzahlens sowie dem Verhältnis dieser beiden Rechtsinstitute zueinander auseinandergesetzt. Die Anwendung der gesetzlichen Neuregelung durch die Rechtsprechung führt zu der sich bereits während des Gesetzgebungsverfahrens abzeichnenden Frage nach der Stimmigkeit der Neuregelung sowie der Abgrenzung der beiden Rechtsinstitute voneinander sowie einer sachgerechten Abgrenzung der Kapitalaufbringung von der Kapitalerhaltung. Im Rahmen dieser Arbeit wird der Frage nachzugehen sein, ob – de lege ferenda – der Kapitalschutz im Bereich der Gesellschaftergeschäfte noch weitergehend vereinfacht werden könnte, ohne dass hierdurch der Schutz der Interessen der Gesellschaftsgläubiger eingeschränkt würde.

---

20 Vgl. hierzu: RefE des Bundesjustizministeriums vom 29. Mai 2006; Bundesrat, BR-Drs. 354/07; RegE vom 23. Mai 2007, BT-Drs. 16/6140; Bundesrat, Br-Drs. 615/08; BGBl. I 2008, S. 2026.

21 In der seit dem 1.11.2008 gültigen Fassung.

22 Gesetz zur Umsetzung der Aktionärsrechterichtlinie: RefE vom 6. Mai 2008; RegE vom 5. November 2008, BR-Drs. 847/08.

23 BGH, Urt. v. 16.2.2009 – II ZR 120/07 = BB 2009, 729 (Qivive).

24 BGH, Urt. v. 20.7.2009 – II ZR 273/07 = WM 2009, 1574 (Cash-Pool II).

Gang der Darstellung

Die Arbeit wird zunächst die Grundstrukturen der Finanzverfassung der Aktiengesellschaft erläutern, sodann die Problematik der verdeckten Sacheinlage darstellen. Diese Arbeit analysiert die Neuregelungen und setzt sich mit einem Teil der sich nunmehr stellenden Fragen auseinander. Hierbei wird insbesondere das Rechtsinstitut der verdeckten Sacheinlage in das Kapitalschutzsystem eingeordnet und zu verwandten Rechtsinstituten abgegrenzt. Es soll der Frage nachgegangen werden, ob durch die Kodifikation des Rechtsinstituts der verdeckten Sacheinlage und der damit einhergehenden Neubestimmung deren Rechtsfolgen eine sachgerechte sowie dogmatisch stimmige Lösung gefunden wurde. Die Regelungen sollen auf ihre Praxistauglichkeit überprüft werden. Im Rahmen der Veränderung des AktG soll es primär darum gehen, ob § 27 Abs. 3 AktG n.F. zum einen mit den Vorgaben der 2. Gesellschaftsrechtlichen Richtlinie[25] zu vereinbaren ist und zum anderen, ob sich die Regelung stimmig in das sonstige Konzept der aktienrechtlichen Regelungen einfügt.

Hauptteil und Schwerpunkt der Arbeit soll schließlich sein, ob die vom Gesetzgeber in § 19 Abs. 4 GmbHG sowie § 27 Abs. 3 AktG getroffene Regelung zu befürworten ist und an welchen Stellen noch Diskussionsbedarf besteht. Ferner ist der Frage nachzugehen, wie die Regelungen von anderen Regelungen und Rechtsinstituten abzugrenzen ist. Hier soll jedoch nicht stehengeblieben werden. Vielmehr ist zu untersuchen, ob eine noch über die bereits jetzt vom Gesetzgeber vorgenommenen hinausgehende Vereinfachung so genannter Gesellschaftergeschäfte de lege ferenda zulässig und sinnvoll wäre.

---

25 RL 77/91/EWG vom 13.12.1976 Richtlinie zur Koordinierung der Schutzbestimmungen im Interesse der Gesellschafter sowie Dritter für die Gründung der Aktiengesellschaft sowie der Erhaltung und Änderung ihres Kapitals, Amtsblatt der Europäischen Gemeinschaften vom 31.1.1977 Nr. L 26/1, so genannte Kapitalrichtlinie (abrufbar unter:http://ec.europa.eu/internal_market/company/official/index_de.htm).

Kapitel 1: Das System der Kapitalaufbringung in der Kapitalgesellschaft

Verdeckte Sacheinlagen sind systematisch als eine Frage der Kapitalaufbringung in der Kapitalgesellschaft einzuordnen. Um an späterer Stelle herausarbeiten zu können, wo genau dieses Problem wurzelt und wie es angemessen greifbar zu machen ist, ist nun zunächst auf das Kapitalaufbringungssystem der Kapitalgesellschaften einzugehen.

A. Das feste Kapital als Korrelat zur Haftungsbeschränkung

Ein jeder muss für die von ihm begründeten Verbindlichkeiten grundsätzlich persönlich und der Höhe nach unbeschränkt haften. Nur so werden Chancen und Risiken eines jeden Rechtsgeschäfts gleichermaßen getragen. Beschränkte Haftung stellt demgegenüber die „regelungstechnische Ausnahme“ dar.[26] Dass mit einer unternehmerische Betätigung verbundene, durchaus hohe Haftungsrisiko, kann potentielle Unternehmer leicht vor einer unternehmerischen Betätigung abschrecken.[27]

Um volkswirtschaftlich sinnvolle Investitionsanreize zu schaffen, hat der Gesetzgeber potentiellen Unternehmern durch die Rechtsformen der Kapitalgesellschaften einen Rechtsrahmen geschaffen, innerhalb dessen sie mit einem nur begrenzten Risiko unternehmerisch tätig werden können.[28] Die Haftung für Verbindlichkeiten der Gesellschaft gegenüber den Gesellschaftsgläubigern ist bei den Kapitalgesellschaften auf das Vermögen der Gesellschaft beschränkt.[29] Die Gesellschafter als solche haften nicht persönlich für die Gesellschaftsverbindlichkeiten, womit sich deren Risiko auf den Verlust ihrer Kapitaleinlage begrenzt.[30] Im Unterschied zu den Personenhandelsgesellschaften können sich die Gesellschaftsgläubiger somit nicht durch Zugriff auf das Privatvermögen der Gesellschafter befriedigen.[31] Das unternehmerische Risiko verschiebt sich damit in nicht nur unerheblichem Umfang auf die Gläubiger der Gesellschaft.[32] Damit das unternehmerische Risiko nun aber nicht gänzlich auf diese „abgewälzt“ wird, hat der Gesetzgeber festgelegt, dass die Gesellschafter ihre Gesellschaft in einem bestimmten Umfang mit Eigenkapital ausstatten und sich hierbei an durch das Gesetz vorgegebene *„Spielregeln“*[33] halten müssen.[34]

---

26 *Teichmann*, NJW 2006, 2444 (2445).

27 *Teichmann*, NJW 2006, 2444 (2445).

28 Hierzu: *Lutter*, AG 1998, 375 ff.; *Leuering*, NJW-Spezial 2007, 315 (315).

29 Vgl. § 1 Abs. 1 S. 2 AktG, § 13 Abs. 2 GmbHG, sog. Trennungsprinzip.

30 Auch müssen die Gesellschafter weder Nachschüsse leisten noch Verluste der Gesellschaft übernehmen, Raiser/Veil, Recht der Kapitalgesellschaften, § 8 Rn. 28, § 24 Rn. 4.

31 Siehe für diese die Regelung des § 128 S. 1 HGB.

32 *Meyer*, BB 2008, 1742 (1742); *Pellens/Kemper/Schmidt*, ZGR 2008, 381 (382); *Teichmann*, NJW 2006, 2444 (2444); Vetter, ZGR 2005, 788 (789).

33 *Karollus*, ZIP 1994, 589 (589); *Vetter*, ZGR 2005, 788 (789).

34 *Blaurock*, in: *FS Raiser*, S. 3 (7); *Teichmann*, NJW 2006, 2444 (2445).

Diese „Risikoteilhabe" der Gesellschafter kommt im Grundsatz des festen Kapitals[35] zum Ausdruck.[36] Normiert wurde dieser in Deutschland für die Aktiengesellschaft durch die 2. Gesellschaftsrechtliche Richtlinie der Europäischen Gemeinschaft[37].[38] Die Kapitalrichtlinie legte bereits 1976 für die Mitgliedsstaaten der Europäischen Union[39] verbindlich fest, dass diese für die Rechtsform der Aktiengesellschaft bzw. für die entsprechenden Rechtsformen in den jeweiligen Mitgliedsstaaten ein festes Kapital einführen und dessen Schutz durch strenge Vorschriften über Kapitalaufbringung und Kapitalerhaltung absichern müssen.

Der Grundsatz des festen Kapitals ruht letztlich auf drei Säulen: der gesetzlichen Festlegung eines Mindestkapitals, den gesetzlichen Regelungen zur Kapitalaufbringung und denjenigen zur Kapitalerhaltung.[40] Diese drei Säulen dienen dem Schutz der Gläubigerinteressen sowie der Interessen der anderen Gesellschafter.[41] Das System des festen Kapitals wird auch als *„Preis"* für die Freistellung von der persönlichen Haftung bezeichnet.[42]

B. Die Funktionen des gesetzlichen Mindestkapitals

Aufgabe des gesetzlich festgelegten Mindestkapitals[43] ist der Schutz der Gesellschaftsgläubiger. Das in die Gesellschaft eingebrachte Mindestkapital ist

---

35 Vgl. §§ 7, 23 Abs. 3, 57 AktG, §§ 3 Abs. 1, 5 Abs. 1, 30 GmbHG.

36 *Lutter*, in: FS Stiefel, S. 505 (S. 505). Das gesetzliche Mindestkapital der GmbH wurde durch die Novelle von 1980 auf 50.000 DM angehoben. Im Rechtsausschuss war man der Ansicht, dass das Privileg der Haftungsbeschränkung eine angemessene Risikobeteiligung erfordere; vgl. insoweit auch BT-Drs. 8/1347 vom 15.12.1977, S. 27, 29.

37 RL 77/91/EWG vom 13.12.1976 Richtlinie zur Koordinierung der Schutzbestimmungen im Interesse der Gesellschafter sowie Dritter für die Gründung der Aktiengesellschaft sowie der Erhaltung und Änderung ihres Kapitals, Amtsblatt der Europäischen Gemeinschaften vom 31.1.1977 Nr. L 26/1, so genannte Kapitalrichtlinie (abrufbar unter:http://ec.europa.eu/internal_market/company/official/index_de.htm).

38 Vgl. Art. 6 Abs. 1 der Richtlinie.

39 Zu diesem Zeitpunkt noch Europäische Wirtschaftsgemeinschaft (EWG) mit den Mitgliedern: Belgien, Dänemark, Frankreich, Irland, Italien, Luxemburg, den Niederlanden, Großbritannien und Deutschland.

40 Das gesetzliche Mindestkapital kann seine Garantiefunktion nur erfüllen, wenn es der Gesellschaft nicht nur effektiv zur Verfügung gestellt wird, sondern ihr auch nicht beliebig entzogen werden kann, Fabritius, ZHR 144 (1980), 628 (628).

41 *Meyer*, BB 2008, 1742 (1742); *Wiedemann*, Gesellschaftsrecht I, 1980, § 10 IV 1b (S. 557 f.) bezeichnete die gläubigerschützenden Vorschriften zur Kapitalaufbringung und Kapitalerhaltung als „Kulturleistung ersten Ranges", da es ihnen gelinge die persönliche Entlastung der Anlagegesellschafter mit der Sicherung der Kreditwürdigkeit der Unternehmen in idealer Weise zu verbinden.

42 BGH, Beschl. v. 16.3.1992 – II ZB 17/91 = BGHZ 117, 323 = NJW 1992, 1824 (1825); *Goette*, DStR 2005, 197 (198); *Lutter*, in: FS Stiefel, S. 505 (S. 505); *Meyer*, BB 2008, 1742 (1742).
Zu der Frage, ob sich an dieser Legitimation der Haftungsbeschränkung durch die Einführung der UG haftungsbeschränkt durch das MoMiG (§ 5a GmbHG) etwas geändert hat, Schall, ZGR 2009, 126 (129 f.).

43 In der AG wird dieses als Grundkapital bezeichnet, in der GmbH als Stammkapital.

keine Sicherheitseinlage, mit der die Verbindlichkeiten der Gesellschaft abgedeckt werden.[44] Der in den gesetzlichen Vorschriften zum Ausdruck kommende Ansatz ist optimistischer: Dadurch, dass die Gesellschafter ihre Gesellschaft mit Kapital ausstatten, kann diese wirtschaftlich tätig werden und Gewinne erwirtschaften. Solange die Gesellschaft über entsprechende Aktiva verfügt, können die Verbindlichkeiten der Gesellschaft bei Fälligkeit bedient werden.[45] Das Mindestkapital dient also als Betriebskapital der Gesellschaft und ermöglicht ihr so die wirtschaftliche Betätigung.

Weiterhin bildet das eingelegte Mindestkapital einen Verlustpuffer: Verluste der Gesellschaft schlagen nicht unmittelbar auf die Gläubiger der Gesellschaft durch, sondern treffen zunächst einmal das Eigenkapital der Gesellschaft und damit zumindest mittelbar die Gesellschafter. Als Seriositätsschwelle wird das gesetzliche Mindestkapital betrachtet, weil davon ausgegangen wird, dass Gründer, bevor sie es als „ihren Einsatz" einbringen, sich gut überlegen, ob ihr unternehmerisches Vorhaben Erfolg versprechend ist oder nicht. So führt *Teichmann* an, *„unseriöse Gründer lassen sich davon nicht abschrecken, unvorsichtige werden jedoch möglicherweise zum Nachdenken veranlasst"*.[46] [47] Auch führe der von den Gesellschaftern zu leistende Eigenbeitrag zu einem verantwortungsvolleren Tätigwerden.[48]

C. Die Absicherung des festen Kapitals durch das Kapitalaufbringungsrecht

Abgesichert wird das feste Kapital durch die gesetzlichen Regelungen zur Kapitalaufbringung[49] und zur Kapitalerhaltung[50]. Diese Regelungen sind zwingend. Sie können also nicht durch Beschluss der Gesellschafter abgeändert werden.[51]

---

44 Das eingezahlte Kapital wird also insbesondere nicht auf Dauer auf ein gesondertes Konto verbracht.

45 Zu beachten ist, dass das Mindestkapital dem geschäftlichen Risiko ausgesetzt ist. Durch das Kapitalsystem wird allein sichergestellt, dass das Kapital nicht an den Gesellschafter zurückfließt. Es wird also nicht vor Verwirtschaftung geschützt, *Drygala*, ZGR 2006, 587 (593).

46 *Teichmann*, NJW 2006, 2444 (2446).

47 Ob das gesetzliche Mindestkapital diesen Funktionen noch gerecht wird, ist äußerst umstritten: *Drygala*, ZGR 2006, 587 (590); *Grunewald/Noack*, GmbHR 2005, 189 (190); *Merkt*, ZGR 2004, 305 (317).

48 *Drygala*, ZGR 2006, 587 (596). Dies werde durch die Erkenntnis bestätigt, dass die Risikobereitschaft von Unternehmern in der Krise zunimmt, weil hier nichts mehr zu verlieren, aber alles zu gewinnen ist, *Drygala*, ZGR 2006, 587 (596).

49 Pflicht der Gründer zur Übernahme aller Aktien, Sondervorschriften zur Einbringung von Sacheinlagen, Verbot der Unterpariemission, das Erfordernis der Leistung zur endgültig freien Verfügung des Vorstands.

50 Durch die gesetzlichen Regelungen zur Kapitalerhaltung soll Vorsorge getroffen werden, dass das im Rahmen der Kapitalaufbringung in das Gesellschaftsvermögen eingebrachte Kapital nicht beliebig wieder an die Gesellschafter ausgeschüttet wird, *Lutter*, in: Kölner Komm. AktG, § 57 Rn. 2.

51 Gesetzliche Regelungen: § 19Abs. 2 S. 1 GmbHG, § 66 Abs. 1 S. 1 AktG.

I. Der Grundsatz der realen Kapitalaufbringung

Im Rahmen der Kapitalaufbringung ist es von besonderer Bedeutung, dass das Kapital real, also tatsächlich und nicht nur fiktiv, sowie endgültig aufgebracht wird.[52] Maßgeblich für eine reale Kapitalaufbringung ist die in das Handelsregister einzutragende Grundkapitalziffer. In ihrer Höhe müssen der Gesellschaft also tatsächlich Werte zugeführt werden.[53] Es muss ein rechnerischer Wertdeckungszusammenhang mit dem Vermögen in der Weise hergestellt werden, dass der Betrag des Eigenkapitals dem Betrag des von den Gründern und Zeichnern zur Verfügung gestellten Aktivvermögens entspricht.[54] Eine reale Kapitalaufbringung soll durch verschiedene Schutzmechanismen abgesichert und gewährleistet werden. Hierzu zählen vor allem das Erfordernis der Leistung zur freien Verfügung[55], das Aufrechnungsverbot[56] sowie die Sonderregelungen für Sacheinlagen[57]. Die Gesellschafter können insbesondere nicht von ihrer Einlagepflicht befreit werden.[58]

II. Die Möglichkeiten der Kapitalaufbringung

Die Übernahme von Aktien bzw. von Gesellschaftsanteilen beinhaltet die Pflicht, die festgesetzte Einlage zu leisten.[59] Die Einlage kann entweder durch Bar- oder durch Sacheinlage erbracht werden (§§ 27 Abs. 1 S. 1, 54 Abs. 2 AktG; § 5 Abs. 3, 4 GmbHG). Welche Art der Einlageleistung übernommen wird, wird für jeden Gesellschafter durch den Gesellschaftsvertrag festgelegt. Eine Differenzierung zwischen Bar- und Sacheinlagen ist notwendig, da für beide unterschiedliche Regelungen bestehen.[60]

1.) Die Kapitalaufbringung durch Bareinlagen

Gem. § 54 Abs. 2 AktG haben die Aktionäre, soweit nicht in der Satzung Sacheinlagen festgesetzt sind, den Ausgabebetrag der Aktien einzuzahlen; gem. § 14 S. 1 GmbHG ist auf jeden Geschäftsanteil der GmbH eine Einlage zu leisten; aus § 5 Abs. 4 GmbHG ergibt sich, dass auch die Möglichkeit der Sacheinlage besteht.[61] Die nach allgemeinen Zivilrecht in § 364 Abs. 1 BGB eröffnete Möglichkeit, aufgrund einer Abrede das Schuldverhältnis durch Leistung an Erfüllungs Statt zum Erlöschen zu bringen, besteht weder im GmbH- noch

---

52 *Pentz*, in: MüKo AktG, § 27 Rn. 5.
53 *Pentz*, in: MüKo AktG, § 27 Rn. 5; *Hansen*, S. 133.
54 *Joost*, ZIP 1990, 549 (553).
55 § 8 Abs. 2 S. 1 GmbHG, § 54 Abs. 3 S. 1 AktG.
56 § 19 Abs. 2 S. 2 GmbHG; § 66 Abs. 1 S. 2 AktG.
57 §§ 5 Abs. 4, 7, 8, 9, 9c, 10, 19, 56, 82 GmbHG; §§ 27, 183, 202 AktG a.F./n.F.
58 § 66 Abs. 1 S. 1 AktG, § 19 Abs. 2 S. 1 GmbHG.
59 Die Aktionäre können, außer im Falle der Kapitalherabsetzung, nicht von ihrer Einlagepflicht befreit werden, *Raiser/Veil*, Recht der Kapitalgesellschaften, § 12 Rn. 37.
60 Für die AG wird diese Differenzierung zwingend durch die Kapitalrichtlinie vorgegeben, vgl. Art. 9 Abs. 2 der Kapitalrichtlinie.
61 Noch ausstehende Einlagen auf das gezeichnete Kapital sind nach § 272 Abs. 1 HGB besonders auszuweisen. Gläubiger können sich damit anhand des Jahresabschlusses über die Höhe der noch ausstehenden Leistungen informieren.

im Aktienrecht.[62]. Die Leistung an Erfüllungs Statt ist unabhängig davon unzulässig, ob der Gesellschaft durch die Annahme der nicht geschuldeten Leistung ein Schaden entstehen würde.[63]

2.) Die Kapitalaufbringung durch Sacheinlagen

Neben der Bareinlage ist daher in § 27 Abs. 1 S. 1 AktG/ § 5 Abs. 4 GmbHG die Möglichkeit der Sacheinlage geregelt.[64] Nach der Legaldefinition des § 27 Abs. 1 S. 1 HS. 1 AktG liegt eine Sacheinlage vor, wenn der Aktionär Einlagen machen soll, die nicht durch Einzahlung des Ausgabebetrags der Aktien zu leisten sind.

a) Die Kapitalaufbringung durch Sacheinlagen im Aktienrecht

aa) Die historische Entwicklung der Sacheinlagekautelen im Aktienrecht

Die geschichtliche Entwicklung[65] des Sacheinlagerechts ist gekennzeichnet durch eine zunehmende Reglementierung sowie Verschärfung der Vorschriften durch den Gesetzgeber.[66] Für das Recht der Sacheinlage ist erstmals das ADHGB von 1861 von maßgeblicher Bedeutung: Bereits der Regierungsentwurf zu einem Handelsgesetzbuch für die preußischen Staaten sah die Gefahr einer Überbewertung der Einlagen. Art. 183 Abs. 1[67] des Entwurfs eines Handelsgesetzbuches für die preußischen Staaten legte deshalb als besondere Anforderung die Abschätzung und Prüfung der Sacheinlagen durch eine Generalversammlung fest. Im Rahmen der parlamentarischen Beratungen wurde das Problem der Umgehung dieser Vorschrift erörtert. Man war zu diesem Zeitpunkt allerdings der Ansicht, dass die Verhinderung eines Missbrauchs nicht ohne unverhältnismäßige Eingriffe in die Freiheit des Verkehrs möglich sein würde. Die zunächst vorgesehene Wertprüfung wurde daher nicht auf-

---

62 *Ulmer*, ZHR 154 (1990), 128 (132 f.). Dies ergibt sich für das Aktienrecht aus §§ 27 Abs. 3 S. 1 a.F., 54 Abs. 2 AktG sowie der gesamten Systematik des Sacheinlagerechts, für das GmbH-Recht aus § 19 Abs. 2 S. 1, Abs. 5 GmbHG a.F.

63 KG OLGE 31, 287 (289).

64 Zur Notwendigkeit der Möglichkeit qualifizierter Unternehmensgründungen: Begründung zum Entwurf eines Gesetzes betreffend die KGaA und AG (1884), abgedruckt bei *Schubert/Hommelhoff*, 100 Jahre modernes Aktienrecht, S. 435 f.

65 Zur historischen Entwicklung des Sacheinlagerechts: *Habersack*, in: MüKo AktG, Einl. Rn. 11 ff.; *Meilicke*, Die verschleierte Sacheinlage, S. 37 ff.; *Raiser/Veil*, Recht der Kapitalgesellschaften, § 2; *Trölitzsch*, Differenzhaftung für Sacheinlagen, S. 45 ff.

66 *Wilhelm*, ZHR 152 (1988), 333 (333).

67 „Wenn ein Gesellschafter eine Einlage macht, welche nicht in barem Gelde besteht, oder wenn er sich zu seinen Gunsten besondere Vorteile ausbedingt, so muss nach erfolgter Zeichnung des ganzen Aktienkapitals eine Generalversammlung der Zeichner berufen, in derselben die Abschätzung und Prüfung der Zulässigkeit angeordnet und in einer späteren Generalversammlung nach Inhalt des Art. 159 die Genehmigung vorgelegt werden."

genommen.[68] Die Vorschrift des § 209b Abs. 1 S. 1 ADHGB[69] sah jedoch die Festsetzung von Sacheinlagen im Gesellschaftsvertrag vor. Inhaltlich entsprach er damit weitestgehend unserem heutigen § 27 Abs. 1 S. 1 AktG. Die Gründer konnten in der Satzung selber festlegen, zu welchem Preis bzw. gegen wie viele Aktien die Sacheinlage von der Gesellschaft zu erwerben war.[70] Zu diesem Zeitpunkt ging man davon aus, dass die Bewertung allein Sache der Gesellschafter sei. Dies führte oftmals zu maßlosen Überbewertungen. Gehäufte Fälle von Gründungsschwindel sowie Zusammenbrüche zahlreicher Neugründungen[71] zwangen dazu, dieses liberale System zu überdenken. Der Gesetzgeber wollte dem Bedürfnis nach einer Eindämmung unseriöser Unternehmensgründungen nunmehr nachkommen. Das in Auftrag gegebene Gutachten des Reichs-Oberhandelsgerichts empfahl daher für Sacheinlagen die Einführung eines umfangreichen Schutzsystems.[72] Eine externe Gründungsprüfung sah es allerdings nicht vor. Zurückzuführen ist dies darauf, dass die Gründung von Aktiengesellschaften lange Zeit unter staatlicher Kontrolle stand.[73] Die Empfehlungen des Reichs-Oberhandelsgerichts führten zur 2. Aktienrechtsnovelle von 1884.[74] Diese ist Grundlage des heutigen Sacheinlagerechts. Voraussetzung einer Sacheinlage waren fortan das Erstellen und Unterzeichnen einer dem heutigen Gründungsbericht ähnlichen Erklärung über die Angemessenheit der für die Sacheinlage gewährten Beträge (Art. 209g ADHGB[75]), eine Gründungsprüfung durch Vorstand und Aufsichtsrat

---

68 Protokoll der Kommission zur Beratung eines ADHGB, Würzburg, 1858, I. Teil, 37. Sitzung, S. 329 f. (zu Art. 183); *Meilicke*, Die verschleierte Sacheinlage, S. 38.

69 Satz 2: „Werden auf das Grundkapital von Aktionären Einlagen, welche nicht durch Barzahlung zu leisten sind, gemacht oder seitens der zu errichtenden Gesellschaft vorhandene oder herzustellende Anlagen oder sonstige Vermögensgegenstände übernommen, so müssen die Person des Aktionärs oder des Kontrahenten, der Gegenstand der Einlage oder der Uebernahme und der Betrag der für die Einlage zu gewährenden Aktien oder die für den übernommenen Gegenstand zu gewährende Vergütung in dem Gesellschaftsvertrage festgelegt werden."

70 *Koch*, Die Nachgründung, S. 23.

71 Vgl.: *Raiser/Veil*, Recht der Kapitalgesellschaften, § 2 Rn. 3; *Schubert/Hommelhoff*, Hundert Jahre modernes Aktienrecht, S. 73.

72 Gutachten vom 31. März 1877, abgedruckt in: *Schubert/Hommelhoff*, Hundert Jahre modernes Aktienrecht, S. 157, 187 f.

73 Die, durch das Gesetz vom 11.6.1870 (Bundes-Gesetzblatt des Norddeutschen Bundes 1870, S. 375 ff.) abgeschaffte, Konzessionspflicht sollte nun nicht auf andere Weise wieder eingeführt werden. An ihre Stelle war das noch heute geltende System der Normativbestimmungen mit Registerzwang getreten. Merkmal des Normativsystems ist es, dass die Entstehung der juristischen Person wegen der hiermit auch für Dritte verbundenen Auswirkungen von bestimmten Mindestvoraussetzungen abhängig gemacht wird, deren Einhaltung im Rahmen des Registerverfahrens überprüft wird, *Pentz*, in: MüKo AktG, § 38 Rn. 6.

74 Gesetz vom 18.7.1884, RGBl, S. 123, abgedruckt in: *Schubert/Hommelhoff*, Hundert Jahre modernes Aktienrecht, S. 560 ff.

75 Die Gründer haben in dem Falle des Artikels 209b Absatz 2 in einer von ihnen zu unterzeichnenden Erklärung die Umstände darzulegen, mit Rücksicht auf welche ihnen die Höhe der für die eingelegten oder übernommenen Gegenstände gewährten Beträge

(Art. 209h Abs. 1 S. 2 ADHGB[76]) sowie die handelsrechtliche Publizität des Gesellschaftsvertrages (Art. 210 Abs. 2 Nr. 1 und 3, Art. 210c Abs. 1 Nr. 1 ADHGB). Die Gründer sollten hierdurch gezwungen werden, eingebrachte Sacheinlagen in ihren Einzelheiten aufzudecken. Ziel war es, eine angemessene Bewertung der Sacheinlagen sicherzustellen.[77] Die Einhaltung dieser Vorschriften sollte durch Art. 213f ADHGB[78] gewährleistet werden, der eine Regelung zur Nachgründung enthielt. Die Regierungsbegründung führt aus, dass hierdurch eine Umgehung der Sacheinlage- und Sachübernahmevorschriften gewährleistet und die wirtschaftliche Selbstständigkeit der Gesellschaft gegenüber der Einflussnahme der Gründer besonders geschützt werden soll.[79] Zudem war nunmehr eine Haftung als Gründer, insbesondere für falsche Angaben bei der Gründung, vorgesehen (Art. 213a[80] ff., Art. 249a Nr. 1[81] AD-

---

gerechtfertigt erscheint. Hierbei haben sie insbesondere die dem Erwerbe der Gesellschaft vorausgegangenen Rechtsgeschäfte, welche auf demselben hingezielt haben, sowie die früheren Erwerbs- und Herstellungspreise aus den letzten zwei Jahren anzugeben.

76 Abs. 1: „Die Mitglieder des Vorstandes und des Aufsichtsrates haben den Hergang der Gründung zu prüfen. Sind Mitglieder zugleich Gründer oder haben sie der Gesellschaft ein Vermögensstück überlassen oder sich einen besonderen Vorteil ausbedungen (Art. 209b), so muß außerdem eine Prüfung durch besondere Revisoren stattfinden, welche das für die Vertretung des Handelsstandes berufene Organ und in Ermangelung eines solchen der Vorstand und der Aufsichtsrath zu bestellen hat."
Abs. 2: „Die Prüfung hat sich auf die Richtigkeit und Vollständigkeit der Angaben zu erstrecken, welche rücksichtlich der Zeichnung und Einzahlung des Grundkapitals und der im Artikel 209b vorgesehenen Festsetzungen von den Gründern, insbesondere in der im Artikel 209g vorgeschriebenen Erklärung, gemacht sind. Über die Prüfung ist unter Darlegung der im vorstehenden Absatz bezeichneten Umstände schriftlich Bericht zu erstatten."

77 *Schubert/Hommelhoff*, Hundert Jahre modernes Aktienrecht, S. 73.

78 Auszug: „Werden vor dem Ablauf von zwei Jahren seit Eintragung des Gesellschaftsvertrages in das Handelsregister seitens der Gesellschaft Verträge geschlossen, durch welche sie vorhandene oder herzustellende Anlagen oder unbewegliche Gegenstände für eine den zehnten Teil des Grundkapitals übersteigende Vergütung erwerben soll, so bedürfen dieselben zu ihrer Gültigkeit der Zustimmung der Generalversammlung."

79 Sie schlug vor, dass auf Erwerbungen, die innerhalb der ersten zwei Jahre nach Gründung der Gesellschaft erfolgen und die dafür zu gewährende Vergütung den 10. Teil des Grundkapitals übersteigt, diejenigen Vorschriften zur Anwendung gelangen sollten, die bei Abschluss solcher Verträge im Stadium der Gründung gegeben sind. Durch die Anforderung an die Höhe der Vergütung sollte sichergestellt werden, dass die Organe der Gesellschaft nicht unverhältnismäßig in ihrer geschäftlichen Dispositionsfreiheit beeinträchtigt würden. Vgl. Regierungsbegründung, Drucksachen zu den Verhandlungen des Bundesrates des Deutschen Reichs, Jahrgang 1883, Band II, Nr. 74, S. 22 ff., 105 f.

80 Auszug: „Der Gesellschaft sind die Gründer für die Richtigkeit und Vollständigkeit der Angaben, welche sie rücksichtlich der Zeichnung und Einzahlung des Grundkapitals sowie rücksichtlich der im Artikel 209b vorgesehenen Festsetzungen behufs (= wegen) Eintragung des Gesellschaftsvertrages in das Handelsregister machen, solidarisch verhaftet."

HGB). Die Prüfung des Registergerichts erstreckte sich zu dieser Zeit noch auf rein formelle Feststellungen. So überprüfte es lediglich, ob die vom Gesetz vorgesehenen Eigenkontrollen in der Gesellschaft stattgefunden hatten. Eine inhaltliche Prüfung erfolgte demgegenüber nicht.[82]
Mit Inkrafttreten des Handelsgesetzbuches 1900 wurde in den §§ 192, 193 HGB[83] erstmals eine externe Überprüfung der Werthaltigkeit der Sacheinlagen vorgeschrieben. Dennoch empfand man die Werthaltigkeit der Sacheinlagen weiterhin als Angelegenheit der Gründer der Gesellschaft. Das Registergericht sollte daher nur überprüfen, ob Gesellschaften formell ordnungsgemäß errichtet wurden. Mit Inkrafttreten des Aktiengesetzes 1937[84] wurde dem Registergericht gem. § 31 Abs. 2 AktG das Recht zuerkannt, die Ordnungsmäßigkeit von Errichtung und Anmeldung, insbesondere die Werthaltigkeit der Sacheinlagen, zu überprüfen und bei negativem Ergebnis die Eintragung abzulehnen.[85] Hierdurch sollte die zu jener Zeit herrschende Ansicht, das Registergericht dürfe auch bei unangemessener Überbewertung der Sacheinlagen die Eintragung der Gesellschaft nicht ablehnen, berichtigt werden.[86] Durch § 33 Abs. 2 AktG führte der Gesetzgeber zudem eine Pflichtprüfung aller Sacheinlagen durch Sachverständige ein. Der Gesetzgeber entschied sich damit gegen die bislang herrschende Auffassung von der Bewertungsfreiheit im Aktienrecht.[87]

Zudem wurde mit § 20 Abs. 2 S. 1 AktG die Vorgängernorm zu § 27 Abs. 3 S. 1 AktG geschaffen. In der amtlichen Begründung hierzu heißt es, *„die Vorschriften über Sacheinlagen und Sachübernahmen im § 20 mußten (...) einer eingehenden Nachprüfung unterzogen werden. Es mußte für Rechtsprechung und Rechtslehre ein fester Boden geschaffen werden, der (...) geeignet ist, Gesetzesumgehungen*

81 „Mit Gefängnis und zugleich mit Geldstrafe bis zu zwanzigtausend Mark werden bestraft: 1. (…) Gründer, Mitglieder des Vorstandes oder des Aufsichtsrates einer Aktiengesellschaft, welche behufs Eintragung des Gesellschaftsvertrages in das Handelsregister rücksichtlich (mit Rücksicht auf) der Zeichnung oder Einzahlung des Grundkapitals der Aktiengesellschaft oder der im Artikel (…) 209b vorgesehenen Festsetzungen wissentlich falsche Angaben machen."

82 *Schubert/Hommelhoff*, Hundert Jahre modernes Aktienrecht, S. 81.

83 § 192 Abs. 1 S. 1: „Ergeben sich zwischen den im § 190 Abs. 2, 3 bezeichneten Revisoren und den Gründern Meinungsverschiedenheiten über den Umfang der von den Gründern zu gewährenden Aufklärungen und Nachweise, so entscheidet endgültig diejenige Stelle, von welcher die Revisoren ernannt sind. § 193 Abs. 1 S. 2: Der Anmeldung sind beizufügen: Nr. 2: im Falle des § 184 die Verträge, welche den dort bezeichneten Festsetzungen zu Grunde liegen oder zu ihrer Ausführung geschlossen sind, die im § 189 vorgesehene Erklärung und eine Berechnung des der Gesellschaft zur Last fallenden Gründungsaufwandes, in der die Vergütung nach Art und Höhe und die Empfänger einzeln aufzuführen sind."

84 Aktiengesetz vom 30.1.1937, RGBl. 1937, I, 107ff.

85 Hiermit wirkte der Gesetzgeber der in der Rechtsprechung herrschenden Tendenz, das Prüfungsrecht des Registergerichts stark einzuengen, entgegen.

86 Hierzu: *Pentz*, in: MüKo AktG, § 38 Rn. 4.

87 *Trölitzsch*, Differenzhaftung für Sacheinlagen, S. 62.

zu verhindern".[88] Von nun an war gesetzlich normiert, dass das Erfüllungsgeschäft bei nicht ordnungsgemäß festgesetzten Sacheinlagen unwirksam ist. Kodifiziert wurde hiermit die Praxis des Reichsgerichts. Dieses war der Ansicht, dass die Pflicht zur Offenlegung der Sacheinlage- und Sachübernahmevereinbarungen den bezweckten Schutz nur unvollkommen erreiche und die Gesetzesumgehung bedenklich erleichtert werde, wenn das ungesetzliche Geschäft in irgendeiner Hinsicht als wirksam behandelt würde.[89]

bb) Die Vorgaben durch die 2. Gesellschaftsrechtliche Richtlinie

Europarechtliche Vorgaben für die Kapitalaufbringung in der Aktiengesellschaft enthielten sodann die Art. 7 bis 14 der 2. Gesellschaftsrechtlichen Richtlinie.[90] Diese wurde durch das am 1. Juli 1979 in Kraft getretene Durchführungsgesetz vom 13. Dezember 1978[91] umgesetzt.[92] [93]

cc) Das Sacheinlagerecht

Für die Erbringung von Sacheinlagen im Rahmen von Neugründungen oder Kapitalerhöhungen[94] sieht das Aktiengesetz ein gesondertes Verfahren vor. Dies liegt insbesondere daran, dass Sacheinlagen ihr Wert nicht angesehen werden kann. Bei ihrer Bewertung bestehen Bewertungsspielräume und damit immer die Gefahr einer Überbewertung, welche wiederum eine tatsächliche Aufbringung des Grundkapitals unterlaufen würde.[95] Das Sacheinlageverfahren ist geprägt von Publizitäts- und Prüfungspflichten. Hierdurch stellt es sich – im Vergleich zur Erbringung von Bareinlagen – insgesamt als komplizierter und zeitlich aufwendiger dar. Insbesondere die Einholung eines Wertgutachtens verursacht zusätzliche Kosten. Zudem erfordert es ein erhöhtes Maß an Information des Rechtsverkehrs durch die Offenlegung wirtschaftlicher Einzelheiten

---

88 Amtliche Begründung zu §§ 20-24 AktG 1937, in: *Klausing*, Gesetz über Aktiengesellschaften und Kommanditgesellschaften auf Aktien, S. 19.

89 RG, Urt. v. 13.11.1930 – VI 452/29 = RGZ 130, 248 (252).

90 RL 77/91/EWG des Rates vom 13. Dezember 1976 zur Koordinierung der Schutzbestimmungen, die in den Mitgliedsstaaten den Gesellschaften im Sinne des Artikels 58 Absatz 2 des Vertrages im Interesse der Gesellschafter sowie Dritter für die Gründung der Aktiengesellschaft sowie für die Einhaltung und Änderung ihres Kapitals vorgeschrieben sind, um diese Bestimmungen gleichwertig zu gestalten, Amtsblatt Nr. L 026 vom 31.10.1977 S. 0001-0013.

91 Gesetz zur Durchführung der Zweiten Richtlinie des Rates der europäischen Gemeinschaften zur Koordinierung des Gesellschaftsrechts, BGBl. 1978 I, S. 1959; vgl. hierzu auch: Gesetzesentwurf der Bundesregierung, BT-Drs. 8/1678; hierzu: *Ganske*, DB 1978, 2461 ff.; *Hüffer*, NJW 1979, 1065 ff.; *Müller*, WPg 1978, 565 ff.

92 Vgl. hierzu: Kap. 3 (S. 56 ff.).

93 Die Regelungen in Art. 1 des Durchführungsgesetzes führten zu Änderungen sowie Ergänzungen des Aktiengesetzes. Das deutsche Recht musste allerdings nur relativ geringfügig ergänzt werden, vgl. hierzu auch: Gesetzesentwurf der Bundesregierung, BT-Drs. 8/1678, S. 10.

94 §§ 183, 205 AktG.

95 *K. Schmidt*, GesellR, S. 791.

(1) Die Publizitäts- und Prüfungspflichten

(a) Die Neugründung einer Aktiengesellschaft

Die Vorschrift des § 27 Abs. 1 S. 1 AktG sieht vor, dass sowohl der Gegenstand als auch die Person, von der die Gesellschaft den Gegenstand erwirbt, sowie der Nennbetrag, der für die Sacheinlagen zu gewährenden Aktien in der Satzung festgesetzt werden müssen. Hierdurch soll die Bewertung des einzubringenden Vermögensgegenstandes offen gelegt werden. Unterbleibt eine solche Festsetzung, ist eine Bareinlage geschuldet.

Gem. § 32 Abs. 1 AktG ist von den Gründern ein Gründungsbericht zu erstellen und beizubringen. Nach Absatz 2 Satz 1 sind im Gründungsbericht die wesentlichen Umstände darzulegen, von denen die Angemessenheit der Leistungen für Sacheinlagen abhängt. Unter dem Begriff der Angemessenheit ist hierbei Wertgleichheit zu verstehen.[96] Der Wert der Sacheinlage[97] muss den Betrag der Anrechnung auf die Stammeinlage also voll abdecken. Durch das Erfordernis eines Gründungsberichts wird ein Schutz gegen unzulängliche Gründungen sowie eine Erleichterung der gerichtlichen Prüfung gem. § 38 AktG bezweckt.[98] Gem. § 37 Abs. 4 Nr. 4 AktG ist der Gründungsbericht der Anmeldung der Gesellschaft zur Eintragung in das Handelsregister beizufügen, damit er dort von jedermann eingesehen werden kann. Er dient damit auch der Information der Öffentlichkeit. Gem. § 33 AktG hat eine Gründungsprüfung sowohl durch Vorstand und Aufsichtsrat der Aktiengesellschaft (Abs. 1) als auch durch so genannte Gründungsprüfer (Abs. 2 Nr. 4 AktG) zu erfolgen.[99] Der durch das ARUG[100] zum 1.9.2009 neu in das AktG eingefügte § 33a AktG sieht die Möglichkeit einer Sachgründung ohne externe Gründungsprüfung für den Fall vor, dass entweder übertragbare Wertpapiere oder Geldmarktinstrumente i.S.d. § 2 Abs. 1 S. 1 und Abs. 1a WpHG Gegenstand der Sacheinlage sind und sie mit dem gewichteten Durchschnittspreis bewertet werden, zu dem sie während der letzten drei Monate vor dem Tag ihrer tatsächlichen Einbringung auf einem oder mehreren organisierten Märkten i.S.d. § 2 Abs. 5 WpHG gehandelt worden sind oder Gegenstand der Sacheinlage andere Vermögensgegenstände sind, wenn eine Bewertung zugrunde gelegt wird, die ein unabhängiger, ausreichend vorgebildeter und erfahrener Sachverständiger nach den allgemein anerkannten Bewer-

---

96 *Pentz,* in: MüKo AktG, § 32 Rn. 15. Dies zeige der Rückschluss aus §§ 34 Abs. 1 Nr. 2, 38 Abs. 2 AktG.

97 Die Bewertung einer Sacheinlage erfolgt nach deren wirklichen, objektiven Wert. Obergrenze ist hierbei der Zeitwert, *Hansen,* S. 115. Bei der Bewertung besteht kein Spielraum und es ist danach zu differenzieren, ob es sich um einen Gegenstand des Anlage- oder des Umlaufvermögens handelt, vgl. *Pentz,* in: MüKo, AktG, § 27 Rn. 37.

98 *Hüffer,* AktG, § 32 Rn. 1; *Pentz,* in: MüKo AktG, § 32 Rn. 3.

99 Art. 10 der Kapitalrichtlinie sieht vor, dass Sacheinlagen vor der Eintragung der Gesellschaft durch unabhängige Sachverständige geprüft und bewertet werden und der abschließende Gründungsbericht offengelegt wird.

100 Referentenentwurf vom 6.5.2008; Regierungsentwurf vom 5.11.2008; Beschlussempfehlung und Bericht des Rechtsausschuss, Drs 16/13098; BGBl. I 2479; BR-Drs. 512/09.

tungsgrundsätzen mit dem beizulegenden Zeitwert ermittelt hat und wenn der Bewertungsstichtag nicht mehr als sechs Monate vor dem Tag der tatsächlichen Einbringung liegt. Diese Möglichkeit besteht jedoch dann nicht, wenn der Durchschnittspreis durch außergewöhnliche Umstände beeinflusst worden ist oder anzunehmen ist, dass der beizulegende Zeitwert am Tag der Einbringung des Vermögensgegenstandes auf Grund neuer oder neu bekannt gewordener Umstände erheblich niedriger ist als der von dem Sachverständigen angenommene Wert, § 33a Abs. 2 AktG.

Weiterhin erfolgt eine Prüfung durch das Registergericht, § 38 AktG. Dieses prüft, ob die Gesellschaft ordnungsgemäß errichtet und angemeldet worden ist, § 38 Abs. 1 S. 1 AktG. Hierbei prüft es sowohl in formeller als auch materieller Hinsicht, ob alle Eintragungsvoraussetzungen erfüllt sind.[101] Die Eintragung wird insbesondere abgelehnt, wenn das Gericht der Ansicht ist, dass der Wert der Sacheinlage oder Sachübernahme nicht nur unwesentlich hinter dem geringsten Ausgabebetrag der dafür zu gewährenden Aktien zurückbleibt (§§ 38 Abs. 2 S. 2, 9 AktG).[102] Dies trägt dem Umstand Rechnung, dass die Bewertung einer Sacheinlage in der Regel nicht ohne Schwierigkeiten möglich ist und daher gewisse Abweichungen nicht gänzlich verhindert werden können. Die Vorschrift des § 38 AktG bezweckt damit vornehmlich, unseriöse Unternehmensgründungen zu verhindern und eine reale Kapitalaufbringung zu gewährleisten.[103] [104] Gem. § 37a AktG gelten Besonderheiten für den Fall, dass eine Sachgründung ohne externe Gründungsprüfung erfolgen konnte: Gegenüber dem Registergericht ist zu erklären, dass von einer externen Gründungsprüfung abgesehen wurde. Zudem ist der Gegenstand jeder Sacheinlage oder Sachübernahme zu beschreiben. Weiterhin ist zu erklären, dass der Wert der Sacheinlage oder Sachübernahme den geringsten Ausgabebetrag der dafür zu gewährenden Aktien oder den Wert der dafür zu gewährenden Leistungen erreicht. Schließlich sind der Wert, die Quelle der Bewertung sowie die angewandte Bewertungsmethode anzugeben und der Anmeldung entsprechende Unterlagen[105] beizufügen.[106] Im Falle der Sachgründung ohne externe Bewer-

101 BGH, Urt. v. 18.2.1991 – II ZR 104/90 = BGHZ 113, 335 (351) = NJW 1991, 1754 (1758); *Hüffer*, AktG, § 38 Rn. 2; *Pentz*, in: MüKo AktG, § 38 Rn. 17.

102 Ein nicht nur unwesentliches Zurückbleiben wird angenommen, wenn die übliche Bandbreite von Bewertungsdifferenzen überschritten wird, vgl. *Pentz*, in: MüKo AktG, § 38 Rn. 59.

103 *Hüffer*, AktG, § 38 Rn. 1; *Pentz*, in: MüKo AktG, § 38 Rn. 6, 59.

104 Der Anmeldung zum Handelsregister sind Unterlagen beizufügen, die dem Registergericht eine Prüfung der Werthaltigkeit der Sacheinlage ermöglichen. Fällt die Prüfung des Registergerichts negativ aus, kommt das Gericht also zu dem Schluss, dass die Gesellschaft nicht ordnungsgemäß errichtet wurde, hat es die Eintragung der Gesellschaft abzulehnen, § 38 Abs. 1 S. 2 AktG. Gegen eine ablehnende Entscheidung des Registergerichts steht die Beschwerde nach §§ 58 ff. FamFG offen.

105 Unter anderem auch jedes Sachverständigengutachten, auf das sich die Bewertung in den Fällen des § 33a Abs. 1 Nr. 2 stützt.

106 Außerdem müssen die Anmeldenden versichern, dass ihnen außergewöhnliche Umstände, die den gewichteten Durchschnittspreis der einzubringenden Wertpapiere oder

tung und der Anmeldung nach § 37a AktG prüft das Gericht hinsichtlich der Werthaltigkeit der Sacheinlagen oder Sachübernahmen ausschließlich, ob die Voraussetzungen des § 37a AktG erfüllt sind.

(b) Die Sachkapitalerhöhung

Kapitalerhöhungen haben in der Praxis eine enorme Bedeutung, insbesondere wenn es um die Sanierung einer Gesellschaft oder um die Verschmelzung zweier Gesellschaften geht.[107] Unter einer Kapitalerhöhung wird jedes bilanzielle Heraufsetzen des Grundkapitals der Aktiengesellschaft verstanden.[108] Regelfall ist die effektive Kapitalerhöhung, bei der die Kapitalerhöhung gegen Einlagen durchgeführt wird, §§ 182 ff. AktG. In § 188 Abs. 2 AktG erfolgt ein Verweis auf die Gründungsvorschriften.

Gem. § 183 Abs. 1 S. 1 AktG müssen auch im Rahmen einer Sachkapitalerhöhung der Gegenstand, der Inferent sowie der Nennbetrag der Aktie festgesetzt werden. Nach Absatz 3 muss ebenso eine Prüfung der Werthaltigkeit erfolgen[109] und das Gericht ist dazu befugt, die Eintragung abzulehnen, wenn der Wert der Sacheinlage nicht unwesentlich hinter dem geringsten Ausgabebetrag der dafür zu gewährenden Aktien zurückbleibt. Auch das Sachkapitalerhöhungsverfahren wurde durch das ARUG verändert. § 183a AktG regelt nunmehr die Kapitalerhöhung mit Sacheinlagen ohne Prüfung.[110]

(2) Kodifizierter Umgehungsschutz sowie Schutz der ordnungsgemäßen Kapitalaufbringung

Für den Fall, dass es trotz der Sicherheitsvorkehrungen des Sacheinlageverfahrens zur Eintragung der Gesellschaft kommen sollte, obwohl die Sacheinlage nicht dem Wert der für sie gewährten Anteile entspricht, trifft den Gesellschafter eine so genannte Bardeckungspflicht in Form einer Differenzhaftung.[111] Der Inferent muss also die Differenz zwischen dem Wert der über-

---

Geldmarktinstrumente i.S.v. § 33a Abs. 1 Nr. 1 während der letzten drei Monate vor dem Tag ihrer tatsächlichen Einbringung erheblich beeinflusst haben könnten, oder Umstände, die darauf hindeuten, dass der beizulegende Zeitwert der Vermögensgegenstände i.S.v. § 33a Abs. 1 Nr. 2 am Tag ihrer tatsächlichen Einbringung auf Grund neuer oder neu bekannt gewordener Umstände erheblich niedriger ist als der von dem Sachverständigen angenommene Wert, nicht bekannt geworden sind.

107 *Raiser/Veil*, Recht der Kapitalgesellschaften, § 20 Rn. 1.

108 *Pfeifer*, in: MüKo AktG, Vor. § 182 Rn. 8.

109 Vgl. auch Art. 27 der Kapitalrichtlinie.

110 Gem. § 183a Abs. 1 AktG kann von einer Prüfung der Sacheinlage unter den Voraussetzungen des § 33a AktG abgesehen werden. Wird von dieser Möglichkeit Gebrauch gemacht, gelten die in den folgenden Absätzen aufgestellten Erfordernisse. Die Vorschrift des § 184 AktG sieht vor, dass die Anmeldenden in der Anmeldung versichern müssen, dass ihnen seit der Bekanntmachung der Kapitalerhöhung keine Umstände i.S.v. § 37a Abs. 2 AktG bekannt geworden sind, wenn sie von einer Prüfung der Sacheinlagen abgesehen haben. Zudem gilt gem. § 184 Abs. 3 S. 2 AktG die Vorschrift des § 38 Abs. 3 AktG entsprechend.

111 Dieser Anspruch verjährt in zehn Jahren seit der Eintragung der Gesellschaft/der Kapitalerhöhung in das Handelsregister, *Markwardt*, BB 2008, 2414 (2414).

nommenen Anteile und dem Wert der gewährten Sacheinlage nachzahlen.[112] Da diese dem Inferenten obliegende Pflicht auch im Aktienrecht allgemein anerkannt ist, kann dahingestellt bleiben, ob sie aus einer Analogie zu § 9 GmbHG[113] oder aus der dem Sacheinlageversprechen immanenten Kapitaldeckungszusage herzuleiten ist.[114] [115] Die Beweislast für das Bestehen einer Differenz sowie deren Höhe hat im Streitfall die Gesellschaft zu tragen.[116]
Die Vorschrift des § 52 AktG[117] regelt die Nachgründung: Sie legt fest, dass Verträge der Gesellschaft mit Gründern oder mit mehr als 10 vom Hundert des Grundkapitals an der Gesellschaft beteiligten Aktionäre, nach denen sie vorhandene oder herzustellende Anlagen oder andere Vermögensgegenstände für eine den zehnten Teil des Grundkapitals übersteigende Vergütung erwerben soll, und die in den ersten zwei Jahren seit der Eintragung der Gesellschaft in das Handelsregister geschlossen werden, nur mit Zustimmung der Hauptversammlung und durch Eintragung in das Handelsregister wirksam werden. In der Vorschrift des § 52 AktG kommt zum Ausdruck, dass auch solche gründungsnahen Rechtsgeschäfte der Gesellschaft mit den Gründern ein gewisses Risiko enthalten, insbesondere im Hinblick auf Bewertungsfehler.[118] Allerdings besteht auch ein Bedürfnis, die Nachgründungsfälle des § 52 AktG von der normalen Geschäftstätigkeit der Gesellschaft abzugrenzen, da diese nicht behindert oder erschwert werden soll. Durch die Vorschrift des § 52 AktG soll sichergestellt werden, dass die §§ 27, 32 ff. AktG nicht umgangen werden. Es soll verhindert werden, dass die Gründer zunächst eine Bargründung vornehmen und dann dieses Geld vom Vorstand für das mit ihnen getätigte Geschäft verwenden lassen, um im Ergebnis die Sicherungskautelen der

112 Bei der Nachzahlungspflicht handelt es sich um eine gesellschaftsrechtliche Pflicht auf Grund der Deckungszusage im Einlageversprechen; maßgeblich ist insoweit der objektive Wert zum Zeitpunkt der Anmeldung; Für die GmbH: BGH, Urt. v. 14.03.1977 – II ZR 156/77 = BGHZ 64, 52 (Leitsatz); BGH, Urt. v. 14.03.1977 – II ZR 156/75 = BGHZ 68, 191 (195); *Hüffer*, AktG, 8. Aufl., 2008, § 27 Rn. 28; *Kübler/Assmann*, GesR, § 15 I 4 b); *K. Schmidt*, GesellR, S. 884 ff.; zum Agio: *Priester*, in: FS Lutter, S. 617 (S. 621 f.).

113 *Raiser/Veil*, Recht der Kapitalgesellschaften, § 11 Rn. 23.

114 BGH, Urt. v. 27.02.1975 – II ZR 111/72 = BGHZ 64, 52 (62) = NJW 1975, 974; *K. Schmidt*, GesellR, S. 884 ff.

115 Der BGH sieht diese Pflicht als Ausdruck der weiter bestehenden Bareinlagepflicht an. Dies folge aus dem Verbot des § 9 AktG, Aktien für einen geringeren Betrag als den Nennbetrag auszugeben: BGH, Urt. v. 27.02.1975 – II ZR 111/72 = BGHZ 64, 52 (62) = NJW 1975, 974; vgl. insoweit: *Hansen*, S. 120; *Unger*, Das Recht der Kapitalaufbringung und -erhaltung bei der Aktiengesellschaft, S. 40 (m.w.N.).

116 *Pentz*, in: MüKo, AktG, § 27 Rn. 44. Im Rahmen von Kapitalerhöhungen soll diese Haftung aus § 188 Abs. 2 S. 1 i.V.m. § 36a Abs. 2 S. 3 AktG und dem Grundsatz der realen Kapitalaufbringung folgen, *Hüffer*, AktG, 8. Aufl., 2008, § 183 Rn. 21; sie könne aber auch auf eine Analogie zu §§ 9 Abs. 1, 56 Abs. 2 GmbHG gestützt werden.

117 Zur Regelung des § 52 AktG: *Koch*, Die Nachgründung; kritisch: *Bröcker*, ZIP 1999, 1029 ff., er bezeichnet § 52 AktG als „*Taschengeldparagraph*" des Aktienrechts; zum Verhältnis des § 52 AktG zum reformierten § 27 Abs. 3 AktG: *Heidinger/Benz*, in: Spindler/Stilz, AktG, 2. Aufl, § 27 Rn. 116.

118 *Hüffer*, AktG, § 52 Rn. 1.

Sacheinlagevorschriften, insbesondere § 27 AktG, zu umgehen. Letztlich sichert § 52 AktG also auch die ordnungsgemäße Kapitalaufbringung ab.[119] Die Nachgründungsvorschrift gilt allerdings nicht im Rahmen von Kapitalerhöhungen, sondern allein bei der Gründung von Aktiengesellschaften.

Neben der Differenzhaftung und der Nachgründungsvorschrift des § 52 AktG vermitteln noch die Vorschrift über Sachübernahmen[120] (§ 27 Abs. 2 S. 1 Fall 2 und S. 2 AktG) sowie das Aufrechnungsverbot des § 66 Abs. 1 S. 2 AktG[121] Umgehungsschutz.[122] Eine reale Kapitalaufbringung soll weiterhin durch die aus den §§ 46 und 48 AktG folgende zivilrechtliche Haftung der Gründer sowie Aufsichtsrats- und Vorstandsmitglieder und letztlich durch § 399 Abs. 1 Nr. 1 AktG, der eine strafrechtliche Haftung der am Gründungsvorgang Beteiligten anordnet, gewährleistet werden.

b) Die Kapitalaufbringung durch Sacheinlagen im GmbH-Recht

aa) Die historische Entwicklung der Sacheinlagekautelen im GmbH-Recht

Die Entwicklung des Sacheinlagerechts im GmbH-Gesetz ist dadurch gekennzeichnet, dass eine stetige Annäherung an das AktG diskutiert und teilweise auch vollzogen wurde. Die GmbH wurde als Rechtsform 1892 geschaffen, um potentiellen Unternehmern eine Alternative zu der als zu starr und kompliziert empfundenen Aktiengesellschaft zur Verfügung zu stellen.[123]

Als das GmbH-Gesetz geschaffen wurde, ging der Gesetzgeber davon aus, dass die Sachkapitalaufbringung wegen des kleineren Kreises von Gesellschaftern gegenüber der Aktiengesellschaft den Beteiligten überlassen werden könne. Das für damalige Verhältnisse strenge Kapitalaufbringungs- und Kapitalerhaltungsrecht der Aktiengesellschaft wurde daher nicht auf die Rechtsform

---

119 So zumindest die h.M.: Bereits in der Begründung des Gesetzesentwurfs von 1884 heißt es: „Hier besteht die Gefahr, daß der Erwerb schon vor Errichtung der Gesellschaft von den Gründern geplant, der Abschluß des betreffenden Vertrages aber nur hinausgeschoben war, um ihn später durch die von ihnen beherrschten Gesellschaftsorgane bewirken zu lassen und dadurch die strengen Erfordernisse des Artikels 209b und die sich daran knüpfende Prüfung und Verantwortung zu umgehen." BGH, Urt. v. 9.7.2007 – II ZR 62/06 = BGHZ 173, 145 = ZIP 2007, 1751 (1754); *Hüffer*, AktG, § 52 Rn. 1; *Koch*, Die Nachgründung, S. 39; a. A.: *Bröcker*, ZIP 1999, 1029 (1033).

120 Das Gesetz unterstellt auch die Sachübernahmen den Sacheinlagekautelen, hierzu: *Röhricht*, in: Großkomm. AktG, § 27 Rn. 15; *Kreuels*, S. 6.

121 Eine Aufrechnung würde im Ergebnis der Erbringung einer Sacheinlage „gleichkommen", so dass erhebliche Wertdeckungsprobleme bestehen, *K. Schmidt*, GesellR, S. 882. Der BGH hat in seiner Entscheidung *Lurgi II* noch einmal bekräftigt, dass der Inferent gegen den Einlageanspruch nicht aufrechnen kann, BGH, Urt. v. 11.5.2009 – II ZR 137/08 = DB 2009, 1285 (1286). Die Gesellschaft kann demgegenüber mit dem Einlageanspruch gegen eine Forderung des Gesellschafters aufrechnen, wenn dessen Gegenforderung vollwertig ist, also fällig und einredefrei sowie wirtschaftlich vollwertig, vgl. für die GmbH: BGH, Urt. v. 13.10.1954 – II ZR 182/53 = BGHZ 15, 52 (57); BGH, Urt. v. 21.2.1994 – II ZR 60/93 = BGHZ 125, 141 (145); *Priester*, DB 1976, 1801 (1803).

122 *Cahn*, ZHR 166 (2002), 278 (291).

123 *Fastrich*, DStR 2006, 656 (656); *Gessler*, BB 1969, 589 (589).

der GmbH übertragen.[124] Insbesondere sah das GmbHG keine speziellen Regelungen über die Art und Weise der Einlageleistung vor. Der Gesetzgeber stufte *„die Gefahr von betrügerischen Manipulationen"* als nicht nahe liegend ein und war weiterhin der Ansicht, dass die Gefahr einer Schädigung von Mitgründern oder späteren Anteilserwerbern bei der GmbH nicht in einem solchen Maß wie bei der Aktiengesellschaft gegeben sei.[125] Voraussetzung einer Sacheinlage war zwar die Festsetzung der Sacheinlage in der Satzung und deren Veröffentlichung, nicht vorgeschrieben wurde demgegenüber eine Wertprüfung durch unabhängige Dritte.[126] Der Gesetzgeber hielt die Überprüfung der Werthaltigkeit der Sacheinlage für eine ausschließliche Angelegenheit der Gesellschafter untereinander.[127] Weiterhin sah das GmbHG keinen Umgehungsschutz vor. Die Problematik wurde zwar erkannt, allerdings nicht für regelungsbedürftig erachtet. Begründet wurde dies mit der Erwägung, dass bei der GmbH, anders als bei der Aktiengesellschaft, kein Anreiz zu einer solchen Umgehung bestehe.[128] Dies wurde schon früh durch das Schrifttum kritisiert.[129] Die Rechtsprechung hielt sich zunächst strikt an die Entscheidung des Gesetzgebers gegen eine Wertkontrolle.[130]
Doch zeigte die Rechtswirklichkeit, dass es auch bei GmbH-Gründungen immer wieder zu so genannten Schwindelgründungen kam, teils durch völlig unterkapitalisierte Gesellschaften, teils durch völlig falsch bewertete Sacheinlagen. Dies führte zu Kritik und der Forderung nach einer Erhöhung des gesetzlichen Stammkapitals sowie der Einführung einer Gründungsprüfung.[131]
Diese Entwicklung wurde unterstützt durch eine richterliche Rechtsfortbildung des Reichsgerichts: Dieses gelangte zu der Ansicht, dass, auch wenn das GmbHG keine besonderen Vorschriften über eine Wertkontrolle enthalte, dieser Gesichtspunkt entsprechenden Ermittlungen gleichwohl nicht entgegenstehe.[132] Es stellte fest, dass auch bei der Gründung einer GmbH eine Wertprü-

---

124 *Bayer*, ZGR 2007, 220 (222).

125 Vgl. Entwurf eines Gesetzes betr. die Gesellschaften mit beschränkter Haftung, Amtliche Ausgabe, 1891, S. 55; hierzu: *Bayer*, ZGR 2007, 220 (223).

126 Entwurf eines Gesetzes betreffend die Gesellschaften mit beschränkter Haftung, Amtliche Ausgabe, 1891, S. 51.

127 Entwurf eines Gesetzes betr. die Gesellschaften mit beschränkter Haftung, Amtliche Ausgabe 1891, S. 51; Nachweise bei: *Bayer*, ZGR 2007, 220 (223); *Priester*, in: FS 100 Jahre GmbHG, S. 159 (167).

128 Entwurf eines Gesetzes betreffend die Gesellschaften mit beschränkter Haftung, Amtliche Ausgabe, 1891, S. 52.

129 *Fränkel*, Die Gesellschaft mit beschränkter Haftung S. 271 f.; *Hollaender*, ZHR 76 (1915), 65 (75 f.).

130 KG, v. 8.3.1934, JW 1934, 1124 (1125). Von Teilen des Schrifttums wurde die Einführung einer Gründungsprüfung sowie der Verpflichtung zur Erstellung eines Gründungsberichts gefordert, vgl. *Dalberg*, Kreditsicherung bei der Gesellschaft mit beschränkter Haftung, 1911, S. 42 (43 ff., 50 ff.); *Hollaender*, ZHR 76 (1915), 65 (78 f.).

131 *V. Knieriem*, DR 1938, 226 ff.

132 RG, Beschl. v. 20.7.1937 – II B 3/37 = RGZ 155, 211 (214 ff.). Offen ließ das Registergericht demgegenüber die Frage, ob Ermittlungen allein bei offensichtlich willkürlicher Wertfestsetzung oder bereits bei bloßen Zweifeln erfolgen sollten. RGZ 155, 211 (215

fung vor Registereintragung erforderlich sein könne.[133] Auch erkannte es an, dass unter bestimmten Voraussetzungen eine Verpflichtung des Inferenten zur Zahlung des Fehlbetrages bestehen könne.[134]
In einem Entwurf des Reichsjustizministeriums zu einem Gesetz über Gesellschaften mit beschränkter Haftung von 1939 wollte der Gesetzgeber die Vorschriften über Sacheinlagen verschärfen, um hierdurch die Gläubiger der Gesellschaft sowie die Mitgesellschafter zu schützen.[135] Der Entwurf sah in seinen §§ 9, 11-15,17 vor, dass Sacheinlagen im Gesellschaftsvertrag festgesetzt und deren Bewertung in einem Gründungsbericht dargelegt werden sollten. Durch einen § 23 sollte eine Differenzhaftung für nicht werthaltige Sacheinlagen eingeführt werden. Die sich aus dem 2. Weltkrieg ergebenden tatsächlichen Umstände führten jedoch letztlich zur Aufgabe dieser Reformüberlegungen.[136]

Ein erneuter Reformversuch wurde durch den Referentenentwurf von 1969[137] unternommen. Dieser orientierte sich stark an dem Referentenentwurf von 1939 und war auf eine Verbesserung des Gläubigerschutzes ausgerichtet. Er sah einen obligatorischen Sachgründungsbericht, eine Wertprüfung durch neutrale Sachverständige (§ 15 Abs. 1 RegE) sowie eine registergerichtliche Kontrolle (§ 20 RegE) vor. Auf den Referentenentwurf von 1969 folgte – trotz der breiten Kritik aus dem Schrifttum - der Regierungsentwurf vom November 1971.[138] Auf Grund des vorzeitigen Endes der Legislaturperiode musste die Bundesregierung den Entwurf 1973 erneut einbringen.[139] Letztlich wurde er aber nicht weiter behandelt, da andere Reformvorhaben für dringlicher erachtet wurden.[140]

---

f.): „(...) sowohl im Interesse späterer Gesellschafter wie auch besonders im Interesse der Gläubiger (sei) anzunehmen, dass auch das geltende Gesetz eine unangemessen hohe Bewertung der Sacheinlagen verbiete. Wenn auch den Beteiligten ein gewisser Spielraum für die Bewertung zu belassen sei und wenn es auch nicht angebracht erscheine, dem Registergericht eine allgemeine Prüfungspflicht (...) aufzuerlegen, so müsse das Registergericht (...) für befugt erachtet werden, die erforderlichen Ermittlungen anzustellen, wenn sich ihm aus dem Gründungsvertrage Anhaltspunkte für eine unangemessen hohe Bewertung ergäben oder wenn sich ihm aus sonstigen Umständen die Überzeugung aufdränge, daß die Sacheinlage unverhältnismäßig hoch bewertet sei."

133 RG, Beschl. v. 20.7.1937 – II B 3/37 = RGZ 155, 211 (214 ff.).

134 RG, v. 25.1.1939 = RGZ 159, 321 (335 f.); bestätigt durch BGH, Urt. v. 14.3.1977- II ZR 156/75 = BGHZ 68, 191 (195) sowie durch die Einführung des § 9 GmbHG im Wege der GmbH-Novelle 1980.

135 Hierzu: *Mosthaf*, Die Reform des GmbH-Rechts, S. 19.

136 Ende November 1939 bestimmte *Schlegelberger*, dass die *„Erneuerung"* des GmbH-Rechts *„wegen der Kriegszustände"* derzeit nicht fortgeführt werden sollte, Nachweis bei: *Fleischer*, GmbHR 2009, 1 (6).

137 Referentenentwurf eines Gesetzes über Gesellschaften mit beschränkter Haftung, 1969; hierzu: *Gessler*, BB 1969, 589 ff.; *Fleddermann*, GmbHR 1969, 97 ff.

138 BT-Drs. 6/3088.

139 BT-Drs. 7/253.

140 Vgl. hierzu auch: *Fleischer*, GmbHR 2009, 1 (8).

Die so genannte GmbH-Novelle 1980[141] wurde durch den Regierungsentwurf 1977[142] vorbereitet, der eine Verbesserung des Gläubiger- sowie Gesellschafterschutzes zum Ziel hatte. Durch einen neuen § 5c GmbHGE sollte das Erfordernis eines Sachgründungsberichts eingeführt werden. In § 5d GmbHGE war die Einführung von Prüfungspflichten bei Sacheinlagen vorgesehen. Diese sollten jedoch nicht für jeden Fall der Sachgründung gelten, sondern nur dann, wenn der Wert nicht ohne weiteres feststellbar war.[143] Auch der Rechtsausschuss bestätigte, dass sich die bestehenden Vorschriften als *„ungenügend"* erwiesen hätten, um einen angemessenen Schutz der Gläubiger der Gesellschaft zu gewährleisten.[144]

Im Wege der GmbH-Novelle wurden letztlich spezielle Regelungen zur Erbringung einer Sacheinlage in das GmbHG aufgenommen. Insbesondere wurde das Prüfungsrecht und die Prüfungspflicht des Registergerichts normiert, vgl. § 9c S. 2 GmbHG. Zwar war bereits vor der Einführung des § 9c GmbHG eine formelles sowie materielles Prüfungsrecht der Registergerichte anerkannt, doch kam dieses nun hierin unmittelbar zum Ausdruck. Das Verbot der Überbewertung von Sacheinlagen fand nun in den §§ 9, 9c GmbHG eine gesetzliche Ausgestaltung.[145] Von nun an waren die Gründer zur Erstellung eines Gründungsberichts und zur Vorlage geeigneter Unterlagen zur Wertfeststellung verpflichtet.[146] Auch die Haftungsnorm des § 9 GmbHG wurde 1980 in das GmbHG aufgenommen.

bb) Die Sachgründung im GmbH-Recht

(1) Die Publizitäts- und Prüfungspflichten

Unter einer Sacheinlage wird im GmbH-Recht die Einbringung von Sachen oder sonstigen Vermögensgegenständen gegen Ausgabe von Beteiligungsrechten verstanden.[147] Auch bei der Gründung einer GmbH müssen Sacheinlagen im Gesellschaftsvertrag festgesetzt werden[148] sowie ein Sachgründungsbericht erstellt werden, § 5 Abs. 4 S. 1, 2 GmbHG. Die Bewertung einer Sacheinlage darf höchstens zu dem ihr zukommenden Zeitwert erfolgen.[149]

---

141 RegE, BT-Drs. 8/1347 v. 15.12.1977; Stellungnahme des Bundesrates, BR-Drs. 404/77.

142 BT-Drs. 8/1347 v. 15.12.1977.

143 Also bspw. nicht, wenn ein Börsenpreis gegeben ist.

144 Beschlußempfehlung und Bericht des Rechtsausschusses , BT-Drs. 8/3908, S. 1, 66.

145 *Hüffer*, JuS 1983, 162 (165).

146 Gesetz zur Änderung des Gesetzes betreffend die Gesellschaften mit beschränkter Haftung und anderer handelsrechtlicher Vorschriften, BGBl. I/1980, S. 836; hierzu: *Mosthaf*, Die Reformen des Rechts der GmbH, S. 70 ff.

147 *Ulmer*, in: Großkomm. GmbH, § 5 Rn. 27.

148 Sacheinlagen im Kapitalerhöhungsverfahren können nach Maßgabe des § 56 GmbHG erfolgen.

149 *Ulmer*, in: Großkomm. GmbH, § 5 Rn. 80; *Hueck/Fastrich*, in: Baumbach/Hueck, GmbHG, § 5 Rn. 33. Zulässig sei demgegenüber nach überwiegender Meinung eine Unterbewertung, vgl. bspw.: *Winter/Westermann*, in: Scholz, GmbHG, § 5 Rn. 56. Strei-

Die Prüfung durch das Registergericht ist in § 9c GmbHG geregelt. Das Registergericht hatte nach § 9c GmbHG a.F.[150] die Eintragung bei jeder geringfügigen Überbewertung abzulehnen.[151] Die Regelung des § 9c GmbHG a.F. ging damit über diejenige des § 38 AktG hinaus. Nunmehr ist auch in § 9c GmbHG geregelt, dass das Registergericht eine Eintragung bei nicht nur unwesentlicher Überbewertung[152] ablehnen darf.[153]

(2) Kodifizierter Umgehungsschutz

Ein Umgehungsschutz wird durch das in § 19 Abs. 2 S. 2 GmbHG normierte Aufrechnungsverbot vermittelt. [154] Das GmbH-Gesetz sichert eine reale Kapitalaufbringung ferner dadurch ab, dass es gem. § 9 GmbHG eine Differenzhaftung des Gesellschafters für nicht hinreichend werthaltige offene Sacheinlagen sowie eine Haftung für falsche Angaben bei der Gründung gem. § 9a GmbHG anordnet. In der in § 24 GmbHG angeordneten Haftung aller Gesellschafter für die Einlageleistung kommt die Gesamtverantwortung aller Gesellschafter für die Kapitalaufbringung zum Ausdruck.[155] Schließlich haften gem. § 82 Abs. 1 Nr. 1 GmbHG Gesellschafter und Geschäftsführer strafrechtlich, wenn sie zum Zwecke der Eintragung der Gesellschaft über Sacheinlagen falsche Angaben gemacht haben.

c) Zwischenergebnis

Abgesehen davon, dass das GmbH-Gesetz keine Nachgründungsvorschrift enthält und auch eine Gründungsprüfung nicht zwingend vorschreibt, sind die Sacheinlagekautelen des GmbH-Rechts mit denjenigen des Aktienrechts weitestgehend identisch.

---

tig ist hier jedoch in Hinblick auf § 272 Abs. 2 HGB die bilanzielle Behandlung, vgl. *Schulze-Osterloh*, ZGR 1993, 420 (429 ff.).
Bei der Bewertung wird – ebenso wie im Aktienrecht – danach unterschieden, ob der Gegenstand der Sacheinlage Bestandteil des Anlage- oder des Umlaufvermögens werden soll. Soll er Bestandteil des Anlagevermögens werden, kommt es darauf an, welchen Wert die dauerhafte Nutzung für die GmbH hat. Bei Gegenständen des Umlaufvermögens kommt es hingegen entscheidend auf den zu erzielenden Veräußerungspreis an, vgl.: OLG Düsseldorf, Urt. v. 28.3.1991 – 6 U 234/90 = WM 1991, 1669 ff.; *Hueck/Fastrich*, in: Baumbach/Hueck, GmbHG, § 5 Rn. 34; *Winter/Westermann*, in: Scholz, GmbHG, § 5 Rn. 57.

150 In der Fassung bis zum 1.11.2008.

151 Vgl.: *Hueck/Fastrich*, in: Baumbach/Hueck, GmbHG, § 5 Rn. 35.

152 Vgl. hierzu: LG Freiburg, Beschl. v. 20.2.2009 – 12 T 1/09.

153 Maßgeblicher Bewertungszeitpunkt ist der Zeitpunkt der Eintragung in das Handelsregister und nicht derjenige der Registeranmeldung, *Bayer*, ZIP 1998, 1985 (1986) . Eine externe Überprüfung der Sacheinlagen auf ihre Werthaltigkeit findet bei der GmbH nur statt, wenn die Gesellschafter dies freiwillig veranlassen oder wenn der Registerrichter die Bewertung durch einen Sachverständigen anordnet.

154 *Hueck/Fastrich*, in: Baumbach/Hueck, GmbHG, § 5 Rn. 18.

155 *Müller*, in: Großkomm. GmbHG, § 24 Rn. 1.

d) Der Schutzzweck der Sacheinlagekautelen

Bei der Erbringung einer Bareinlage bestehen hinsichtlich der Werthaltigkeit der Einlage keinerlei Bewertungsprobleme oder Zweifel; anders ist dies bei der Erbringung von Sacheinlagen: Diesen sieht man ihren Wert nicht an, womit zumindest potentiell die Gefahr einer Überbewertung besteht. Die Werthaltigkeit der Einlage muss aber abgesichert werden, um eine reale Kapitalaufbringung und damit den Schutz der Gläubiger und denjenigen der Mitgesellschafter zu gewährleisten.[156]

Der Gesetzgeber sieht bei der Erbringung von Einlageleistungen einen Fall, in welchem die Privatautonomie nicht zwangsläufig zu „fairen" Verträgen führt. Das enge Verhältnis zwischen Gesellschaft und Gesellschafter sowie der Umstand, dass gleichzeitig mit den Interessen der Gesellschaftsgläubiger Rechte Dritter betroffen sind, ließ den Gesetzgeber zu dem Schluss gelangen, dass aus der Vertragsfreiheit nicht auf eine Vertragsausgeglichenheit geschlossen werden könne.[157] Deshalb hat sich der Gesetzgeber für ein Einschreiten in Form der Sacheinlagekautelen entschieden. Durch dieses sollen Gläubiger, Mitgesellschafter sowie der Rechtsverkehr geschützt werden.

Ein Schutz der Gläubiger der Gesellschaft[158] ist unter dem Gesichtspunkt der beschränkten Haftung der Gesellschafter notwendig. Wenn schon nur das Gesellschaftsvermögen haftet, muss sichergestellt werden, dass das vom Handelsregister ausgewiesene Mindestkapital auch vollumfänglich erbracht worden ist und die Gesellschafter sich nicht durch Vereinbarungen im Innenverhältnis von den Verpflichtungen befreien lassen können oder durch nicht hinreichend werthaltige Sacheinlagen ihrer Einlagepflicht nachkommen.[159] Werden nicht hinreichend werthaltige Sacheinlagen erbracht, besteht die Gefahr der Täuschung des Rechtsverkehrs: Potentielle Gläubiger gehen regelmäßig davon aus, mit einer solventen Gesellschaft in geschäftlichen Kontakt zu treten.

Durch die Offenlegung von Sacheinlagen soll die Werthaltigkeitsprüfung und ggf. die Durchsetzung des Anspruches auf Differenzhaftung ermöglicht werden. Für die Gläubiger der Gesellschaft sind die Publizitätspflichten insoweit von Bedeutung als diese sie über die Art der Kapitalaufbringung informieren sollen, um so das mit einer Sacheinlage verbundene Risiko besser einkalkulieren zu können.[160]

---

156 Vgl. hierzu: BGH, Beschl. v. 4.3.1996 – II ZB 8/95 = BGHZ 132, 141 (151); *Pentz*, in: MüKo AktG, § 27 Rn. 84; *Bayer*, ZIP 1998, 1985 (1985); *Schöpflin*, GmbHR 2003, 57 (58); *Ulmer*, ZHR 154 (1990), 128 (131); *Raiser/Veil*, Recht der Kapitalgesellschaften, § 26 Rn. 62.

157 *Hansen*, S. 21.

158 Hierzu: *Heidinger*, in: Spindler/Stilz, 1. Aufl., § 27 Rn. 3; *Pentz*, in: MüKo AktG, § 27 Rn. 6; *Hentzen*, DStR 2006, 948 (955).

159 *Heidinger*, in: Spindler/Stilz, AktG, 1. Aufl., § 27 Rn. 101; *Pentz*, in: MüKo AktG, § 27 Rn. 6.

160 *Lutter*, in: FS Stiefel, S. 505 (511 f.); *Hansen*, S. 135; *Kindler*, in: FS Boujong, S. 299 (307) zum parallelem Schutzzweck der Art. 3 lit. h, 10 Abs. 2, 27 Abs. 2 der Kapitalrichtlinie. Dieses Schutzbedürfnis stellt sich in der GmbH im Hinblick auf den regelmäßig be-

Weiterhin geht es um einen Schutz der gegenwärtigen und künftigen[161] anderen Gesellschafter.[162] Diese sollen über die Art der Kapitalaufbringung, die wirtschaftliche Lage der Gesellschaft sowie über Entscheidungsprozesse innerhalb der Gesellschaft informiert werden.[163] Insbesondere diejenigen Gesellschafter, die Bareinlagen übernommen haben, bedürfen eines Schutzes vor nicht werthaltigen Sacheinlagen und einer hieraus folgenden Verwässerung ihrer eigenen Anteile.[164] Unabhängig davon, dass es für die Gesellschaft nachteilig ist, wenn sie nicht mit entsprechenden Vermögenswerten ausgestattet ist, hat die Kapitalgesellschaftseigenschaft zumindest der Aktiengesellschaft zur Folge, dass diejenigen Aktionäre, die nicht werthaltige Sacheinlagen einbringen, im Verhältnis zum wahren Wert ihrer Einlage überproportionale Vermögens- und Verwaltungsrechte erhalten.[165] Schließlich bezwecken die Sacheinlagevorschriften den Schutz der Belange des Wirtschaftslebens und der Arbeitnehmer.[166] Der Rechtsverkehr ist vor unseriösen Unternehmensgründungen zu schützen.

III. Ergebnis

Das Kapitalaufbringungsrecht sieht vor, dass das Grundkapital der AG sowie das Stammkapital der GmbH durch Bar- und Sacheinlagen erbracht werden kann. Das Gesetz trifft keine Entscheidung über das Wertigkeitsverhältnis zwischen den beiden Einlageformen. Dies ist insbesondere unter dem Aspekt, dass Sacheinlagen, beispielsweise Einbringungen von Unternehmen, für die Gesellschaft durchaus sogar einen höheren Wert haben können als Bareinlagen, eine zutreffende Entscheidung. Das Gesetz sieht jedoch das mit Sacheinlagen verbundene Risiko der Überbewertung und versucht diesem auf angemessene Art und Weise zu begegnen, um eine reale Kapitalaufbringung sicher zu stellen.

Das Sacheinlageverfahren des GmbH-Rechts bleibt zwar hinter den Anforderungen des Aktienrechts zurück, doch lässt sich insgesamt feststellen, dass sich die Kapitalaufbringungsverfahren sehr ähneln. Dies zeigt sich insbeson-

---

grenzten Gesellschafter-/Gründerkreis nicht in demselben Maße wie bei der AG, *Ulmer*, in: Großkomm. GmbH, § 5 Rn. 26.: Die Gläubiger werden darüber informiert, dass das Kapital der Gesellschaft in Form der Sacheinlage gebunden ist und ihnen nicht sofort als liquide Haftungsmasse zur Verfügung steht, sondern erst einer Verwertung bedarf.

161 Übertragung des Geschäftsanteils: §§ 16 Abs. 2, 18 Abs. 2 GmbHG.

162 BGH, Urt. v. 15.01.1990 – II ZR 164/88 = BGHZ 110, 47 = NJW 1990, 982 (983); *Pentz*, in: MüKo AktG, § 27 Rn. 6.

163 *Westermann*, ZHR 172 (2008), 144 (149); *Raiser/Veil*, Recht der Kapitalgesellschaften, § 9 Rn. 17.

164 *Habersack*, Europäisches GesellschaftsR, § 6 Rn. 26; *Hansen*, S. 136.

165 *Kindler*, in: FS Boujong, S. 299 (306); *Raiser/Veil*, Recht der Kapitalgesellschaften, § 1 Rn. 3: Bei den Vermögens- und Verwaltungsrechten sind hierbei insbesondere die Auswirkungen auf das Stimmrecht, auf die Dividendenausschüttung sowie den Liquidationserlös von besonderer Bedeutung.

166 BGH, Urt. v. 15.01.1990 – II ZR 164/88 = BGHZ 110, 47 = NJW 1990, 982 (984).

dere daran, dass sie die gleichen Schutzmechanismen wie die Festsetzung der Sacheinlagen im Gesellschaftsvertrag/in der Satzung, die Erstellung eines Gründungsberichts sowie die Prüfung durch das Registergericht haben und sich die Systeme rechtshistorisch betrachtet kontinuierlich aneinander angenähert haben. Das Gesetz hat sich sowohl im GmbH-Recht als auch im Aktienrecht für einen präventiven Gläubigerschutz entschieden.

Kapitel 2: Verdeckte Sacheinlagen als einheitliches Regelungsproblem - Die Lehre von der verdeckten Sacheinlage bis MoMiG und ARUG

A. Umgehungsmöglichkeiten

Das Sacheinlageverfahren stellt sich für den Inferenten als zeitaufwendiger, kostenintensiver und bürokratischer dar.[167] Im Laufe der Jahre haben sich immer neue, verschiedene Gestaltungsmöglichkeiten der Umgehung dieses Verfahrens herausgebildet. Durch solche *„Umgehungsstrategien"* kam es zu einer vielfältigen Missachtung der speziellen gesetzlichen Regeln über die Erbringung von Sacheinlagen. Hierdurch offenbarte sich die Gefahr der Beeinträchtigung der Interessen der Gesellschaftsgläubiger sowie der übrigen Mitgesellschafter.[168] Die Umgehungsproblematik stellt sich gleichermaßen im Aktien- wie im GmbH-Recht. Sowohl das Aktiengesetz – bis zum ARUG - als auch – bis zum MoMiG – das GmbH-Gesetz enthielten keine Regelung der Rechtsfolgen, so dass dies lange Zeit ein für die Praxis besonders relevantes, einheitliches Regelungsproblem der beiden Rechtsformen darstellte, welches zur Lösung Rechtsprechung und Lehre überlassen blieb.

Rechtsprechung[169] und Lehre[170] reagierten und entwickelten, *„als Antwort auf das Umgehungsgeschick vieler Gesellschafter"*[171], das Rechtsinstitut der verdeckten Sacheinlage.[172]

---

167 *Grunewald*, GesellR, S. 251.
Auch der Versuch, zumindest ein Zeitersparnis durch Vorratsgründungen zu erreichen, ist an der Rechtsprechung des BGH gescheitert, da dieser hierin eine wirtschaftliche Neugründung sieht und damit sämtlich Erfordernisse „neu" aufstellt, BGH, Beschl. v. 7.7.2003 – II ZB 4/02 = BGHZ 155, 318 = ZIP 2003, 1698 ff.; hierzu: *Westermann*, ZIP 2005, 1849 (1855 f.); kritisch auch: *Mülbert*, Der Konzern 2004, 151 (158); *Swoboda*, GmbHR 2005, 649 ff.

168 Vgl. oben Kap. 1 C II 2.) d) (S. 26 ff.).

169 Vgl. nur: BGH, Urt. v. 15.1.1990 – II ZR 164/88 = BGHZ 110, 47 (Konkurs IBH/Lemmerz); BGH, Urt. v. 18.2.1991 – II ZR 104/90 = BGHZ 113, 335 = NJW 1991, 1754 ff.; BGH, Urt. v. 13.4.1992 – II ZR 277/90 = BGHZ 118, 83 (Konkurs BuM); BGH, Urt. v. 5.4.1993 – II ZR 195/91 = BGHZ 122, 180 = NJW 1993, 1983; BGH, Urt. v. 4.3.1996 – II ZR 89/95 = BGHZ 132, 133 = NJW 1996, 1286; BGH, Urt. v. 18.9.2000 – II ZR 365/98 = BGHZ 145, 150 = GmbHR 2000, 1198; BGH, Urt. v. 7.7.2003 – II ZR 235/01 = BGHZ 155, 329 = NJW 2003, 3127; BGH, Urt. v. 20.11.2006 – II ZR 176/05 = BGHZ 170, 47 (51) = BB 2007, 458 (459); OLG Köln, Urt. v. 2.2.1999 – 22 U 116-98 = GmbHR 1999, 663 f.; OLG Brandenburg, Urt. v. 1.7.1998 – 7 U 17/98 = GmbHR 1998, 1033 f.

170 *Hueck/Fastrich*, in: Baumbach/Hueck, 18. Aufl., 2006, § 19 Rn. 37 ff.; *Lutter/Bayer*, in: Lutter/Hommelhoff, 16. Aufl., § 5 Rn. 41 ff.; *Winter/Westermann*, in: Scholz, GmbHG, § 5 Rn. 80a; *Henze*, ZHR 154 (1990), 105; *Lutter*, in: FS Stiefel, S. 505 ff.; *Lutter/Gehling*, WM 1989, 1445; *Mülbert*, ZHR 154 (1990), 145 (170 ff.); *Priester*, ZIP 1991, 345 (347 ff.); *Ulmer*, ZHR 154 (1990), 128; *Raiser/Veil*, Recht der Kapitalgesellschaften, § 26 Rn. 76.

171 *Büchel*, GmbHR; 2007, 1065 (1068).

172 *Lutter*, in: FS Stiefel, S. 505 (507) spricht insoweit von einem „über 100 Jahre währenden Wettlauf zwischen wendigen Hasen, die immer neue Haken erfanden, und stetigen Gerichten, die wie Igel mehr und mehr ihre Stacheln aufstellten und sich auch nicht

B. Definition der verdeckten Sacheinlage

Von einer verdeckten Sacheinlage wird allgemein gesprochen, wenn im Gesellschaftsvertrag zwar die Erbringung einer Geldeinlage festgesetzt ist, die Gesellschaft aber andere Vermögensgegenstände vom Gesellschafter erwerben soll und deshalb dieser wirtschaftlich zusammengehörige Vorgang in ein Erwerbsgeschäft und eine Barzeichnung aufgespalten wird.[173] Formal betrachtet liegt also eine Bareinlage vor; wirtschaftlich betrachtet, wird der Gesellschaft jedoch nicht diese, sondern vielmehr eine Sacheinlage zugeführt.[174] Hinsichtlich der „offiziellen" Bareinlage kommt es demgegenüber zu einem unmittelbaren oder mittelbaren Einlagenrückfluss an den Inferenten.[175]

C. Die Voraussetzungen einer verdeckten Sacheinlage

Die Voraussetzungen, unter denen eine verdeckte Sacheinlage vorliegen soll, sind noch nicht endgültig geklärt. Insbesondere besteht keine Einigkeit darüber, ob der Tatbestand der verdeckten Sacheinlage rein objektiv oder auch anhand subjektiver Kriterien zu bestimmen ist. Auf die im Folgenden darzustellenden von Rechtsprechung und Literatur herausgearbeiteten Voraussetzungen knüpften die gesetzlichen Regelungen in § 19 Abs. 4 GmbHG n.F. sowie § 27 Abs. 3 AktG n.F. an.

I. Sacheinlagefähigkeit

Die Rechtsprechung[176] macht die Sacheinlagefähigkeit des „Gegenstandes" zur Voraussetzung der Anwendung des Rechtsinstituts der verdeckten Sacheinlage. Der den Grundsätzen der verdeckten Sacheinlage *„inhärente Vorwurf einer Umgehung der im Interesse des Gläubigerschutzes bestehenden Vorschriften über*

---

scheuten, kräftig zuzustechen."; *Unger*, Das Recht der Kapitalaufbringung und -erhaltung bei der Aktiengesellschaft, S. 99.
Verdeckte Sacheinlagen müssen von rechtlich zulässigen Rechtgeschäften zwischen Gesellschaftern und Gesellschaft abgegrenzt werden. Festzuhalten bleibt schließlich, dass die Gesellschafter grundsätzlich nicht daran gehindert sind, mit der Gesellschaft Rechtsgeschäfte abzuschließen; *Bayer*, ZIP 1998, 1985 (1985); *Gross*, AG 1991, 217 (219); *Werner*, GmbHR 2006, 45 (45). Die Gesellschaft ist als juristische Person auch gegenüber ihren Mitgliedern verselbstständigt, *Servatius*, DStR 2004, 1176 (1176)

173 BGH, Urt. v. 20.11.2006 – II ZR 176/05 = BGHZ 170, 47 (51) = BB 2007, 458 (459); *Hüffer*, AktG, 8. Aufl., 2008, § 27 Rn. 10; *Pentz*, in: MüKo AktG, § 27 Rn. 85; *Wirsch*, GmbHR 2007, 736 (737); *K. Schmidt*, GesellR, S. 887. Vgl. zu der nunmehrigen Legaldefinition, Kap. 5 B II, III, S 82 ff.

174 BGH, Urt. v. 16.3.1998 – II ZR 303/96 = GmbHR 1998, 588 (590); *Bayer*, in: Schmidt/Lutter, 1. Aufl., § 27 Rn. 51, 61; *Drygala*, NZG 2007, 561 (564).

175 Unschädlich sind demgegenüber rein schuldrechtliche Verwendungsabsprachen bei denen es allein um die Umsetzung einer Investitionsentscheidung des Gesellschafters geht und es nicht zu einem Mittelrückfluss kommt, OLG Hamm, Urt. v. 17.8.2004 – 27 U 189/03 = NZG 2005, 184 (185). Diese seien nur dann schädlich, wenn sie dazu bestimmt seien, die eingezahlten Mittel wieder an den Inferenten zurückfließen zu lassen, vgl. BGH, Urt. v. 22.03.2010 – II ZR 12/08 (ADCOCOM) = NJW 2010, 1948 (1950).

176 BGH, Urt. v. 20.11.2006 – II ZR 176/05 = BGHZ 170, 47 (51) = BB 2007, 458 (459); OLG Hamm, Urt. v. 17.8.2004 – 27 U 189/03 = NZG 2005, 184 (185).

Sacheinlagen setzt voraus, dass der oder die Gesellschafter den im Ergebnis erstrebten Erfolg einer Sacheinlage rechtmäßig unter Beachtung der dafür geltenden Vorschriften hätten erreichen können".[177] [178] Die Umgehungshandlung muss also den Tatbestandsmerkmalen der umgangenen Norm entsprechen. Nicht sacheinlagefähig sind daher schuldrechtliche Forderungen gegen den Inferenten selbst, welche erst neu begründet werden, wie beispielsweise Darlehens- oder Dienstleistungsansprüche gegen den Gesellschafter.[179] Diese entsprechen nicht den Anforderungen des § 27 Abs. 2 AktG (analog). Danach können nur Vermögensgegenständen, deren wirtschaftlicher Wert feststellbar ist, Gegenstände einer Sacheinlage sein. Halbsatz 2 stellt klar, dass Verpflichtungen zu Dienstleistungen nicht Sacheinlage sein können.[180]

Die Rechtsprechung lässt von diesem Grundsatz vereinzelt Ausnahmen zu: Trotz der Tatsache, dass keine Einlagefähigkeit gegeben ist, wird auch die verdeckte Einlage von Beratungsleistungen von den Regeln über die verdeckte Sacheinlage erfasst.[181]

Dass es sich bei der Sacheinlagefähigkeit des verdeckt eingelegten Gegenstandes um eine Voraussetzung für die Anwendung des Rechtsinstituts der verdeckten Sacheinlage handelt, wird jüngst – zumindest für die Einlage von Nutzungsrechten – bezweifelt.[182] Nutzungsrechte sind nur sacheinlagefähig, wenn ihnen ein wirtschaftlicher Wert beigemessen werden kann.[183] Die Frage nach dem wirtschaftlichen Wert ist wiederum davon abhängig, ob dem Recht eine bestimmte Nutzungsdauer zukommt.[184] [185]Ist diese Voraussetzung nicht erfüllt, ist der Vorgang unter dem Gesichtspunkt der Kapitalerhaltung zu bewerten. *Pentz* ist nunmehr der Ansicht, dass in den Fällen, in denen der Gesellschaft ein nicht sacheinlagefähiger Gegenstand zufließen soll, die Kapitalaufbringung besonders gefährdet sei und daher aus einem Erst-Recht-Schluss

---

177 BGH, Urt. v. 16.2.2009 – II ZR 120/07 (Qivive) = BGHZ 180, 38 = ZIP 2009, 713. Anders jedoch OLG Düsseldorf, v. 25.6.2008 – 18 U 25/08 = BB 2009, 180 (182 f.) m. Anm. Theusinger, welches für die AG entschieden hat, dass die Grundsätze der verdeckten Sacheinlage „erst recht" dann anwendbar sein müssten, wenn die Gegenleistung in nicht sacheinlagefähigen Dienstleistungen besteht.

178 *Habersack*, in: FS Priester, S. 157 (S. 163).

179 Zuletzt bestätigt durch: BGH, Urt. v. 16.2.2009 – II ZR 120/07 (Qivive) = BGHZ 180, 38 = ZIP 2009, 713.

180 Für das Aktienrecht folgt dies aus Art. 7 S. 1 der Kapitalrichtlinie.

181 BGH, Urt. v. 21.9.1978 – II ZR 214/77 = NJW 1979, 216; OLG Düsseldorf, 25.6.2008 – 18 U 25/08 = BB 2009, 180 (182); hierzu: *Pentz*, in: Rowedder/Schmidt-Leithoff, GmbHG, 2002, § 19 Rn. 160.

182 *Pentz*, GmbHR 2009, 505 (508); für die Einlagefähigkeit von Dienstleistungen: *Schall*, ZGR 2009, 126 (151).

183 BGH, Urt. v. 15.5.2000 – II ZR 359/98 = GmbHR 2000, 870; *Pentz*, ZGR 2001, 901.

184 BGH, Urt. v. 15.5.2000 – II ZR 359/98 = BGHZ 144, 290 (294); BGH, Urt. v. 14.6.2004 – II ZR 121/02 = BB 2004, 1925 (1926); *Pentz*, GmbHR 2009, 505 (508).

185 Der Zeitwert des Nutzungsrechts ist in diesem Fall aus dem für die Dauer des Rechts kapitalisierten Nutzungswertes zu errechnen, BGH, Urt. v. 14.6.2004 – II ZR 121/02 = BB 2004, 1925 (1926).

die Anwendbarkeit der Regeln über verdeckte Sacheinlagen zu folgern sei.[186] Er sieht hier auch eine Möglichkeit des normgerechten Verhaltens: Inferent und Gesellschaft müssen das geplante Vorhaben offen legen; hier seien die Sacheinlagevorschriften in angepasster Form anzuwenden.[187] *Schall*[188] spricht sich indes für eine Einlagefähigkeit von Dienstleistungen aus.[189] Nach der Veränderung des § 19 Abs. 5 GmbHG, der die bloße Einbringung einer schuldrechtlichen Forderung zulasse, entfalle ein wesentliches Argument gegen die Einlagefähigkeit. Auf diese, auf die Veränderungen des MoMiG folgende Diskussion, wird im Rahmen der Bewertung der Neuregelung einzugehen sein.[190]

II. Zeitlicher und sachlicher Zusammenhang

Voraussetzung einer verdeckten Sacheinlage ist das Bestehen eines zeitlichen und sachlichen Zusammenhangs zwischen Erwerbsgeschäft und Leistung der Einlage.[191] Ein sachlicher Zusammenhang liegt vor, wenn eine objektive Austauschbarkeit der Vorgänge gegeben ist, also der an die Gesellschaft veräußerte Vermögenswert im Rahmen der Kapitalmaßnahme als Sacheinlage hätte erbracht werden können.[192] Ein sachlicher Zusammenhang zwischen dem Erwerbsgeschäft und der Leistung der Einlage wird insbesondere angenommen, wenn die Hin- und Herzahlungen des Einlagebetrags ein einheitliches Geschäft darstellen. Dies soll dann der Fall sein, wenn die Zahlung des Entgelts an den Gesellschafter aus den Mitteln der Einlage selbst bewirkt wird, sonstige freie Mittel auch nicht zur Verfügung stehen und es sich um Abreden und Leistungen handelt, die wirtschaftlich zusammengehören und als Einheit gewollt sind. Eine Identität der Bareinlage mit den als Vergütung gezahlten Mitteln wird hierbei als Indiz angesehen.[193]

---

186 *Pentz*, GmbHR 2009, 505 (508).

187 *Pentz*, GmbHR 2009, 505 (509).

188 ZGR 2009, 126 (151).

189 Diese werden insbesondere von der Rechtsprechung nicht als sacheinlagefähig betrachtet, BGH, Urt. v. 15.5.2000 – II ZR 359/98 = BGHZ 144, 290 (294). OLG Düsseldorf, Urt. v. 25.6.2008 – I 18 U 25/08 = BB 2009, 180 ff. wendet die Grundsätze über verdeckte Sacheinlagen auch auf nicht sacheinlagefähige Vermögensgegenstände (hier Dienstleistung) an.

190 Kap. 5 B IV 5) (S. 97 ff.).

191 LG Frankfurt (Oder), Urt. v. 7.11.2007 – 11 O 111/07 = ZInsO 2008, 569 (570). Die Kriterien gehen zurück auf: *Ulmer*, in: Hachenburg, GmbHG, 7. Aufl., 1975, § 5 Rn. 129; *Raiser/Veil*, Recht der Kapitalgesellschaften, § 26 Rn. 79.

192 BGH, Urt. v. 21.11.2005 – II ZR 140/04 = BGHZ 165, 113 = NJW 2006, 509 (509) = ZIP 2005, 2203 (2203) (bei Kapitalerhöhung); a.A.: OLG Schleswig, Urt. v. 27.5.2004 – 5 U 132/03 = ZIP 2004, 1358 ff.; *Lutter*, in: FS Stiefel, S. 505 (S. 514); *Pentz*, ZIP 2003, 2093 (2095); *Ulmer*, ZHR 154 (1990), 128 (140). Ausreichend soll es aber auch sein, wenn der Gesellschafter den ihm nicht gehörende Einlagegegenstand bis zur Begründung der Bareinlagepflicht hätte erwerben oder die Voraussetzungen für einen solchen Erwerb hätte schaffen können, vgl.: *Henze*, ZHR 154 (1990), 105 (112); *Raiser/Veil*, Recht der Kapitalgesellschaften, § 26 Rn. 79.

193 *Ulmer*, in: Hachenburg, GmbHG, § 5 Rn. 147a.; *Henze*, ZHR 154 (1990), 105 (113).

Das Kriterium des zeitlichen Zusammenhangs soll demgegenüber erfüllt sein, wenn die Geschäfte aufgrund ihrer zeitlichen Nähe zur Kapitalaufbringung mit dieser eine wirtschaftliche Einheit bilden. Spätere Erwerbsgeschäfte sollen dann nicht erfasst werden, wenn die Vorgänge zwar im Nachhinein austauschbar erscheinen, bei Anwendung kaufmännischer Sorgfaltsmaßstäbe das Erwerbsgeschäft aber weder im Voraus planbar war noch rechtzeitig abgewickelt werden konnte. Als Obergrenze wird überwiegend eine Grenze von etwa sechs Monaten[194] genannt. Die zeitliche Grenze soll jedoch nicht schematisch und losgelöst vom Einzelfall angewandt werden, sondern unter Berücksichtigung der Besonderheiten des Einzelfalls.[195]

III. Das Erfordernis eines Gestaltungswillens

Insbesondere über das Erfordernis eines subjektiven Kriteriums bestand lange Zeit Uneinigkeit. Anders als noch das Reichsgericht[196] verlangte der BGH[197] keine Umgehungsabsicht. Die einseitige Erwartung des Gesellschafters, die Gesellschaft werde mit den eingelegten Barmitteln einen Vermögensgegenstand von ihm erwerben, reichte jedoch ebenfalls nicht aus[198]: Vielmehr wurde das Vorhandensein einer Abrede, die den wirtschaftlichen Erfolg der verdeckten Sacheinlage umfasst, vorausgesetzt.[199] Diese Abrede musste nicht aus-

---

Mit der großen Diskrepanz zwischen Einlagebetrag und Kaufpreis lehnt das OLG Hamm in der Entscheidung vom 17.8.2004 – 27 U 189/03 = NZG 2005, 184 (185) das Vorliegen einer verdeckten Sacheinlage ab. In dem der Entscheidung zugrunde liegenden Sachverhalt bestand eine Einlageverpflichtung in Höhe von 128.000 € wohingegen der Kaufpreis bei mehr als 377.000 € lag.

194 LG Frankfurt (Oder), Urt. v. 7.11.2007 – 11 O 111/07 = ZInsO 2008, 569 (570); *Pentz*, in: MüKo, AktG, § 27 Rn. 96; *ders.*, ZIP 2003, 2093 (2095); *Priester*, in: Scholz, GmbHG, § 56 Rn. 25; *Ulmer*, in: Großkomm. GmbHG (2005) § 5 Rn. 171; *Lutter/Gehling*, WM 1989, 1445 (1447); a.A: *Mayer*, NJW 1990, 2593 (2598); max. 1 Jahr: *Raiser/Veil*, Recht der Kapitalgesellschaften, § 26 Rn. 80.

195 *Pentz*, in: MüKo, AktG, § 27 Rn. 96.

196 RG, Urt. v. 23.4.1928 – VI 296/27 = RGZ 121, 99 (102); RG, Urt. v. 5.3.1938 – II 104/37 = RGZ 157, 213 (224); RG, Urt. v. 19.5.1941 – II 126/40 = 167, 99 (108).

197 Zunächst noch: BGH, Urt. v. 10.11.1958 – II ZR 3/57 = BGHZ 28, 314 = NJW 1959, 383; BGH, Urt. v. 21.09.1978 – II ZR 214/77 = NJW 1979, 216. Dann aber: BGH, Urt. v. 15.01.1990 – II ZR 164/88 = NJW 1990, 982 (986); ebenso: OLG Koblenz, Urt. v. 28.4.1988 – 6 U 227/87 = DB 1988, 1106 (1107). Aus der Literatur: *Lutter/Bayer*, in: Lutter/Hommelhoff, 16. Aufl., § 5 Rn. 43; *Lutter*, in: FS Stiefel, S. 505 (512); *K. Schmidt*, GesellR, S. 888.

198 OLG Köln, v. 22.5.1990 – 22 U 272/89 = ZIP 1990, 717 (718); *Pentz*, in: MüKo AktG, § 27 Rn. 94; *Röhricht*, in: Großkomm. AktG, § 27 Rn. 199; *Bayer*, in: Schmidt/Lutter, 1. Aufl., § 27 Rn. 53; *Henze*, ZHR 154 (1990), 105 (114).

199 BGH, Urt. v. 15.01.1990 – II ZR 164/88 = BGHZ 110, 47 = NJW 1990, 982 (985 f.); BGH, Urt. v. 4.3.1996 – II ZR 89/95 = BB 1996, 711; BGH, Urt. v. 11.2.2008 – II ZR 171/06 = NZG 2008, 311 f.; BGH, Urt. v. 18.2.2008 – II ZR 132/06 = NZG 2008, 425 (426 f.); LG Frankfurt (Oder), Urt. v. 7.11.2007 – 11 O 111/07 = ZInsO 2008, 569 (570). Aus der Literatur: *Pentz*, in: MüKo AktG, § 27 Rn. 94; *Röhricht*, in: Großkomm. AktG, § 27 Rn. 197; *Bayer*, in: Schmidt/Lutter, 1. Aufl., § 27 Rn. 52; *Bayer*, in: Lutter/Hommelhoff, 17. Aufl., § 19 Rn. 54; *Winter/Westermann*, in: Scholz, GmbHG, § 5 Rn. 77; *Emde*, GmbHR 2003,

drücklich getroffen werden; vielmehr war eine stillschweigende Billigung hierfür ausreichend.[200] Beweisschwierigkeiten überwand der BGH dadurch, dass er dem Bestehen eines sachlichen und zeitlichen Zusammenhangs Indizwirkung beimaß.[201] Stand ein zeitlicher und sachlicher Zusammenhang fest, folgte hieraus eine tatsächliche Vermutung für eine Abrede.[202] Die Vermutung konnte der beweispflichtige Inferent nur dadurch widerlegen, dass er nachwies, dass es sich bei dem vorgenommenen Rechtsgeschäft eindeutig um ein Verkehrsgeschäft handelt.[203] Das Fehlen eines zeitlichen Zusammenhangs konnte demgegenüber dadurch überwunden werden, dass das Bestehen einer Abrede nachgewiesen werden konnte.[204]

IV. Abgrenzung von bloßen Umsatzgeschäften

In der Literatur wurde vorgeschlagen, bloße Umsatzgeschäfte aus dem Anwendungsbereich der Lehre von der verdeckten Sacheinlage auszuklammern.[205] Auch das OLG Hamm stellte in seiner Entscheidung vom 17.8.2004[206] fest, dass gewöhnliche Umsatzgeschäfte keine Umgehung der Sachgründungsvorschriften darstellen. Ein Umsatzgeschäft wird angenommen, wenn die Gesellschaft vertretbare Gegenstände, die sie im Rahmen des laufenden Geschäftsverkehrs benötigt, vom Gesellschafter zum Marktpreis erwirbt.[207] Teilweise wurde hierüber hinaus gefordert, dass die Sachlieferungen im Rahmen laufender Geschäftsbeziehungen erfolgen und auch zu dem üblichen Ge-

---

1034 (1035); *Priester*, ZIP 1991, 345 (351). Maßgeblicher Zeitpunkt hierfür ist die Feststellung der Satzung. Bei einer Einpersonen-GmbH ist eine auf den wirtschaftlichen Erfolg einer Sach- anstelle einer Geldeinlage abzielende Abrede nicht erforderlich; ein entsprechendes „Vorhaben" des Alleingesellschafters ist ausreichend, BGH, Urt. v. 11.2.2008 – II ZR 171/06 = NZG 2008, 311 (312).

200 *Bayer*, in: Schmidt/Lutter, 1. Aufl., § 27 Rn. 52; *Bayer*, in: Lutter/Hommelhoff, 17. Aufl., § 19 Rn. 54.

201 BGH, Urt. v. 21.2.1994 – II ZR 60/93 = BGHZ 125, 141 = NJW 1994, 1477 (1477); BGH, Urt. v. 4.3.1996 – II ZR 89/95 = BGHZ 132, 133 (139) = NJW 1996, 1286 (1288); BGH, Urt. v. 2.12.1999 – IX ZR 415/98 = NJW 2000, 725 (726); so auch: *Pentz*, in: MüKo AktG, § 27 Rn. 96; *Röhricht*, in: Großkomm. AktG, § 27 Rn. 203; *v. Gerkan*, GmbHR 1992, 433 (434); *Henze*, ZHR 154 (1990), 105 (114); *Mülbert*, ZHR 154 (1990), 187 ff.; *Priester*, ZIP 1991, 345 (352); *Ulmer*, ZHR 154 (1990), 128 (141).

202 BGH, Urt. v. 04.03.1996 – II ZR 89/95 = BGHZ 132, 133 (139) = NJW 1996, 1286; BGH, Urt. v. 16.9.2002 – II ZR 1/00 = BGHZ 152, 37 = NJW 2002, 3774 (3777); LG Frankfurt (Oder), Urt. v. 7.11.2007 – 11 O 111/07 = ZInsO 2008, 569 (570); *Bayer*, in: Schmidt/Lutter, 1. Aufl., § 27 Rn. 52; *Pentz*, ZIP 2003, 2093 (2095).

203 *Lutter/Bayer*, in: Lutter/Hommelhoff, 16. Aufl., § 5 Rn. 43; *Bayer*, in: Schmidt/Lutter, 1. Aufl., § 27 Rn. 52.

204 BGH, Beschl. v. 4.3.1996 – II ZB 8/95 = BGHZ 132, 141 (148); *Röhricht*, in: Großkomm. AktG, § 27 Rn. 201; *Lutter/Bayer*, in: Lutter/Hommelhoff, 16. Aufl., § 5 Rn. 43; *Bayer*, in: Schmidt/Lutter, 1. Aufl., § 27 Rn. 52.

205 *Bezzenberger*, JZ 2007, 946 (948); *Henze*, ZHR 154 (1990), 105 (112 f.); *Ulmer*, ZHR 154 (1990), 128 (142); wohl auch: *Pentz*, in: MüKo, AktG, § 27 Rn. 97.

206 27 U 189/03 = NZG 2005, 184 ff.

207 *Ulmer*, ZHR 154 (1990), 128 (142).

schäftsbetrieb des Gesellschafters gehören müsse.[208] Derartige Geschäfte sollten aus dem Anwendungsbereich der Lehre von der verdeckten Sacheinlage herausfallen, weil sie auch mit jedem beliebigen Dritten hätten geschlossen werden können und deshalb als unverdächtig erscheinen.[209] Nach Ansicht des OLG Hamm kam es darauf an, ob das im Rahmen der Verfolgung des Unternehmenszwecks vereinbarten Rechtsgeschäft einem Drittvergleich standhielt, also ob vergleichbare Konditionen vorliegen, wie sie auch mit einem außenstehenden Dritten vereinbart worden wären.[210]

Der BGH wandte sich indes gegen eine generelle Ausklammerung gewöhnlicher Umsatzgeschäfte aus dem Anwendungsbereich der Lehre von der verdeckten Sacheinlage: *„Zur effektiven Durchsetzung der Kapitalschutzvorschriften erscheint es nicht in jedem Fall zwingend geboten, dem Inferenten den Nachweis des Fehlens einer Vorabsprache aufzuerlegen, wenn er einige Zeit nach der Gründung der Gesellschaft mit ihr ein normales Umsatzgeschäft des laufenden Geschäftsverkehrs wie mit jedem Dritten abschließt."*[211]

D. Die Fallgruppen der verdeckten Sacheinlage

Im Laufe der Zeit haben sich einige Fallgruppen herausgebildet, bei denen Rechtsprechung und Lehre eine verdeckte Sacheinlage annehmen.

I. Das Hin- und Herzahlen gegen die Übertragung von Vermögensgegenständen

Beim sog. Hin- und Herzahlen[212] gibt es zwei Gestaltungsmöglichkeiten: Entweder zahlt der Gesellschafter zunächst auf seine Bareinlagepflicht und die Gesellschaft verwendet diese Mittel sodann zum Erwerb eines Vermögensgegenstandes des Gesellschafters oder die Gesellschaft erwirbt zunächst den Gegenstand und der Inferent begleicht sodann mit den Mitteln, mit denen die Gesellschaft ihre Kaufpreisschuld erfüllte, seine Einlagepflicht.[213] In beiden Fällen bestand von Anfang an die Möglichkeit, den Gegenstand, den die Gesellschaft letztlich erlangen soll, als Sacheinlage einzubringen. Insbesondere kommt es nicht auf die Reihenfolge, in der die Leistungen erfolgen, an.[214] Mit den Worten des BGH gleicht die Geldleistung des Einlegers in beiden Fällen

---

208 *V. Gerkan*, GmbHR 1992, 433 (434 f.).

209 *Pentz*, in: MüKo AktG, § 27 Rn. 97; *Hansen*, S. 228.

210 OLG Hamm, Urt. v. 17.8.2004 – 27 U 189/03 = NZG 2005, 184 (184).

211 BGH, Urt. v. 20.11.2006 – II ZR 176/05 = BGHZ 170, 47 = BB 2007, 458 (461).

212 BGH, Urt. v. 16.3.1998 – II ZR 303/96 = NJW 1998, 1951 (1952); vgl. hierzu auch: *Schöpflin*, GmbHR 2003, 57 (58).

213 Hierbei kommt es nicht auf eine gegenständliche Identität der von dem Inferenten ein- und der an ihn zurückgezahlten Geldmittel an. Der Tatbestand einer verdeckten Sacheinlage ist vielmehr als wirtschaftlicher Vorgang zu erfassen, BGH, Urt. v. 18.2.2008 – II ZR 132/06 = BGHZ 175, 265 = DB 2008, 920 (922) (Rheinmöve); BGH, Urt. v. 11.5.2009 – II ZR 137/08 = DB 2009, 1285 (1286).

214 *Bayer*, GmbHR 2004, 445 (449).

einem *„geworfenen Ball, der an einem Gummiband hängt und wieder zurückschnellt."*[215]

II. Die Einbringung einer Altforderung gegen die Gesellschaft

Auch im Hinblick auf die durch die Kapitalrichtlinie aufgestellten europarechtlichen Vorgaben am meisten umstritten ist die Einordnung der Einbringung von Altforderungen des Inferenten gegen die Gesellschaft.[216] Das Verrechnen von Altforderungen durch den Inferenten bei vereinbarter Bareinlage stellt nach Ansicht der Rechtsprechung[217] und weiten Teilen der Literatur[218] eine verdeckte Sacheinlage dar.[219] In Wirklichkeit bringe der Inferent hier nicht Geld, sondern eine Forderung in die Gesellschaft ein. Forderungen könnten jedoch nur als Sacheinlagen eingebracht werden. Der BGH geht *„sowohl dann (...), wenn erst die Einlage eingezahlt und (diese) sodann zur Tilgung der Gesellschafterforderung zurückgezahlt wird als auch dann, wenn in umgekehrter Reihenfolge erst die Gesellschafterforderung getilgt und der erhaltene Betrag sodann ganz oder teilweise als Einlage zurückgezahlt wird"*[220], von einer verdeckten Sacheinlage aus. Dass Forderungen auf ihre Werthaltigkeit überprüft werden müssen, folge aus dem Umstand, dass ihr Wert sehr stark von der Bonität des Schuldners abhängt und damit ähnliche Bewertungsschwierigkeiten bestünden wie bei der Einbringung von sonstigen Vermögensgegenständen.[221] Vereinzelt wird vertreten, dass Forderungen des Gesellschafters gegen die Gesellschaft stets vollwertig seien, da sie in der Bilanz in voller Höhe zu passivieren sind und durch den

---

215 BGH, Urt. v. 10.11.1958 – II ZR 3/57 = BGHZ 28, 314 = NJW 1959, 383 (383).

216 Zum Vergleich: Sowohl das englische als auch das französische Recht verstehen die Aufrechnung mit einer Forderung als Bareinlage. In Frankreich fallen unter den Begriff der Bareinlage: (1) die Zahlung von Geld, (2) die Verrechnung bzw. Aufrechnung, (3) die Umwandlung von Rücklagen, Gewinnen oder des Agios, (4) die Vereinbarung der Erfüllung teils durch Geldzahlung und teils durch Umwandlung (art. 228-7), im englischen Recht werden Bareinlagen als Einlagen definiert, die (1) entweder in Bargeld, oder (2) in einem Scheck, den die Direktoren der Gesellschaft in gutem Glauben erhalten haben und bei welchem sie keinen Anlass haben, von der Nichteinlösung auszugehen oder (4) in dem Versprechen besteht, an einem in der Zukunft liegenden Zeitpunkt Geld zu zahlen (s. 738 (2) CA 85), vgl. *Koll-Möllenhoff,* Das Prinzip des festen Grundkapitals, S. 111, 121, 124.

217 BGH, Urt. v. 15.1.1990 – II ZR 164/88 = BGHZ 110, 47 = NJW 1990, 982 (985) (IBH/Lemmerz).

218 *Pentz,* in: MüKo AktG, § 27 Rn. 114; *Bayer,* in: Schmidt/Lutter, 1. Aufl., § 27 Rn. 59; *Bayer,* in: Lutter/Hommelhoff, 17. Aufl., § 19 Rn. 58; a.A.: *Meilicke,* DB 1989, 1067 (1072 ff.).

219 Nach BGH, Beschl. v. 4.3.1996 – II ZB 8/95 = BGHZ 132, 141 (145 ff.) sowie BGH, Urt. v. 16.9.2002 – II ZR 1/00 = BGHZ 152, 37 (42 ff.) gilt dies auch, wenn die Forderung des Gesellschafters im Zeitpunkt der Kapitalerhöhung zwar noch nicht bestand, aber bereits absehbar war und die Beteiligten bereits eine Abrede über das Verkehrsgeschäft getroffen haben.

220 BGH, Urt. v. 18.2.1991 – II ZR 104/90 = BGHZ 113, 335 (345).

221 *Bayer,* in: Schmidt/Lutter, 1. Aufl., § 27 Rn. 59.

Forderungswegfall entsprechende Aktiva frei werden.[222] Dem folgt die h.M. indes nicht.[223] Bilanzielle Auswirkungen müssten insoweit ohne Beachtung bleiben, da andernfalls Verluste in Kapital umgewandelt werden könnten. Daher sei allein der objektive Vermögenswert der Forderung für die Bewertung maßgeblich.[224] Für die Einordnung als Sacheinlage wird außerdem vorgebracht, dass andernfalls der Eindruck entstünde, der Gesellschaft seien neue Barmittel zugeführt worden, obwohl sie letztlich „lediglich" von einer Verbindlichkeit befreit wird.[225]

III. Rechtsgeschäfte unter Einschaltung Dritter

Auch das Einschalten dritter Personen, insbesondere Tochterunternehmen, ändert nichts an der Geltung der Lehre von der verdeckten Sacheinlage, andernfalls würden hier Umgehungsmöglichkeiten eröffnet.[226] Der Tatbestand der verdeckten Sacheinlage setzt eine personelle Identität zwischen dem Inferenten und dem „Auszahlungsempfänger" nicht voraus.[227] Streitig ist insoweit, auf welche Zuordnungskriterien abzustellen ist: In Betracht kommt eine Orientierung an §§ 89 Abs. 3 S. 1, 115 Abs. 2 AktG und 138 Abs. 1 InsO.[228] Andere fragen, ob der Inferent in gleicher Weise begünstigt wird wie bei einer Leistung an ihn selbst.[229] Möglich ist es aber auch, darauf abzustellen, ob je-

222 *Gessler*, in: FS Möhring, 1975, S. 173 (191); *Honsell*, in: FS Frotz, 1993, S. 307 (316 f.); *Karollus*, ZIP 1994, 589 (595); *Meilicke*, Die verschleierte Sacheinlage, S. 23 ff.; *Koll-Möllenhoff*, Das Prinzip des festen Grundkapitals im europäischen Gesellschaftsrecht, S. 97, nach dessen Ansicht die Einbringung einer Forderung des Aktionärs zum Nennwert für die restlichen Gläubiger kein Nachteil darstelle, selbst wenn sich die Gesellschaft in der Insolvenz befindet, da der einbringende Gläubiger zugunsten der anderen Gläubiger von seiner bevorrechtigten Position zurücktrete.

223 *Pentz*, in: MüKo AktG, § 27 Rn. 114; in diese Richtung auch: *Brandner*, in: FS Boujong, S. 37 (40).

224 *Lutter*, in: FS Stiefel, S. 505 (515 f.). Dies wird in anderen Mitgliedsstaaten anders bewertet. Vgl. hierzu auch: Schlussanträge *Tesauro*: DB 1992, 1668 (1670).

225 *Pentz*, in: MüKo AktG, § 27 Rn. 114.

226 BGH, Urt. v. 21.2.1994 – II ZR 60/93 = BGHZ 125, 141 = NJW 1994, 1477 (1477 f.); BGH, Urt. v. 2.12.2002 – II ZR 101/02 = BGHZ 153, 107 = NJW 2003, 825 (825); BGH, Urt. v. 16.1.2006 – II ZR 76/04 = BGHZ 166, 8 = NJW 2006, 1736 (1738); vgl. hierzu: *Pentz*, in: MüKo AktG, § 27 Rn. 117; *Kreuels*, S. 42 ff. unter dem Aspekt des „personalen Zusammenhangs".

227 BGH, Urt. v. 21.2.1994 – II ZR 60/93 = BGHZ 125, 141 = NJW 1994, 1477 (1477 f.); BGH, Urt. v. 2.12.2002 – II ZR 101/02 = BGHZ 153, 107 = NJW 2003, 825 (825); BGH, Urt. v. 20.11.2006 – II ZR 176/05 = BGHZ 170, 47 = BB 2007, 458 (459); BGH, Urt. v. 01.02.2010 – II ZR 173/08 = JZ 2011, 50 (51) m. Anm. *Drygala*.

228 *Lutter/Bayer*, in: Lutter/Hommelhoff, § 5 Rn. 45; *Bayer*, in: Lutter/Hommelhoff, 17. Aufl., § 19 Rn. 61: Eine Zurechnung soll erfolgen, wenn der Leistungsaustausch mit Personen, die im Innenverhältnis für die Rechnung des Inferenten handeln oder für deren Rechnung der Inferent zeichnet, stattfindet.

229 BGH, Urt. v. 4.3.1996 – II ZR 89/95 = BB 1996, 711 (712); BGH, Urt. v. 2.12.2002 – II ZR 101/02 = BGHZ 153, 107 = NJW 2003, 825 (825); BGH, Urt. v. 16.01.2006 - II ZR 76/04 = BGHZ 166, 8 = NJW 2006, 1736 (1738); BGH, Urt. v. 20.11.2006 – II ZR 176/05 = BGHZ 170, 47 = BB 2007, 458 (459); BGH, Urt. v. 01.02.2010 – II ZR 173/08 = JZ 2011, 50 (51) m.

mand als Treuhänder auftritt[230] oder, ob eine Unternehmensverbindung besteht.[231] Eine Zurechnung hat zu erfolgen, wenn die Gesellschaft, an die die Leistung erbracht wird, vom Inferenten beherrscht wird. Es reicht hier aus, wenn eine maßgebliche Beteiligung besteht, so dass der Umstand, dass die Gesellschaft durch mehrere Inferenten beherrscht wird, einer Zurechnung nicht entgegensteht.[232]
In seiner Entscheidung vom 12.2.2007[233] bezog der BGH zu Gestaltungen innerhalb eines Konzerns Stellung und nahm hier eine Abgrenzung vor: Hier reiche das Bestehen einer konzernmäßigen Verbindung allein nicht für die Annahme einer verdeckten Sacheinlage. Vielmehr sei darauf zu achten, dass die in einem Konzern verbundenen Unternehmen rechtlich selbstständig sind und eine rein mittelbare Mitbegünstigung wegen der Einbindung im Konzernverbund alleine nicht genügt.[234]

IV. Das Schütt-aus-hol-zurück-Verfahren

Das sog. Schütt-aus-hol-zurück- Verfahren war unter Anwendung des Anrechnungsverfahrens[235] besonders beliebt, weil die Belastung durch die Körperschaftsteuer geringer war als diejenige bei Thesaurierung der Gewinne.[236] Im Rahmen dieses Verfahrens kommt es zunächst zu einer Gewinnausschüttung. Die ausgeschütteten Mittel werden sodann für eine Kapitalerhöhung verwendet. Die Einbringung des Dividendenanspruchs wird von der Rechtsprechung als Leistung einer Sacheinlage bewertet.[237] Dass es sich hierbei um eine Sacheinlage handelt, ist nicht ohne weiteres verständlich. Schließlich liegt dem Gewinnverwendungsbeschluss eine testierte Bilanz zugrunde. Durch die Prüfung der Bilanz durch den Abschlussprüfer hat eine unabhängige Überprüfung stattgefunden, so dass von den Gesellschaftern oftmals von einer ausreichenden Bewertung und Feststellung der Werthaltigkeit der Forderung

---

Anm. *Drygala;* OLG Hamm, Urt. v. 17.8.2004 – 27 U 189/03 = NZG 2005, 184 (186); hierzu: *Habetha,* ZGR 1998, 305 (320 ff.).

230 BGH, Urt. v. 15.1.1990 – II ZR 164/88 = BGHZ 110, 47 = = NJW 1990, 982 (986).; *Pentz,* in: MüKo AktG, § 27 Rn. 120.

231 BGH, Urt. v. 16.01.2006 - II ZR 76/04 = BGHZ 166, 8; BGH, Urt. v. 20.11.2006 – II ZR 176/05 = JZ 2007, 943 (944); *Pentz,* in: MüKo AktG, § 27 Rn. 121, Auf eine Identität von Einleger und Auszahlungsempfänger komme es nicht an; vielmehr reicht es aus, wenn der Einleger durch die Leistung des Dritten bzw. an den Dritten mittelbar in gleicher Weise begünstigt wird, wie durch eine unmittelbare Leistung.

232 BGH, Urt. v. 16.1.2006 – II ZR 76/05 = GmbHR 2006, 477 (479); *Bayer,* In: Schmidt/Lutter, 1. Aufl., § 27 Rn. 62; *Bayer/Lieder,* GmbHR 2006, 449 (450 f.).

233 BGH, Urt. v. 12.2.2007 – II ZR 272/05 = WM 2007, 603 ff..

234 BGH, Urt. v. 12.2.2007 – II ZR 272/05 = WM 2007, 603 (604 f.) = BGHZ 171, 113; zustimmend: *Hennrichs/Petig,* WuB 2007, 423; ablehnend: *Bayer,* in: Lutter/Hommelhoff, 17. Aufl., § 19 Rn. 62.

235 Dieses galt bis zum Jahr 2000. Vgl. hierzu: *Hey,* in: Tipke/Lang, Steuerrecht, § 11 Rn. 9.

236 *Heidinger/Benz,* in: Spindler/Stilz, AktG, 2. Aufl., § 27 Rn. 153 ff.; *Lutter/Zöllner,* ZGR 1996, 164 (165).

237 Für die GmbH: BGH, Urt. v. 18.2.1991 – II ZR 104/90 = BGHZ 113, 335 (342).

ausgegangen wurde.[238] Jedoch wurde vom BGH eingewandt, dass das Gewinnfeststellungsverfahren die Werthaltigkeit der Forderung nicht hinlänglich gewährleisten könne.[239] Selbst bei gewissenhafter Inventur und Bilanzierung bestünden schließlich rechtliche und tatsächliche Bewertungsspielräume.[240] Andererseits soll ein solches Verfahren jedoch zulässig sein, wenn die Vorschriften über eine Kapitalerhöhung aus Gesellschaftsmitteln eingehalten werden.[241] Nach Änderung des Steuerrechts ist dieses Verfahren inzwischen jedoch nicht mehr vorzugswürdig, da zwischen ausgeschütteten und thesaurierten Gewinnen nunmehr nicht mehr unterschieden wird, womit diese Fallgruppe an Praxisrelevanz stark eingebüßt hat.[242]

E. Die Rechtsfolgen verdeckter Sacheinlagen nach der Lehre von der verdeckten Sacheinlage

I. Die Rechtsfolgen im Aktienrecht bis zum ARUG

Die Kapitalrichtlinie trifft keine Regelung für die Umgehungsproblematik im Aktienrecht. Das Aktiengesetz enthielt – bis zur Veränderung durch das ARUG – ebenfalls keine Regelung dieses Sachkomplexes. Die Rechtsprechung wandte § 27 Abs. 3 AktG a.F. an. Gem. § 27 Abs. 3 S. 3 AktG a.F. war der Aktionär, wenn die Vereinbarung einer Sacheinlage unwirksam war, dazu verpflichtet, den Ausgabebetrag der Aktie einzubezahlen. S. 1 a.F. bestimmte hierzu, dass Verträge über Sacheinlagen und die Rechtshandlungen zu ihrer Ausführung unwirksam waren, wenn sie nicht den Festsetzungen nach Absatz 1 entsprachen. In den Fallgruppen der verdeckten Sacheinlage wurde formal eine Bareinlage geleistet, womit rein formal betrachtet § 27 Abs. 3 S. 1 AktG a.F. nicht einschlägig war. Wirtschaftlich betrachtet lag jedoch eine Sacheinlage vor, die dann wiederum nicht den Voraussetzungen des § 27 Abs. 3 S. 1 AktG a.F. entsprach und damit – bei wirtschaftlicher Betrachtung des Vorgangs – Abs. 3 S. 3 a.F. zur Anwendung kommen ließ. Das Fehlen einer ausdrücklichen gesetzlichen Regelung führte zur Entwicklung der Lehre von der verdeckten Sacheinlage.

1.) Keine Erfüllungswirkung der Geldleistung

Nach der Lehre von der verdeckten Sacheinlage war Rechtsfolge einer verdeckten Sacheinlage die Anwendung der umgangenen Norm. Rechtsprechung[243] und Lehre[244] wandten § 27 Abs. 3 S. 1 AktG a.F. an und gingen davon

238 *Lutter/Zöllner*, ZGR 1996, 164 (180 ff.).

239 BGH, Urt. v. 18.2.1991 – II ZR 104/90 = BGHZ 113, 335 (342); zustimmend: *Priester*, ZIP 1991, 345 (354 f.).

240 *Hansen*, S. 228.

241 Geregelt in § 210 AktG. Für die GmbH: BGH, Urt. v. 26.5.1997 – II ZR 69/96 = BGHZ 135, 381 (384ff.) = NJW 1997, 2516 f.; *Bayer*, ZIP 1998, 1985 (1989); *Lutter/Zöllner*, ZGR 1996, 164 (178 ff.).

242 *Vetter*, Verh. des 66. DJT, Gutachten P 86.

243 Bereits das Reichsgericht vertrat die Lehre von der verdeckten Sacheinlage: RG, Urt. v. 23.4.1928 – VI 296/27 = RGZ 121, 99 (102); der BGH führte diese Lehre sodann fort:

aus, dass eine verdeckte Sacheinlage nicht dazu geeignet sei, die vereinbarte Bareinlageschuld zu erfüllen.[245] Den vorgenommenen Rechtsgeschäften wurde die Erfüllungswirkung abgesprochen. Die Einlageverpflichtung des Inferenten bestand somit in voller Höhe fort.[246] Der Gesellschafter musste die Einlage (noch einmal) [247] leisten und dieses Mal in bar. Diese Rechtsfolge trat unabhängig davon ein, ob der eingebrachte Vermögensgegenstand den Wert des übernommenen Einlagebetrages erreichte oder sogar überstieg.[248] Ohne Beachtung blieb zudem, ob und inwieweit sein Wert endgültig im Vermögen der Gesellschaft verblieb.[249]

BGH, Urt. v. 13.10.1954 - II ZR 182/53 = BGHZ 15, 52 = NJW 1954, 1842; BGH, Urt. v. 10.11.1958 – II ZR 3/57 = BGHZ 28, 314 = NJW 1959, 383; BGH, Urt. v. 15.1.1990 – II ZR 164/88 = BGHZ 110, 47 = NJW 1990, 982 (Konkurs IBH/Lemmerz); BGH, Urt. v. 18.2.1991 – II ZR 104/90 = BGHZ 113, 335 = NJW 1991, 1754 ; BGH, Urt. v. 13.4.1992 – II ZR 277/90 = BGHZ 118, 83 = ZIP 1992, 995 (Konkurs BuM); BGH, Urt. v. 5.4.1993 – II ZR 195/91 = BGHZ 122, 180 = NJW 1993, 1983; BGH, v. 7.7.2003 – II ZR 235/01 = GmbHR 2003, 1051; BGH, Urt. v. 18.9.2000 – II ZR 365/98 = BGHZ 145, 150 = GmbHR 2000, 1198; BGH, Urt. v. 4.3.1996 – II ZB 8/95 = BGHZ 132, 141 = NJW 1996, 1473; OLG Köln, Urt. v. 2.2.1999 – 22 U 116-98 = GmbHR 1999, 663 f.; OLG Brandenburg, Urt. v. 1.7.1998 – 7 U 17-98 = GmbHR 1998, 1033 f. Die hier aufgezählten Urteile stammen sowohl aus dem Aktien- als auch aus dem GmbH-Recht.

244 *Lutter/Bayer*, in: Lutter/Hommelhoff, 16. Aufl., § 5 Rn. 41 ff.; *Pentz*, in: MüKo AktG, § 27 Rn. 86; *Bayer*, in: Schmidt/Lutter, 1. Aufl., § 27 Rn. 49; *Lutter*, in: FS Stiefel, S. 505 (510); *Lutter/Gehling*, WM 1989, 1445 ff.; *Mülbert*, Der Konzern 2004, 151 (158 f.); zumindest de lege lata: *Bayer*, in: AktienR im Wandel, Band II, S. 743 (17. Kap. Rn. 86); *Bayer*, ZIP 1998, 1987 ff.; *Ihrig*, ZHR 153 (1989), 354 ff.; *Hansen*, S. 216.

245 Die dogmatische Grundlage ist str.: z.T. wird von einer verbotenen Leistung an Erfüllungsstatt ausgegangen und einem Verstoß gegen das Aufrechnungsverbot des § 66 Abs. 1 AktG (*Mülbert*, ZHR 154 (1990), 145 (171), z.T. wird von einem Verstoß gegen das Erfordernis der endgültig freien Verfügung gesprochen (*Hueck/Fastrich*, in: Baumbach/Hueck, 18. Aufl. 2006, § 7 Rn. 8, § 19 Rn. 9, 38; *Bayer*, in: Schmidt/Lutter, 1. Aufl., § 27 Rn. 54; *Schall*, ZGR 2009, 126 (135); *Winter/Veil*, in: Scholz, GmbH, § 7 Rn. 36, letztlich wird vertreten, dass sich die Lehre von der verdeckten Sacheinlage nicht aus einzelnen Vorschriften herleiten lasse, sondern aus einer Gesamtbetrachtung des Sacheinlagerechts und damit aus dem Grundsatz der realen Kapitalaufbringung folge (BGH, Urt. v. 15.01.1990 – II ZR 164/88 = BGHZ 110, 47 = NJW 1990, 982 (986); BGH, Urt. v. 20.11.2006 – II ZR 176/05 = JZ 2007, 943 (944); zustimmend: *Pentz*, in: MüKo AktG, § 27 Rn. 89, 92).

246 BGH, Urt. v. 10.11.1958 – II ZR 3/57 = BGHZ 28, 314 = NJW 1959, 383 (383).

247 *Dauner-Lieb*, AG 2009, 217 (219): „Als missverständlich erweist sich damit die weitverbreitete Formel, der Gesellschafter müsse seine Einlage nochmals leisten: Er muss erstmals die bisher nicht geleistete Bareinlage erbringen, eben weil seine ursprüngliche Zahlung im Rahmen einer verdeckten Sacheinlage bereits an ihn zurückgeflossen ist."

248 BGH, Urt. v. 20.11.2006 – II ZR 176/05 = BGHZ 170, 47 = BB 2007, 458 (461): „für das Eingreifen der Regeln über die verdeckte Sacheinlage (ist) nicht die Werthaltigkeit des Gegenstandes, sondern allein die Umgehung der Sacheinlagevorschriften entscheidend."; *Pentz*, in: MüKo AktG, § 27 Rn. 98.

249 Bspw. bei kurzlebigen Wirtschaftsgütern.

2.) Rückforderung des Geleisteten

Der Anspruch der Gesellschaft auf Leistung der vereinbarten Bareinlage bestand fort, §§ 54 Abs. 1, 66 AktG. Dem Gesellschafter stand aus § 812 Abs. 1 S. 2 Alt. 2 BGB ein Anspruch auf Rückzahlung der ersten ohne Erfüllungswirkung geleisteten Einlage zu. Zudem mussten die Rechtsgeschäfte, die zur Ausführung der verdeckten Sacheinlage getätigt wurden, rückabgewickelt werden: Sowohl auf das schuldrechtliche Verpflichtungs- als auch auf das dingliche Erfüllungsgeschäft wurde § 27 Abs. 3 S. 1 AktG a. F. angewendet, so dass diese unwirksam waren.[250] Die Gesellschaft hatte einen Anspruch auf Rückgewähr der von ihr im Rahmen des nichtigen Rechtsgeschäfts erbrachten Gegenleistung, § 812 Abs. 1 S. 1 Alt. 1 BGB. Der Inferent hatte seinerseits einen Anspruch auf Rückgewähr der „verdeckten Sacheinlage" aus §§ 985, 812 i.V.m. §§ 818, 819 BGB.[251] Die Gesellschaft war nicht Eigentümerin des Gegenstandes geworden. Zudem hatte sie den Besitz an dem Vermögensgegenstand sine causa erlangt.[252] Stärkster Anspruch des Gesellschafters war derjenige aus § 985 BGB. Hier erhielt der Inferent in der Insolvenz der Gesellschaft ein Aussonderungsrecht nach § 47 S. 1 InsO. Dieser Anspruch war jedoch wirtschaftlich betrachtet reduziert, wenn die Sache inzwischen an Wert verloren hatte. Befand sich der Gegenstand inzwischen nicht mehr im Vermögen der Gesellschaft, wurde er also verarbeitet, veräußert verbraucht oder war er untergegangen, was in der Praxis oftmals der Fall war, bestand lediglich ein bereicherungsrechtlicher Anspruch auf Wertersatz.[253] Auch hier galt zwar die Saldotheorie, doch kam es in der Insolvenz regelmäßig zum Ausfall: Die Ansprüche aus Bereicherungsrecht begründeten kein Aussonderungsrecht und waren damit einfache, und damit regelmäßig wertlose Insolvenzforderungen.[254] Die Einlageforderung war aufrechnungsfest (§ 66 Abs. 1 S. 2 AktG) und floss damit nicht in die Saldierung ein.[255] [256] Die Gesellschaft hatte wegen der noch of-

250 *Bayer*, in: Schmidt/Lutter, 1. Aufl., § 27 Rn. 55.

251 Zu den Rechtsfolgen, insbesondere den bereicherungsrechtlichen Rückabwicklungsansprüchen: *Reichert-Clauß*, NZG 2004, 273 ff.

252 *Lutter*, in: FS Stiefel, S. 505 (517).

253 *Pentz*, in: MüKo AktG, § 27 Rn. 101.

254 Zu den Rechtsfolgen: *Kersting*, AG 2008, 883 (884); *Winter*, in: FS Priester, S. 867 (869); *Grunewald*, in: FS Rowedder, S. 111 (S. 114); *Knobbe-Keuk*, ZIP 1986, 885 (889); *Lutter/Gehling*, WM 1989, 1445 (1453).

255 Für die GmbH: BGH, Urt. v. 16.3.1998 – II ZR 303/96 = NJW 1998, 1951 (1953); *Ulmer*, in: Großkomm. GmbHG, § 19 Rn. 135; für die AG: *Pentz*, in: MüKo HGB, § 27 Rn. 101.

In der Entscheidung *Lurgi II* setzte sich der BGH jüngst mit dem Zinsanspruch aus § 63 Abs. 2 AktG auseinander: Das Aufrechnungsverbot des § 66 Abs. 1 S. 2, Abs. 2 AktG gelte zwar nur gegenüber der Einlageforderung und nicht gegenüber der daraus geltend gemachten Fälligkeits- oder Prozesszinsen, doch kann der Inferent nicht einzelne Bereicherungsansprüche herausgreifen und diese isoliert durch Klage oder Aufrechnung geltend machen. Vielmehr bestehe ein Bereicherungsanspruch der einen gegen die andere Partei nur insoweit, als ihr nach der ipso iure eintretenden Saldierung sämtlicher Be- und Entreicherungsposten ein Überschuss verbleibe, BGH, Urt. v. 11.5.2009 – II ZR 137/08 = DB 2009, 1285 (1287).

fenen Einlageforderung ein Zurückbehaltungsrecht aus § 273 BGB, der Gesellschafter seinerseits konnte demgegenüber kein Zurückbehaltungsrecht geltend machen.[257] [258]

3.) Die verdeckte Sacheinlage bei der Kapitalerhöhung

Der BGH[259] wandte die Lehre von der verdeckten Sacheinlage auch bei Kapitalerhöhungen an. Gem. § 183 Abs. 2 S. 1 AktG a.F. traten die Unwirksamkeitsfolgen ein, die sich auf den gesamten Vertrag erstrecken. Zudem wandte die Rechtsprechung § 183 Abs. 2 S. 3 AktG a.F. mit der Konsequenz an, dass die Bareinlage nicht wirksam geleistet wurde und der Aktionär deshalb verpflichtet blieb, den Ausgabebetrag der Aktien erneut einzuzahlen.[260] Dem wurde zwar entgegengehalten, dass zum einen das Nachgründungsrecht (§ 52 AktG) und zum anderen § 27 Abs. 1 AktG abschließenden Charakter hätten. Der BGH begegnete diesem Einwand aber mit dem Hinweis, dass ein Umgehungsschutz auch bei Kapitalerhöhungen geboten sei. Sacheinlagen stellten im modernen Wirtschaftsleben ein für Aktiengesellschaften sehr bedeutendes und unverzichtbares Finanzierungsinstitut dar. Reaktion des Gesetzgebers sei daher aus Schutzgründen die Ausweitung von Publizitätspflichten sowie die Einführung einer Kapitalerhöhungsprüfung gewesen.[261]

4.) Zwischenergebnis

Die Rechtsfolgen der Lehre von der verdeckten Sacheinlage gingen also über den gesetzlich kodifizierten Umgehungsschutz, insbesondere die Vorgaben des § 52 AktG, hinaus.

---

256 Der BGH entschied in BGH, Urt. v. 11.5.2009 – II ZR 137/08 – Lurgi II = DB 2009, 1285 (1285), dass auch der Bereicherungsanspruch des Inferenten wegen unwirksamer Bareinlageleistung in die Saldierung einzubeziehen ist und ist damit ausdrücklich von der bis dahin vertretenen Ansicht abgerückt.

257 *Heidinger*, in: Spindler/Stilz, AktG, 1. Aufl., § 27 Rn. 153 und 155; *Pentz*, in: MüKo AktG, § 27 Rn. 76, 100.

258 Die Lehre von der verdeckten Sacheinlage wird auch auf gemischte Sacheinlagen angewendet. Unter einer gemischten Sacheinlage ist die Übertragung eines Vermögensgegenstandes zu verstehen, dessen Wert den Betrag der übernommenen Einlage übersteigt und für den der Gründer deshalb im Umfang der Einlage Aktien der Gesellschaft, hinsichtlich des darüber hinausgehenden Wertes hingegen ein anderes Entgelt erhält, BGH, Urt. v. 20.11.2006 – II ZR 176/05 = JZ 2007, 943 (944 f.; BGH, Urt. v. 9.7.2007 – II ZR 62/06 = ZIP 2007, 1751 (1753). Das Rechtsgeschäft unterliegt insgesamt den Regeln über Sacheinlagen – im Interesse einer Werthaltigkeitskontrolle.

259 BGH, Urt. v. 15.1.1990 – II ZR 164/88 = BGHZ 110, 47 = NJW 1990, 982 (983); BGH, Urt. v. 9.7.2007 – II ZR 62/06 = BGHZ 173, 145 = ZIP 2007, 1751 (1753).

260 BGH, Urt. v. 9.7.2007 – II ZR 62/06 = BGHZ 173, 145 = ZIP 2007, 1751 (1754).

261 §§ 183-185, 188 AktG.

II. Die Rechtsfolgen im GmbH-Recht bis zum MoMiG

Auch im GmbH-Recht gilt der Grundsatz, dass derjenige, der seiner Gesellschaft Barmittel verspricht, diese auch leisten muss.[262] Der historische Gesetzgeber sah die Umgehungsproblematik zunächst als nicht regelungsbedürftig an.[263] Die lange Zeit herrschende Lehre[264] sowie die oberlandesgerichtliche Rechtsprechung[265] erachteten bei verdeckten Sacheinlagen im GmbH-Recht nur das schuldrechtliche Verpflichtungsgeschäft für unwirksam, nicht aber das dingliche Verfügungsgeschäft. Der BGH ließ diese Frage zunächst offen[266], erklärte dann aber in seiner Entscheidung vom 7.7.2003[267] auch das dingliche Rechtsgeschäft für unwirksam: § 27 Abs. 3 S. 1 AktG sei analog im GmbH-Recht anzuwenden.[268] Begründet hat der BGH die Möglichkeit einer analogen Anwendung damit, dass bereits § 5b Abs. 2 RegE zur GmbH-Novelle 1980 eine derartige Lückenfüllung vorsah und diese nur deshalb nicht Gesetz wurde, weil der Reformgesetzgeber davon ausgegangen war, dass diese *„inhaltlich weitgehend geltendem Recht"* entspreche und ein Regelungsbedürfnis daher nicht bestünde.[269] Unter diesem Aspekt erscheine die *„vollständige Analogie"* daher geboten. Der BGH bekräftigte durch diese Entscheidung, dass es sich bei verdeckten Sacheinlagen um ein einheitliches Regelungsproblem im GmbH- wie Aktienrecht handelt.[270]

262 Dogmatisch wurde die aus einer entsprechenden Anwendung des § 19 Abs. 5 GmbHG a.F. gefolgert. Der BGH führt insoweit aus, dass *„§ 19 Abs. 5 GmbHG über seinen Wortlaut hinaus als (...) Ausdruck des das Kapitalaufbringungsrecht der Körperschaften mit beschränktem Haftungsfonds beherrschenden Grundsatzes der realen Kapitalaufbringung und des aus ihm folgenden Verbots verdeckter Sacheinlagen zu verstehen ist"*, BGH, Urt. v. 18.2.1991 – II ZR 104/90 = BGHZ 113, 335 (340) = NJW 1991, 1754. *„Mit Rücksicht auf die Gefahren, die mit der Leistung von Erfüllungssurrogaten für die Aufbringung des Stammkapitals verbunden sind, wird die Vorschrift (§ 19 Abs. 5 GmbHG) im Interesse eines umfassenden Gläubigerschutzes dahingehend ausgelegt, da(ss) einlagefähige Gegenstände der Gesellschaft nur unter Beachtung der nach § 5 Abs. 4 GmbHG vorgeschriebenen Voraussetzungen überlassen werden dürfen."*, BGH, Beschl. v. 4.3.1996 – II ZB 8/95 = BGHZ 132, 141 (143).

263 Vgl. Kap. 1 C II 2 b aa (Seite 21 ff.).

264 *Ulmer*, in: Hachenburg, GmbHG, 8. Aufl., 1992, § 19 Rn. 113 f.; *Lutter/Hommelhoff*, in: Lutter/Hommelhoff, 16. Aufl., § 5 Rn. 48; *Bormann*, GmbHR 2003, 1055 (1056); *Gansen*, Harmonisierung der Kapitalaufbringung, S. 167 mit Hinweis auf die „unterschiedlichen Schutzmechanismen des Aktienrechts und GmbH-Rechts.

265 OLG Köln, Urt. v. 14.12.1994 – 26 U 19/94 = WM 1995, 488 (489); OLG Oldenburg, Urt. v. 23.9.1999 – 1 U 57/99 = NZG 2000, 316.

266 BGH, Urt. v. 16.3.1998 – II ZR 303/96, GmbHR 1998, 588 (590): „Ob die Rechtsfolge aus einer entsprechenden Anwendung des § 27 Abs. 3 S. 1 AktG herzuleiten ist, kann (...) offen bleiben."

267 BGH, Urt. v. 7.7.2003 – II ZR 235/01 = BGHZ 155, 329 = NJW 2003, 3127 (3129); zustimmend: *Hägele*, GmbHR 2005, 91 (93).

268 Vgl. den zweiten Leitsatz, BGH, Urt. v. 7.7.2003 – II ZR 235/01 = BGHZ 155, 329 = NJW 2003, 3127.

269 BGH, Urt. v. 7.7.2003 – II ZR 235/01 = BGHZ 155, 329 = NJW 2003, 3127 (3129).

270 So auch: *Ulmer*, in: Großkomm. GmbHG, 2005, § 19 Rn. 134.

Im GmbH-Recht wurde die Möglichkeit der Heilung verdeckter Sacheinlagen diskutiert. Der BGH[271] nahm eine Heilungsmöglichkeit in der Weise an, dass durch satzungsändernden Mehrheitsbeschluss der Gesellschafter die Einlagendeckung in eine Sacheinlage umgewandelt werden könne.[272] Inhaltlich sei an den Beschluss die Anforderung zu stellen, dass die im einzelnen aufzuführenden Gesellschafter die von ihnen übernommenen Einlagen statt in Geld durch Einbringung der konkret zu bezeichnenden Sacheinlage leisten. Zudem sei die Werthaltigkeit der Sacheinlage durch eine von einem Wirtschaftsprüfer testierte Bilanz nachzuweisen.[273] Schließlich müsse der Beschluss zur Eintragung in das Handelsregister angemeldet werden. Hierbei müsse der Geschäftsführer die Versicherung abgeben, dass die Sacheinlage werthaltig und der Gesellschaft vom Gesellschafter übertragen worden ist.[274]

III. Zwischenergebnis

Die Pflicht, die Bareinlage nun – wirtschaftlich betrachtet noch einmal – vollständig in bar erbringen zu müssen, stellte eine für den Inferenten äußerst *„katastrophale"*[275] Rechtsfolge dar. Schließlich wurde die Umgehung der Vorschriften der Sacheinlage in der Praxis regelmäßig erst durch den Insolvenzverwalter aufgedeckt, welcher sodann die Erbringung der Bareinlage einforderte. Diesem Anspruch konnte der Inferent nicht entgegenhalten, dass er der Gesellschaft einen Vermögenswert zugewendet habe, dessen Wert den Betrag der vereinbarten Einlage erreiche oder sogar übersteige.[276] Dieser Einwand war im Prozess unerheblich, da die Rechtsfolgen der verdeckten Sacheinlage nicht an das Fehlen der Vollwertigkeit, sondern vielmehr an den Verstoß gegen die *„präventiven Spielregeln"* anknüpften.[277]. Demgegenüber bestand für den Inferenten oftmals rein tatsächlich nicht mehr die Möglichkeit, seine unwirksame Leistung zurück zu erhalten. Bei seinen Ansprüchen handelte es sich, soweit sie nicht zur Aussonderung berechtigen, um einfache Insolvenzforderungen. Der ihm zustehende Anspruch war jedoch regelmäßig wertlos, da er im Fall der Insolvenz regelmäßig nur auf die Quote gerichtet war. Zwar blieb eine bereits bestehende Aufrechnungsmöglichkeit auch nach der Eröffnung eines Insolvenzverfahrens gem. § 94 InsO bestehen, doch war sie im Hinblick auf den Einlageanspruch für den Gesellschafter gem. § 66 Abs. 1 AktG ausgeschlossen. Es kam also regelmäßig zu der Situation, dass er rein tatsächlich keine Möglichkeit hatte, den verdeckt eingelegten Vermögensgegenstand wertmäßig zurückzuerlangen, aber dennoch dazu verpflichtet war,

---

271 BGH, Beschl. v. 4.3.1996 – II ZB 8/95 = BGHZ132, 141 (148 ff.).
272 Dem stünden auch Gesichtspunkte des Gläubigerschutzes nicht entgegen, BGH, Beschl. v. 4.3.1996 – II ZB 8/95 = BGHZ 132, 141 (153).
273 In dem vom BGH zu entscheidenden Fall ging es um die verdeckte Einlage einer Altforderung, BGH, Beschl. v. 4.3.1996 – II ZB 8/95 = BGHZ 132, 141 (155).
274 BGH, Beschl. v. 4.3.1996 – II ZB 8/95 = BGHZ 132, 141 (155).
275 *Lutter*, in: FS Stiefel, S. 505 (S. 517).
276 *Pentz*, in: MüKo AktG, § 27 Rn. 98; *Winter*, in: FS Priester, S. 867 (869).
277 *Dauner-Lieb*, AG 2009, 217 (217 f.).

die übernommene Bareinlage nun voll leisten zu müssen. Wirtschaftlich betrachtet leistete der Inferent bei Werthaltigkeit des verdeckt eingebrachten Gegenstandes daher doppelt.

Bei der Problematik der Rechtsfolgen verdeckter Sacheinlagen handelte es sich um ein Rechtsproblem, welches sich gleichermaßen im Aktienrecht wie auch im GmbH-Recht stellte. Nicht nur das Sacheinlagerecht, sondern auch die Rechtsprechung zu den Rechtsfolgen verdeckter Sacheinlagen hatte sich immer mehr aneinander angenähert. Abschluss dieser Entwicklung war die Entscheidung des BGH[278], § 27 Abs. 3 AktG analog auf die GmbH anzuwenden. Die Rechtsprechung löste dieses einheitliche Regelungsproblem also ab 2003 einheitlich.

F. Abgrenzung vom Hin- und Herzahlen

An späterer Stelle ist die Stimmigkeit der Regelung des § 19 Abs. 4 GmbHG n.F. im Verhältnis zur Regelung des so genannten Hin- und Herzahlens in § 19 Abs. 5 GmbHG n.F. zu untersuchen. Hierfür soll bereits an dieser Stelle auf die Rechtslage bis zum Inkrafttreten des MoMiG eingegangen werden, um hieraus später Schlüsse für die Bewertung der Neuregelung ziehen zu können.

I. Tatbestand

Der Tatbestand des Hin- und Herzahlens ist erfüllt, wenn die Gesellschaft dem Gesellschafter die von diesem als Einlage geleisteten Mittel zurückgewährt und hierfür einen nicht sacheinlagefähigen Anspruch gegen den Gesellschafter erhält. Dies ist insbesondere der Fall, wenn die Gesellschaft dem Gesellschafter die als Einlage erhaltenen Mittel als Darlehen zur Verfügung stellt.[279]

II. Rechtsfolge bis MoMiG

Nach der ständigen Rechtsprechung des 2. Zivilsenats des BGH[280] - bis zum MoMiG – tilgt ein Hin- und Herzahlen des Einlagebetrages in geringem zeitli-

---

278 Urt. v. 7.7.2003 – II ZR 235/01 = BGHZ 155, 329 = NJW 2003, 3127 ff.

279 BGH, Urt. v. 12.6.2006 – II ZR 334/04 = GmbHR 2006, 982 ff.; *Drygala*, NZG 2007, 561 (563); *Habersack*, in: FS Priester, S. 157 (S. 167 f.).
Fraglich ist, ob unter den Tatbestand des Hin- und Herzahlens auch diejenigen Fälle zu fassen sind, in denen der Gesellschafter in zeitlichem Zusammenhang mit der Leistung der Bareinlage Dienst- oder Werkleistungen für die GmbH erbringt und hierfür eine Vergütung aus dem Gesellschaftsvermögen erhält, hierzu: *Habersack*, in: FS Priester, S. 157 (S. 168 ff.), der diese nur dann darunter gefasst sieht, wenn es sich nicht um normale Umsatzgeschäfte handelt, um die es sich jedoch regelmäßig handeln wird. Er hält dies vielmehr für eine Frage der Kapitalerhaltung.

280 Der BGH nimmt hier einen Gleichlauf zwischen GmbH und AG an: Vgl. BGH, Urt. v. 21.11.2005 – II ZR 140/04 = GmbHR 2006, 43, in dieser Entscheidung gibt der BGH jeweils die maßgeblichen Vorschriften aus dem GmbHG sowie aus dem AktG an. Vgl. auch: *Werner*, GmbHR 2006, 45 (45): *„Obwohl der dem Urteil zugrunde liegende Sachverhalt eine AG betraf, beanspruchen die vom BGH vorgenommenen Wertungen aufgrund vergleichbarer Rechtslage auch im GmbH-Recht Beachtung."*.

chen Abstand die Einlageschuld nicht, da in einem solchen Fall nicht davon ausgegangen werden könne, dass die Leistung zur freien Verfügung der Gesellschaft gestanden habe, was jedoch gem. § 8 Abs. 2 GmbHG Voraussetzung einer ordnungsgemäßen Kapitalaufbringung ist.[281] Bei wirtschaftlicher Betrachtung der Vorgänge zeige sich vielmehr, dass die Einlage nicht vom Inferenten bar geleistet, sondern von der Gesellschaft finanziert werde[282] und die mitgliedschaftliche Leistungspflicht durch einen schwächeren schuldrechtlichen Anspruch ersetzt werde.[283] Zwar verbleibe der Gesellschaft in Form des Rückzahlungsanspruchs auf den ersten Blick ein Aktivum, doch stehe dieser Rückzahlungsanspruch – abgesehen davon, dass der Darlehensvertrag wegen Verstoßes gegen die Kapitalaufbringungsvorschriften unwirksam ist und damit kein wirksamer Anspruch besteht[284] – der geschuldeten Bareinlage weder gleich noch sei er dazu geeignet, den primären Einlageanspruch der Gesellschaft zu ersetzen.

Die Darlehensabrede war wegen Verstoßes gegen die Kapitalaufbringungsvorschriften unwirksam.[285] Zahlte der Gesellschafter jedoch auf die vermeintliche Darlehensschuld, wurde dies – trotz fehlender bzw. irriger Tilgungsbestimmung – als Tilgung der offenen Einlageschuld behandelt.[286] Die Tilgungsbestimmung war gem. §§ 133, 157, 242 BGB nach dem verobjektivierten Empfängerhorizont auszulegen.[287] Eine solche Auslegung führt nach h.M.[288] zu dem Ergebnis, dass der Gesellschafter, wenn er – aufgrund der Unwirksamkeit des Darlehensvertrags und dem daraus folgenden Nicht-Bestehen eines Rückforderungsanspruchs – nicht auf den vermeintlichen Rückforderungsanspruch zahlen konnte, er seiner noch offenen Einlagepflicht nachkommen

281 BGH, Urt. v. 17.9.2001 – II ZR 275/99 = ZIP 2001, 1997 = GmbHR 2001, 1114; BGH, Urt. v. 21.11.2005 – II ZR 140/04 = GmbHR 2006, 43 (43).

282 Daher wird insoweit auch von einer verdeckten Finanzierung gesprochen, vgl. nur: BGH, Urt. v. 2.12.2002 – II ZR 101/02 = BGHZ 153, 107 (110); BGH, Urt. v. 12.6.2006 – II ZR 334/04 = GmbHR 2006, 982 (983); BGH, Urt. v. 8.1.2007 – II ZR 334/04 = DStR 2007, 731 (732); *Bayer*, GmbHR 2004, 445 (452); *Habersack*, in: FS Priester, S. 157 (S. 160 f.).

283 BGH, Urt. v. 2.12.2002 – II ZR 101/02 = BGHZ 153, 107 (110); BGH, Urt. v. 21.11.2005 – II ZR 140/04 = GmbHR 2006, 43 (43 f.).

284 BGH, Urt. v. 21.11.2005 – II ZR 140/04 = GmbHR 2006, 43 (44).

285 BGH, Urt. v. 21.11.2005 – II ZR 140/04 = GmbHR 2006, 43 (44).

286 BGH, Urt. v. 17.9.2001 – II ZR 275/99 = ZIP 2001, 1997 (1998); BGH, Urt. v. 21.11.2005 – II ZR 140/04 = GmbHR 2006, 43 (44); BGH, Urt. v. 12.6.2006 – II ZR 334/04 = GmbHR 2006, 982 (983).

287 *Emde*, GmbHR 2003, 1034 (1038); *ders.*, GmbHR 2005, 361 (362); *Werner*, GmbHR 2006, 45 (46).

288 Vgl. insoweit: BGH, Urt. v. 21.11.2005 – II ZR 140/04 = GmbHR 2006, 43 (44); im Ergebnis ebenso: *Bayer*, GmbHR 2004, 445 (452); *Emde*, GmbHR 2005, 361; anders jedoch: OLG Schleswig, Urt. v. 20.7.2000 – 5 U 2/00 = GmbHR 2000, 1045 (1046); OLG Schleswig, Urt. v. 29.6.2000 – 5 U 211/98 = GmbHR 2000, 1046 (1047), OLG Schleswig, Urt. v. 3.4.2003 – 5 U 168/01 = GmbHR 2003, 1058 (1060 f.); OLG Schleswig, Urt. v. 27.1.2005 – 5 U 22/04 = GmbHR 2005, 357 (359). Die Rechtsprechung des OLG Schleswig ist auf vehemente Kritik gestoßen: OLG Hamburg, v. 19.11.2004 – 11 U 45/04 = ZIP 2004, 2431 (2433); *Emde*, GmbHR 2003, 1034 (1036 f.); *ders.*, 2005, 361 (361).

wollte. Mit der vermeintlichen Rückzahlung des Darlehens tilgte der Gesellschafter also seine Einlagepflicht.

III. Gemeinsamkeiten mit und Unterschiede gegenüber dem Rechtsinstitut der verdeckten Sacheinlage

Das Rechtsinstitut der verdeckten Sacheinlage sowie dasjenige des Hin- und Herzahlens verbindet, dass es sich bei beiden um Aspekte der Kapitalaufbringung handelt.[289] Zudem wird beides unter dem Merkmal der freien Verfügbarkeit diskutiert.[290] Sowohl das GmbH- als auch das Aktienrecht machen eine Leistung der Einlage zur freien Verfügung der Gesellschaft zur Voraussetzung einer ordnungsgemäßen Kapitalaufbringung. So bestimmt einerseits § 36 Abs. 2 AktG, das Geldeinlagen in der Weise erbracht werden müssen, dass sie zur freien Verfügung des Vorstands stehen. Hierbei wird das Merkmal der Leistung zur freien Verfügung[291] des Vorstands weit ausgelegt[292] und insbesondere grundsätzlich erst dann angenommen, wenn die Einlage aus dem Herrschaftsbereich des Einlegers ausgesondert und dem Vorstand so übergeben wurde, dass er nach eigenem Ermessen unter Berücksichtigung seiner Verantwortung für die Gesellschaft über die Einlage verfügen kann.[293] Andererseits sieht auch § 8 Abs. 2 S. 1 GmbHG vor, dass die Anmeldung zum Handelsregister die Versicherung enthalten muss, dass sowohl die Bareinlagen als auch die Sacheinlagen bewirkt sind und sich der Gegenstand der Leistung endgültig in der freien Verfügung der Geschäftsführer befindet.

Der BGH sieht den Unterschied zwischen den Fällen verdeckter Sacheinlagen und denjenigen des Hin- und Herzahlens darin, dass in letzteren Fällen keine Forderung besteht, die als Sacheinlage[294] hätte eingebracht werden können.[295]

---

289 In beiden Fällen betont der BGH, dass es sich nicht um eine Frage der Mittelverwendung handelt. Es geht also nicht um bloße Investitionsentscheidungen der Gesellschafter. Vielmehr geht es um eine Umgehung der Kapitalaufbringungsregeln, vgl. zum Hin- und Herzahlen: BGH, Urt. v. 2.12.2002 – II ZR 101/02 = BGHZ 153, 107 (110).

290 Zum Hin- und Herzahlen: BGH, Urt. v. 2.12.2002 – II ZR 101/02 = BGHZ 153, 107 (Leitsatz); BGH, Urt. v. 21.11.2005 – II ZR 140/04 = GmbHR 2006, 43 (43); BGH, Urt. v. 9.1.2006 – II ZR 72/05 = BGHZ 165, 352 (356).

291 Bei dem Merkmal der endgültig freien Verfügbarkeit handelt es sich um eine, § 362 BGB verschärfende, Voraussetzung, *Gesell*, BB 2007, 2241 (2242).

292 OLG Koblenz, Urt. v. 28.5.1986 – 6 U 140-141/86 = AG 1987, 88 (88 f.).

293 OLG Frankfurt, Urt. v. 24.6.1991 – 11 U 18/91 = AG 1991, 402 (403); *Hüffer*, AktG, 8. Aufl., 2008, § 36 Rn. 7; für die GmbH: *Bayer*, GmbHR 2004, 445 (447); ähnlich: *Gesell*, BB 2007, 2241 (2242).

294 Mit dem Gebot einer realen Kapitalaufbringung sei es nicht vereinbar, die mitgliedschaftliche Einlagepflicht durch eine rein schuldrechtliche Forderung zu ersetzen, *Hueck/Fastrich*, in: Baumbach/Hueck, § 5 Rn. 24; *Lutter/Bayer*, in: Lutter/Hommelhoff, GmbHG, 16. Aufl., § 5 Rn. 14.

295 BGH, Urt. v. 21.11.2005 – II ZR 140/04 = GmbHR 2006, 43 (44), in dieser Entscheidung bezeichnet der BGH die Aussage in BGH, Urt. v. 2.12.2002 – II ZR 101/02 = BGHZ 153, 107 (111), dass zudem (also zusätzlich neben dem Tatbestand des Hin- und Herzahlens) der Tatbestand einer verdeckten Sacheinlage erfüllt sei, als missverständlich; weiterhin: BGH, Urt. v. 9.1.2006 – II ZR 72/05 = BGHZ 165, 352 (356). Vgl. aus dem Schrift-

Er führt insoweit aus, dass *„ein (vermeintlicher) Anspruch der Gesellschaft gegen den Inferenten auf „Darlehensrückzahlung" nicht Gegenstand einer Sacheinlage sein"* könne.[296] Ein Gesellschafter könne also nicht im Wege der Sacheinlage einen Anspruch gegen sich selbst in das Gesellschaftsvermögen einlegen.[297] Andernfalls werde die Einlageforderung durch ein anderes, im Vergleich zur Einlageforderung schwächeres Leistungsversprechen ausgetauscht.[298] Zudem fehle es an der Aussonderung der Einlage aus dem Vermögen des Inferenten.[299] Es geht bei den Fällen des Hin- und Herzahlens also nicht darum, dass ein gesetzlich vorgegebenes Verfahren umgangen wird. Vielmehr ist die Rechtslage beim Hin- und Herzahlen nach Ansicht des BGH unter dem Gesichtspunkt der Kapitalaufbringung so, dass überhaupt keine Zahlungen hin- und hergegangen sind.[300]

In der Rechtsfolge war beiden Rechtsinstituten gemeinsam, dass die Zahlung des Gesellschafters auf seine Einlagepflicht diese nicht erfüllt.[301] Entscheidender Unterschied[302] in der Rechtsfolge war aber, dass der Gesellschafter beim Hin- und Herzahlen die Möglichkeit hatte, seine Einlagepflicht nachträglich ohne Mitwirkung der anderen Gesellschafter zu erfüllen. Ausreichend war hierfür ganz allein die bloße Rückzahlung der Darlehenssumme.[303] Dies

---

tum: *Hueck/Fastrich*, in: Baumbach/Hueck, 18. Aufl., 2006, § 5 Rn. 24; *Röhricht*, in: Großkomm. AktG, § 27 Rn. 68 f.; *Hüffer*, AktG, 8. Aufl., 2008, § 27 Rn. 24; *Lutter/Bayer*, in: Lutter/Hommelhoff, 16. Aufl., § 5 Rn. 14; *Pentz*, in: MüKo AktG, § 27 Rn. 26; *Bayer*, in: Schmidt/Lutter, 1. Aufl., § 27 Rn. 61; *Bäuml*, GmbHR 2009, 632 (633); *Bayer*, GmbHR 2004, 445 (451, 453); *Gesell*, BB 2007, 2241 (2244); *Servatius*, DStR 2004, 1176 (1177); *Miras*, Die neue Unternehmergesellschaft, S. 91 (Rn. 354).

296 BGH, Urt. v. 21.11.2005 – II ZR 140/04 = GmbHR 2006, 43 (44); a.A.: OLG Schleswig, Urt. v. 20.7.2000 – 5 U 2/00 = GmbHR 2000, 1045; *Cahn*, ZHR 166 (2002), 278 (306). *Cahn* hält die Nichteinlagefähigkeit von Forderungen gegen den Inferenten für „das entscheidende Hindernis für die Durchführung von Kapitalerhöhungen im Cash Pool". Zur Einlagefähigkeit von Dienstleistungen des Gesellschafters: Diese können nach h.M. nicht als Sacheinlage eingelegt werden, da sie nicht dem Maßstab des § 27 Abs. 2 AktG (analog) entsprechen, hierzu: BGH, Urt. v. 9.1.2006 – II ZR 72/05 = BGHZ 165, 352 (356) = NZG 2006, 227; *Giedinghagen/Lakenberg*, NZG 2009, 201 ff.

297 Die Frage, ob die Anwendbarkeit der Lehre von der verdeckten Sacheinlage voraussetzt, dass dasjenige, was verdeckt eingelegt wurde, hätte offen eingelegt werden können müssen, stellt sich auch im Zusammenhang mit Dienst- und Werkleistungen des Gesellschafters, die dieser in sachlich-zeitlichem Zusammenhang zur Gründung/Kapitalerhöhung erbringt. Die Anwendbarkeit der Lehre von der verdeckten Sacheinlage wird hier wohl überwiegend verneint, da ihr Eingreifen davon abhängig zu machen sei, „dass die umgehungsresistenten Vorschriften hätten beachtet werden müssen und können", *Habersack*, in: FS Priester, S. 157 (S. 165).

298 *Röhricht*, in: Großkomm. AktG, § 27 Rn. 68 f.; *Hüffer*, AktG, 8. Aufl., 2008, § 27 Rn. 24; *Pentz*, in: MüKo AktG, § 27 Rn. 26.

299 *Röhricht*, in: Großkomm. AktG, § 27 Rn. 68 f.; *Hüffer*, AktG, 8. Aufl., 2008, § 27 Rn. 24; *Pentz*, in: MüKo AktG, § 27 Rn. 26.

300 BGH, Urt. v. 21.11.2005 – II ZR 140/04 = GmbHR 2006, 43.

301 *Bayer*, GmbHR 2004, 445 (453); *Werner*, GmbHR 2006, 45 (45).

302 Hierzu: *Werner*, GmbHR 2006, 45 (45).

303 *Bayer*, GmbHR 2004, 445 (457); *Werner*, GmbHR 2006, 45 (45).

war in den Fällen der verdeckten Sacheinlage anders: Zu einer Erfüllung der Einlagepflicht konnte es nur noch über eine Heilung der verdeckten Sacheinlage kommen.[304] Im Rahmen dieser ist der Gesellschafter jedoch auf die Mitwirkung der anderen Gesellschafter angewiesen.[305] Im Ergebnis war also die Rechtsfolge im Falle verdeckter Sacheinlagen strenger als in den Fällen des Hin- und Herzahlens.

G. Die Kritik an der Lehre von der verdeckten Sacheinlage

Die Rechtsprechung des BGH blieb nicht ohne Kritik.[306] Ihr wurde vorgeworfen, dass diese strikte Handhabung des Kapitalaufbringungsrechts an ihre Plausibilitätsgrenze stoße, gar eine *„Überreaktion des Rechts"*[307] darstelle.[308] Inzwischen hat sich der Gesetzgeber in die Diskussion eingeschaltet. Im Rahmen der Reform des GmbH-Gesetzes hat er erstmals eine gesetzliche Regelung der Rechtsfolgen verdeckter Sacheinlagen getroffen und im Rahmen des ARUG schließlich auch eine entsprechende Änderung des Aktiengesetzes vorgenommen.[309]

Weder das Aktiengesetz noch das GmbH-Gesetz trafen – bis zu den Reformen durch das ARUG einerseits und das MoMiG andererseits – eine Regelung der Frage, wie der Fall, dass formal eine Bareinlage vereinbart, wirtschaftlich jedoch eine Sacheinlage geleistet wurde, zu behandeln ist. Die Lehre von der verdeckten Sacheinlage führte damit gesetzlich nicht geregelte Fälle einer Rechtsfolge zu und stellte damit eine richterliche Rechtsfortbildung dar.[310]

---

304 Zu den Grundsätzen über die Heilung verdeckter Sacheinlagen: BGH, Beschl. v. 4.3.1996 – II ZB 8/95 = BGHZ 132, 141 (154) = GmbHR 1996, 351; BGH, Urt. v. 7.7.2003 – II ZR 235/01 = GmbHR 2003; *Bayer*, GmbHR 2004, 445 (453); *Priester*, DB 1990, 1753 ff.

305 Im GmbH-Recht ist Voraussetzung eine Satzungsänderung, die der satzungsändernden Mehrheit bedarf. Zu beachten ist jedoch, dass sich aus der gesellschaftsrechtlichen Treupflicht eine Pflicht zur Mitwirkung der anderen Gesellschafter an der Heilung ergeben kann, BGH, Urt. v. 7.7.2003 – II ZR 235/01 = GmbHR 2003, 1051.

306 *Brandner*, in: FS Boujong, S. 37 (38); *Einsele*, NJW 1996, 2681 (2688); *Gesell*, BB 2007, 2241 (2245); *Grunewald*, GesellR, 6. Aufl., S. 241; *dies.*, in: FS Rowedder, S. 111 (114 ff.); *dies.*, WM 2006, 2333 (2335 f.); *Heidenhain*, GmbHR 2006, 455; *Karsten*, GmbHR 2006, 57 (61); *Kersting*, in: VGR Gesellschaftsrecht in der Diskussion 2008, S. 101 (S. 105); *Krieger*, ZGR 1996, 674 (691); *Maier-Reimer*, ZIP 2008, 1449; *K. Schmidt*, GmbHR 2007, 1072 (1073); *ders.*, ZIP 2008, 481 ff.; *ders.*, GesellR, S. 1124; *Seibert*, ZIP 2006, 1157 (1168); *Triebel/Otte*, ZIP 2006, 1321 (1323); DAV, WiB 1996, 707 ff.
Dagegen befürworten *Bayer/Lieder*, ZGR 2005, 133 (152) die Rechtsprechung des II. Senats, da diese es schaffe, das gesetzliche Modell der Kapitalaufbringung und der Kapitalerhaltung konsequent anzuwenden und möglichst lückenlos gegen alle Aufweichungs- und Umgehungstendenzen abzuschotten.

307 *K. Schmidt*, in: Blaurock, Recht der Unternehmen in Europa, S. 103 (S. 119).

308 *Bezzenberger*, JZ 2007, 946 (948) hält die Rechtsprechung für die konsequente Anwendung des Rechts, doch sieht er in der durch das Aktiengesetz festgeschriebenen Doppelhaftung keinen inneren Gerechtigkeitsgehalt.

309 Vgl. § 19 Abs. 4 GmbHG n.F.

310 *Dauner-Lieb*, AG 2009, 217 (218); *Roth*, NJW 1991, 1913 (1916); *Schöpflin*, GmbHR 2003, 57 (57); *Wilhelm*, ZHR 152 (1988), 333 (339); *ders.*, ZHR 167 (2003), 520 ff. *Wilhelm*, ZHR 167 (2003), 520 (525): Die Verwehrung der Tilgungswirkung wegen verdeckter Sachein-

Zwar wurde für das Aktienrecht in § 52 AktG von einigen Vertretern des Schrifttums[311] eine abschließende Regelung des Umgehungsschutzes gesehen, da in ihr zum Ausdruck komme, dass der Gesetzgeber nur bestimmte Rechtsgeschäfte zwischen Gesellschaftern und Gesellschaft regeln wollte und damit aus einem Umkehrschluss folge, dass alle nicht unter die gesetzliche Regelung fallenden Gestaltungen nicht erfasst würden und damit keinen besonderen Beschränkungen unterstehen sollten.[312] [313] Die Rechtsprechung und Teile der Literatur hielten §§ 52 f. AktG indes keinesfalls für abschließend.[314] Der historische Gesetzgeber habe in die Verwaltungsorgane und deren Kontrolle durch die Aktionäre der Gesellschaft Vertrauen dahingehend gesetzt, dass diese etwaige Fehlentwicklungen und Missbräuche verhindern würden. Dies habe sich allerdings als Fehleinschätzung erwiesen. Deshalb habe der Gesetzgeber besondere Schutzvorschriften für Sacheinlagegeschäfte eingeführt. Diese seien bewusst keiner Befristung unterworfen worden. Hieraus lasse sich entnehmen, dass § 52 AktG nicht als abschließend betrachtet werden könne. Intention des Gesetzgebers sei es gerade gewesen, Umgehungen der Sacheinlagevorschriften zu verhindern. Dieser Absicht laufe es zuwider, die Nachgründungsvorschrift als abschließend zu betrachten.

Dem wird allerdings seinerseits entgegengehalten, dass es in der Begründung der Aktienrechtsnovelle von 1884 heißt, es sei zu gewährleisten, dass *„die Organe der Gesellschaft in ihren geschäftlichen Dispositionen nur soweit behin-*

---

lage ergibt sich aus dem Gesetz nicht; a.A.: *Gansen*, Harmonisierung der Kapitalaufbringung, S. 157: Die verdeckte Sacheinlage ist Sacheinlage im Sinne dieser Vorschriften, sie ist vom Wortlaut der Normen umfaßt, so daß es einer Analogie mit der Prüfung einer Gesetzeslücke nicht bedarf.
Unter verfassungsrechtlichen Gesichtspunkten ist im Rahmen richterlicher Rechtsfortbildung insbesondere zu beachten, dass der Richter, als Teil der Judikative, grundsätzlich nicht zur Rechtschaffung ermächtigt ist. Dies ist vielmehr Aufgabe der Legislative und Ausdruck des Grundsatzes der Gewaltenteilung (Art. 20 Abs. 2 S. 2 GG). Aufgabe des Richters ist es, das Recht anzuwenden (*Wilhelm*, ZHR 152 (1988), 333 (339). Ein aktives Eingreifen ist unter dem Aspekt der Gewaltenteilung nur unter engen Voraussetzungen zulässig. Insbesondere ist der Richter hierbei an die Wertungen des Gemeinschafts- sowie des Verfassungsrechts gebunden (*Wilhelm*, ZHR 167 (2003), 520 (521)).

311 *Loos*, AG 1989, 381 (386 ff.); *Wilhelm*, in: GS Knobbe-Keuk, 1997, S. 321 (345); *ders.*, ZHR 152 (1988), 333 (349 ff.); *ders.*, ZHR 167 (2003), 520 (525 ff.).

312 *Loos*, AG 1989, 381 (386 ff.); *Wilhelm*, in: GS Knobbe-Keuk, 1997, S. 321 (345); *ders.*, ZHR 152 (1988), 333 (349 ff.); *ders.*, ZHR 167 (2003), 520 (525 ff.).

313 Insbesondere im Falle einer Kapitalerhöhung, die außerhalb der Frist des § 52 Abs. 1 AktG durchgeführt werde, sei die Anwendung der Lehre von der verdeckten Sacheinlage unvereinbar mit dem zeitlichen Merkmal der Vorschrift; *Wilhelm*, ZHR 167 (2003), 520 (526).

314 BGH, Urt. v. 15.01.1990 - II ZR 164/88 = BGHZ 110, 47 = NJW 1990, 982 (983 f.); BGH, Urt. v. 9.7.2007 – II ZR 62/06 = BGHZ 173, 145 = ZIP 2007, 1751 (1753); BGH, Urt. v. 18.2.2008 – II ZR 132/06 = DB 2008, 920 (921); aus der Literatur: *Pentz*, in: MüKo AktG, § 27 Rn. 86; *Heidinger*, in: Spindler/Stilz, AktG, 1. Aufl., § 27 Rn. 110; *Mülbert*, ZHR 154, 145 (173 ff.); *Lutter/Gehling*, WM 1989, 1445 (1447 f.); *Bröcker*, ZIP 1999, 1029 (1034); *Brüggemann*, Verdeckte Sacheinlagen Kapitalgesellschaften, S. 21; *Koll-Möllenhoff*, Das Prinzip des festen Grundkapitals, S. 119.

dert (werden), als dies im unbedingten Interesse der Gesellschaft geboten erscheint".[315] Die Begründung zeigt, dass hier der Gefahr, welche von verdeckten Sacheinlagen ausgeht, begegnet werden sollte: Bei diesen bestehe die Gefahr, *„daß der Erwerb schon vor Errichtung der Gesellschaft von den Gründern geplant, der Abschluß des betreffenden Vertrages aber nur hinausgeschoben war, um ihn später durch die von ihnen beherrschten Gesellschaftsorgane bewirken zu lassen, und dadurch die strengeren Erfordernisse (des Sacheinlageverfahrens) zu umgehen."*[316] Aus der Begründung der Aktienrechtsnovelle mag sich durchaus eine anderweitige Intention des historischen Gesetzgebers ergeben, doch sind nunmehr die Erfahrungen und tatsächlichen Gegebenheiten seit Inkrafttreten der Nachgründungsvorschrift maßgeblich: Eine ordnungsgemäße Kapitalaufbringung muss unter dem Gesichtspunkt der realen Kapitalaufbringung unbedingt gewährleistet werden. Dies wurde durch den bis zu den Änderungen durch das ARUG bestehenden gesetzlichen Umgehungsschutz nicht hinreichend sichergestellt. Zudem gilt § 52 AktG nicht für Kapitalerhöhungen.[317] Im Rahmen solcher ist ein Schutz gegen Umgehung der gesetzlichen Vorschriften jedoch ebenfalls erforderlich. Die Regelung des § 52 AktG ist damit als nicht abschließend zu betrachten.[318] Der Wille des Gesetzgebers ist es, eine reale Kapitalaufbringung zu gewährleisten. Dies zeigt sich insbesondere daran, dass das sowohl im Aktienrecht als auch im GmbH-Recht ursprünglich liberal geregelte Kapitalaufbringungsrecht über die Jahre immer weiter verschärft und reguliert wurde, nachdem der Gesetzgeber festgestellt hatte, dass es unter dem „liberaleren System" vermehrt zu Gründungsschwindel gekommen war. In den Umgehungsfällen besteht immer die Gefahr der nicht ordnungsgemäßen Kapitalaufbringung in Form einer nicht ausreichenden Ausstattung der Gesellschaft mit versprochenem Kapital. Der Grundsatz der realen Kapitalaufbringung muss daher durch Anknüpfung einer Rechtsfolge an Umgehungstatbestände geschützt werden.[319] [320]

---

315 Abdruck des Entwurfs der Novelle und seiner Begründung in Buschs Archiv 44 (1883), 200, Nachweis bei: *Wilhelm*, ZHR 167 (2003), 520 (527).

316 Siehe den Abdruck des Entwurfs der Novelle und seiner Begründung in Buschs Archiv, Bd. 44, 1883, S. 199.

317 *Schöpflin*, GmbHR 2003, 57 (60).

318 Zur Ausfüllungsbedürftigkeit dieser Regelungslücke: von der h.M. bejaht, da sich aus dem Nichteinschreiten des Gesetzgebers folgern lassen, dass der Gesetzgeber mit der Handhabung durch die Rechtsprechung einverstanden war und daher kein Regelungsbedürfnis sah, vgl.: *Lutter/Gehling*, WM 1989, 1445 (1449); zustimmend: *Hansen*, S. 220; a.A.: *Meilicke*, Die verschleierte Sacheinlage, S. 56 f, 106 f., der daraus, dass der Gesetzgeber Kenntnis von den Gesetzesumgehungen durch verdeckte Sacheinlagen hatte und an diese bis zum MoMiG keine Rechtsfolge knüpfte, folgerte, dass es keinen allgemeinen Umgehungsschutz gebe und der historische Gesetzgeber in Kenntnis der Umgehungsproblematik nur die gesetzlich bestimmten Umgehungsfälle den Sacheinlagevorschriften habe unterwerfen wollen.

319 Vgl. *Drygala*, ZGR 2006, 587 (613); *K. Schmidt*, den auch weniger die Frage beschäftigt, ob es ein Verbot verdeckter Sacheinlagen geben darf, als die Frage, ob die Sanktion angemessen ist, in: Blaurock, Recht der Unternehmen in Europa, S. 103 (S. 118); *Einsele*,

Aus dem Umstand, dass es eines über den gesetzlichen Umgehungsschutz hinausgehenden Schutzes bedarf, folgt jedoch nicht, dass der von der Rechtsprechung vorgesehene Weg angemessen und sachgerecht war. Gegen die Rechtsprechung wurden verschiedene Einwände erhoben. Unter Berufung auf den Schutzzweck wurde vorgebracht, dass die Interessen der Gesellschaftsgläubiger diese „drakonischen" Rechtsfolgen nicht erforderten. Diesem Einwand ist zuzustimmen. Die Gesellschaftsgläubiger können zur Befriedigung ihrer gegen die Gesellschaft gerichteten Ansprüche nur auf das Vermögen der Gesellschaft zurückgreifen. Deshalb sind die Gläubiger daran interessiert, dass dieser Haftungsfond ordnungsgemäß aufgebracht wird. Der Grundsatz der realen Kapitalaufbringung gewährleistet allerdings nur, dass das Grundkapital[321] zum Zeitpunkt der Gründung bzw. der Kapitalerhöhung einmal tatsächlich aufgebracht wird. Es bleibt jedoch nicht unangetastet, sondern wird als Betriebskapital benutzt. Sobald hiervon „Sachen" für die Gesellschaft angeschafft werden, ist auch bei den Bareinlagen nur noch aus der Bilanz erkennbar, dass diese nicht mehr in Form liquider Haftungsmasse vorhanden sind, sondern durch andere Vermögensgegenstände ersetzt wurden. Die Gläubiger haben jedoch nur insoweit Sicherheit, als dass jeder Gesellschafter die von ihm übernommene Einlage einmal wertmäßig einbringt. Es besteht danach kein Grund, warum Gläubiger der Gesellschaft im Falle der vollwertig erbrachten Einlage doppelt geschützt werden sollten.[322] Vielmehr kam es in Fällen einer werthaltigen verdeckten Sacheinlage zu einer ungerechtfertigten Mehrung der Insolvenzmasse: Der Inferent leistete die Einlage einmal wertmäßig verdeckt und einmal in der Insolvenz als Barzahlung, er erhielt im Gegenzug eine in der Regel wertlose Insolvenzforderung. Dies führte dazu, dass die Gläubiger eine Bereicherung erhielten, die ihnen nach der gesetzlichen Konzeption des GmbH- und Aktienrechts nicht zustand.[323]

NJW 1996, 2681 (2681); *Heidenhain*, GmbHR 2006, 455 (458); *Brüggemann*, Verdeckte Sacheinlagen in Kapitalgesellschaften, S. 21 ff.

320 Eine funktionelle Austauschbarkeit von den Kautelen des Sacheinlagerechts und der Geschäftsleiterverantwortlichkeit – so wie *Meilicke* es vorschlägt – ist ebenfalls nicht gegeben (*Pentz*, in: MüKo, AktG, § 27 Rn. 86; *Ihrig*, ZHR 153 (1989), 354 (356); *Brüggemann*, Verdeckte Sacheinlagen in Kapitalgesellschaften, S. 23; *Gansen*, Harmonisierung der Kapitalaufbringung, S. 162). Das Sacheinlageverfahren wirkt präventiv und überantwortet dem Sacheinleger die Verantwortung für die objektive Werthaltigkeit der Sacheinlage. Die Sorgfaltspflichten des Geschäftsführers treffen allein diesen und führen zu einer nachgelagerten Schadensersatzhaftung. Die Kapitalaufbringungsregeln einerseits sowie die Sorgfaltspflichten des Geschäftsführers andererseits knüpfen somit an unterschiedlichen Ansatzpunkten an und können somit nicht die Funktion des jeweils anderen übernehmen.

321 Für die GmbH: Stammkapital.

322 *Krieger*, ZGR 1996, 674 (691).

323 *Roth*, NJW 1991, 1913 (1917) dieser spricht hier von einem unverdienten „windfall profit"; *Fastrich*, DStR 2006, 656 (660); *Krieger*, ZGR 1996, 635 (691 f.); *Klose-Mokroß*, Gläubigerschutz im KapitalgesellschaftsR, S. 47 f.; *Meilicke*, Die verschleierte Sacheinlage, S. 5 f.; DAV, WiB 1996, 707 (710).

Das Offenlegen von Sacheinlagen verfolgt demgegenüber den Zweck, die Gläubiger der Gesellschaft über die Art und Weise der Kapitalaufbringung und -zusammensetzung zu informieren.[324] Hieran schließt sich jedoch sogleich die Frage an, ob der Gesellschaftsgläubiger ein darüber hinaus gehendes berechtigtes Interesse an der Art der Kapitalzusammensetzung hat.[325] Die Publizitätspflicht verfolgt keinen Selbstzweck und kann daher im Falle werthaltiger Einlagen vernachlässigt werden.[326] [327] Das Mehr an Gläubigerschutz, das durch die Publizität der Sacheinlage erreicht wird, vermag den damit verbundenen Aufwand nicht zu rechtfertigen.[328]

Des Weiteren konnten auch die Interessen der übrigen Gesellschafter die Rechtsprechung nicht rechtfertigen. Aus der Mitgliedschaft folgen im Aktienrecht Verwaltungs-[329] sowie Vermögensrechte. Sowohl das Stimmrecht[330] als bedeutsamstes Mitverwaltungsrecht als auch der Anspruch auf Gewinnbeteiligung[331] als Vermögensrecht bemessen sich nach der Kapitalbeteiligung eines jeden Gesellschafters.[332] Ein Schutzbedürfnis besteht grundsätzlich unter dem Aspekt, dass der Inferent einer verdeckten Sacheinlage, in dem Fall, dass die Sacheinlage nicht dem Wert der dafür vorgesehenen Kapitalbeteiligung ent-

---

324 *Grunewald*, in: FS Rowedder, S. 111 (115); *Joost*, ZIP 1990, 549 (555); *Kreuels*, S. 59.

325 *Grunewald*, WM 2006, 2333 (2335); *Brandner*, in: FS Boujong, S. 37 (46) bezweifelt, dass sich der Rechtsverkehr für die Verlautbarungen des Handelsregisters tatsächlich interessiert. Zudem ist es so, dass bei Leistung einer Sacheinlage, diese nicht im Handelsregister eingetragen wird. Vielmehr erscheint die betreffende Regelung bei den für jedermann einsehbaren zum Handelsregister eingereichten Schriftstücken sowie in der Bekanntmachung der Eintragung. Die bei der Gründung der Gesellschaft eingereichten Unterlagen verbleiben bei den Registerakten und können dort von jedermann eingesehen werden, § 9 HGB; *Brandner* merkt insoweit an, dass der Erfahrungssatz, dass der Verkehr sich um das Handelsregister nur relativ wenig kümmert, wohl erst recht für die Akten und Bekanntmachungen des Registergerichts gelte. Gläubiger werden die bloße Existenz von Sacheinlagen regelmäßig nicht zum Anlass dazu nehmen, an der Leistungsfähigkeit der Gesellschaft zu zweifeln, *Waldenberger/Sieber*, GmbHR 2009, 114 (119). Zudem wird sich ein Gläubiger, wenn er Zweifel an der Leistungsfähigkeit der Gesellschaft hat, persönliche Sicherheiten einräumen lassen oder von dem Geschäft Abstand nehmen, was sich aber dann sicherlich nicht auf das Vorliegen von Sacheinlagen zurückführen ließe.

326 *Grunewald*, in: FS Rowedder, S. 111 (116); *K. Schmidt*, GmbHR 2007, 1072 (1073).

327 Ganz davon abgesehen, dass Sacheinlagen nicht per se negativ sind, sondern für die Gesellschaft auch durchaus positiver als Bareinlagen sein können, ist auch zu beachten, dass die eingebrachten Wirtschaftsgüter und deren Wert in der Bilanz auszuweisen sind und daher der Öffentlichkeit nicht verborgen bleiben. Im Rahmen der Aufstellung der jährlichen Bilanz sind sie zu bewerten und werden vom Abschlussprüfer überprüft (§ 317 Abs. 1 S. 1, 2 HGB; vgl. hierzu auch: *Hopt/Merkt*, in: Baumbach/Hopt, § 317 Rn. 2 f.).

328 *Vetter*, Verh. d. 66. DJT, Gutachten P 93.

329 Diese beziehen sich darauf, Einfluss auf die Willensbildung der Gesellschaft zu nehmen.

330 Vgl.: § 134 AktG.

331 § 60 AktG.

332 Hierzu auch: *Raiser/Veil*, Recht der Kapitalgesellschaften, § 1 Rn. 3.

spricht, überproportional an den Vermögens- und Mitwirkungsrechten in der Gesellschaft beteiligt wird. Hierbei handelt es sich allerdings um Fragen des Innenrechts, die keiner auch im Außenverhältnis wirkenden Rechtsfolge bedürfen, sondern mit den Möglichkeiten des Innenrechts gelöst werden sollten. Für die Praxis stellte sich insbesondere die Rechtsfolge der Unwirksamkeit der Ausführungsgeschäfte, die sich aus einer Anwendung des § 27 Abs. 3 S. 1 AktG a.F[333] ergab, als überaus problematisch dar.[334] Dies lässt sich an der in der Einleitung bereits dargestellten *Lurgi*-Entscheidung[335] des BGH anschaulich verdeutlichen. Hier konnte der Insolvenzverwalter die Gesellschaft von einem sich nachträglich als ungünstig erwiesenem Rechtsgeschäft lösen, da dieses Teil einer verdeckten gemischten Sacheinlage und damit rückabzuwikkeln war. Im Ergebnis erhielt sie ein im Zivilrecht grundsätzlich nicht vorgesehenes Reuerecht.

Ein weiterer Kritikpunkt aus der Praxis war, dass die Handhabung verdeckter Sacheinlagen ein Sanierungshemmnis darstellte.[336] In der Krise einer Gesellschaft stellt sich regelmäßig die Frage, ob die wirtschaftlich desolate Lage der Gesellschaft durch eine Kapitalerhöhung ausgeglichen werden kann. Die (Alt- und Neu-) Gesellschafter bringen (erneut) Bar- und Sachwerte in das Gesellschaftsvermögen ein, um die Gesellschaft vor der Insolvenz zu bewahren. In dem Moment, in dem die Gesellschafter die Gesellschaft vor dem „wirtschaftlichen Aus" retten wollten, wurden sie erneut der Gefahr einer doppelten Inanspruchnahme ausgesetzt. Praktisch relevantes Beispiel hierfür war die Umwandlung von gegen die Gesellschaft gerichteten Forderungen in Eigenkapital. In diesen Fällen befand sich die Gesellschaft in einer wirtschaftlichen Krise, so dass der objektive Drittvergleichswert der Forderung nur einen Bruchteil des Nominalbetrags betrug. Doch war das Interesse der Gesellschaft an einer Umwandlung der Forderung trotzdem besonders dringlich. Schließ-

---

333 Da sowohl das Verpflichtungs- als auch das Verfügungsgeschäft unwirksam waren, wurde die Gesellschaft nicht Eigentümerin der verdeckt eingebrachten Sacheinlagen. Der Gesellschafter konnte auf dem Rücken der Gesellschaft mit der Werthaltigkeit des Unternehmens spekulieren, musste jedoch auf der anderen Seite auch das Risiko zwischenzeitlicher Wertminderungen tragen. Eine Rückabwicklung war also, abgesehen davon, dass sie überaus unpraktikabel ist, nicht stets im Interesse der Gesellschaft. *Grunewald*, in: FS Rowedder, S. 111 (116). Zu beachten ist zudem, dass es zu keinem Schaden am Gesellschaftsvermögen durch die verdeckte Sacheinlage gekommen war, sondern ein Schaden vielmehr durch die erforderliche Rückabwicklung entstehen konnte: Im Rückabwicklungsfall verlor die Gesellschaft oftmals den durch sie erarbeiteten Mehrwert oder Wertzuwachs der Sache (*Schöpflin*, GmbHR 2003, 57 (63)).
Im Rahmen von Due Diligences bestand das Risiko, dass die Zielgesellschaft nicht Eigentümerin wichtiger Vermögensgegenstände war und sich in diesem Fall erneut die Frage nach einer Heilung der verdeckten Sacheinlage stellte.

334 *Loos*, AG 1989, 381 (390 f.); *Martens*, AG 2007, 732 ff.

335 BGH, Urt. v. 9.7.2007 – II ZR 62/06 = BGHZ 173, 145 = ZIP 2007, 1751 ff.

336 Vgl. hierzu: *Ebenroth/Neiß*, BB 1992, 2085 (2086) *Honsell*, FS Frotz, S. 307 (317); *Karollus*, ZIP 1994, 589 (589 f.); *Meilicke*, DB 1989, 1067 ff., *ders.*, DB 1989, 1119 ff., *Klose-Mokroß*, Gläubigerschutz im Kapitalgesellschaftsrecht, S. 51.

lich bestand hierdurch die Möglichkeit, eine drohende Überschuldung abzuwenden.[337] [338]

Unter dem Aspekt, dass Sanktionsgedanken dem deutschen Zivilrecht grundsätzlich fremd sind,[339] war gegen die Rechtsprechung weiterhin einzuwenden, dass sich die Rechtsfolge als eine „punitive damages" darstellte.[340] Eine Sanktion in Form der nochmaligen Verpflichtung zur Einlageleistung in voller Höhe trat unabhängig davon ein, ob sie zur Sicherung eines angemessenen Gläubigerschutzes oder zur Abwendung eines Schadens auf Seiten der Gesellschaft überhaupt erforderlich war.[341] Wenn eine erneute Erbringung der Bareinlage in voller Höhe also nicht erforderlich war, um dem Grundsatz der realen Kapitalaufbringung gerecht zu werden, verblieb allein, dass dies eine Bestrafung des rechtsuntreuen Inferenten bzw. einer evtl. vorhandenen bösen Absicht darstellte.[342] Allein die Sanktion des das Gesetz umgehenden Gesellschafters rechtfertigt die Rechtsprechung jedoch keinesfalls. Widersinnig erschien insoweit auch der Umstand, dass der sich redlich verhaltende Inferent einer verdeckten Sacheinlage zivilrechtlich härter bestraft wurde, als derjeni-

---

337 Dies liegt daran, dass der bei der Gesellschaft eintretende Entlastungseffekt unabhängig von ihrer wirtschaftlichen Situation in Höhe des vollen nominellen Wertes der Forderung besteht, da um diesen die Passivseite der Bilanz entlastet wird (*Krolop*, GmbHR 2007, 117 ff.).

338 Vorratsgesellschaften wurden oftmals als GmbH im Zusammenhang mit Unternehmenstransaktionen oder Neugründungen als Akquisitionsvehikel verwendet. Vorteil der Verwendung von Vorratsgesellschaften ist, dass die langwierige Gründungsphase bereits abgeschlossen ist und Haftungsprobleme im Zusammenhang der Vorgründungs-Gesellschaft vermieden werden können. Durch die Entscheidungen des BGH vom 9.12.2002 (BGH, Beschl. v. 9.12.2002 – II ZB 12/02 = BGHZ 153, 158 = GmbHR 2003, 227 m. Anm. *Peetz*) sowie vom 7.7.2003 (BGH, Beschl. v. 7.7.2003 – II ZB 4/02 = BGHZ 155, 318 = GmbHR 2003, 1125 m. Anm. *Peetz*) wurden jedoch einige der Vorteile zunichte gemacht. Der BGH sieht in der Verwendung einer Vorratsgesellschaft eine wirtschaftliche Neugründung, auf die sämtliche Gründungsvorschriften sowie die registergerichtliche Prüfung anzuwenden ist; somit auch das Rechtsinstitut der verdeckten Sacheinlage. Er begründet seine Entscheidung damit, dass *„die Gefahr einer Umgehung der Gründungsvorschriften mit der Folge, daß die gesetzliche und gesellschaftsvertragliche Kapitalausstattung bei Aufnahme der wirtschaftlichen Tätigkeit nicht gewährleistet ist,"* besteht. Von Seiten der Literatur wird hiergegen eingewendet, dass ein auseichender Gläubigerschutz über die §§ 30 f. GmbHG gewährleistet werden könne (*Swoboda*, GmbHR 2005, 649 (655)).

339 Anders allerdings: *Wagner*, AcP 206 (2006), 352 ff., speziell zu punitive damages S. 471 ff.

340 *Grunewald*, in: FS Rowedder, S. 111 (S. 116); *Winter*, in: FS Priester, S. 867 (874); *Kübler/Assmann*, GesellR, § 15 I 4 c; *Kübler*, ZHR 157 (1993), 196 (209); *Meilicke*, Die verschleierte Sacheinlage, S. 68; *Schüppen/Schaub*, Münchener Anwalts Handbuch AktR, Rn. 239; DAV, WiB 1996, 707 (710).

341 *Winter*, in: FS Priester, S. 867 (875).

342 Hierzu auch: *Meilicke*, Die verschleierte Sacheinlage, S. 67 f.

ge, der bewusst etwas Minderwertiges in die Gesellschaft einbrachte bzw. der Gesellschaft überhaupt keinen Vermögenswert zur Verfügung stellte.[343]

H. Ergebnis

Der Lehre von der verdeckten Sacheinlage ist zuzugeben, dass der bis zum MoMiG bzw. ARUG gesetzlich bestehende Umgehungsschutz nicht ausreichte, um eine reale Kapitalaufbringung und damit einen Schutz der Gesellschaftsgläubiger sowie der Mitgesellschafter hinlänglich zu gewährleisten. Auch lässt sich festhalten, dass die Rechtsfolgen der Lehre von der verdeckten Sacheinlage durchaus dazu geeignet waren, Anreize für die Einhaltung des gesetzlichen Verfahrens zu schaffen. Zudem stellten sie konsequente und in sich stimmige Rechtsfolgen dar. Doch zeigt die Untersuchung auch, dass die von der Rechtsprechung angeordnete Rechtsfolge über das von ihr verfolgte Ziel hinausging.[344] Rechtspolitisch ist es nicht wünschenswert, dass der Inferent selbst dann sanktioniert wird, wenn es zu keinem Vermögensnachteil für die Gesellschaft gekommen ist und sich das Risiko, vor dem das Gesetz schützen möchte, nicht realisiert hat.[345] Auch fehlt die Rechtfertigung dafür, dass der verdeckt eingelegte Vermögenswert im Rahmen der Rechtsfolgen ohne jede Beachtung bleibt, obwohl die Gesellschaft hiervon bereits Gebrauch machen konnte.[346] Letztlich wurde bei werthaltigen verdeckten Sacheinlagen für die Bestrafung „allein" an die fehlende Offenlegung angeknüpft. Eine Abwägung der Interessen der Gesellschaftsgläubiger an einer Information über die Art und Weise der Kapitalzusammensetzung und dem Interesse des Inferenten, nicht unangemessen haften zu müssen, fällt zu Gunsten der Interessen des Inferenten aus.[347] Dies insbesondere unter dem Aspekt, dass dem Gläubiger eine Information hinsichtlich der Kapitalzusammensetzung über die Bilanz der Gesellschaft durchaus möglich ist.

Auch wurde durch die Lehre von der verdeckten Sacheinlage die Handlungsfähigkeit der Gesellschaft stark eingeschränkt: Ihr wurde die Möglichkeit genommen, für sie „gute" und effiziente Geschäfte mit dem Gesellschafter abzuschließen.[348] Die Lehre von der verdeckten Sacheinlage stellt sich damit als in ihrer Rechtsfolge unangemessen hart dar.

---

343 *Winter*, in: FS Priester, S. 867 (874); *Klose-Mokroß*, Gläubigerschutz im Kapitalgesellschaftsrecht, S. 46 Fußn. 7.

344 So auch: *Wilhelm*, ZHR 167 (2003), 520 (522).

345 *Winter*, in: FS Priester, S. 867 (875).

346 *Heidenhain*, GmbHR 2006, 455 (456).

347 So bereits: *Brandner*, in: FS Boujong, S. 37 (46).

348 *Wilhelm*, ZHR 167 (2003), 520 (529).

Kapitel 3: Vorgaben durch das EU-Recht

Das Kapitalaufbringungsrecht der Aktiengesellschaft, insbesondere die Differenzierung zwischen Bar- und Sacheinlagen, beruht auf den Vorgaben der 2. Gesellschaftsrechtlichen Richtlinie. Wird eine Veränderung des Aktienrechts in einem Bereich, für den die Kapitalrichtlinie Vorgaben macht, vorgenommen, ist zu prüfen, ob die Veränderungen mit den Vorgaben dieser in Einklang stehen.[349] Um an späterer Stelle auf die Vereinbarkeit des § 27 Abs. 3 AktG n.F. mit der 2. Gesellschaftsrechtlichen Richtlinie eigehen zu können, sollen hier zunächst die Grundlagen dargestellt werden.

A. Vorgaben durch die Kapitalrichtlinie

I. Rechtsgrundlage und Regelungsziel

Bei der Kapitalrichtlinie handelt es sich um eine Richtlinie im Sinne des Art. 288 AEUV, was dazu führt, dass diese finale Vorgaben für die Mitgliedstaaten, die diese durch Akte der Umsetzung zu realisieren haben, enthält.[350] Die Richtlinie wird als Handlungsform des europäischen Gesetzgebers eingesetzt, wenn es zwar um eine gemeinschaftsweit materiell rechtliche Harmonisierung geht, aber dennoch die Vielfalt nationaler Rechtsformen und Traditionen so weit wie möglich respektiert werden soll. Die Mitgliedstaaten sind im Rahmen der Umsetzung verpflichtet, innerhalb der ihnen nach Art. 249 EGV belassenen Entscheidungsfreiheit die Formen und Mittel zu wählen, die sich zur Gewährleistung der praktischen Wirksamkeit der Richtlinien unter Berücksichtigung des mit ihnen verfolgten Zwecks am besten eignen.[351]

Rechtsgrundlage der Kapitalrichtlinie ist Art. 50 Abs. 2 lit. g) AEUV[352] [353], wonach den Organen der EG die Aufgabe obliegt, die Schutzbestimmungen

---

349 Im Grunde besteht Einigkeit darüber, dass dem Gemeinschaftsrecht Vorrang vor dem nationalen Recht der jeweiligen Mitgliedsstaaten zukommt, *Streinz*, Europarecht, Rn. 201; *Oppermann*, Europarecht, § 7 Rn. 1. Die jeweiligen Begründungsansätze sind unterschiedlich. Der EuGH begründete dies in der Rechtssache Costa/ENEL mit der „Eigenständigkeit" der Gemeinschaften. Diese sei Folge davon, dass die Mitgliedsstaaten *„ihre Souveränitätsrechte beschränkt und so einen Rechtskörper geschaffen (hätten), der für ihre Angehörigen und sie selbst verbindlich ist."* (EuGH, Urt. v. 15.7.1964 - Rs. 6/64, Slg. 1964, 1251/1269, Rn. 8) Auch das BVerfG hat in verschiedenen Entscheidungen Stellung zu der Frage nach dem Verhältnis des EU-Rechts gegenüber dem nationalen Recht bezogen (BVerfG, Beschl. v. 22.10.1986 – 2 BvR 197/83 = BVerfGE 73, 339 (Solange II); BVerfG, Urt. v. 12.10.1993 – 2 BvR 2134, 2159/92 = BVerfGE 89, 155 (Maastricht)). Es geht – inzwischen – von einem Vorrang des Gemeinschaftsrechts kraft verfassungsrechtlicher Ermächtigung aus. (BVerfG, Beschl. v. 29.5.1974 – 2 BvL 52/71 = BVerfGE 37, 271 (280) (Solange I), vgl. hierzu: Art. 23 Abs. 1 S. 2 GG)

350 Früher: Art. 249 Abs. 3 EGV. *Ruffert*, in: Callies/Ruffert, EUV EGV, Art. 249 Rn. 45.

351 EuGH, Urt. v. 8.4.1976 - RS. 48/75, Slg. 1976, 497 Rn. 69/73.

352 Die Vorschrift will verhindern, dass es durch die gemeinschaftsrechtlich gewährleistete Niederlassungsfreiheit zu einem Wettbewerb zwischen den Gesellschaftsrechten der Mitgliedstaaten kommt, bei dem die Interessen von Gesellschaftern und Dritten in den Hintergrund geraten, *Bröhmer*, in: Callies/Ruffert, EUV EGV, Art. 44 EGV Rn. 12.

353 Art. 54 Abs. 3 lit g) EGV a.F.

zu koordinieren, die in den Mitgliedstaaten den Gesellschaften im Interesse der Gesellschafter sowie Dritter vorgeschrieben sind, um diese Bestimmungen gleichwertig zu gestalten. Zielrichtung der hierauf gestützten Rechtsangleichung ist es regelmäßig, die den Gesellschaften durch die Art. 49, 54 AEUV gewährte Niederlassungsfreiheit zu flankieren.[354] [355]

II. Die Vorgaben der für die Kapitalaufbringung maßgeblichen Normen

Ausweislich der Präambel der Kapitalrichtlinie soll diese, durch die Koordinierung der einzelstaatlichen Vorschriften, ein Mindestmaß an Gleichwertigkeit beim Schutz der Aktionäre einerseits und der Gläubiger der Gesellschaft andererseits sicherstellen. Die Kapitalrichtlinie befasst sich mit der Kapitalaufbringung in ihren Art. 6 ff. der Richtlinie. Sacheinlagen werden von der Richtlinie in den Art. 7, 9 Abs. 2, 10, 11 und 27 Abs. 1 geregelt. Der Begriff der Sacheinlage wird von der Richtlinie negativ als „Einlagen, die nicht Bareinlagen sind" definiert.[356] Eine Änderung der Richtlinie erfolgte 2006 in der Weise, dass die Mitgliedstaaten den Aktiengesellschaften gestatten können, Aktien für die Einbringung von Sacheinlagen auszugeben, ohne die Aktiengesellschaften zu einer Bewertung durch einen Sachverständigen zu verpflichten, wenn es für die Bewertung der betreffenden Sacheinlage einen klaren Anhaltspunkt gibt. Die Kommission geht davon aus, dass das derzeit vorgeschriebene Bewertungsgebot so durch mindestens gleichwertige Schutzvorkehrungen ersetzt wird.[357] Die Kapitalrichtlinie enthält indes keine Regelung, die an eine Umgehung des Kapitalaufbringungssystems – durch verdeckte Sacheinlagen – eine Rechtsfolge anknüpft. Umgehungsschutz wird allein durch die Vorschrift des Art. 11 der Richtlinie vermittelt. Dieser legt Vorgaben für den Fall der sog. Nachgründung fest. Vorbild für diese Vorschrift war die im deutschen Aktienrecht bereits existierende Nachgründungsvorschrift des § 52 AktG.

354 Früher: Art. 44 Abs. 2 lit. g) EGV.
Lutter, in: FS Everling, S. 765 (S. 775).

355 Früher: Art. 43, 48 EGV.
Hierfür sollen die Schutzvorschriften im Interesse der Gesellschafter und Dritter so aufeinander abgestimmt werden, „dass die übersiedelnde Gesellschaft sich nicht umwandeln oder erheblich umstellen muss und doch Gesellschaftern und Dritten unter der Rechtsordnung des Gastlandes gleiche rechtliche Sicherheit bietet wie dortige vergleichbare Gesellschaften"; Troberg, in: Groeben/Böckh/Thiesing/Ehlermann, § 54 Rn. 12.

356 Art. 9 Abs. 2; Die Richtlinie sieht vor, dass Sacheinlagen einer unabhängigen und sachverständigen Wertprüfung unterzogen werden müssen, weiterhin ist ein Gründungsbericht vorgesehen, Art. 10 Abs. 1 der Richtlinie.

357 Arbeitsunterlagen der Kommission, Erläuterung der Änderungsvorschläge, S. 1.

B. Vereinbarkeit einer Abschwächung der Rechtsfolgen verdeckter Sacheinlagen mit der Kapitalrichtlinie

I. Meinungsstand bis zum ARUG: Vereinbarkeit der deutschen Rechtsprechung zum Rechtsinstitut der verdeckten Sacheinlage mit der Kapitalrichtlinie

Die Frage nach der Vereinbarkeit nationalen Rechts mit der Kapitalrichtlinie hatte sich bereits im Zusammenhang mit der Behandlung verdeckter Sacheinlagen durch die deutsche Rechtsprechung gestellt. Ungeklärt ist jedoch weiterhin, ob die Kapitalrichtlinie den Umgehungsschutz abschließend regelt[358] und damit einer über sie hinausgehenden nationalen Rechtsprechung und Gesetzgebung entgegensteht oder ob sie bloße Mindestvorgaben[359] aufstellt. In der *IBH/Lemmerz*-Entscheidung vom 15.1.1990 stellte der 2. Zivilsenat des BGH fest, dass die Zweite Richtlinie des Rates der EG den Fortbestand nationalen Rechts, das strengere Voraussetzungen enthält, nicht ausschließt, soweit Vorschriften der Richtlinie keine Höchstmaßregelung treffen. Die Lehre von der verdeckten Sacheinlage sei mit den in Betracht zu ziehenden Vorschriften der Richtlinie unter diesem Gesichtspunkt vereinbar.[360] Der BGH sah keine Verpflichtung zur Vorlage dieser Rechtsfrage an den EuGH.[361] Er führt hierzu unter Berufung auf die so genannten „acte-claire"-Doctrin aus: *„Der Vorlage bedarf es (...) dann nicht, wenn die richtige Anwendung des Gemeinschaftsrechts derart offenkundig ist, da(ss) für einen vernünftigen Zweifel an der Entscheidung der gestell-*

358 Zweifelnd: LG Hannover, DB 1991, 376 ff. (Meilicke); Die Rechtsprechung für europarechtswidrig haltend: *Einsele*, NJW 1996, 2681 (2683 ff); *Meilicke*, Die verschleierte Sacheinlage, S. 97ff. Zumindest für eine Vorlagepflicht des BGH: *Steindorff*, EuZW 1990, 251 (254): Der BGH *„hätte erkennen müssen, da(ss) sein Urteil, nach welchem deutsche aktienrechtliche Normen strenger regeln dürfen als die 2. Richtlinie, kaum mit dem EG-Recht vereinbar ist und sich gewiß nicht als zweifelsfrei erweist, so da(ss) die Urteilsfindung ohne vorherige Vorlage an den EuGH gegen Art. 177 III EWG verstößt."*.

359 BGH, Urt. v. 15.1.1990 – II ZR 164/88 = BGHZ 110, 47 = NJW 1990, 982 (987). Für eine Vereinbarkeit der deutschen Rechtsprechung mit der Kapitalrichtlinie: *Bayer*, in: Schmidt/Lutter, 1. Aufl., § 27 Rn. 50; *Heidinger*, in: Spindler/Stilz, AktG, 1. Aufl., § 27 Rn. 103; *Pentz*, in: MüKo, AktG, § 27 Rn. 87; *Lutter/Gehling*, WM 1989, 1445 (1456 ff.); *Lutter*, in: FS Everling, S. 765 (S. 777); *Brüggemann*, Verdeckte Sacheinlagen in Kapitalgesellschaften, S. 36; *Koll-Möllenhoff*, Das Prinzip des festen Grundkapitals, S. 101.

360 BGH, Urt. v. 15.1.1990 – II ZR 164/88 = BGHZ 110, 47 = NJW 1990, 982 (987).

361 Bestätigt in: BGH, Urt. v. 13.4.1992 – II ZR 277/90 = BGHZ 118, 83 (103); dazu: BVerfG, Urt. v. 27.8.1991 - 2 BvR 276/90 = NJW 1992, 678.
Der BGH hat die Frage, ob es mit der Richtlinie zu vereinbaren ist, dass die Rechtmäßigkeit eines Hauptversammlungsbeschlusses, der eine Kapitalerhöhung gegen Sacheinlagen bei gleichzeitigem Ausschluss des Bezugsrechts der Aktionäre zum Gegenstand hat, anhand einer Inhaltskontrolle nach den Grundsätzen der Entscheidungen BGHZ 71, 40 und BGHZ 83, 319 auf seine Rechtmäßigkeit hin überprüft wird, vorlegen lassen: BGH, Beschl. v. 30.1.1995 – II ZR 132/93 = ZIP 1995, 372 (Siemens-Beschluss) m. Anm. Lutter (648). *Kindler*, in: FS Boujong, S. 299 (S. 300) erkennt hier eine „grundsätzlich neue Haltung" des BGH.

ten Frage (...) kein Raum bleibt."[362] Derartige Zweifel waren zum einen vom Revisionsgericht[363] zum anderen aus der Literatur[364] geäußert worden. Auch der Generalanwalt des EuGH *Guiseppe Tesauro* verdeutlichte in seinen Schlussanträgen zum späteren *Meilicke*-Verfahren, dass er die deutsche Rechtsprechung für unvereinbar mit der Kapitalrichtlinie hält.[365] Der Umstand, dass die anderen Mitgliedstaaten der EU hier durchaus einen anderen Standpunkt vertreten[366] sowie die aus der Literatur vorgebrachten Bedenken, hätten den BGH zu einer Vorlage bewegen müssen. Der EuGH äußerte sich zu dieser Frage nicht, da er die Vorlage des LG Hannover in der Rechtssache *Meilicke* mit der Begründung zurückwies, dass es sich um die Beantwortung einer hypothetischen Rechtsfrage handele.[367] Ob die Richtlinie abschließend ist und damit einer über sie hinausgehenden nationalen Regelung entgegensteht, ist somit durch Auslegung der Richtlinie zu ermitteln.

II. Folgt aus der Kapitalrichtlinie das Gebot eines nationalen Umgehungsschutzes?

Beabsichtigt der Gesetzgeber eine Veränderung nationaler Regelungen, deren Regelungsbereich denjenigen einer Richtlinie der EG tangiert, muss er sich stets fragen, ob und in welchem Umfang die Richtlinie Sperrwirkung entfal-

---

362 BGH, Urt. v. 15.1.1990 – II ZR 164/88 = BGHZ 110, 47 = NJW 1990, 982 (987). Zustimmend: BVerfG, Urt. v. 27.8.1991 – 2 BvR 276/90 = DB 1991, 2230 (2230).

363 Die Kammer des LG Hannover, Beschl. v. 15.1.1991 – 26 AktE 5/90 = DB 1991, 376 hielt es zur Förderung der Rechtssicherheit für geboten von ihrem Vorlagerecht an den Europäischen Gerichtshof Gebrauch zu machen und eine Vorabentscheidung einzuholen.

364 *Knobbe-Keuk*, DB 1990, 2573 (2582 ff.); *Meilicke*, DB 1990, 1173 ff.; *Drinkuth*, Die Kapitalrichtlinie, S. 175.

365 Die Schlussanträge: DB 1992, 1668 ff.

366 In Frankreich, Belgien und im Vereinigten Königreich ist die Aufrechnung als Bareinlage zulässig, wenn die Forderung fällig und liquide ist, *Helms*, Die Europäische Privatgesellschaft, S. 274. Französisches Recht: Dass die Regelungen über Sacheinlagen durch Umgehungskonstellationen, die im deutschen Recht als verdeckte Sacheinlagen bezeichnet werden, umgangen werden können, hat die französische Lehre erkannt, behandelt dies jedoch nicht als Problem des Grundkapitals, Koll-Möllenhoff, Das Prinzip des festen Kapitals, S. 123 mit Verweis auf Guyon, Droit des affairs, RN 105 a.E.; *Lutter*, Rev. Soc. 1991, S. 331 (341); englisches Recht: Nur Verträge, die von der Nachgründungsvorschrift erfasst werden, sind unzulässig, es sei denn, mit dem Vertrag wird offensichtlich die Rückgewähr der Einlagen bzw. die Umgehung des Verbots der Unterpari-Emission bezweckt, *Koll-Möllenhoff*, S. 127 mit Verweis auf: Ooregum Gold Mining Co. Of India v. Roper (1892) AC 125, *Einsele*, NJW 1996, 2681 (2684).

367 Er berief sich hierbei auf EuGH, Urt. v. 16.12.1981 – C-244/80 (Foglia/Novello), EuGHE 1981, 3045 Rn. 20, 21; so auch: EuGH, Urt. v. 30.9.2003 – Rs. C-167/01 (Inspire Art) = NJW 2003. 3331 (3331), in dem er anführte, dass *„der Geist der Zusammenarbeit, in dem das Vorabentscheidungsersuchen durchzuführen ist, verlangt, da(ss) das vorlegende Gericht auf die dem Gerichtshof übertragene Aufgabe Rücksicht nimmt, zur Rechtspflege in den Mitgliedstaaten beizutragen, nicht aber Gutachten zu allgemeinen oder hypothetischen Fragen abzugeben"*.

tet.[368] Der nationale Gesetzgeber ist bei Bestehen einer Sperrwirkung daran gehindert, Normen seines nationalen Rechts, die dem Angleichungsziel einer Richtlinie entsprechen, richtlinienwidrig zu verändern.[369] Folgt aus der Kapitalrichtlinie, dass ein über den Schutz des Art. 11 der Kapitalrichtlinie hinausgehender Umgehungsschutz ausgeschlossen ist, hätte dies zur Konsequenz, dass der Gesetzgeber an Umgehungssachverhalte keine Rechtsfolge knüpfen dürfte. Sollte aus der Kapitalrichtlinie jedoch gerade ein Gebot, die Kapitalaufbringungsvorschriften vor Umgehungen zu schützen, folgen, ist zu klären, welche Schutzintensität die Kapitalrichtlinie voraussetzt bzw. ob sie diesbezüglich eine „Höchstgrenze" enthält. Fraglich ist damit, ob das Schweigen der Kapitalrichtlinie zur Sanktionierung von Umgehungen der Kapitalaufbringungsregeln dazu führt, dass die Normierung strengeren nationalen Rechts prinzipiell verboten ist oder hieraus gerade auf das Gegenteil zu schließen ist. Aus den Entstehungsmaterialien zur Richtlinie lässt sich nicht eindeutig entnehmen, ob die Richtlinie überhaupt einen über Art. 11 der Richtlinie hinausgehenden Umgehungsschutz zulässt. Auf der einen Seite werden Ausführungen des Rechtsausschusses des Europäischen Parlaments[370] dafür angeführt, dass die Richtlinie abschließend sei: *„Die Vorschrift will verhindern, dass der in Art. 8 (jetzt Art. 10) festgelegte Schutz zu leicht umgangen wird. Damit soll insbesondere folgende Betrugsmöglichkeit ausgeschaltet werden: Ein Aktionär der das Kontrollverfahren zu umgehen sucht, zeichnet Aktien gegen Bareinlagen und veräußert danach Vermögensgegenstände zu einem überhöhten Preis an die Gesellschaft."* Hieraus lasse sich folgern, dass der europäische Gesetzgeber die Problematik erkannt und den von ihm als erforderlich erachteten Umgehungsschutz in Art. 10 der Richtlinie abschließend normiert habe. Andererseits lässt sich aus den Entstehungsmaterialien für einen nationalen Umgehungsschutz die Erläuterung zu Art. 9 in der Fassung des ursprünglichen Richtlinienentwurfs[371] anbringen: *„Sie (also die Vorschrift des Art. 9) wendet sich gegen die Möglichkeit des Betruges, die für den Sacheinleger, der das Kontrollverfahren zu umgehen sucht, darin besteht, Nennwertaktien notfalls nach Aufnahme von Darlehen zu zeichnen, um dann seine Sacheinlagen zu einem überhöhten Preis von der Gesellschaft erwerben zu lassen. Sicherlich kann man Mittel und Wege finden, auch das in Art. 8 vorgesehene Verfahren zu umgehen; es kann aber den nationalen Gesetzgebern, nachdem sie das Verfahren in ihr Recht übernommen haben, überlassen bleiben, es gegebenenfalls noch weiter auszubauen."*[372] Dem lasse sich entnehmen, dass (zumindest) die Gesetz-

368 *Ebenroth/Kräutter*, DB 1990, 2153 (2156); *Lutter*, in: FS Everling, S. 765 (S. 766), dieser fragt, ob aus der Richtlinie ein stand-still nationaler Gesetzgebung folgt.

369 *Lutter*, in: FS Everling, S. 765 (S. 781).
Der EuGH hatte dem vorlegenden Gericht in der Rechtssache Karella (EuGH, DB 1991, 1616 f.) nahegelegt, das nationale Recht, das aufgrund nachträglicher Änderung der Richtlinie entgegenstand, nicht anzuwenden.

370 Sitzungsdokumente des Europäischen Parlaments 1971-1972, Dokument 144/71, S. 9.

371 *Ebenroth/Neiß*, BB 1992, 2985 ff. (vgl. dort Fn. 30).

372 Dem wird entnommen, dass die Nachgründungsvorschrift diejenigen Fälle erfasse, die in Deutschland als verdeckte Sacheinlagen qualifiziert werden. Weiterhin wird hieraus gefolgert, dass die Kommission solche Geschäfte nur dann für gefährlich halte, wenn

gebungsorgane der Mitgliedstaaten zur Schaffung eines strengeren Umgehungsschutzes ermächtigt seien.[373]

Für ein Gebot des Umgehungsschutzes spricht zudem, die aus Art. 10 EGV folgende Verpflichtung der Mitgliedsstaaten zur Gemeinschaftstreue und damit auch zu einer mit den Zielen der Gemeinschaft konformen nationalen Gesetzgebung.[374] Der nationale Gesetzgeber ist verpflichtet, *„in seinem innerstaatlichen Recht die Konsequenzen aus seiner Zugehörigkeit zur Gemeinschaft zu ziehen"*[375]. Hieraus folgt, dass das nationale Recht Schutz vor *„Umgehungstätern"*[376] bieten muss.[377] Schließlich enthält auch das Gemeinschaftsrecht das allgemeine Rechtsinstitut der Gesetzesumgehung: Der Gedanke des Missbrauchsausschlusses ist ein in der Rechtsprechung des EuGH etabliertes Kriterium zur Auslegung von EG-Richtlinien.[378] Der EuGH macht insoweit geltend *„(...), dass die Mitgliedstaaten nach ständiger Rechtsprechung dann, wenn eine Bestimmung des Gemeinschaftsrechts für den Fall ihrer Verletzung keine eigene Sanktionsbestimmung enthält oder insoweit auf die nationalen Rechts- und Verwaltungsvorschriften verweist, nach Art. 10 EG verpflichtet sind, alle geeigneten Maßnahmen zu treffen, um die volle Wirksamkeit des Gemeinschaftsrechts zu gewährleisten."*[379]

Schließlich lassen sich auch aus dem System der Kapitalrichtlinie selbst Argumente für einen nationalen Umgehungsschutz herleiten: Zunächst lässt sich anführen, dass aus der Unterscheidung von Bar- und Sacheinlagen auf einen vom Richtliniengeber intendierten Umgehungsschutz geschlossen werden kann. Die Kapitalrichtlinie enthält strenge Kapitalschutzvorschriften und unterstellt Sacheinlagen einem gesonderten, von Offenlegungs- und Prüfungspflichten geprägten Verfahren. Mit einem strengen System lässt sich schwerlich vereinbaren, dass es den Mitgliedstaaten verboten sein soll, dieses gegen Umgehungen zu schützen.[380] Vielmehr ergibt sich eine Verpflichtung der Mitgliedsstaaten, eine wirksame Durchsetzung gemeinschaftsrechtlicher Bestimmungen zu gewährleisten[381], eine Verpflichtung zu effektivem Umgehungsschutz folgt damit bereits aus dem Grundsatz des *effet utile*.[382] Bei der teleolo-

---

der Sacheinleger damit betrügerische bzw. gesellschaftsschädigende Zwecke verfolge, *Ebenroth/Neiß*, BB 1992, 2085 (2088).

373 *Ebenroth/Neiß*, BB 1992, 2085 (2088).

374 *Kindler*, in: FS Boujong, S. 299 (S. 310); *Lutter*, in: FS Everling, S. 765 (S. 780); *Drinkuth*, Die Kapitalrichtlinie, S. 170.

375 EuGH, Urt. v. 8.2.1973 - Rs. 30/72, Slg. 1973, 161 Rn. 11 (Kommission/Italien).

376 *Kindler*, in: FS Boujong, S. 299 (S. 310); *G. Müller*, ZGR 1995, 327 (330) in Anm. zu BGH, Urt. v. 21.2.1994 – II ZR 60/93 = BGHZ 125, 141.

377 Die Rechtsfigur der verdeckten Sacheinlage wird von der Richtlinie mindestens erlaubt, wenn sie nicht gar geboten ist, *Lutter*, in: FS Everling, S. 765 (S. 779).

378 *Kindler*, in: FS Boujong, S. 299 (S. 309); *Lutter*, JZ 1992, 593 (598 f.).

379 EuGH, Urt. v. 30.9.2003 – Rs. C-167/01 (Inspire Art) = NJW 2003, 3331 (3332).

380 *Drinkuth*, Die Kapitalrichtlinie, S. 170.

381 *Drinkuth*, Die Kapitalrichtlinie, S. 170.

382 *Drinkuth*, Die Kapitalrichtlinie, S. 170 f.; *Habersack*, in: FS Priester, S. 157 (S. 160); *Kindler*, in: FS Boujong, S. 299 (S. 309 f.); *Lutter*, JZ 1992, 593 (603); *ders.*, in: FS Everling, S. 765 (S. 779).

gischen Auslegung von EG-Recht ist letztlich so zu verfahren, dass die Norm die größtmögliche Wirkung im Sinne des Gemeinschaftsrechts entfalten kann.[383] Der Rechtsprechung ist damit zuzugeben, dass die Richtlinie einem Umgehungsschutz nicht per se entgegensteht[384], sondern ihr vielmehr ein Umgehungsschutz immanent ist. Die Sacheinlagevorschriften vor Umgehung zu schützen ist also im Sinne der Kapitalrichtlinie.

III. Intensität des aus der Kapitalrichtlinie folgenden Umgehungsschutzes

Doch auch, wenn eine Richtlinie strengere nationale Normen erlaubt, ist ihr doch auch immer eine Obergrenze immanent.[385] Der nationale Gesetzgeber hat keinen uneingeschränkten Gestaltungsspielraum bei der Normierung eines Umgehungsschutzes. Fraglich ist damit zum einen, an welche Sachverhalte der nationale Gesetzgeber einen Umgehungsschutz knüpfen und zum anderen, welche Rechtsfolgen er hierfür vorsehen darf.

Art. 11 der Kapitalrichtlinie gewährt abstrakt-präventiven Umgehungsschutz.[386] Unter einem abstrakten Umgehungsschutz wird der an objektiven Merkmalen wie Fristen, Transaktionsvolumen oder Beteiligungshöhe anknüpfende Schutz verstanden. Art. 11 der Kapitalrichtlinie schließt damit nicht die Statuierung eines konkret-präventiven Umgehungsschutzes durch die jeweiligen Mitgliedsstaaten aus.[387] [388]

Folgende Abstufungen ergeben sich für eine Klärung der Frage, an welche Sachverhalte der nationale Gesetzgeber eine Rechtsfolge knüpfen darf: (1) alle Fälle, in denen objektiv das Kapitalaufbringungssystem umgangen wird, also unabhängig von einem Gestaltungswillen oder gar einer Umgehungsabsicht[389], (2) Fälle, in den nicht nur objektiv das Kapitalaufbringungsrecht umgangen wird, sondern zudem noch die Vermutung einer Abrede in dem Sinne besteht, dass der Vorgang im wirtschaftlichen Ergebnis einer Sacheinlage entsprechen soll und (3) Fälle, in denen objektiv das Kapitalaufbringungsrecht umgangen wird und die Beteiligten subjektiv mit Umgehungsabsicht handeln. Fallgestaltung (1) ist aus dem nationalen Umgehungsschutz auszuklammern. Es ist nicht angemessen, einem Rechtsgeschäft nur deshalb die Wirksamkeit zu versagen – mit der Folge, dass die Einlage noch einmal geleistet werden

---

383 *Lutter*, JZ 1992, 593 (603).

384 So bereits: *Brüggemann*, Verdeckte Sacheinlagen in Kapitalgesellschaften, S. 32 f.

385 *Lutter*, in: FS Everling, S. 765 (S. 780).

386 Unter einem abstrakten Umgehungsschutz wird der an objektiven Merkmalen wie Fristen, Transaktionsvolumen und Beteiligungshöhe anknüpfender Schutz verstanden.

387 *Drinkuth*, Die Kapitalrichtlinie, S. 175.

388 Aus dem Text des Art. 11 der Kapitalrichtlinie lässt sich allein folgern, dass der abstrakt-präventive Umgehungsschutz abschließend geregelt ist; nur insoweit ist die Vorschrift abschließend, *Drinkuth*, Die Kapitalrichtlinie, S. 169.

389 Die aufgrund der von der Rechtsprechung bis zur Gesetzesänderung angenommenen Vermutung bei Bestehen eines sachlichen und zeitlichen Zusammenhangs nach bisherigem Recht den absoluten Ausnahmefall darstellte.

muss –, weil die Sacheinlagebestimmungen nicht eingehalten worden sind. Dies sollte nur unter den in Art. 11 genannten Voraussetzungen erfolgen.[390]

Am unproblematischsten erscheint Konstellation (3): Die Richtlinie erfasst den Fall eines Handelns mit Umgehungsabsicht nicht. Aus der Perspektive des Regelungszwecks spricht nichts dagegen, den Mitgliedstaaten für solche Umgehungskonstellationen einen Gestaltungsspielraum zu gewähren und Art. 11 der Richtlinie – zumindest insoweit – nicht als abschließend zu bewerten.[391]

Gegen die Statuierung einer an Sachverhalte, in denen die Vermutung eines entsprechenden Gestaltungswillens bzw. einer entsprechenden Abrede besteht, anknüpfende Rechtsfolge könnte Folgendes sprechen: Ziel der Richtlinie ist es beim Schutz der Aktionäre sowie der Gläubiger der Gesellschaft Gleichwertigkeit herzustellen. Hierdurch soll verhindert werden, dass es zu einem Gefälle zwischen Staaten mit strengeren und solchen mit liberaleren Schutzvorschriften kommt.[392] Es werden also – mit den Interessen der Aktionäre einerseits und derjenigen der Gesellschaftsgläubiger andererseits – zwei verschiedene Verkehrskreise und damit auch unterschiedliche Schutzinteressen verfolgt. Da die Schutzinteressen der Aktionäre nicht unbedingt mit denjenigen der Gesellschaftsgläubiger gleichlaufen, ihnen vielmehr regelmäßig gegenläufig gegenüber stehen, würde ein Hinausgehen über die Schutzstandards der Richtlinie schließlich zwangsläufig dazu führen, dass einzelne Gruppen vom Schutzniveau bevorzugt würden.[393] Die Erhöhung des Schutzstandards zugunsten der Gesellschaftsgläubiger führt also automatisch zu einer Einschränkung der Freiheiten der Gesellschafter sowie der Handlungsfreiheit der Gesellschaft insgesamt. Art. 50 Abs. 2 lit g) AEUV will verhindern, dass es durch die gemeinschaftsrechtlich gewährleistete Niederlassungsfreiheit für die Gesellschaften zu einem Wettbewerb zwischen den Gesellschaften der einzelnen Mitgliedsstaaten kommt, bei dem die Interessen von Gesellschaftern und Dritten zweitrangig werden.[394]

Tesauro ist der Ansicht, dass „im Hinblick auf die Ratio des Art. 11 Abs. 1 (...) ein Tätig werden des nationalen Gesetzgebers (...) ausgeschlossen sein soll, durch das man mittels einer generalisierenden „Typisierung" aller sich möglicherweise stellenden Fälle einer Umgehung dahin gelangt, da(ss) diese Umgehungstatbestände ohne Rücksicht darauf eine Sanktion auslösen, ob tatsächlich eine Umgehungsabsicht und eine Beeinträchtigung der beteiligten Interessen vorliegt".[395] Die nationalen Rechtsordnungen könnten nur in Umgehungsfällen eingreifen, in denen eine eindeutige Umgehungsabsicht bestehe.

---

390 *Drinkuth*, Die Kapitalrichtlinie, S. 174.

391 *Drinkuth*, Die Kapitalrichtlinie, S. 173.

392 *Meilicke*, Die verschleierte Sacheinlage, S. 98 ff.

393 Schlussanträge *Tesauro*: DB 1992, 1668 (1669); *Einsele*, NJW 1996, 2681 (2684).

394 Früher: Art. 44 Abs. 2 lit g EGV.
Bröhmer, in: Calliess/Ruffert, EUV,EGV, Art. 44 EGV Rn. 12.

395 Schlussanträge *Tesauro*, DB 1992, 1668 (1672).

Im Ergebnis müssen jedoch auch an Sachverhalte, in denen das Vorliegen eines entsprechenden Gestaltungswillens aufgrund des Bestehens eines sachlich-zeitlichen Zusammenhangs zur Einlageleistung zu vermuten ist, Rechtsfolgen durch den nationalen Gesetzgeber angeknüpft werden können. Für die Zulässigkeit einer solchen Anknüpfung spricht Folgendes: Nicht nur der Schutz der Interessen der Gesellschaftsgläubiger gebietet die Anknüpfung einer Rechtsfolge. Innerhalb der Gruppe der Aktionäre bestehen auch unterschiedliche Interessen. Jeder Gesellschafter, der seine Einlage ordnungsgemäß geleistet hat, hat ein Interesse daran, dass auch die anderen Gesellschafter ihrer Einlagepflicht ordnungsgemäß nachkommen. Dies ergibt sich insbesondere im Hinblick darauf, dass sich Mitverwaltungs- und Vermögensrechte der Gesellschafter nach deren Anteil am Kapital bemessen. Eine nicht ordnungsgemäße Kapitalaufbringung ohne Anknüpfung einer Rechtsfolge hätte also zur Konsequenz, dass das Verhältnis der Kapitalbeteiligung und die daraus folgenden Berechtigungen nicht mehr in einem ausgewogenen Verhältnis zueinander stünden. Die Interessen der übrigen Aktionäre sprechen somit für einen nationalen, gesetzlichen Umgehungsschutz.[396] Zudem ist dieses Ergebnis auch unter systematischen Gesichtspunkten stimmig: Die unter Konstellation (2) fallenden Sachverhalte werden nicht von dem abstrakten Schutz des Art. 11 der Kapitalrichtlinie erfasst. Vielmehr würde hier ein konkreter Umgehungsschutz statuiert. Durch das Kriterium des Gestaltungswillens würde zudem ein Kriterium aufgenommen, dass eine richtlinienkonforme Auslegung zugänglich wäre.

C. Ergebnis

Es ist Aufgabe der nationalen Gesetzgeber, dem Gemeinschaftsrecht zur effektiven Geltung zu verhelfen. Hieraus folgt, dass der einzelne Mitgliedstaat an Sachverhalte, in denen vom europäischen Gesetzgeber aufgestellte Vorgaben von den Beteiligten umgangen werden, Rechtsfolgen anknüpfen darf und muss, um diese vor eben solchen Umgehungen zu schützen. Schließlich machen europarechtliche Vorgaben wenig Sinn, wenn nicht jeder Mitgliedstaat für deren Einhaltung Sorge tragen müsste. Eine Ausgestaltung des jeweilige Umgehungsschutzes muss daher mit den jeweiligen europarechtlichen Vorgaben abgestimmt werden.

Auch im Bereich der Umgehung der Kapitalaufbringungsregeln ist es Aufgabe der nationalen Gesetzgeber Umgehungsschutz zu gewährleisten. Bei der Frage, wie dieser im Einzelfall auszugestalten ist und, an welche Verhaltensweisen der nationale Gesetzgeber welche Rechtsfolge knüpft, hält die Kapitalrichtlinie einen breiten gesetzgeberischen Spielraum bereit, was letztlich auch auf ihre Eigenschaft als Richtlinie zurückzuführen ist, deren typisches Merk-

---

396 Drinkuth, Die Kapitalrichtlinie, S. 172: „Im Rahmen des Art. 11 ist zunächst festzuhalten, dass strenge Kapitalaufbringungsregeln diejenigen Aktionäre, die vollwertige Einlagen innerhalb des vorgeschriebenen Verfahrens geleistet haben, vor solchen Benachteiligungen schützen, dass andere mit weniger werthaltigen Einlagen die gleichen Mitgliedschaftsrechte erwerben können."

mal es ist, den Mitgliedstaaten bei der Umsetzung möglichst weitgehenden Freiraum zu lassen. Letztlich ist allein maßgeblich, ob das gesamte System hinreichenden Schutz des durch die Kapitalrichtlinie errichteten Kapitalschutzsystems sicherstellt. Dies macht es verständlich, dass die anderen Mitgliedstaaten, die Problematik verdeckter Sacheinlagen – zumindest teilweise – nicht in gleicher Weise einordnen und diskutieren, wie es dies in Deutschland getan wird. Kapitalschutz wird hier auf andere Weise sichergestellt.

Die Untersuchungen führen damit zu dem Ergebnis, dass der deutsche Gesetzgeber eine Regelung der Rechtsfolgen verdeckter Sacheinlagen vornehmen kann. Dies zumindest unter der Prämisse, dass an Sachverhalte angeknüpft wird, in denen neben einem objektiven Verstoß gegen das Sacheinlagerecht ein subjektives Element im Sinne eines Gestaltungswillens, der bei sachlich-zeitlichem Zusammenhang mit der Einlageleistung vermutet wird, vorhanden ist. Ob eine gesetzliche Regelung letztendlich in Einklang mit der Kapitalrichtlinie steht, kann jedoch nur in Hinblick auf die konkrete (gesetzliche) Ausgestaltung bestimmt werden.

Kapitel 4: Vorgaben durch die Verfassung

A. Maßstab: Art. 3 Abs. 1 GG

Kapitel 2 hat gezeigt, dass Rechtsprechung und Literatur die Frage der angemessenen Rechtsfolgen verdeckter Sacheinlagen im GmbH- und Aktienrecht als ein einheitliches, beide Rechtsformen gleichermaßen berührendes, Problem betrachten. Die Problematik wird also nicht als spezifisch GmbH-rechtliche oder aktienrechtliche diskutiert, sondern vielmehr rechtsformübergreifend. Diese bislang erfolgte Gleichbehandlung der beiden Rechtsformen leitet zu der Frage über, ob sich eine Gleichbehandlung zwingend gebietet und, ob eine gesetzliche Regelung der Problematik bei der einen der beiden Rechtsformen gar aus verfassungsrechtlichen Gründen eine Anpassung im Recht der anderen zwingend erfordern würde. Auch wenn sich der Gesetzgeber zu einer Gleichbehandlung von GmbH und AG entschlossen hat,[397] ist im Hinblick auf Überlegungen de lege ferenda die Frage zu beantworten, ob eine unterschiedliche gesetzliche Ausgestaltung verfassungsrechtlich zulässig sein würde.

I. Vergleichsgruppen: Gesellschafter der AG und GmbH im Bereich der Rechtsfolgen verdeckter Sacheinlagen

Der Gleichheitssatz ist verletzt, wenn eine Gruppe von Normadressaten oder Normbetroffenen im Vergleich zu einer anderen anders behandelt wird, obwohl zwischen beiden Gruppen keine Unterschiede von solcher Art und solchem Gewicht bestehen, dass sie die unterschiedliche Behandlung rechtfertigen könnten.[398] [399] Eine Vergleichbarkeit muss insoweit in den für die rechtliche Wertung wesentlichen Elementen gegeben sein.[400] Art. 3 Abs. 1 GG gebietet es *„Gleiches gleich und Ungleiches ungleich"* zu behandeln.[401] [402]

---

397 Vgl. § 19 Abs. 4 GmbHG sowie § 27 Abs. 3 AktG.

398 BVerfG, Beschl. v. 31.1.1996 – 2 BvL 39, 40/93 = BVerfGE 93, 386 (397); BVerfG, Urt. v. 6.3.2002 – 2 BvL 17/99 = BVerfGE 105, 73 (110).

399 Für eine Verletzung des Gleichheitssatzes ist von Bedeutung, in welchem Maß sich die Ungleichbehandlung auf die Wahrnehmung grundrechtlich geschützter Freiheiten nachteilig auswirken kann (BVerfG, Beschl. v. 8.6.2004 – 2 BvL 5/00 = BVerfGE 110, 412 (432); BVerfG, Beschl. v. 12.5.2009 – 2 BvL 1/00 = BB 2009, 1408 (1408)).

400 *Wendt*, NVwZ 1988, 778 (782); *Albers*, JuS 2008, 945 (948).

401 Diese Formel wurde von der Rechtsprechung erstmals in BVerfG, Urt. v. 23.10. 1951 – 2 BvG 1/51 = BVerfGE 1, 14 (52) verwendet.

402 Das BVerfG führt zu der Freiheit des Gesetzgebers in der Frage, welche Sachverhalte als hinreichend „gleich" anzusehen sind aus, dass der Gesetzgeber hierbei *„Gesetzlichkeiten, die in der Sache selbst liegen, und die fundierten allgemeinen Gerechtigkeitsvorstellungen der Gemeinschaft nicht missachten"* dürfe. Dies gelte umso mehr, wenn die zu vergleichenden Lebensverhältnisse ein und demselben „Lebensbereich" angehören. Der Ermessensspielraum des Gesetzgebers vergrößere sich jedoch, wenn es darum ginge, die für einen Lebensbereich getroffene Regelung auf Grund des Gleichheitssatzes in einen anderen zu übernehmen. Bei der Frage, ob die zu vergleichenden Lebensverhältnisse demselben „Lebensbereich" angehören oder inwieweit diese zumindest übereinstimmen muss der Gesetzgeber jeden Bereich *„im ganzen und in seiner eigenen inneren Gesetzlichkeit und Ordnung würdigen und danach entscheiden, ob die „gleichen" oder die*

In Betracht kommt eine Ungleichbehandlung der Inferenten verdeckter Sacheinlagen einer AG gegenüber denjenigen einer GmbH, wenn es zu einer unterschiedlichen gesetzlichen Ausgestaltung kommen würde. Aktiengesellschaft und GmbH sind im Rahmen der Kapitalaufbringung rechtlich in ihren wesentlichen Elementen miteinander vergleichbar.[403] Argumente hierfür lassen sich aus der Entwicklung der Gesetzgebung einerseits und derjenigen von Rechtsprechung und Lehre andererseits herleiten. Wie bereits dargestellt, hat sich die Gesetzgebung zur GmbH im Bereich der Sacheinlagekautelen an der zur AG orientiert. Zudem hat sich eine stetige Annäherung der Rechtsprechung zu den Rechtsfolgen verdeckter Sacheinlage im GmbH-Recht an das Aktienrecht vollzogen.[404]

Im GmbH- und Aktienrecht besteht hinsichtlich der Behandlung verdeckter Sacheinlagen die gleiche Interessenlage: Es ist im Interesse der Gläubiger der Gesellschaft, aber auch der anderen Gesellschafter, eine reale Kapitalaufbringung zu gewährleisten. Hierfür – und damit als Äquivalent zur beschränkten Haftung – sehen beide Rechtsformen ein strenges Kapitalaufbringungsrecht vor. Die Kapitalaufbringung wird in beiden Rechtsformen durch ein gesondertes Sacheinlageverfahren, das Gebot der Leistung zur freien Verfügung der Gesellschaft und das Verbot der Unterpariemission geschützt. Ein maßgeblicher Unterschied zwischen den Rechtsformen besteht erst ab dem Zeitpunkt der Kapitalerhaltung. Das Regelungsproblem der Rechtsfolgen verdeckter Sacheinlagen stellt sich in beiden Rechtsformen gleichermaßen. Die Rechtsprechung behandelte hier beide Rechtsformen gleich.[405] Die Inferenten einer verdeckten Sacheinlage einer AG sind mit denjenigen einer GmbH unter rechtlichen Gesichtspunkten somit vergleichbar.

II. Die durch Art. 3 Abs. 1 GG gewährleistete Rechtssetzungsgleichheit

Es erscheint jedoch zweifelhaft, ob die Frage, ob die Inferenten einer GmbH ebenso wie die Inferenten einer AG im Bereich der Rechtsfolgen verdeckter Sacheinlagen zu behandeln sind, eine solche des Art. 3 Abs. 1 GG ist. In Art. 3 Abs. 1 GG ist nicht nur die Rechtsanwendungsgleichheit, sondern auch die so genannte Rechtssetzungsgleichheit verankert.[406] Was jedoch konkret für den Gesetzgeber aus der Rechtssetzungsgleichheit folgt, ist letztlich eine Frage des Einzelfalls, da Art. 3 Abs. 1 GG keine konkreten Vorgaben für den Gesetzgeber enthält, welche Kriterien und Maßstäbe er im Rahmen der Gesetzgebung

---

„ungleichen" Elemente die jeweils wesentlichen sind." (BVerfG, Beschl. v. 16.6.1959 – 1 BvR 71/57 = BVerfGE 9, 338 (349 f.).

403 Vgl. auch: Heidinger, in: Spindler/Stilz, AktG, 1. Aufl., § 27 Rn. 100: „Die der verdeckten Sacheinlage zu Grunde liegende Zielrichtung des Kapitalaufbringungsschutzes ist bei der GmbH und der AG weitgehend identisch im Gesetz geregelt und hat sich wegen der vergleichbaren Interessenlage bei allen Kapitalgesellschaften auch in der Literatur und Rechtsprechung parallel entwickelt."

404 Vgl. hierzu oben: Kap. 2 E II (S. 42 f.).

405 *Dauner-Lieb*, AG 2009, 217 (225).

406 *Lang*, in: Tipke/Lang, Steuerrecht, § 4 Rn. 70.

zu beachten oder einzuhalten hat, um Art. 3 Abs. 1 GG gerecht zu werden.[407] Aus Art. 3 Abs. 1 GG folgt insbesondere kein justiziables Optimierungsgebot in der Weise, dass Art. 3 Abs. 1 GG *„die zweckmäßigste und gerechteste"* Lösung vom Gesetzgeber verlange.[408] Vielmehr setzt Art. 3 Abs. 1 GG der Gestaltungsfreiheit des Gesetzgebers lediglich Grenzen.[409] Dem Gesetzgeber steht also erst mal ein weiter gesetzgeberischer Gestaltungsspielraum zu.[410] Insbesondere ist es Aufgabe des Gesetzgebers zu entscheiden, an welche Sachverhalte er dieselbe Rechtsfolge knüpfen möchte, welche Merkmale es sind, die eine Gleich- oder Ungleichbehandlung rechtfertigen.[411] Aus der Erkenntnis, dass die Anwendung des Gleichheitssatzes immer auf einem *„Vergleich von Lebensverhältnissen beruht, die nie in allen, sondern stets nur in einzelnen Elementen gleich sind"*, folgt, dass die Frage, welche Elemente maßgebend dafür sind, ob sie *„im Recht als gleich oder ungleich zu behandeln"* sind, der Entscheidungsfreiheit des Gesetzgebers obliegt.[412]

Konsequenz ist, dass das Bundesverfassungsgericht die Entscheidungen des Gesetzgebers nur eingeschränkt kontrollieren kann: Art. 3 Abs. 1 GG verleiht dem Bundesverfassungsgericht insbesondere nicht das Recht, eine Regelung unter dem Gesichtspunkt allgemeiner Gerechtigkeit zu überprüfen. Es fragt

---

407 BVerfG, Beschl. v. 8.4.1987 – 2 BvR 909, 934, 935, 936, 938, 941, 942, 947/82, 64/83 und 142/84 = BVerfGE 73, 108 (157): „Was dabei in Anwendung des Gleichheitssatzes sachlich vertretbar oder sachfremd und deshalb willkürlich ist, lä(ss)t sich nicht abstrakt und allgemein feststellen, sondern nur stets in Bezug auf die Eigenart des konkreten Sachverhalts, der geregelt werden soll." Zuletzt bestätigt in: BVerfG, Beschl. v. 12.5.2009 – 2 BvL 1/00 = BB 2009, 1408 (1408).

408 BVerfG, Beschl. v. 11.1.1966 – 2 BvR 424/63 = BVerfGE 19, 354 (367); BVerfG, Beschl. v. 17.1,1978 – 1 BvL 13/76 = BVerfGE 47, 109 (115); BVerfG, Beschl. v. 7.10.1980 – 1 BvL 50, 89/79, 1 BvR 240/79 = BVerfGE 55, 72 (90); BVerfG, Beschl. v. 29.11.1989 – 1 BvR 1402, 1528/87 = BVerfGE 81, 108 (117).

409 BVerfG, Urt. v. 17.12.1953 – 1 BvR 323/51, 195/51, 138/52, 283/52, 319/52 = BVerfGE 3, 162 (182); BVerfG, Urt. v. 16.3.1955 – 2 BvK 1/54 = BVerfGE 4, 144 (155); BVerfG, Beschl. v. 21.2.1957 – 1 BvR 241/56 = BVerfGE 6, 273 (280); BVerfG, Beschl. v. 7.10.1980 – 1 BvL 50, 89/79, 1 BvR 240/79 = BVerfGE 55, 72 (90); BVerfG, Beschl. v. 30.9.1987 – 2 BvR 933/82 = BVerfGE 76, 256 (330); BVerfG, Beschl. v. 5.10.1993 – 1 BvL 34/81 = BVerfGE 89, 132 (142).

410 *Starck*, in: v. Mangoldt/Klein/Starck, GG, Art. 3 Rn. 44.
Dieser Gestaltungsspielraum zeigt sich auch darin, dass das BVerfG bei Feststellung eines Verstoßes gegen Art. 3 GG lediglich die Grundrechtsverletzung feststellt (§ 95 Abs. 1 S. 1 BVerfGG), ohne die gesetzliche Regelung für nichtig zu erklären, BVerfG, Beschl. v. 11.6.1958 – 1 BvL 149/52 = BVerfGE 8, 28 (36 f.) = NJW 1958, 1227: *„Eine auf Art. 3 GG gestützte Entscheidung des Bundesverfassungsgerichts mu(ss) die Gestaltungsfreiheit des Gesetzgebers nach Möglichkeit wahren."*; BVerfG, Beschl. v. 30.5.1990 – 1 BvL 2/83, 9, 10/85, 11, 12, 13/89, 4/90 und 1 BvR 764/86 = BVerfGE 82, 126 (154 f.).

411 BVerfG, Beschl. v. 16.6.1959 – 2 BvF 5/56 = BVerfGE 9, 338 (349); BVerfG, Beschl. v. 11.1.1966 – 2 BvR 424/63 = BVerfGE 19, 354 (367); BVerfG, Beschl. v. 7.11.1995 – 2 BvR 413/88 und 1300/93 = BVerfGE 93, 319 (348); *Kannengießer*, in: Schmidt-Bleibtreu/Hofmann/Hopfauf, GG, Art. 3 Rn. 18.

412 BVerfG, Beschl. v. 21.2.1957 – 1 BvR 241/56 = BVerfGE 6, 273 (280); BVerfG, Beschl. v. 29.11.1989 – 1 BvR 1402, 1528/87 = BVerfGE 81, 108 (117).

nicht danach, ob die Entscheidung des Gesetzgebers dem Ideal der Gerechtigkeit genügt, politisch falsch oder unzweckmäßig ist. Vielmehr beschränkt sich sein Prüfungsrecht auf die Frage, ob sich eine gesetzliche Regelung innerhalb der dem Gesetzgeber von der Verfassung gesetzten Grenzen bewegt.[413] Das Bundesverfassungsgericht betont, dass dies vor allem dann zu beachten sei, wenn unter Berufung auf Art. 3 GG geltend gemacht wird, der Gesetzgeber hätte eine Regelung in einem ganz bestimmten Sinne treffen müssen.[414] In diesem Fall sei es Aufgabe des BVerfG zu entscheiden, ob die geforderte Regelung die zur Verwirklichung des Gleichheitssatzes allein mögliche ist, so dass jede andere, also auch die vom Gesetzgeber getroffene Regelung, verworfen werden muss. Ist die vom Gesetzgeber getroffene Regelung hingegen noch mit Art. 3 Abs. 1 GG vereinbar, so kann es dahinstehen, ob eine andere Lösung gerechter oder vernünftiger sein würde.[415]

Für die Bedeutung des Art. 3 Abs. 1 GG für die Gesetzgebung im Gesellschaftsrecht lassen sich möglicherweise aus dem im Bereich des Steuerrechts entwickelten Folgerichtigkeitsgebot[416] Schlüsse ziehen. Das nicht zuletzt in der Entscheidung zur Pendlerpauschale[417] dargelegte Folgerichtigkeitsgebot[418] erkennt die grundsätzliche Gestaltungsfreiheit des Gesetzgebers an. Doch sieht es die Notwendigkeit die Freiheit, diejenigen Sachverhalte tatbestandlich zu bestimmen, an die das Gesetz dieselben Rechtsfolgen knüpft und die es so als rechtlich gleichwertig qualifiziert, zu begrenzen. Dies erfolgt für den Bereich des Steuerrechts, insbesondere für den des Einkommenssteuerrechts, vor allem durch zwei eng miteinander verbundene Leitlinien: durch das Gebot der Ausrichtung der Steuerlast am Prinzip der finanziellen Leistungsfähigkeit[419] und durch das Gebot der Folgerichtigkeit."[420] Der Gesetzgeber hat bei der Auswahl des Steuergegenstandes und der Bemessung des Steuersatzes einen weitreichenden Entscheidungs- und Gestaltungsspielraum. Jedoch muss er eine einmal getroffene Belastungsentscheidung bei der Ausgestaltung des steuerlichen Ausgangstatbestandes folgerichtig im Sinne einer Belastungs-

---

413 BVerfG, Urt. v. 17.12.1953 – 1 BvR 323/51, 195/51, 138/52, 283/52, 319/52 = BVerfGE 3, 162 (182); BVerfG, Urt. v. 10.5.1960 – 1 BvR 190, 363, 401, 409, 471/58 = BVerfGE 11, 105 (123); BVerfG, Beschl. v. 9.5.1961 – 2 BvR 49/60 = BVerfGE 12, 326 (337 f.); BVerfG, Beschl. v. 11.1.1966 – 2 BvR 424/63 = BVErfGE 19, 354 (368); *Kannengießer*, in: Schmidt-Bleibtreu/Hofmann/Hopfauf, GG, Art. 3 Rn. 18.

414 BVerfG, Urt. v. 17.12.1953 – 1 BvR 323/51, 195/51, 138/52, 283/52, 319/52 = BVerfGE 3, 162 (182).

415 BVerfG, Urt. v. 17.12.1953 – 1 BvR 323/51, 195/51, 138/52, 283/52, 319/52 = BVerfGE 3, 162 (182).

416 BVerfG, Beschl. v. 8.6.2004 – 2 BvL 5/00 = BVerfGE 110, 412 (433); Vgl. hierzu: *Schwarz*, in: FS Isensee, S. 949 (S. 958 ff.).

417 Urt. v. 9.12.2008 – 2 BvL 1/07 = BGBl. I 2008, 2888 = DB 2008, 2803.

418 BVerfG, Beschl. v. 12.5.2009 – 2 BvL 1/00 = BB 2009, 1408 (Jubiläumsrückstellung).

419 Steuerpflichtige müssen bei gleicher Leistungsfähigkeit gleich hoch besteuert werden („horizontale Steuergerechtigkeit“).

420 BVerfG, Urt. v. 6.3.2002 – 2 BvL 17/99 = BVerfGE 105, 73 (125); BVerfG, Beschl. v. 12.5.2009 – 2 BvL 1/00 = BB 2009, 1408 (1408).

gleichheit umsetzen.[421] Ausnahmen vom Gebot der Folgerichtigkeit bedürfen indes der Rechtfertigung durch einen sachlichen Grund.[422] Der Gesetzgeber wird also an die von ihm getroffenen Grundentscheidungen so weit gebunden, als dass gegensätzliche Regelungen einer folgerichtigen Begründung bedürfen.[423] [424]

Das Gebot der Folgerichtigkeit als Grundaussage, der Gesetzgeber müsse sich an einmal getroffene Entscheidungen halten und folgende Gesetze folgerichtig konzipieren, lässt sich in das Gesellschaftsrecht übertragen. Doch was folgt hieraus konkret für die Frage, ob das Problem der Rechtsfolgen verdeckter Sacheinlagen im GmbH- wie im Aktienrecht gleich gesetzlich zu gestalten ist? Folgt aus dem Umstand, dass der Gesetzgeber die Rechtsfolgen verdeckter Sacheinlagen für eine der beiden Gesellschaftsformen regelt ein Rechtsetzungsgebot für die andere Rechtsform oder lassen sich aus der gesetzlichen Gestaltung bei einer der beiden Rechtsformen „nur" rechtspolitische Argumente für eine Anpassung bei der anderen folgern, die aber dann nichts mit einer Verpflichtung des Gesetzgebers aus Art. 3 Abs. 1 GG zu tun haben? Eine verfassungsrechtliche Verpflichtung würde jedenfalls dann nicht bestehen, wenn ein sachlicher Grund für eine unterschiedliche Behandlung bestünde.
Für das Bestehen eines sachlichen Grundes spricht, dass es sich bei GmbH und AG um zwei unterschiedliche Rechtsformen handelt. In beiden ist das Kapitalaufbringungsrecht vergleichbar streng geregelt. Zwischen den beiden Rechtsformen kam es zu einer Annäherung und schließlich zu einer Identität der Lösung der Problematik verdeckter Sacheinlagen. Doch ist es letztlich so, dass die AG traditionell die strengere Rechtsform ist und dem Gesetzgeber die Entscheidung überlassen bleiben sollte, ob er die Rechtsfolgen bei GmbH und AG gleich gestalten möchte. Zudem ist zu berücksichtigen, dass das Bundesverfassungsgericht immer wieder betont, dass im Rahmen der Prüfung am Maßstab des Art. 3 Abs. 1 GG immer von Bedeutung ist, ob sich die Ungleichbehandlung auf verfassungsrechtlich gewährleistete Freiheiten auswirkt[425] und ob der Einzelne nachteilige Folgen durch eigenes Verhalten vermeiden

---

421 BVerfGE 84, 239 (271); BVerfG, Beschl. v. 22.6.1995 – 2 BvL 37/91 = BVerfGE 93, 121 (136); BVerfG, Beschl. v. 30.9.1998 – 2 BvR 1818/91 = BVerfGE 99, 88 (95); BVerfGE 99, 280 (290); BVerfGE 101, 132 (138); BVerfGE 101, 151 (155); BVerfG, Urt. v. 6.3.2002 – 2 BvL 17/99 = BVerfGE 105, 73 (126); BVerfGE 107, 27 (47); BVerfG, Beschl. v. 12.5.2009 – 2 BvL 1/00 = BB 2009, 1408 (1408); *Osterloh*, in: Sachs, GG, Art. 3 Rn. 98.

422 BVerfG, Beschl. v. 30.9.1998 – 2 BvR 1818/91 = BVerfGE 99, 88 (95); BVerfG, Urt. v. 6.3.2002 – 2 BvL 17/99 = BVerfGE 105, 73 (126); BVerfG, Beschl. v. 12.5.2009 – 2 BvL 1/00 = BB 2009, 1408 (1408).

423 *Osterloh*, in: Sachs, GG Komm., Art. 3 Rn. 99.

424 Kritisch: *Schwarz*, in: FS Isensee, S. 949 (S. 964): Die vom BVerfG verwendeten Formeln stellten leere und zu abstrakte Klauseln dar, durch die der Gleichheitssatz keinen geeigneten Prüfungsmaßstab erhalte, da er hierdurch nicht mit einem greifbaren Inhalt gefüllt werde.

425 BVerfG, Beschl. v. 29.10.2002 – 1 BvL 16/95 = BVerfGE 106, 176 (176).

kann.[426] Die Rechtsfolgen verdeckter Sacheinlagen sind vermeidbar, indem sich der Einzelne an das vom Gesetz vorgesehene Verfahren hält und den Vermögensgegenstand im Wege der offenen Sacheinlage einbringt.

B. Ergebnis

Die Frage, ob GmbH und AG im Bereich der Rechtsfolgen verdeckter Sacheinlagen aus verfassungsrechtlichen Gründen zwingend gleich behandelt werden müssen, ist im Ergebnis zu verneinen. Eine unterschiedliche gesetzliche Ausgestaltung würde keinen Verstoß gegen die Rechtssetzungsgleichheit des Art. 3 Abs. 1 GG darstellen. Aus der Vergleichbarkeit der beiden Rechtsformen im Bereich der Rechtsfolgen verdeckter Sacheinlagen lassen sich rechtspolitische Argumente für eine Gleichbehandlung der beiden Rechtsformen herleiten. Ein Verfassungsverstoß lässt sich hiermit jedoch nicht begründen.

426 BVerfG, Beschl. v. 7.10.1980 – 1 BvL 50, 89/79, 1 BvR 240/79 = BVerfGE 55, 72 (89); BVerfGE 60, 329 (346); BVerfGE 88, 5 (12); BVerfGE 88, 87 (96); BVerfGE 97, 169 (181); BVerfG, Urt. v. 2.3.1998 – 1 BvL 2/91 = BVerfGE 99, 367 (388).

Kapitel 5: Die verdeckte Sacheinlage im GmbH-Recht nach dem MoMiG

Eine sachgerechte Bestimmung der Rechtsfolgen verdeckter Sacheinlagen war ein Ziel des MoMiG[427], durch welches das GmbH-Gesetz zum 1. November 2008 reformiert wurde. Im Hinblick auf die Regelung verdeckter Sacheinlagen hat das MoMiG verschiedene Stationen durchlaufen. Nachdem der Referentenentwurf vom 29. Mai 2006 keine Regelung im Bereich verdeckter Sacheinlagen vorsah[428], entschied sich der Gesetzgeber doch noch für eine Regelung dieses Sachkomplexes: Der Regierungsentwurf vom 23. Mai 2007 sah für diesen Bereich eine Differenzhaftung nach dem Vorbild des § 9 GmbHG vor.[429] Nach intensiven Auseinandersetzungen im Rechtsausschuss[430] im Januar 2008 wurde dieser Entwurf nochmals verändert, so dass der dem Bundestag im Juni 2008 zur Entscheidung vorliegende Entwurf letztlich der so genannten Anrechnungslösung folgte.[431]

A. Die Zielsetzung des MoMiG

Das MoMiG hatte die Deregulierung und Modernisierung des GmbH-Rechts zur Zielsetzung.[432] Durch das MoMiG wurde das GmbH-Gesetz erstmals seit der Novelle von 1980 verändert; zum Teil wird von der umfassendsten Veränderung seit Schaffung des GmbH-Gesetzes 1892 gesprochen.[433] Existenz-

---

427 Das Modernisierungsgesetz zum GmbHG und zur Bekämpfung von Missbräuchen. Siehe zum Gesetzgebungsverfahren: www.bmj.de.

428 BegrRefE, S. 55; kritisch: *Bayer/Lieder*, GmbHR 2006, 1121 (1127); *Bayer*, ZGR 2007, 220 (233); *Wirsch*, GmbHR 2007, 736 (738).

429 BT-DRs. 16/6140 v. 25.7.2007, S. 7: „Ist eine Geldeinlage eines Gesellschafters bei wirtschaftlicher Betrachtungsweise und aufgrund einer im Zusammenhang mit der Übernahme der Geldeinlage getroffenen Abrede vollständig oder teilweise als Sacheinlage zu bewerten (verdeckte Sacheinlage), so steht das der Erfüllung der Einlageschuld nicht entgegen. § 9 gilt in diesem Fall entsprechend, wenn der Wert des Vermögensgegenstandes im Zeitpunkt der Anmeldung der Gesellschaft zur Eintragung in das Handelsregister oder im Zeitpunkt seiner Überlassung an die Gesellschaft, falls diese später erfolgt, nicht den entsprechenden Betrag der übernommenen Stammeinlage erreicht. Die Beweislast für die Wertigkeit trägt der Gesellschafter."

430 *Lutter*, Stellungnahme für die öffentliche Anhörung vor dem Rechtsausschuss am 23.1.2008, schlug als Sachverständige folgende Änderungen vor: (1) eine Veränderung in Richtung der von der Rechtsprechung bereits vorgeschlagenen Heilungsmöglichkeit, (2) die Abschaffung der Sonderregeln für Sacheinlagen und damit die Anwendung der §§ 362 ff. BGB, *Hoffmann-Becking*, Stellungnahme für die öffentliche Anhörung vor dem Rechtsausschuss am 23.1.2008, befürwortet demgegenüber eine Lösung über die sog. Anrechnungslösung.

431 BGBl. I S. 2026.

432 RegE, S. 1, 55.

433 *Ulmer*, ZIP 2008, 45 (45); *Fleischer*, GmbHR 2009, 1 (11).
Insbesondere der im April 1969 vorgelegte Referentenentwurf eines Gesetzes über Gesellschaften mit beschränkter Haftung, welcher im Januar 1972 noch zu einem Regierungsentwurf wurde, scheiterte, da er nicht vom Bundestag behandelt wurde, vgl. hierzu: *Fleischer*, GmbHR 2008, 673 (674 f.); BT-Drs. 6/3088 (Entwürfe eines Gesetzes über Gesellschaften mit beschränkter Haftung und eines Einführungsgesetzes zum Ge-

gründungen sollen nunmehr erleichtert und die Registereintragung beschleunigt werden.[434] Die Praxis forderte verständlichere und einfachere Regeln zur Kapitalaufbringung.[435] Beabsichtigt wurde hiermit eine Steigerung der Wettbewerbsfähigkeit der Rechtsform der GmbH gegenüber ausländischen Rechtsformen.[436] Vor allem die Rechtsprechung des EuGH[437] zur Niederlassungsfreiheit[438] sowie zur Kapitalverkehrsfreiheit[439] führte in den vergangenen Jahren zu einer Verschärfung des Wettbewerbs der europäischen Rechtsordnungen untereinander. Spätestens seit der Entscheidung des EuGH in der Rechtssache *Inspire Art*[440] stehen die deutschen Gesellschaftsformen mit denjenigen aus den anderen Mitgliedsstaaten der Europäischen Union im direkten Wettbewerb; die Rechtsform der GmbH insbesondere mit ihrem englischen Pendant der Private Company Limited by shares (so genannte Limited).[441] Seit *Inspire Art* steht fest, dass die Mitgliedstaaten ausländische Rechtsformen nicht einfach ihrem Gesellschaftsrecht unterwerfen können, sondern vielmehr diese als ausländische Rechtsformen mit den Regeln deren Gründungsstaaten anerkennen müssen.[442] Nach der Rechtsprechung des EuGH darf Gesellschaften, die nach dem Recht eines Mitgliedsstaates wirksam gegründet wurden, insbesondere nicht auferlegt werden, im Falle eines Zuzugs die Gründungsvoraussetzungen eines weiteren Mitgliedsstaates zu erfüllen. Dies würde schließlich zu einer

---

setz über Gesellschaften mit beschränkter Haftung) und BT-Drs. 7/253 (Gesetzesentwurf der Bundesregierung).

434 RegE, S. 1, 55; als Beispiel sei Einschränkung des Prüfungsrechts der Registergerichte durch § 9c Abs. 1 GmbHG n.F. genannt.

435 Stellungnahme des BDI zum MoMiG, S. 2.

436 Vgl. auch: *Bayer*, ZGR 2007, 220 (220); Stellungnahme des BDI zum MoMiG, S. 1; zum Aspekt der Konkurrenz zur Limited einerseits: *Eidenmüller*, ZGR 2007, 168 (170 ff.); andererseits: *Niemeier*, ZIP 2006, 2237 (2240 ff.).
Bereits zum Zeitpunkt ihrer Schaffung 1892 war für die Konstruktion der GmbH als neue Rechtsform von Bedeutung, dass diese im Vergleich zu ausländischen Gesellschaftsformen konkurrenzfähig sein sollte. Der Abgeordnete *von Oechelhäuser* führt hierzu aus, dass *„dasjenige Land, welches die sichersten, einfachsten und mannigfachsten Rechtsformen für die Vereinigung von Kapital und Personen hat, vor anderen Ländern, die hierin zurückbleiben, einen wirtschaftlichen Vorsprung gewinnen muss"* (*Oechelhäuser*, in: Stenographische Berichte über die Verhandlungen des Reichstags, S. 221).

437 EuGH, Urt. v. 27.9.1988 – Rs. 81/87 (Daily Mail) = NJW 1989, 2186; EuGH, Urt. v. 9.3.1999 – Rs. C-212-97 (Centros) = NJW 1999, 2027; EuGH, Urt. v. 30.9.2003 - Rs. C-167/01 (Inspire Art) = NJW 2003, 3331.

438 Art 49 ff. AEUV.

439 Art. 64 AEUV.

440 EuGH, Urt. v. 30.9.2003 - Rs. C-167/01 = NJW 2003, 3331 ff. (Inspire Art).

441 Vgl. auch: *Eberhard Vetter*, Eröffnungsrede der wirtschaftsrechtlichen Abteilung des 66. DJT; *Blaurock*, in: FS Raiser, S. 3 (4). Stellungnahme für die öffentliche Anhörung vor dem Rechtsausschuss am 23.1.2008 Prof. Lutter; S. 1. *Bayer*, ZGR 2007, 220 (220 f.); *Drygala*, ZIP 2006, 1797 (1797); *Leuering*, ZRP 2006, 201 ff.; *Meyer/Ludwig*, GmbHR 2005, 346 (346).

442 *Habersack*, Europäisches Gesellschaftsrecht, 3. Aufl., § 3 Rn. 20.

Benachteiligung gegenüber den inländischen Gesellschaften führen.[443] Der EuGH erkennt zwar sehr wohl die hierdurch entstehende Problematik im Bereich des Gläubigerschutzes, doch begründet er seine Entscheidung damit, dass die potentiellen Gläubiger der Auslandsgesellschaft diese als solche wahrnehmen und damit auch erkennen können, dass sie anderen Rechtsvorschriften unterliegen als diejenigen, die im Inland gegründet worden sind.[444]
Die Gründung einer Limited erscheint für Gründer besonders attraktiv, weil sie einfacher, schneller und kostengünstiger möglich ist[445]: Bei der Limited ist ein Kapital von einem Pfund ausreichend.[446] Es steht den Gesellschaftern frei, ob sie ihre Gesellschaft mit darüber hinausgehendem Eigenkapital ausstatten. Die Einlagen können sowohl in Form von Bargeld, als auch durch sonstige Vermögenswerte erbracht werden. Insbesondere ist es möglich, Arbeits- und Dienstleistungen sowie gar „einen guten Ruf" oder besondere Sachkunde einzulegen.[447] Eine Werthaltigkeitskontrolle im Sinne des § 9c GmbHG findet nicht statt; vielmehr müssen die Sacheinlagen nur den Erfordernissen der *consideration doctrine* genügen, was einen großen Bewertungsspielraum für den Geschäftsführer eröffnet.[448] [449] Durch die Gründung einer Limited ist es möglich, eine der GmbH ähnliche Rechtsform zu errichten, ohne die Kapitalaufbringungsregeln des GmbH-Gesetzes einhalten zu müssen. Dass sich die Limited einer solchen Attraktivität erfreut, liegt somit wohl vor allem daran, dass

443 Der EuGH führt hierzu aus, „(d)ie Art. 43 und 48 EG stehen einer Regelung eines Mitgliedsstaats (...) entgegen, die die Ausübung der Freiheit zur Errichtung einer Zweigniederlassung in diesem Staat durch eine nach dem Recht eines anderen Mitgliedsstaats gegründete Gesellschaft von bestimmten Voraussetzungen abhängig macht, die im innerstaatlichen Recht für die Gründung von Gesellschaften bezüglich des Mindestkapitals und der Haftung der Geschäftsführer vorgesehen sind" (EuGH, Urteil vom 30. September 2003 – Rs. C-167/01= NJW 2003, 3331 (3334) (Inspire Art). Der EuGH hatte bereits in der Rechtssache Centros entschieden, dass es für die Anwendung der Niederlassungsfreiheit ohne Bedeutung ist, dass eine Gesellschaft in einem Mitgliedsstaat nur errichtet wurde, um sich in einem zweiten Mitgliedstaat niederzulassen, in dem die Geschäftstätigkeit im Wesentlichen und ausschließlich ausgeübt werden soll, EuGH, Urt. v. 9.3.1999 – Rs. C-212-97 = NJW 1999, 2027 (2029) (Centros))

444 EuGH, Urteil vom 30. September 2003 – Rs. C-167/01= NJW 2003, 3331 (3334) (Inspire Art).

445 In diese Richtung auch: *Breitenstein/Meyding*, BB 2006, 1457 (1457).

446 *Otte*, Das Kapitalschutzsystem der englischen private limited company im Vergleich zur deutschen GmbH, S. 31.

447 *Fleischer*, DStR 2000, 1015 (1016).

448 *Fleischer*, DStR 2000, 1015 (1016); *Otte*, Das Kapitalschutzsystem der englischen private limited company im Vergleich zur deutschen GmbH, S. 48 f.

449 Als Gründe gegen die Wahl einer Limited werden u.a. deren mangelnde Akzeptanz, die mit dieser Rechtsform einhergehende Rechtsunsicherheit sowie die hohen Folgekosten (insbesondere Beratungskosten) angeführt: *Bayer/Hoffmann*, GmbHR 2007, 414 (415 ff.); *Krejci*, in: FS K. Schmidt, S. 981 (985); *Niemeier*, ZIP 2006, 2237 (2249). Mit *Vetter*, Verh. zum 66. DJT, P 75 ist allerdings darauf zu verweisen, dass, nur weil bestimmte Gründer die Limited für die attraktivere Rechtsform halten und diese als Rechtsform wählen, hierdurch weder etwas zur Überlegenheit der Limited gegenüber der GmbH noch zur Vorteilhaftigkeit der Limited für Gründer gesagt ist.

Großbritannien – neben den Niederlanden – die geringsten Gründungsanforderungen aufstellt.[450] Der von der Limited ausgehende Konkurrenzdruck hat zu entsprechende Entwicklungen in verschiedenen Mitgliedsstaaten der EU geführt: Der französische Gesetzgeber veränderte den code de commerce und stellt die Bestimmung der Mindestkapitalhöhe in die Verantwortung der Gesellschafter.[451] Auch Spanien hat durch die Einführung einer „Blitz-GmbH"[452] auf den Wettbewerbsdruck reagiert. Nicht allein durch die Einführung einer Einstiegsvariante zur GmbH, der in § 5a GmbHG normierten Unternehmergesellschaft haftungsbeschränkt, sondern zugleich durch eine Anpassung des GmbH-Rechts an die Bedürfnisse der Praxis, reagierte seinerseits der deutsche Gesetzgeber. Auch die Regelung der Rechtsfolgen verdeckter Sacheinlage sollte zur Attraktivitätssteigerung beitragen, indem eine „Gefahr" für die Gesellschafter bei der Gründung abgemildert werden sollte.

B. Die Neubestimmung der Rechtsfolgen verdeckter Sacheinlagen durch das MoMiG

I. Die Vorschläge zur Regelung der Rechtsfolgen aus der Literatur

Im GmbHG wurden nunmehr erstmals die Rechtsfolgen verdeckter Sacheinlagen gesetzlich geregelt. Hierzu gab es umfassende Vorarbeiten aus dem Schrifttum. Im Recht der GmbH wurden im Wesentlichen drei Lösungsansätze zur Regelung der Rechtsfolgen verdeckter Sacheinlagen entwickelt:

1.) Anpassung an die Kommanditistenhaftung

Zum Teil wurde eine radikale Deregulierung des Kapitalaufbringungsrechts[453], gar die Schaffung einer neuen Rechtsform[454], vorgeschlagen.[455] Namentlich von *Vetter*[456] und *Bayer*[457] wurde eine Anpassung an die Haftung des

450 *Niemeier*, ZIP 2006, 2237 (2247); *Rönnau*, ZGR 2005, 832 (835 f.); *Wachter*, GmbHR 2004, 88 (91).

451 Art. L 223-2 Code de Commerce, loi no. 2003-721 v. 1.8.2003 pour l'initative économique, J.O. no. 179 v. 5.8.2003, S. 13449; vgl. hierzu: *Becker*, GmbHR 2003, 1120 (1120); *Meyer/Ludwig*, GmbHR 2005, 346; *Wachter*, GmbHR 2003, R 377.

452 Sociedad Limitada Nueva Empressa, Gesetz v. 1.4.2003, Boletin Oficial des Estado No. 79. Vgl. hierzu: *Vietz*, GmbHR 2003, 523.

453 *Bayer*, ZGR 2007, 220 (230 ff.); *Vetter*, Verh. des 66. DJT, Gutachten P 89 ff.; *ders.*, ZGR 2005, 788 (802); *Vossius/Wachter*, www.gmbhr.de/volltext.htm.

454 *Drygala*, ZIP 2006, 1797 (1800): Schaffung einer „KmbH" neben der klassischen GmbH. Bereits 1969 wurde die Einführung einer Handelsgesellschaft auf Einlagen, die eine Personengesellschaft mit beschränkter Haftung sein sollte, vorgeschlagen, vgl. hierzu: *Raisch*, Unternehmensrecht, Band 1, S. 185 ff.; *Wetter*, BB 1968, 734 (735)

455 Vgl. hierzu zuletzt: *Dauner-Lieb*, AG 2009, 217 (220 f.).

456 *Vetter*, Verh. des 66. DJT, Gutachten P 89 ff.; *ders.*, ZGR 2005, 788 (802). *Vetter* wendet sich gegen die Schaffung einer neuen nationalen Rechtsform neben der GmbH.

457 *Bayer*, ZGR 2007, 220 (230 ff.). Dies auch weiterhin de lege ferenda fordernd: *Bayer*, in: Lutter/Hommelhoff, 17. Aufl., § 19 Rn. 51.

Kommanditisten nach dem Vorbild der §§ 171, 172 HGB[458] befürwortet. Der Kommanditist haftet den Gesellschaftsgläubigern nur bis zur Höhe der nach § 162 Abs. 1 HGB in das Handelsregister einzutragenden Haftsumme.[459] In der Kommanditgesellschaft werden Bar- und Sacheinlagen nicht unterschieden, was zur Folge hat, dass weder eine Verpflichtung zur Offenlegung von Sacheinlagen noch ein Erfordernis präventiver Registerkontrolle besteht. Vielmehr findet eine ex-post-Prüfung der eingebrachten Werte erst im Haftungsprozess statt. Hierdurch stellt sich das Problem verdeckter Sacheinlagen im Recht der Kommanditgesellschaft gar nicht erst.[460] *Bayer* war der Ansicht, dass eine gesetzliche, von derjenigen der Rechtsprechung abweichende, Regelung der Rechtsfolgen verdeckter Sacheinlagen nicht in der Weise möglich sei, dass diese sich stringent in das derzeitige Kapitalaufbringungsrecht einfügen ließe. Da er dennoch der Meinung war, dass die Forderungen des Schrifttums nach einem Eingreifen des Gesetzgebers gegen die *„katastrophalen"*[461] Rechtsfolgen der Rechtsprechung rechtspolitisch nachvollziehbar seien, schlug er eine Neukonzipierung des Kapitalaufbringungsrechts vor.[462] Auf einen präventiven Kapitalschutz soll danach verzichtet werden. Vielmehr soll es ausreichen, dass der Gesellschafter seine Einlage bloß zusagt und im Innenverhältnis geregelt wird, wann die Einlage zu leisten ist. Vorteilhaft sei hieran insbesondere, dass Sacheinlagen erst dann geleistet werden müssten, wenn die Gesellschaft den Einlagegegenstand operativ benötige.[463] [464] In dem für die Gläubiger entscheidendem Moment der Insolvenz würde verstärkt auf eine Haftung der Gesellschafter gesetzt.[465]

Nach diesem Konzept ist allein maßgebend, ob die zugesagte Einlage dem Wert nach dem Gesellschaftsvermögen zugeführt wird. Deren Werthaltigkeit würde dadurch abgesichert, dass der Gesellschafter hierfür sowie für die Erbringung der Einlageleistung als solche die Beweislast tragen müsste.[466] Solange der Gesellschafter seine Einlage noch nicht erbracht hat, soll er – nach der Konzeption *Vetters* – auf ihre Erbringung im Innenverhältnis, also gegenüber der Gesellschaft und den Mitgesellschaftern, nicht dagegen im Außen-

---

458 Die Gläubiger werden bei der summenmäßigen Haftungsbeschränkung des § 171 HGB nicht auf bestimmte Vermögensgegenstände verwiesen. Vielmehr haftet ihnen das gesamte Kommanditistenvermögen, allerdings nur bis zur Höhe einer bestimmten Summe. Maßgeblich ist hierfür die im Handelsregister eingetragene Haftsumme, *K. Schmidt*, GesellR, S. 1559.

459 *Hopt*, in: Baumbach/Hopt, § 171 Rn. 1.

460 *K. Schmidt*, GesellR, S. 1573.

461 *Lutter*, in: FS Stiefel, S. 505 (S. 517).

462 *Bayer*, ZGR 2007, 220 (234).

463 *Vetter*, Verh. d. 66. DJT, Gutachten P 90.

464 Auch wird vorgeschlagen, den Mitgesellschaftern das Recht zur Einforderung der Einlage im Bedarfsfall im Wege der actio pro socio zu gewähren; *Vetter*, Verh. d. 66. DJT, Gutachten P 90; *Vossius/Wachter*, www.gmbhr.de/volltext.htm.

465 *Drygala*, ZIP 2006, 1797 (1800) Bezug nehmend auf: *Wetter*, BB 1968, 734; *ders.*, BB 1969, 342.

466 *Vetter*, Verh. d. 66. DJT, Gutachten P 92.

verhältnis, haften.[467] *Vetter* ist der Auffassung, dass dies systemgerechter sei.[468] An der Ausfallhaftung gem. § 24 GmbHG könnte weiterhin festgehalten werden,[469] um so einen Verhaltensanreiz in der Weise zu schaffen, dass die Mitgesellschafter zur Einforderung der Einlage angehalten würden. Weiterhin sei das Kapitalerhaltungsrecht zu verschärfen: Ausschüttungen an den Gesellschafter seien so lange gesperrt, wie das Stammkapital nicht durch effektiv erbrachte Einlagen und Gewinne gedeckt sei.[470] Preis für die Haftungsbeschränkung sei gleichsam also die *„Verpflichtung zur unbedingten Einlageleistung"*.[471]

Entscheidender Schwachpunkt dieses Lösungsansatzes ist der Verlust des Seriositätstests: Die Gesellschaft kann sich wirtschaftlich betätigen, ohne dass ihr reale Werte zugeführt wurden. Das Einlageversprechen ist im schlimmsten Fall schließlich wertlos. Bei der KG ist dies gerechtfertigt, da es dort neben den Kommanditisten noch die persönlich unbeschränkt haftenden Komplementäre[472] gibt und dadurch die Risikoverlagerung zwischen Gesellschaftern und Gläubigern eine andere als bei der GmbH ist.[473]

2.) Die Einführung einer Differenzhaftung

Um eine angemessene Rechtsfolge an verdeckte Sacheinlagen zu knüpfen, gleichzeitig aber an der Differenzierung von Bar- und Sacheinlagen festzuhalten, wurde von einem Teil der Literatur die Einführung[474] bzw. Anwendung[475]

---

467 *Vetter*, Verh. d. 66. DJT, Gutachten P 94.

468 Als Vergleich führt er den Anspruch aus § 31 Abs. 1 GmbHG an. *Vetter* tritt jedoch zugleich für einen Verbesserung der Durchsetzung der Binnenansprüche im GmbH-Recht ein, *Vetter*, Verh. d. 66. DJT, Gutachten P 94.

469 *Vetter*, Verh. d. 66. DJT, Gutachten P 94. Auch *Drygala*, ZIP 2006, 1797 (1803) spricht sich für eine Solidarhaftung der Gesellschafter aus.

470 *Vetter*, Verh. d. 66. DJT, Gutachten P S. 95. Technisch sei dies so umzusetzen, dass in Anlehnung an § 33 Abs. 2 GmbHG eine Ausschüttung nur dann zulässig sei, wenn die Gesellschaft trotz der Ausschüttung eine Sonderrücklage in Höhe der noch offen stehenden Einlage bilden kann, ohne das Stammkapital oder eine nach dem Gesellschaftsvertrag zu bildende Rücklage, die nicht zu Zahlungen an Gesellschafter verwendet werden darf, zu mindern. Der nunmehr in § 5a GmbHG für die UG vorgesehene Thesaurierungszwang erinnert an diesen Ansatz.

471 *Bayer*, ZGR 2007, 220 (238).

472 Dies gilt auch, obwohl dieser Grundsatz durch Gründung einer GmbH & Co KG in der Weise durchbrochen werden kann, dass keine natürliche Person persönlich haftet.

473 *Priester*, ZIP 2008, 55 (56); *Ulmer*, ZIP 2009, 293 (293) begrüßt es, dass der Gesetzgeber sich im Rahmen des MoMiG nicht für diesen Lösungsansatz entschieden hat, da andernfalls wenig von den strikten Kapitalaufbringungsgrundsätzen des GmbH-Rechts übrig geblieben wäre.

474 *Bezzenberger*, JZ 2007, 946 (948); *Brandner*, in: FS Boujong, S. 37 (45); *Einsele*, NJW 1996, 2681 (2688); *Heidenhain*, GmbHR 2006, 455 (458 f.); *Karsten*, GmbHR 2006, 57 (61); *Krieger*, ZGR 1996, 674 (691); *Schöpflin*, GmbHR 2003, 57 ff.; *Seibert*, ZIP 2006, 1157 (1168); *Triebel/Otte*, ZIP 2006, 1321 (1323); *Kübler*, ZHR 157 (1993), 196 (209 f.); *Kübler/Assmann*, GesellR, § 15 I 4 c); *Drinkuth*, Die Kapitalrichtlinie, S. 174.

475 *Grunewald*, GesellR, 6. Aufl., S. 241; *dies.*, in: FS Rowedder, S. 111 (114 ff.). Sie schlug vor, dieses Ergebnis über eine restriktive Normauslegung (des § 27 Abs. 3 AktG) zu er-

einer Differenzhaftung nach dem Vorbild des § 9 GmbHG[476] vorgeschlagen. Der Inferent soll danach für die Differenz zwischen der von ihm übernommenen Einlage und dem Wert der verdeckt eingebrachten Sache haften. Abweichend von der Differenzhaftung bei offenen Sacheinlagen soll es jedoch eine Beweislastumkehr geben, so dass diese der Inferent zu tragen hätte.[477] Dies stelle eine ausreichende Sanktion der Gesetzesumgehung dar, denn im Falle der offenen Sacheinlage trage schließlich im Streitfall die Gesellschaft bzw. der Insolvenzverwalter die Beweislast für die fehlende Werthaltigkeit.[478] Rechtstechnisch müsste der verdeckten Sacheinlage dann die Wirkung der Erfüllung oder Teilerfüllung beigemessen werden.[479]

3.) Die Anrechnungslösung

Schließlich wurde noch ein Weg über die vom Handelsrechtsausschuss des Deutschen Anwaltsvereins entwickelte Anrechnungslösung[480] gesucht. Diese sieht vor, dass die Einlageschuld fortbesteht, also die verdeckte Einbringung der Sacheinlage nichts an der Verpflichtung zur Leistung der Bareinlage ändert, aber der Wert der verdeckt eingebrachten Sache, der vom Einleger zu beweisen ist, auf diese Verpflichtung angerechnet werden kann. Der Handelsrechtsausschuss hat für das Aktienrecht vorgeschlagen, in § 54 Abs. 3 AktG neu festzusetzen, dass dasjenige, was der Inferent durch das Verkehrsgeschäft der Gesellschaft an tatsächlichem Wert zugewendet hat, auf die erneut zu erfüllende Bareinlageverpflichtung anzurechnen sei.[481] Der Handelsrechtsaus-

---

reichen; *dies.*, WM 2006, 2333 (2335) mit dem Vorschlag im GmbH-Recht grundsätzlich nur im Streitfall die Bewertung überprüfen zu lassen.

476 Vgl. hierzu: Kap. 1 C II 2 a (2) (S. 19).

477 *Brandner*, in: FS Boujong, S. 37 (45); *Einsele*, NJW 1996, 2681 (2688); *Grunewald*, in FS Rowedder, S. 111 (116); *dies.*, WM 2006, 2333 (2335).

478 *Brandner*, in: FS Boujong, S. 37 (45); *Drinkuth*, Die Kapitalrichtlinie, S. 174. Zur Beweislast im Rahmen des § 9 GmbHG: *Ulmer*, in: Großkomm. GmbHG, § 9 Rn. 14.

479 *Brandner*, in: FS Boujong, S. 37 (45).

480 *Winter*, in: FS Priester, 2007, S. 867 (876 ff.).

481 DAV, WiB 1996, 707 (710 f.). Der Vorschlag lautete: 1.) a) § 54 Abs. 2 AktG erhält folgende neue Sätze 2 bis 6: Die Einzahlungsverpflichtung bleibt unberührt, wenn § 27 Abs. 1 zuwider durch Absprache zwischen Aktionär und Gesellschaft eine Sacheinlage oder Sachübernahme verdeckt wird. Die Absprache wird nur mit Zustimmung der Hauptversammlung und durch Eintragung in das Handelsregister wirksam (Heilung). § 52 Abs. 3 bis 8 finden entsprechende Anwendung. Erreicht der Wert der verdeckten Sacheinlage oder Sachübernahme im Zeitpunkt der Anmeldung der Gesellschaft zum Handelsregister oder im Zeitpunkt der Einlegung, falls dieser später eintritt, nicht den Betrag, den die Gesellschaft dafür geleistet hat, so hat der Aktionär in Höhe des Fehlbetrages eine Zahlung in Geld zu leisten, höchstens jedoch bis zum Nennbetrag oder zum höheren Ausgabebetrag der Aktien. Der Anspruch der Gesellschaft gemäß Satz 5 verjährt in fünf Jahren seit der Eintragung der Heilung gemäß Satz 3 in das Handelsregister. b) § 54 AktG enthält folgenden – neuen – Abs. 3: Ist die Unwirksamkeit der Absprache über die verdeckte Sacheinlage oder Sachübernahme nicht gemäß vorstehendem Absatz geheilt, bleibt der Aktionär gemäß Abs. 2 Satz 2 verpflichtet; er muss zudem den Nennbetrag oder den höheren Ausgabebetrag der Aktien nochmals einzahlen, gemindert um den Wert seiner Sacheinlage im Zeitpunkt ihrer Einlegung oder

schuss ist der Ansicht, dass eine solche Lösung sowohl für die AG als auch für die GmbH einen gangbaren Weg darstelle. Voraussetzung hierfür wäre rechtstechnisch, dass sowohl das Verpflichtungs- als auch das Erfüllungsgeschäft über den verdeckt eingelegten Vermögensgegenstand als wirksam angesehen werden.

II. Die Regelung des § 19 Abs. 4 GmbHG

Der Bundestag verabschiedete letztlich einen § 19 Abs. 4 GmbHG, in welchem der letzte Vorschlag umgesetzt wurde.

III. Der Tatbestand des § 19 Abs. 4 GmbHG

1.) Überblick/ Definition des Begriffs der verdeckten Sacheinlage

Die Vorschrift des § 19 Abs. 4 S. 1 GmbHG-E in Form des Regierungsentwurfs enthielt erstmals eine Legaldefinition der verdeckten Sacheinlage. Diese ist nunmehr inhaltlich nahezu unverändert[482] Gesetz geworden. Eine verdeckte Sacheinlage liegt danach vor, wenn eine Geldeinlage eines Gesellschafters bei wirtschaftlicher Betrachtung und aufgrund einer im Zusammenhang mit der Übernahme der Geldeinlage getroffenen Abrede vollständig oder teilweise als Sacheinlage zu bewerten ist. Die Definition orientiert sich ausweislich des Regierungsentwurfs an der Rechtsprechung des BGH.[483] Dass der von der Rechtsprechung entwickelte Tatbestand einer verdeckten Sacheinlage in § 19 Abs. 4 S. 1 GmbHG Eingang gefunden habe, wird von der Literatur allerdings bezweifelt: *„Mit einer „Geldeinlage", die aufgrund einer Abrede „als Sacheinlage zu bewerten" (sei), ha(be) dies nichts zu tun"*[484].

Der Regierungsentwurf macht die Erfüllung des Tatbestandes vom kumulativen Vorliegen folgender Voraussetzungen abhängig: (1) die wirtschaftliche Entsprechung und (2) die vorherige Abrede[485]. Ist eines der beiden Merkmale nicht gegeben, so ist *„der Vorgang (...) möglicherweise nach § 30 zu beurteilen"*[486]. Ein Unterschied zur bisherigen Praxis besteht insoweit, als es bislang keiner positiven Feststellung einer Abrede zwischen Gesellschaft und Gesellschafter bedurfte. Eine solche wurde vielmehr aufgrund der sachlichen und zeitlichen

---

dem Zeitpunkt der Anmeldung der Gesellschaft zum Handelsregister, wenn dieser später eintritt. Ein Anspruch auf Rückgewähr des Gegenstands der verdeckten Einlage steht dem Aktionär nicht zu. (..,) 2.) a) § 27 Abs. 3 und 4 werden gestrichen.

482 Statt „Betrachtungsweise" „Betrachtung".

483 Vgl. insoweit: RegE BT-Drs. 16/6140, S. 40; so auch: *Heinze*, GmbHR 2008, 1065 (1066); *Veil*, ZIP 2007, 1241 (1242).

484 *Pentz*, in: FS K. Schmidt, 1265 (1273); ebenfalls kritisch: *Gesell*, BB 2007, 2241 (2245 f.). *Bayer*, in: Lutter/Hommelhoff, 17. Aufl., § 19 Rn. 50 betont, dass es, da die Geldeinlage nicht von der Einlagepflicht befreie, „dies" statt „diese" heißen.

485 Zur Abrede: *Bayer*, in: Lutter/Hommelhoff, 17. Aufl., § 19 Rn. 54.
Im Fall der Ein-Personen-GmbH ist ein entsprechendes „Vorhaben" des Alleingesellschafters ausreichend, BGH, Urt. v. 11.2.2008 – II ZR 171/06 = DB 2008, 751; BGH, Urt. v. 22.03.2010 – II ZR 12/08 (ADCOCOM) = NJW 2010, 1948 (1949); *Bayer*, in: Lutter/Hommelhoff, 17. Aufl., § 19 Rn. 56.

486 BT-Drs. 16/6140, S. 40.

Nähe der Vorgänge vermutet.[487] Diese Vermutungswirkung ist nicht ausdrücklich in der Regelung des § 19 Abs. 4 GmbHG enthalten. Jedoch führt der Regierungsentwurf hierzu aus, dass die Rechtsprechung weiterhin frei darin sei, *„die Voraussetzungen der verdeckten Sacheinlage innerhalb der gegebenen Definition zu entwickeln und Beweisregeln mit Zeitfaktoren zu verbinden"*.[488] Es wurde die Frage aufgeworfen, ob auch eine erst nach Eintragung der Gesellschaft in das Handelsregister getroffene Abrede eine solche im Sinne des § 19 Abs. 4 S. 1 GmbHG darstellen könne.[489] Der Wortlaut der Regelung macht zwar das Bestehen einer Abrede, nicht aber eine zeitliche Abfolge, zur Voraussetzung. Daher ist weiterhin auf den zeitlichen und sachlichen Zusammenhang abzustellen, auf eine zeitliche Abfolge der einzelnen Vorgänge kommt es demgegenüber nicht an.

Zudem fehlt in der Legaldefinition das Kriterium, das der Einlagebetrag an den Inferent zurückgelangt sein muss.[490] Der Regierungsentwurf erklärt dies damit, dass auf eine weitergehende Präzisierung im Interesse der Kontinuität verzichtet worden sei.[491] Kritisiert wird, dass durch § 19 Abs. 4 S. 1 GmbHG eine abschließende Klärung der Frage, wann eine verdeckte Sacheinlage vorliegt, nicht erreicht werde. Insbesondere Probleme, die sich durch die Einschaltung Dritter bei der Einlageleistung ergeben, also insbesondere bei Kapitalmaßnahmen in einem Konzern, bestünden weiter fort.[492] Wer mit dem Rechtsinstitut der verdeckten Sacheinlage nicht bereits vertraut sei, könne mit dem Gesetzestext nicht viel anfangen.[493]

2.) Bewertung

Auch wenn in der Vergangenheit Rechtsunsicherheit hinsichtlich der Frage bestand, unter welchen Voraussetzungen eine verdeckte Sacheinlage gegeben ist, und diese Frage auch für die Zukunft nicht als in jedem Detail geklärt erscheint, ist davon auszugehen, dass die Rechtsprechung an ihren bisherigen Grundsätzen festhalten wird.[494] Ausweislich der Regierungsbegründung soll

---

487 Vgl. oben, Kap. 2 C III (S. 32 f.).

488 BT-Drs. 16/6140, S. 41. Vgl. auch: *Veil*, ZIP 2007, 1241 (1242). Dies begrüßt der Handelsrechtsausschuss des DAV: Es wäre nicht sinnvoll, das Vorliegen einer verdeckten Sacheinlage an eine starre zeitliche Grenze zu knüpfen, da diese zu leicht unterlaufen werden könne, DAV, NZG 2007, 735 (739).

489 *Altmeppen*, ZIP 2009, 1545 (1547).

490 *Büchel*, GmbHR 2007, 1065 (1070).

491 RegE, BT-Drs. 16/6140, S. 40.

492 *Büchel*, GmbHR 2007, 1065 (1071).

493 *Pentz*, in: FS K. Schmidt, S. 1265 (1273).

494 In der ersten Entscheidung nach dem MoMiG hat der BGH auf seine bisherige Definition zurückgegriffen und sich nicht zu Unterschieden zur Gesetzesregelung geäußert, woraus geschlossen werden kann, dass er hierin keine Probleme sieht, BGH, Urt. v. 16.2.2009 – II ZR 120/07 (Qivive) = BGHZ 180, 38 = ZIP 2009, 713. So auch die Einschätzung von *Heinze*, GmbHR 2008, 1065 (1066); *Kersting*, in: VGR Gesellschaftsrecht in der Diskussion 2008, S. 101 (S. 106) und *Veil*, ZIP 2007, 1241 (1242), der von einer präzisen Abgrenzung durch die Gerichte ausgeht; *Blasche*, GmbHR 2010, 288 (289).

§ 19 Abs. 4 S. 1 GmbHG schließlich keine Neudefinition vornehmen.[495] Es gelten damit weiterhin die von der Rechtsprechung aufgestellten Maßstäbe. Zudem verschärfte sich das Problem der nicht hinreichenden Rechtssicherheit in der Vergangenheit dadurch, dass die Rechtsfolge *„katastrophal"* war. Die Abmilderung der Rechtsfolgen wird die Problematik für die Zukunft enorm entschärfen. Dafür, keine Veränderungen am Tatbestand vorzunehmen, spricht zudem, dass die gesetzliche Erfassung von Umgehungen in einen gesetzlich normierten Tatbestand immer schwierig ist und jede Präzisierung zu der Entwicklung neuer Umgehungsstrategien führen wird. Diese sollten jedoch flexibel durch die Rechtsprechung gehandhabt werden.[496] Hierfür hat der Gesetzgeber in § 19 Abs. 4 GmbHG eine Grundlage geschaffen.

IV. Abgrenzung zu anderen Rechtsinstituten – Einordnung in das System der Kapitalaufbringung

Im Folgenden sollen die Regelungen der §§ 7 Abs. 3, 8 Abs. 2 GmbHG, § 19 Abs. 5 GmbHG, § 19 Abs. 4 GmbHG sowie § 30 GmbHG voneinander abgegrenzt werden. Anschließend soll anhand verschiedener Fälle aufgezeigt werden, wie eng beieinander die verschiedenen Fallkonstellationen wirtschaftlich betrachtet liegen. Die hier gewonnenen Erkenntnisse werden sodann im letzten Kapitel der Arbeit noch einmal aufgegriffen.

1.) Die Leistung zur freien Verfügung des Geschäftsführers

Auch nach der Reform des GmbH-Gesetzes stellt das Gesetz in §§ 7 Abs. 3, 8 Abs. 2 S. 1 GmbHG weiterhin die Anforderung an Einlageleistungen, dass diese zur freien Verfügung der Geschäftsführung geleistet sein müssen. Die Regelungen des § 19 Abs. 4, 5 GmbHG sind hiervon gesetzlich zugelassene Ausnahmefälle und damit als lex specialis vorrangig anzuwenden.

2.) Das Hin- und Herzahlen im Sinne des § 19 Abs. 5 GmbHG

Bei der Regelung des § 19 Abs. 5 GmbHG handelt es sich um einen gesetzlichen Sonderfall der Leistung zur freien Verfügung des Geschäftsführers im Sinne der §§ 7 Abs. 3, 8 Abs. 2 GmbHG.[497]

a) Voraussetzungen des Hin- und Herzahlens

Um ein Hin- und Herzahlen i.S.d. § 19 Abs. 5 GmbHG annehmen zu können, bedarf es einer Vereinbarung über das Hin- und Herzahlen, welche vor der Einlageleistung getroffen werden muss. Die vereinbarte Leistung muss wirtschaftlich einer Rückzahlung der Einlage entsprechen. Weiterhin muss der Rückzahlungsanspruch gegen den Gesellschafter vollwertig und jederzeit fäl-

---

495 RegE, BT-Drs. 16/6140, S. 940 f.; vgl. hierzu auch: *Bormann/Urlichs*, GmbHR Sonderheft 2008, 37 (39).

496 *Kersting*, in: VGR Gesellschaftsrecht in der Diskussion 2008, S. 101 (S. 125).

497 Deshalb sollte die nun letztlich in § 19 Abs. 5 GmbHG normierte Regelung zunächst in § 8 GmbHG aufgenommen werden. Aufgrund ihrer Nähe zum Rechtsinstitut der verdeckten Sacheinlage wurde sie schließlich in § 19 Abs. 5 GmbHG normiert.

lig (stellbar) sein.[498] Schließlich ist die Vereinbarung über das Hin- und Herzahlen bei der Anmeldung zum Handelsregister offen zu legen.[499] [500]

b) Rechtsfolge

Sind die Voraussetzungen des § 19 Abs. 5 GmbHG gegeben, wird der Gesellschafter von seiner Einlagepflicht befreit. Anders als nach der Rechtslage bis zum MoMiG[501], nach welcher die Einlagepflicht erst mit Rückzahlung des Darlehens erfüllt war, tritt die Befreiung von der Einlagepflicht mit Zahlung der Einlage – trotz vereinbarter Rückzahlung – ein. Sind die besonderen Voraussetzungen des § 19 Abs. 5 GmbHG demgegenüber nicht erfüllt, bleibt es dabei, dass die Einlage nicht zur freien Verfügung des Geschäftsführers geleistet wurde, die Einlagepflicht damit nicht erfüllt ist und erst eine spätere „Rückzahlung des Darlehens" die Einlageschuld tilgt.[502]

c) Verhältnis zu § 19 Abs. 4 GmbHG

Im Folgenden soll nun nicht auf alle sich aus der Regelung des § 19 Abs. 5 GmbHG[503] ergebenden Zweifelsfragen[504] eingegangen werden, sondern nur auf diejenigen, die für das Verhältnis der Vorschrift zu der Regelung des § 19 Abs. 4 GmbHG von Bedeutung sind. Der Umstand, dass das Gesetz in § 19 Abs. 5 GmbHG explizit eine Subsidiarität des Hin- und Herzahlens gegenüber dem Rechtsinstitut der verdeckten Sacheinlage anordnet – § 19 Abs. 5 GmbHG gelangt erst zur Anwendung, wenn es sich nicht um eine verdeckte Sacheinlage handelt – macht eine Abgrenzung der beiden Rechtsinstitute erforderlich. Maßgebliches Abgrenzungsmerkmal ist das in Rechtsprechung und Litera-

---

498 Durch dieses Erfordernis soll die wirtschaftliche Gleichwertigkeit des Rückgewähranspruchs mit der eigentlichen Einlageschuld abgesichert werden.

499 Dies gilt jedoch nur für Neugründungen, auch für wirtschaftliche Neugründungen, *Wedemann*, GmbHR 2008, 1131 (1133).

500 Problematisch ist, ob es sich bei dem Merkmal der Offenlegung um ein konstitutives Merkmal handelt. Dies ist insbesondere unter dem Gesichtspunkt, dass § 3 Abs. 4 EGGmbHG eine rückwirkende Geltung des § 19 Abs. 5 GmbHG anordnet, eine für die Praxis relevante Frage. Der BGH spricht sich dafür aus, dass es sich um ein konstitutives Merkmal handele, BGH, Urt. v. 16.2.2009 – II ZR 120/07 = = BGHZ 180, 38 = ZIP 2009, 713 (Qivive); BGH, Urt. v. 20.7.2009 – II ZR 273/07 = WM 2009, 1574; *Heckschen*, DStR 2009, 166 (173); *Pentz*, GmbHR 2009, 505 (511), a.A. sind demgegenüber: *Roth*, in: Altmeppen/Roth, 6. Aufl., 2009, § 19 Rn. 108; *Altmeppen*, ZIP 2009, 1545 (1548). Zumindest für die „Altfälle" sollte auf dieses Kriterium verzichtet werden, da die Anordnung des § 3 Abs. 4 EGGmbHG andernfalls wohl leerliefe, was nicht im Sinne des Gesetzgebers sein kann, vgl.: *Hennrichs/Petig*, WuB 2009, 767 ff.

501 Kap. 2 F II (S. 45 f.).

502 Insoweit sind dann §§ 7 Abs. 3, 8 Abs. 2 GmbHG anzuwenden.

503 Eines der Hauptanliegen des Gesetzgebers bei Einführung der Regelung des § 19 Abs. 5 GmbHG war es, den Bedürfnissen aus der Praxis nach praktikablen Lösungen für Cash-Pool-Systeme, nachzukommen und gerecht zu werden. Zu den vorher bestehenden Schwierigkeiten: *Cahn*, ZHR 166 (2002), 278 ff.

504 Vgl. zu der Neuregelung: *Altmeppen*, ZIP 2009, 1545; *Bormann/Urlichs*, DStR 2009, 641; *Herrler*, JA 2009, 529.

tur[505] bereits bislang zur Abgrenzung verwendete Merkmal der *„Nichteinlagefähikeit schuldrechtlicher Forderung gegen den Inferenten selbst"*.[506] Unter die Regelung des § 19 Abs. 5 GmbHG fallen demnach solche Einlageleistungen, die nicht als offene Sacheinlagen hätten erbracht werden können.[507]
Einige Autoren sehen in dem Verhältnis der Regelungen des § 19 Abs. 5 GmbHG einerseits sowie des § 19 Abs. 4 GmbHG andererseits ein Missverhältnis[508] [509], welches darin verwurzelt sei, dass es im Rahmen des § 19 Abs. 5 GmbHG nicht zu einer Anrechnung der Werthaltigkeit des Rückforderungsanspruchs auf die Einlageleistung komme, sondern nach einem *„Alles-oder-Nichts-Prinzip"*[510] vorgegangen werde: Absatz 5 sieht eine Befreiung von der Einlageleistung (nur) dann vor, *„wenn"* – und gerade nicht *„soweit"* – die Leistung durch einen vollwertigen Rückgewähranspruch gedeckt ist. Ob und inwieweit der Kritik aus der Literatur zu folgen ist, wird noch zu analysieren sein. Gleichsam als Grundlage einer solchen Analyse, ist vorab die hierfür maßgebliche Frage, wann von der von § 19 Abs. 5 GmbHG geforderten Voll-

505 Vgl. Kap. 2 F III (S. 46 f.).

506 Auch nach dem MoMiG bleibt es bei der Nicht-Sacheinlagefähigkeit von Forderungen gegen den Gesellschafter. „Lediglich für den Fall, dass keine verdeckte Sacheinlage vorliegt (insbesondere, weil der de facto eingelegte Gegenstand nicht sacheinlagefähig ist), soll die Regelung in § 8 Abs. 2 S. 2 GmbHG-RegE eingreifen können," Gesell, BB 2007, 2241 (2244). Zu beachten ist insbesondere, dass die Gesetzesformulierung noch mal dahin geändert wurde, dass sich § 19 Abs. 5 GmbHG allein auf Rückgewähransprüche bezieht und nicht mehr auch auf sonstige Gegenleistungsansprüche, Bormann/Urlichs, GmbHR Sonderheft Oktober 2008, 37 (45).
Der BGH geht weiterhin davon aus, dass das Rechtsinstitut der verdeckten Sacheinlage voraussetzt, dass der „Gegenstand" als Sacheinlage hätte eingebracht werden können, BGH, Urt. v. 16.2.2009 – II ZR 120/07 = BGHZ 180, 38 = ZIP 2009, 719; ebenso: BGH, Urt. v. 01.02.2010 – II ZR 173/08 (EUROBIKE) = JZ 2011, 50 (52) m. Anm. *Drygala*; vgl. insoweit auch: *Blasche*, GmbHR 2010, 288 (289).

507 Fraglich erscheint indes, wie insoweit die Entscheidung des OLG Düsseldorf, Urt. v. 25.6. 2008 – I-18 25/08 = BB 2008, 180 einzuordnen ist. Das OLG Düsseldorf hat in dieser, obwohl die Vereinbarung über Dienstleistungen des Gesellschafters nicht sacheinlagefähig ist, die Grundsätze über die verdeckte Sacheinlage angewendet, da anderndfalls eine Umgehung der Sacheinlagevorschriften drohe.

508 *Büchel*, GmbHR 2007, 1065 (1067); *Heinze*, GmbHR 2008, 1065 (1070); *Herrler*, DB 2008, 2347 (2348); *Oppenhoff*, BB 2008, 1630 (1632); *Römermann/Passarge*, ZIP 2009, 1497 (1498); *K. Schmidt*, GmbHR 2008, 449 (452); im Ergebnis aber für sachgerecht erachtend: *Gesell*, BB 2007, 2241 (2247); *Maier-Reimer*, ZIP 2008, 1449 (1453).

509 Kritisiert wurde u.a., dass die Abgrenzung zwischen verdeckter Sacheinlage und Hin- und Herzahlen mitunter zweifelhaft sei, *Gehrlein*, Der Konzern 2007, 771 (782). *Gehrlein* hält eine unterschiedliche Behandlung der beiden Rechtsinstitute im Ergebnis jedoch für gerechtfertigt, da es bei § 19 Abs. 5 GmbHG um die „präventive Vermeidung einer nicht vollwertigen Leistung" gehe, und die fehlende Vollwertigkeit des Rückzahlungsanspruchs die gesamte Einlageforderung ergreife.

510 *K. Schmidt*, GmbHR 2008, 449 (452). Dies für sachgerecht erachtend: *Winter*, in Goette/Habersack, Das MoMiG in Wissenschaft und Praxis, S. 75.

wertigkeit[511] des Rückgewähranspruchs[512] ausgegangen werden kann, zu beantworten.

Der Begriff der Vollwertigkeit wird weder im Gesetz selbst noch durch die amtliche Begründung zum MoMiG definiert.[513] Anliegen des Gesetzgebers ist die *„Rückbesinnung"* auf eine bilanzielle Betrachtungsweise. Die Beantwortung der Frage nach der Vollwertigkeit des Rückgewähranspruchs hat damit durch das Bilanzrecht zu erfolgen: Forderungen sind nach § 253 Abs. 3 S. 2 HGB grundsätzlich zum Nennwert, zweifelhafte Forderungen zu ihrem wahrscheinlichen Wert anzusetzen. Uneinbringliche Forderungen sind demgegenüber abzuschreiben.[514] Für die Einordnung der Forderung kommt es maßgeblich darauf an, ob an der Leistungsfähigkeit oder der Leistungsbereitschaft des Gesellschafters Zweifel bestehen.[515] Der Gesellschafter wird in diesem Sinne als leistungsfähig angesehen, wenn seine Kreditwürdigkeit nicht *„absehbar in Frage gestellt"* ist.[516] [517]

Zu dem Kriterium der Vollwertigkeit wird im Rahmen des § 57 AktG vertreten, dass diese nicht primär von der Zahlungsfähigkeit des Darlehensnehmers bei Darlehensausreichung abhänge, sondern vielmehr von seiner zu erwartenden Zahlungsfähigkeit bei Fälligkeit des Rückerstattungsanspruchs.[518] Anzustellen sei daher eine Prognose über die zukünftige Rückzahlungsfähigkeit.[519] Die Vollwertigkeit sei nur zu verneinen, wenn ein *„konkretes Ausfallrisi-*

---

511 *Goette*, DStR 2009, 51 (52) geht davon aus, dass 95% der vor Gericht gelangenden Fälle das Vollwertigkeitserfordernis nicht erfüllen werden, was die Anwendung der bisherigen Rechtsprechungsgrundsätze zur Konsequenz hat.

512 *Wicke*, GmbHG, § 19 Rn. 37: Der Rückforderungsanspruch unterliege den Regeln des Einlageanspruchs.

513 Weiterhin regelt das Gesetz auch nicht, wer die Beweislast bzgl. der Vollwertigkeit zu tragen hat; zutreffend wird überwiegend von einer Beweislast des Gesellschafters ausgegangen, *Heckschen*, DStR 2009, 166 (173); *Heinze*, GmbHR 2008, 1065 (1071); *Wachter*, GmbHR Sonderheft Oktober 2008, 5 (9).

514 *H. Bartl*, in: Bartl/Bartl/Fichtelmann/Koch/Schlarb, GmbHG, § 19 Rn. 38.

515 *Miras*, Die neue Unternehmergesellschaft, S. 92 (Rn. 356).

516 *Kallmeyer*, DB 2007, 2755.

517 Bei der Frage nach der Vollwertigkeit kann möglicherweise auch an die bisherigen Anforderungen an eine von der GmbH erklärte Aufrechnung angeknüpft werden: Die Gesellschaft kann eine Aufrechnung erklären, wenn die Forderung des Gesellschafters vollwertig, fällig und liquide ist. Hierbei wird die Vollwertigkeit der Forderung bejaht, wenn das Vermögen des Schuldners im maßgeblichen Zeitpunkt nach seiner Höhe und Liquidität zur Befriedigung aller Schulden sicher ausreicht, BGH, Urt. v. 26.3.1984 – II ZR 14/84 = BGHZ 90, 370 (373): *„Für die Frage, ob eine Forderung gegen die Gesellschaft vollwertig ist, kommt es nicht darauf an, ob die Gesellschaft noch über flüssige Mittel verfügt, aus denen sie den Gesellschafter-Gläubiger alsbald befriedigen könnte. Vielmehr ist auf die Gesamtheit der Gläubiger abzustellen."* Die Gesellschaft muss in der Lage sein, alle fälligen Forderungen ihrer Gläubiger zu befriedigen, BGH, Urt. v. 21.2.1994 – II ZR 60/93 = BGHZ 125, 141 (145); *Hueck/Fastrich*, in: Baumbach/Hueck, 18. Aufl., 2006, § 19 Rn. 22; *Schall*, ZGR 2009, 126 (141).

518 *Cahn*, Der Konzern 2009, 67 (69).

519 *Cahn*, Der Konzern 2009, 67 (69).

ko" gegeben sei.[520] Ein solches sei anzunehmen, wenn die konkrete Gefahr bestehe, dass die Forderung zum Teil nicht beglichen werden wird.[521] *Cahn*[522] geht bei seiner Konkretisierung des Begriffs des *„konkreten Ausfallrisikos"* im Rahmen der Vorschriften der §§ 57 AktG, 30 GmbHG davon aus, dass sich dieses auf den einzelnen Schuldner und die individuelle Forderung beziehen müsse. Dies lasse Kriterien wie allgemeine Konjunkturrisiken, das allgemeine Geschäftsrisiko, die Gefahr einer unvorhersehbaren Bonitätsveränderung sowie das branchenspezifische Konjunktur- und Geschäftsrisiko, aber auch weiche Bewertungsfaktoren[523], ohne Einfluss auf die Vollwertigkeit der individuellen Forderung.[524] Von Bedeutung seien demgegenüber solche Umstände, die eine Einzelwertberichtigung erforderlich machen, wie beispielsweise eine ausbleibende oder verzögerte Erfüllung anderer Verbindlichkeiten, Kontopfändungen und Liquiditätsengpässe.[525]

Markwardt[526] ist der Ansicht, dass die Voraussetzung der 100%igen Vollwertigkeit des Rückgewähranspruchs nicht mit den Bilanzierungsgrundsätzen zu vereinbaren sei. Da die Frage der Vollwertigkeit eine solche des Bilanzrechts sei und im Rahmen der bilanziellen Betrachtung eine Prognose anzustellen sei, da es sich schließlich um eine Betrachtung eines zukünftigen Ereignisses handelt, könne es allein auf eine 100%ige Vollwertigkeit in diesem Sinne ankommen, andernfalls hätte die Vorschrift keinerlei Anwendungsbereich, da Restrisiken nie völlig ausgeschlossen werden können. Eine verbleibende Restunsicherheit sei dem Bilanzrecht insoweit immanent. Auch *Schall*[527] geht davon aus, dass es im Rahmen des § 19 Abs. 5 GmbHG nicht auf die *„materielle"* Vollwertigkeit, sondern vielmehr auf *„formelle"* Vollwertigkeit ankomme, die zu bejahen sei, wenn die Forderung im Zeitpunkt der Auszahlung mit vollem Wert angesetzt werden kann und der Vorgang damit bilanzneutral ist.[528]

Der Rückgewähranspruch gegen den Gesellschafter ist nach alledem vollwertig, wenn sowohl die Leistungsfähigkeit als auch die Leistungsbereitschaft des Gesellschafters im Zeitpunkt der Abrede nicht absehbar in Frage gestellt

520 Ebenfalls zu § 57 AktG: BGH, Urt. v. 1.12.2008 – II ZR 102/07 = ZIP 2009, 70 (72) (MPS); *Winter*, in: Goette/Habersack, Das MoMiG in Wissenschaft und Praxis, S. 75.

521 BGH, Urt. v. 1.12.2008 – II ZR 102/07 = ZIP 2009, 70. Zumindest im Rahmen der §§ 57 AktG, 30 GmbHG soll nicht das jeder Forderung innewohnende abstrakte Ausfallrisiko erfasst werden. Die Vollwertigkeit einer Forderung wird daher nicht durch jedes noch so fern liegende und geringe Ausfallrisiko ausgeschlossen, *Cahn*, Der Konzern 2009, 67 (72).

522 *Cahn*, Der Konzern 2009, 67 (72).

523 Also solche, die im Rahmen eines Schuldner- und Kreditrating von Bedeutung sind, wie die Qualität des Managements oder die Unternehmensstrategie.

524 *Cahn*, Der Konzern 2009, 67 (72).

525 *Cahn*, Der Konzern 2009, 67 (72) mit weiteren Kriterien.

526 BB 2008, 2414.

527 ZGR 2009, 128 (142 f.).

528 Er führt zur Begründung neben der Gesetzesbegründung an, dass dies aus der gesunkenen Bedeutung der Kapitalaufbringung folge und in der Praxis nur für die Mithaftung der anderen Gesellschafter relevant werde, *Schall*, ZGR 2009, 126 (143).

werden können.[529] Die nachträglich möglicherweise eintretende Verschlechterung der Bonität des Gesellschafters führt daher nicht zu einer nachträglichen Unwirksamkeit der Einlageleistung.[530] In diesem Fall stellt sich vielmehr die Frage, ob und wann sich der Geschäftsführer haftbar macht, wenn er das Darlehen stehen lässt.[531] Mittels der genannten Definition ist es zudem möglich, die Haftung des Geschäftsführers auf ein angemessenes Maß zu beschränken.

3.) Die Regelung des § 30 GmbHG

Verdeckte Sacheinlagen werden nach geltendem Recht unter dem Gesichtspunkt der Kapitalaufbringung behandelt, wohingegen § 30 GmbHG die Zentralnorm des Kapitalerhaltungsrechts ist.

a) Das Novemberurteil des BGH

Um die Veränderung des § 30 GmbHG einordnen zu können, ist eine Auseinandersetzung mit dem sog. Novemberurteil[532] des BGH erforderlich. Diesem lag folgender Sachverhalt[533] zu Grunde:

Gesellschafter A und B gründeten 1990 die P-GmbH. Am Stammkapital war A mit einem Geschäftsanteil von 45.000 DM und B mit einem in Höhe von 5.000 DM beteiligt. Zeitgleich mit der Gründung übertrug A seinen Geschäftsanteil treuhänderisch auf seine Ehefrau C, die 1993 den Geschäftsanteil durch notariellen Vertrag an A rückabtrat. C war von 1993 bis 1995 neben B alleinvertretungsberechtigte Geschäftsführerin der P-GmbH. In diesem Zeitraum räumte die P-GmbH dem A zwei Darlehen in Höhe von insgesamt 850.000 DM ein; auch B wurde in diesem Zeitraum ein Darlehen in Höhe von 150.000 DM gewährt.

Der BGH nahm hier einen Verstoß gegen § 30 GmbHG mit der Begründung an, dass „Kreditgewährungen an Gesellschafter, die nicht aus Rücklagen oder Gewinnvorträgen, sondern zu Lasten des gebundenen Vermögens der Gesell-

---

529 So auch: *Heckschen*, DStR 2009, 166 (173).

530 *Heckschen*, Das MoMiG in der notariellen Praxis, S. 45; *Drygala/Kremer*, ZIP 2007, 1289 (1293); *Winter*, in: Goette/Habersack, Das MoMiG in Wissenschaft und Praxis, S. 75.

531 Bedenklich erscheint weiterhin die hiermit einhergehende Erweiterung des Pflichtenprogramms des Geschäftsführers: Dieser muss regelmäßig die Werthaltigkeit des Rückgewähranspruchs überprüfen, kommt er zu dem Ergebnis, dass diese abnimmt oder abnehmen könnte, muss er den Anspruch fällig stellen und einfordern, hierzu: *Goette*, DStR 2009, 51 (53); *Hechschen*, DStR 2009, 166 (173); *König/Bormann*, DNotZ 2008, 652 (662).

532 BGH, Urt. v. 24.11.2003 – II ZR 171/01 = GmbHR 2004, 302 (303). Kritik hierzu aus dem Schrifttum: *Bähr/Hoos*, GmbHR 2004, 304 f.; *Helmreich*, GmbHR 2004, 457 ff.; *Reiner/Brakemeier*, BB 2005, 1458 ff.; *Sotiropoulos*, GmbHR 1996, 653 (654); *Vetter*, BB 2004, 1509 ff. Kritisiert wird vor allem, dass der BGH § 30 GmbHG in einen Liquiditätsschutz umfunktioniere. *Bayer/Lieder*, ZGR 2005, 133 (141) können dem nicht zustimmen; ihrer Ansicht nach wird § 30 GmbHG nicht zu einer „Liquiditätsschutzvorschrift" umetikettiert.
Das Novemberurteil wurde durch BGH, Urt. v. 1.12.2008 – II ZR 102/07 = ZIP 2009, 70 (MPS) aufgegeben.

533 Hier sehr stark vereinfachte Darstellung.

schaft bestritten werden, (...) auch dann grundsätzlich als verbotene Auszahlung von Gesellschaftsvermögen i.S.v. § 30 GmbHG zu bewerten (sind), wenn der Rückzahlungsanspruch gegen den Gesellschafter vollwertig sein sollte."[534] Eine rein bilanzielle Betrachtungsweise[535] greife – mit Rücksicht auf die Bedeutung des in § 30 Abs. 1 GmbHG verankerten Kapitalerhaltungsgrundsatzes – zu kurz.[536] Der Vermögensschutz enthalte nicht nur die Garantie einer bilanzmäßigen Rechnungsziffer, sondern erfordere vielmehr die Erhaltung einer die Stammkapitalziffer deckenden Haftungssumme. Im Stadium der Unterbilanz müsse das Unternehmen auch davor geschützt werden, dass die Gesellschafter der GmbH Kapital entziehen und ihr im Austausch hierfür lediglich ein zeitlich hinausgeschobener schuldrechtlicher Rückzahlungsanspruch verbleibe.[537]

Bereits vor dem Urteil bestand Uneinigkeit darüber, ob und unter welchen Voraussetzungen eine Darlehensgewährung an den Gesellschafter zulässig sein soll: Die Vergabe eines Darlehens an einen Gesellschafter der GmbH sollte nach h.M. zulässig sein, wenn das Darlehen angemessen verzinst und der Gesellschafter auf Dauer solvent und kreditwürdig ist.[538] Es sollte also ganz entscheidend darauf ankommen, ob das Darlehen zu marktüblichen Konditionen gewährt wurde und der aus § 488 Abs. 1 S. 2 BGB folgende Rückgewähranspruch werthaltig war.[539] Im Ergebnis musste der Vorgang damit einem Drittvergleich standhalten, was allein dann zu bejahen ist, wenn ein gewissenhaft nach kaufmännischen Grundsätzen handelnder Geschäftsführer

534 BGH, Urt. v. 24.11.2003 – II ZR 171/01 = GmbHR 2004, 302 (303).

535 Gegen eine bilanzielle Betrachtungsweise wurde vor dem MoMiG vorgebracht, dass jede Rückzahlung an den Gesellschafter dessen Insolvenzrisiko auf die GmbH abwälze, wodurch deren Gläubiger gefährdet würden, *Bayer*, in: FS Lutter, S. 1011 (S. 1021); *Schön*, ZHR 159 (1995), 351 (357 ff.).
Bayer/Lieder, ZGR 2005, 133 (141 f.) sehen die Gefahr einer bilanziellen Betrachtungsweise darin, dass diese immer nur auf Grundlage von Prognosen für die Zukunft erfolgen könne. Schließlich sei maßgeblich, ob der Gesellschafter zur künftigen Leistung an die Gesellschaft in der Lage sein werde.

536 BGH, Urt. v. 24.11.2003 – II ZR 171/01 = GmbHR 2004, 302 (303).

537 Der nun bestehende schuldrechtliche Rückerstattungsanspruch sei nicht mit einem Vermögensgegenstand, über den die GmbH frei verfügen und auf den der Vollstreckungsgläubiger zugreifen könne gleichwertig. Dem stimmen auch *Bayer/Lieder*, ZGR 2005, 133 (141) zu, fragen aber, ob diese fehlende Gleichwertigkeit im Rahmen des § 30 GmbHG von Relevanz sei.
Str., ob bei Unterbilanz Darlehensgewährung zulässig: für eine generelle Unzulässigkeit im Stadium der Unterbilanz: *Stimpel*, in: FS 100 Jahre GmbHG, S. 335 (347 ff.), unzulässig, wenn sich die Gesellschaft in der Krise befindet und keinem Dritten mehr ein Darlehen gewähren würde: *Fleck*, Jahrbuch der Fachanwälte für Steuerrecht, 1985/1986, S. 554, Darlehensgewährung so lange zulässig, als eine angemessene Verzinsung sowie die Vollwertigkeit des Rückzahlungsanspruchs gewährleistet sind: *Schneider*, in: FS Döllerer, 1988, S. 537.

538 *Pentz*, MüKo AktG, § 30 Rn. 34; *Bähr/Hoos*, GmbHR 2004, 304 (305); *Müller*, BB 1998, 1804 ff.

539 *Müller*, BB 1998, 1804 (1805); *Sotiropoulos*, GmbHR 1996, 653 (654); *K. Schmidt*, GesellR, § 37 III 1 c) (S. 1133 f.).

das Geschäft unter sonst gleichen Umständen zu gleichen Bedingungen auch mit einem Nichtgesellschafter abgeschlossen hätte.[540] Waren diese Voraussetzungen erfüllt, wurde von einem zulässigen bilanzneutralen Aktivtausch ausgegangen. Von Seiten der Literatur wurde mithin maßgeblich auf eine bilanzielle Betrachtung abgestellt.

b) Die Regelung des § 30 Abs. 1 GmbHG nach dem MoMiG

Ziel des Gesetzgebers war vor allem die Beseitigung von Unsicherheiten im Bereich der Leistungsbeziehungen zwischen der GmbH mit ihren Gesellschaftern, insbesondere hinsichtlich der Zulässigkeit von Darlehen und anderer Leistungen mit Kreditcharakter.[541] Weiterhin macht der Gesetzgeber durch die Veränderung deutlich, dass es sich bei dem Schutz des § 30 GmbHG um reinen Vermögensschutz, nicht aber um gegenständlichen Schutz handelt:[542] Ein reiner Aktivtausch lasse die Höhe des Eigenkapitals unberührt, sofern der Rückzahlungsanspruch bzw. der Gegenleistungsanspruch der Gesellschaft durchsetzbar und vollwertig sei.[543] Die Durchsetzbarkeit der Forderung ist also Prüfungsmerkmal der Vollwertigkeit des Rückzahlungsanspruchs. Spätere, nicht vorhersehbare negative Entwicklungen der Forderung gegen den Gesellschafter und bilanzielle Abwertungen führen nicht nachträglich zu einer verbotenen Auszahlung. Insoweit ist dies mit dem oben herausgearbeiteten Maßstab des § 19 Abs. 5 GmbHG vergleichbar. Vollwertigkeit i.S.d. § 30 Abs. 1 S. 2 GmbHG ist gegeben, wenn dem Rückgewähranspruch unter Berücksichtigung

---

540 *Bähr/Hoos*, GmbHR 2004, 304 (305).

541 BT-Drs. 16/6140, S. 41; zu der Neuregelung: *Blasche/König*, GmbHR 2009, 897 ff.; *Cahn*, Der Konzern 2009, 67 (68); *Eusani*, GmbHR 2009, 795ff.

542 BT-Drs. 16/6140, S. 41; vgl. hierzu auch: *Hueck/Fastrich*, in: Baumbach/Hueck, 18. Aufl., 2006, § 30 Rn. 20; *Sotiropoulos*, GmbHR 1996, 653 (654); *Waldenberger/Sieber*, GmbHR 2009, 114 (116).
Habersack, ZGR 2009, 347 (351 f.) weist darauf hin, dass es sich bei dem Sachverhalt, welcher dem Novemberurteil zugrunde lag, um eine Konstellation handelte, in der bereits eine Unterbilanz bestand. Dass im Stadium der Unterbilanz jedoch die bilanzielle Betrachtungsweise einzuschränken sei, sei von der h. L. schon lange anerkannt. Hieran habe jedoch auch das MoMiG nichts verändert. Er ist deshalb der Ansicht, dass es nicht zu einer Rückkehr zur bilanziellen Betrachtungsweise bedurfte.

543 Auf die Haftungsrisiken des Geschäftsführers hinweisend: *Blasche/König*, GmbHR 2009, 897 (901); *König/Bormann*, DNotZ 2008, 652 (664); *K. Schmidt*, GmbHR 2008, 449 (453); *Sotiropoulos*, GmbHR 1996, 653 (654).
Der Geschäftsführer muss jedoch die Entwicklungen sehr genau beobachten. Lässt er Darlehen stehen, obwohl er sie hätte einfordern können und kommt es nachher zum Ausfall, macht er sich ggf. haftbar, BT-Drs. 16/6140, S. 41. Selbiges gilt im Aktienrecht: Die Verwaltungsorgane sind dazu verpflichtet, laufend etwaige Änderungen des Kreditrisikos zu prüfen und auf eine eintretende Bonitätsverschlechterung entsprechend zu reagieren, *Habersack*, ZGR 2009, 347 (348). Zu einem Entfallen der Haftung, wenn der Geschäftsführer das Darlehen unter Befolgung einer Weisung der Gesellschafterversammlung stehen lässt: *Blasche/König*, GmbHR 2009, 897 (901).

der Bonität des Darlehensnehmers kein über das allgemeine Kreditrisiko hinausgehendes Risiko anhaftet oder hinreichende Sicherheiten bestehen.[544]

4.) Beispielsfälle

Es lässt sich festhalten, dass bei der Anwendung der Regelungen der §§ 19 Abs. 4, Abs. 5, 30 Abs. 1 GmbHG allein eine bilanzielle Betrachtungsweise zugrunde zu legen ist. Der Fokus ist damit weggerückt von einem Schutz der gegenständlichen Zusammensetzung des Gesellschaftsvermögens hin zu einer bilanziellen, vermögensmäßigen Betrachtung. Zudem kommt es für die Anknüpfung der Rechtsfolgen nunmehr weniger auf formale Aspekte, sondern vielmehr auf eine konkrete Gefährdung der Interessen der Gesellschaftsgläubiger an. Die Neuregelungen sowie die mit ihnen verbundenen Schwierigkeiten sollen nunmehr an einigen Beispielsfällen veranschaulicht werden.

a) Sachverhalte

1.) Gesellschafter G hat der GmbH ein Darlehen in Höhe von 10.000 € zur Verfügung gestellt. Bei einer zeitlich später stattfindenden Kapitalerhöhung übernimmt G Geschäftsanteile in Höhe von 10.000 € und verpflichtet sich hierfür eine Bareinlage in entsprechender Höhe zu erbringen. Er zahlt diesen Betrag an die Gesellschaft, die dieses Geld sodann für eine Rückzahlung des Darlehens an G verwendet. Dies war von vornherein so beabsichtigt.

2.) G übernimmt im Rahmen einer Kapitalerhöhung eine Einlagepflicht in Höhe von 10.000 €. Sogleich vereinbart er mit der Gesellschaft, dass er von dieser unmittelbar nach der Kapitalerhöhung ein Darlehen in Höhe von 10.000 € erhalten soll. Diese Vereinbarung wird auch bei der Anmeldung der Kapitalerhöhung dem Registergericht angezeigt. G zahlt an die Gesellschaft 10.000 €. Danach wird G die Darlehensvaluta vereinbarungsgemäß ausgezahlt.

3.) G übernimmt im Rahmen einer Kapitalerhöhung eine Einlagepflicht in Höhe von 10.000 €. Er zahlt den Betrag an die Gesellschaft. Vier Monate nach der Kapitalerhöhung erhält er von der Gesellschaft ein Darlehen in Höhe von 10.000 €. Es ist nicht sicher, ob das von Anfang an so vereinbart war.

4.) G übernimmt im Rahmen einer Kapitalerhöhung eine Einlagepflicht in Höhe von 10.000 €. Er zahlt den Betrag an die Gesellschaft. Acht Monate später gewährt die GmbH ihrem Gesellschafter G ein Darlehen. Der hierdurch entstehende Rückzahlungsanspruch gegen G ist vollwertig.

Die Fälle unterscheiden sich in folgenden Aspekten: Fall 1 unterscheidet sich von den anderen Fällen dadurch, dass die Darlehensgewährung durch den Gesellschafter an die GmbH erfolgt; in den Fällen 2, 3 und 4 wird das Darlehen von der GmbH an den Gesellschafter gewährt. Fälle 2 und 3 unterscheiden sich darin, dass in Fall 2 die Darlehensgewährung im Zusammenhang mit der Einlageverpflichtung vereinbart und offengelegt wird, indem sie dem Registergericht angezeigt wird. In Fall 3 ist unsicher, ob die Vereinbarung über das Darlehen vor oder nach der Kapitalerhöhung, getroffen wurde. Die Fälle 3

544 *Blasche/König*, GmbHR 2009, 897 (899 f.); *Mülbert/Leuschner*, NZG 2009, 281 (282).

und 4 unterscheiden sich ihrerseits in dem Zeitpunkt der Darlehensgewährung.

b) Lösung der Fälle nach dem MoMiG

aa) Fall 1: Verdeckte Sacheinlage

Bei Fall 1 handelt es sich um einen Fall einer verdeckten Sacheinlage i.S.d. § 19 Abs. 4 S. 1 GmbHG. Die durch G vorgenommene Geldeinlage ist unter Zugrundelegung einer wirtschaftlichen Betrachtungsweise als Sacheinlage zu bewerten. G hätte die ihm gegen die Gesellschaft zustehende Darlehensforderung im Wege einer offenen Sacheinlage einbringen müssen. Nach MoMiG findet nunmehr gem. § 56 Abs. 2 GmbHG die Regelung des § 19 Abs. 4 GmbHG Anwendung. Das Einbringen der Darlehensforderung wird dem G danach ab dem Zeitpunkt der Eintragung der Gesellschaft in das Handelsregister auf seine Einlagepflicht angerechnet, § 19 Abs. 4 S. 3 GmbHG. Es kommt im Ergebnis darauf an, ob die Darlehensforderung derart werthaltig ist, dass sie die Einlageforderung abdeckt.[545] Bleibt ihr Wert hinter dem übernommenen Betrag im Rahmen der Einlageverpflichtung zurück, muss G die Differenz zwischen dem Betrag der übernommenen Einlageforderung und dem Wert der Darlehensforderung zahlen. Hierbei handelt es sich dann um die Erfüllung des ursprünglichen Einlageanspruchs.[546]

bb) Fall 2: Hin- und Herzahlen

Im Rahmen der Lösung des zweiten Falles ist zunächst zu prüfen, ob es sich hier auch um einen Fall der verdeckten Sacheinlage handelt; schließlich ist § 19 Abs. 4 GmbHG gegenüber § 19 Abs. 5 GmbHG vorrangig anzuwenden. Dies ist im Ergebnis jedoch zu verneinen: Die Darlehensforderung gegen G ist – als Neubegründung einer schuldrechtlichen Forderung gegen den Inferent selbst – nicht sacheinlagefähig, was das Vorliegen einer verdeckten Sacheinlage ausschließt. Vielmehr handelt es sich um einen Fall eines Hin- und Herzahlens i.S.d. § 19 Abs. 5 GmbHG. Dessen Voraussetzungen sind erfüllt, insbesondere wurde die Vereinbarung über die Darlehensgewährung vor der Kapitalerhöhung vereinbart und dem Registergericht angezeigt, womit auch der Offenlegungspflicht nachgekommen wurde. Eine Vereinbarung vor Bewirkung der Bareinlage ist gegeben, wenn Inferent und Gesellschaft vor Leistung der Bareinlage darüber einig sind, dass der Inferent den Betrag nach Zahlung an die Gesellschaft darlehensweise zurückerhalten soll.[547] Dies ist hier der Fall. Somit kommt es darauf an, ob der Darlehensanspruch gegen G vollwertig ist, was von der voraussichtlichen Leistungsfähigkeit und Leistungsbereitschaft des G

---

545 Diesbezüglich obliegt G die Beweislast.

546 Vgl. auch: *Bormann/Urlichs*, Sonderheft GmbHR Oktober 2008, 37 (40).

547 Entscheidend ist zudem, dass der Vorgang dem Registergericht offen gelegt wird, damit dieses die Vollwertigkeit des Rückzahlungsanspruchs überprüfen kann, hierzu: *Pentz*, GmbHR 2009, 505 (511).

zum Zeitpunkt der Darlehensrückzahlung abhängig ist.[548] Ist der Darlehensanspruch vollwertig, ist G von seiner Einlagepflicht befreit. Das Ersetzen der mitgliedschaftlichen Einlagepflicht durch eine rein schuldrechtliche Forderung ist hier also möglich und bleibt ohne Auswirkung auf den Einlageanspruch.[549] Ist der Rückzahlungsanspruch nicht vollwertig, bleibt die Einlagepflicht des G in voller Höhe bestehen. Erst wenn der Gesellschafter auf die Darlehensschuld zahlt, kommt es zur Einlageerfüllung.[550]

Ist in Fall 1 der Rückzahlungsanspruch gegen die Gesellschaft 10.000 € wert und der Rückzahlungsanspruch der Gesellschaft in Fall 2 vollwertig, ist das Ergebnis beider Fälle, dass der Gesellschaft kein Anspruch auf Zahlung der Einlage mehr zusteht.[551] Kann in Fall 2 jedoch nicht von der Vollwertigkeit des Rückzahlungsanspruchs ausgegangen werden, so bleibt die Einlagepflicht in voller Höhe bestehen. In Fall 1 führt die nicht volle Werthaltigkeit der Forderung des Gesellschafters gegen die Gesellschaft demgegenüber dazu, dass der Wert auf die Einlagepflicht angerechnet wird und der Gesellschafter nur noch auf die bestehende Differenz haftet. Hier wird der von der Literatur angemahnte Wertungswiderspruch deutlich.

cc) Fall 3: Kapitalaufbringung, §§ 7 Abs. 3, 8 Abs. 2 GmbHG - Kapitalerhaltung, § 30 GmbHG

Fall 3 ist im Ergebnis entweder mangels Leistung zur freien Verfügung des Geschäftsführers über die alten Rechtsprechungsregeln zum Hin- und Her-

548 Für die Bewertung der Vollwertigkeit kommt es grundsätzlich auf den Zeitpunkt der Anmeldung an. Nur wenn die Leistung an den Gesellschafter danach erfolgt, ist auf den Zeitpunkt der Entstehung des Rückzahlungsanspruchs abzustellen, *H. Bartl*, in: Bartl/Bartl/Fichtelmann/Koch/Schlarb, GmbHG, § 19 Rn. 38; *Markwardt*, BB 2008, 2414 (2420).
Die Beweislast für die Vollwertigkeit des Rückgewähranspruchs, mithin für die Erfüllung der Stammeinlage, hat der Gesellschafter zu tragen: *H. Bartl*, in: Bartl/Bartl/Fichtelmann/Koch/Schlarb, GmbHG, § 19 Rn. 40; *Gehrlein*, Der Konzern 2007, 771 (781); *Herrler*, DB 2008, 2347 (2349); *Bormann/Urlichs*, GmbHR Sonderheft Oktober 2008, 37 (40).

549 Dass das Ersetzen der Einlagepflicht möglich ist, veranlasst *Goette*, DStR 2009, 51 (53) dazu, anzuzweifeln, dass das MoMiG tatsächlich – so wie es der Gesetzgeber vorgibt – das *„bewährte Haftkapitalsystem"* beibehalte.

550 Insoweit bleibt es also bei den „alten" Rechtsprechungsregeln, vgl. Kap. 2 F II (S. 45 f.).

551 Im Rahmen des § 19 Abs. 5 GmbHG bleibt jedoch zu beachten, dass die Erfüllungswirkung erst eintritt, wenn die GmbH zur Eintragung in das Handelsregister angemeldet und der Vorgang in diesem Zusammenhang offengelegt worden ist. *Pentz*, GmbHR 2009, 505 (511) kennzeichnet dies als „schwebende" Erfüllungswirkung und sieht hiermit Folgeprobleme verbunden, wie beispielsweise, ob der Gesellschafter einen Anspruch gegen die Gesellschaft auf Offenlegung des Vorgangs hat, ob er einer erneuten Inanspruchnahme die getroffene Vereinbarung entgegenhalten kann und ob alle Gesellschafter an der Vereinbarung mitwirken müssen.

zahlen oder über § 30 GmbHG zu lösen.[552] Von der Ausgangslage weist der dritte Fall einen entscheidenden Unterschied zu Fall 2 auf: Es ist unklar, wann die Darlehensabrede getroffen wurde und diese wurde zudem nicht dem Registergericht angezeigt. Fraglich ist, wie dieser Fall zu beurteilen ist. Nach dem Wortlaut des § 19 Abs. 5 GmbHG wird dieser Fall nicht von der Vorschrift erfasst. § 19 Abs. 5 GmbHG spricht schließlich ausdrücklich von einer Abrede „vor" Bewirken der Bareinlage.[553] Zudem setzt die Regelung voraus, dass das Hin- und Herzahlen vor dem Registergericht offen gelegt werden muss.[554] Durch diese Offenlegungspflicht wird eine Kontrolle durch das Registergericht erreicht: Grundsätzlich kann sich das Gericht zwar auf die Versicherung des Geschäftsführers verlassen, doch hat es Zweifel an der Vollwertigkeit des Rückzahlungsanspruchs, kann es eine Klärung durch Zwischenverfügung veranlassen.[555] Schließlich spricht gegen eine Anwendung des § 19 Abs. 5 GmbHG auf diesen Fall, dass es sich bei dieser Vorschrift um eine Ausnahmevorschrift handelt, die als solche eng auszulegen ist.[556] § 19 Abs. 5 GmbHG stellt „lediglich" einen Sonderfall des § 8 Abs. 2 S. 1 GmbHG dar. Ist dieser nicht gegeben, kommt es zu einem „Rückfall" auf die Regelungen der §§ 7 Abs. 3, 8 Abs. 2 GmbHG. Zudem ist jedoch noch eine Abgrenzung zu § 30 GmbHG zu leisten. Wie diese vorzunehmen ist, gibt das Gesetz nicht vor. Wo genau die Grenze zwischen Kapitalaufbringung auf der einen Seite und Kapitalerhaltung auf der anderen Seite zu ziehen ist, muss somit bestimmt werden. In Betracht kommt eine Abgrenzung anhand des Kriteriums eines sachlich-zeitlichen Zusammenhangs zwischen der Gründung/Kapitalerhöhung und der Gewährung des Darlehens.[557] Ist ein solcher gegeben, wäre der Vorgang als Umgehung der Kapitalaufbringungsregeln zu behandeln und somit an der Maßgabe des § 8 Abs. 2 GmbHG zu messen, andernfalls würde § 30 GmbHG eingreifen.[558] Einige Autoren sind der Ansicht, dass § 30 GmbHG zumindest in

---

552 Bormann, GmbHR 2007, 897 (902): „Eine Benachteiligung der Gesellschafter, die erst nach der Leistung der Einlage eine Abrede treffen, ist hiermit nicht verbunden, unterliegen diese Fälle doch dem Kapitalerhaltungsrecht.".

553 Zu der Frage, ob es dann überhaupt Fälle geben kann, für welche die von § 3 Abs. 4 EGGmbHG vorgenommene Rückwirkung von Relevanz werden kann, *Bayer*, in: Lutter/Hommelhoff, GmbHG, 17. Aufl., 2009, § 19 Rn. 111; *Bormann*, GmbHR 2009, 930 (931).

554 So: BGH, Urt. v. 16.2.2009 – II ZR 120/07 = BGHZ 180, 38 = ZIP 2009, 713 (Qivive), BGH, Urt. v. 20.7.2009 – II ZR 273/07 = WM 2009, 1574 (Cash-Pool II); *Pentz*, GmbHR 2009, 505 (511).

555 *H. Bartl*, in: Bartl/Bartl/Fichtelmann/Koch/Schlarb, GmbHG, § 19 Rn. 39; *Pentz*, GmbHR 2009, 505 (511).

556 *Markwardt*, BB 2008, 2414 (2420); a.A.: *Gehrlein*, Der Konzern 2007, 771 (781), der den Zeitpunkt der Abrede für gleichgültig hält.

557 Ähnlich wohl auch: *Altmeppen*, ZIP 2009, 1545 (1547).

558 Büchel, GmbHR 2007, 1965 (1967): „zu klären ist die Frage, ob der zeitliche Zusammenhang zur Einlageleistung noch gewahrt ist oder ob schon die Grundsätze der §§ 30 ff. GmbHG greifen; das zu klären ist Frage des Einzelfalls.".

dem Falle gelten müsse, in dem eine erst nachträgliche Abrede feststeht.[559] Dies würde jedoch dazu führen, dass Fragen des Kapitalaufbringungsrechts als solche der Kapitalerhaltung behandelt würden. Der BGH[560] führte 2001 zu einer Hin- und Herüberweisung des Einlagebetrages aus, dass dieses binnen weniger Tage die Einlageschuld nicht tilge, weil in einem solchen Fall nicht davon ausgegangen werden könne, dass die Leistung zur endgültig freien Verfügung der Geschäftsführung gestanden habe. Die Anwendbarkeit der §§ 30, 31 GmbHG setze vielmehr eine ordnungsgemäße Kapitalaufbringung voraus. Dies würde durchaus für ein Abstellen auf einen zeitlich-sachlichen Zusammenhang sprechen. Letzte Zweifel lassen sich hierdurch jedoch kaum endgültig ausräumen. Dies allein deshalb nicht, weil es sich bei dem Merkmal eines sachlichen sowie zeitlichen Zusammenhangs um ein durchaus dehnbares Kriterium handelt. Praxisgerecht erscheint es jedoch, an die zeitliche Komponente der Rechtsprechung anzuknüpfen.[561]

Ist der Rückzahlungsanspruch nicht vollwertig, würde eine Lösung über die alten Rechtsprechungsregeln zu § 8 Abs. 2 S. 1 GmbHG zur Folge haben, dass die Einlagepflicht fortbesteht und erst mit Rückzahlung des Darlehens erfüllt wird. Bei einer Anwendung des § 30 GmbHG würde indes ein Rückzahlungsanspruch der Gesellschaft bestehen.[562] Ist der Rückzahlungsanspruch vollwertig, würde eine Anwendung der alten Rechtsprechungsregeln weiterhin dazu führen, dass die Einlagepflicht fortbesteht und erst mit Rückzahlung des Darlehens erfüllt wird. Bei einer Anwendung des § 30 GmbHG würde keine verbotene Einlagenrückgewähr vorliegen, so dass auch kein Rückzahlungsanspruch der Gesellschaft bestehen würde.

dd) Fall 4: Kapitalerhaltung

In Fall 4 ist der Kapitalaufbringungsvorgang eindeutig abgeschlossen. Die Gesellschaft gewährt dem Gesellschafter ein Darlehen. Hier muss eine Überprüfung am Maßstab des § 30 GmbHG erfolgen. Da der Rückgewähranspruch vollwertig ist, liegt keine verbotene Auszahlung im Sinne des § 30 GmbHG vor.

5.) Stellungnahme

Schwierig zu beantworten ist die Frage, ob das Verhältnis der Vorschriften der §§ 19 Abs. 4, Abs. 5, 7 Abs. 3, 8 Abs. 2 sowie 30 Abs. 1 GmbHG zueinander stimmig ist. Zumindest auf den ersten Blick liegen die oben gebildeten Fallkonstellationen recht nah bei einander. Damit stellt sich die Frage, ob es nicht die Praxis erschwert, diese Fälle unterschiedlichen Regelungen und damit auch unterschiedlichen Rechtsfolgen zu unterwerfen. Führt dies nicht zu ei-

---

559 *Wicke*, GmbHG, § 19 Rn. 36; *Bäuml*, GmbHR 2009, 632 (633); *Bormann*, GmbHR 2007, 897 (902); *Heckschen*, Das MoMiG in der notariellen Praxis, S. 43.

560 BGH, Urt. v. 17.9.2001 – II ZR 275/99 = WM 2001, 2120 (2120).

561 Vgl. insoweit Kap. 2 C II (S. 31 f.).

562 Gem. § 31 Abs. 3 GmbHG haften für den geschuldeten Betrag auch die übrigen Gesellschafter.

nem erheblichen Maß an Rechtsunsicherheit und zu Ungerechtigkeiten für die Praxis? Es kann von enormer Bedeutung sein, ob ein Vorgang als eine verdeckte Sacheinlage oder als ein Fall des Hin- und Herzahlen zu qualifizieren ist. Für den im Konzernrecht besonders bedeutsamen Bereich der Cash-Pool-Systeme hat der BGH[563] sich jüngst zu einer Abgrenzung der beiden Rechtsinstitute geäußert. Insoweit stellte er fest, dass die Einzahlung der Einlage auf ein Konto, das in einen dem Inferenten zuzurechnenden Cash-Pool einbezogen ist, eine verdeckte Sacheinlage darstelle, wenn der Saldo auf dem Zentralkonto des Cash-Pools im Zeitpunkt der Weiterleitung zulasten der Gesellschaft negativ ist, andernfalls ein Hin- und Herzahlen vorliege. Da die Einlage aufgeteilt werden können, könne es sich teils um eine verdeckte Sacheinlage und teils um ein Hin- und Herzahlen handeln.[564] Hier zeigt sich, dass die Frage, ob § 19 Abs. 4 oder Abs. 5 GmbHG zur Anwendung gelangt, von dem eher zufälligen Umstand abhängt, ob der Saldo der Gesellschaft zum Zeitpunkt der Vereinbarung positiv oder negativ ist. Die Einordnung der Leistung unter § 19 Abs. 4 GmbHG oder aber unter § 19 Abs. 5 GmbHG kann weitreichende Konsequenzen haben. Ist die eingebrachte bzw. die neu begründete Forderung vollwertig, führt dies unabhängig von der rechtlichen Qualifizierung zum Erlöschen der Einlageverpflichtung. In dem Fall, dass nicht von einer Vollwertigkeit ausgegangen werden kann, hat dies bei einer Einordnung unter § 19 Abs. 4 GmbHG zur Konsequenz, dass die Einlageverpflichtung zumindest in Höhe der Werthaltigkeit der Forderung erlischt, bei einer Einordnung unter § 19 Abs. 5 GmbHG bleibt der Einlageanspruch dagegen in voller Höhe offen. Dies vermag nicht zu überzeugen. Es erscheint inkonsequent, ein- und denselben Vorgang – die Einstellung der Mittel in einen cash-pool – mit zweierlei Maß zu messen.[565] *Drygala* weist überdies zutreffend darauf hin, dass dieselbe Zahlung je nachdem, ob die Gesellschaft gerade dem Gesellschafter etwas schuldet oder umgekehrt, heute als verdeckte Sacheinlage und morgen als verdeckte Finanzierung zu beurteilen sein kann und die rechtliche Einordnung damit von Zufälligkeiten abhängen kann.[566] Anknüpfungspunkt einer Bewertung solcher Vorgänge sollte daher vielmehr sein, ob und inwieweit der Gesellschaft tatsächlich Werte zugeführt werden. Hieran sollte eine entsprechende Ausgleichspflicht geknüpft werden.

Weiterhin stellt sich die Frage, ob der zu bewertende Vorgang der Kapitalaufbringung oder der Kapitalerhaltung zuzuordnen ist. Rechtssichere Ab-

---

563 BGH, Urt. v. 20.07.2009 – II ZR 273/07= BGHZ 180, 38 = ZIP 2009, 713; vgl. hierzu auch: *Benecke*, ZIP 2010, 105 (109); *Heidinger/Benz*, in: Spindler/Stilz, AktG, 2. Aufl., § 27 Rn. 272 ff.

564 BGH, Urt. v. 20.07.2009 – II ZR 273/07= BGHZ 180, 38 = ZIP 2009, 713.

565 Vgl. insoweit: *Hennrichs/Petig*, WuB 2009, 767 ff.; *Altmeppen*, NZG 2010, 441 (443) bezeichnet die Neuregelung als „vollständig misslungen", da zum Zeitpunkt der Anmeldung regelmäßig völlig unklar sei, wie die Einbeziehung der Bareinlage in den Cash-Pool rechtlich zu erfassen sei.

566 *Drygala*, Anm. z. BGH, Urt. v. 01.02.2010 – II ZR 173/08 (EUROBIKE) = JZ 2011, 50 ff. (53). Zu den Unsicherheiten im Cash-pool-System: *Hentzen/Schwandtner*, ZGR 2009, 1006 (1023).

grenzungskriterien wurden hier bislang nicht entwickelt. Es ist vielmehr mit dem Kriterium des zeitlichen und sachlichen Zusammenhangs mit der Kapitalmaßnahme zu arbeiten.

Fraglich ist, ob eine Vereinfachung dadurch erreicht wird, dass die alten Rechtsprechungsgrundsätze zum Hin- und Herzahlen nun zum Teil weiterhin Anwendung finden. Dafür spricht, dass es sich bei der Anforderung einer Leistung zur freien Verfügbarkeit des Geschäftsführers um einen bedeutsamen Bestandteil des Kapitalaufbringungsrechts handelt und der Umstand, dass durch § 19 Abs. 5 GmbHG eine Ausnahme hiervon geschaffen wurde, nicht zu einer Vernachlässigung dieses Grundsatzes führen darf. Es stellt sich indes die Frage, ob es die Rechtslage nicht erheblich vereinfachen würde, Darlehensansprüche der Gesellschaft gegen den Gesellschafter als sacheinlagefähig anzuerkennen und sie hierdurch den Sacheinlagekautelen, und damit nicht nur einer Überprüfung der Vollwertigkeit durch den Geschäftsführer, sondern zusätzlich einer externen Prüfung zu unterwerfen, und sie im Falle der verdeckten Einbringung dem Regime des § 19 Abs. 4 GmbHG zu unterstellen.[567] Die Einbringung einer Forderung gegen sich selbst würde dadurch den Kontrollmechanismen des Sacheinlagerechts unterliegen und aus zwei komplizierten mit Abgrenzungsproblemen belasteten Regelungen würde eine Regelung werden. Hierdurch würde vermieden, neben Bar- und Sacheinlage – zumindest mittelbar – de facto noch die Möglichkeit des Hin- und Herzahlens als Einlageform im Gesetz zu haben.[568]

Wenn der neu begründete schuldrechtliche Anspruch gegen den Inferent selbst das Substitut für die Einlageforderung ist, müssten auf diesen die Maßstäbe der Einlageforderung angewendet werden. Letztlich wird vertreten, dass die Zulässigkeit der Einbringung schuldrechtlicher Forderungen bereits jetzt eine Stütze im Gesetz finde: § 36 Abs. 2 S. 2 AktG knüpft an die Verpflichtung zur Übertragung eines Vermögensgegenstandes an.[569]

---

567 Hierfür: *Wicke*, GmbHG, § 19 Rn. 33; *Bormann*, GmbHR 2007, 897 (903); *Drygala*, NZG 2007, 561; *Gehrlein*, Der Konzern 2007, 771 (782); *Joost*, ZIP 2007, 2242 (2244 f.). Insoweit ließe sich auch auf OLG Düsseldorf, Urt. v. 25.6.2008 – 18 U 25/08 = BB 2008, 180 verweisen. Hier wurden auf die Vereinbarung über die Erbringung von Dienstleistungen die Grundsätze über verdeckte Sacheinlagen angewendet, vgl. insoweit auch bereits: OLG Düsseldorf, Urt. v. 18.11.1994 – 17 U 87/94 = GmbHR 1995, 518. Für großzügige Ausnahmeregelungen bereits nach alter Rechtslage: *Hoffmann*, NZG 2001, 433 ff.; dafür, dass Dienstleistungen allein als Hin- und Herzahlen angesehen werden können, das allerdings nicht von § 19 abs. 5 GmbHG erfasst wird, da hier kein Rückgewähranspruch entsteht: *Giedinghagen/Lakenberg*, NZG 2009, 201 (204).

568 *Bormann/Urlichs*, GmbHR 2008, 119 (120); *Drygala*, NZG 2007, 561 (564), dies wäre auch ausländischen Investoren besser nahe zu bringen.

569 *Cahn*, ZHR 166 (2002), 278 (294). Er verweist hierbei auf die Regierungsbegründung zu der auf Art. 9 der Kapitalrichtlinie beruhenden Vorschrift. In dieser heißt es: *„Nach dem Vorentwurf der Richtlinie sollte es zunächst nicht mehr ausreichen, als Sacheinlage einen neu begründeten schuldrechtlichen Anspruch auf Übertragung eines Vermögensgegenstandes auf die Gesellschaft zu erbringen; vielmehr sollte es stets erforderlich sein, den Vermögensgegenstand selbst – als „Sacheinlage" im wirtschaftlichen Sinne – durch ein dingliches Vollzugsgeschäft auf die Gesellschaft zu übertragen. Dies erwies sich jedoch in den Verhandlungen als*

Ziel des Gesetzgebers ist die Sicherstellung einer werthaltigen Kapitalaufbringung. Im Wege des MoMiG wird verstärkt auf eine bilanzielle Betrachtungsweise abgestellt, was zur Konsequenz hat, dass eine vermögensmäßige, bilanzielle, also nicht (mehr) eine gegenständliche Betrachtung anzustellen ist. Unter diesem Gesichtspunkt erscheint es durchaus stimmig, alle Forderungen, also auch solche gegen den Gesellschafter, die erst neu begründet werden, als sacheinlagefähig anzuerkennen. Die Vorgaben des § 27 Abs. 2 AktG, welcher analog auf die GmbH angewendet wird, könnten insoweit vernachlässigt werden. In einer (ersten) Entscheidung zu § 19 Abs. 4 GmbHG n.F. hat der BGH eine Anwendung der Grundsätze der verdeckten Sacheinlage auf Dienstleistungen ausgeschlossen.[570] Ebenso lehnte er ein Eingreifen der Vorschrift des § 19 Abs. 5 GmbHG ab. Der BGH führt insoweit aus, dass der Tatbestand der verdeckten Sacheinlage nur erfüllt sei, wenn die Gesellschaft im wirtschaftlichen Ergebnis eine Sacheinlage erhalte.[571] Verpflichtungen zu Dienstleistungen seien in analoger Anwendung des § 27 Abs. 2 AktG keine tauglichen Sacheinlagegegenstände.[572] Deren Durchsetzung könne auf Schwierigkeiten stoßen, was sie als Einlagen ungeeignet mache.[573] Zudem fehle es – wie bei allen obligatorischen Ansprüchen – an der Möglichkeit zur Aussonderung des Einlagegegenstandes aus dem Vermögen des Gesellschafters. Entschiede man sich für die Sacheinlagefähigkeit auch schuldrechtlicher Forderungen, müsste dies auch für Ansprüche auf Dienstleistungen oder Nutzungsüberlassungen gelten.[574] Dies wäre die Konsequenz einer zu befürwortenden Erweiterung der Sacheinlagefähigkeit. Solange das Gesetz zwischen verdeckten Sacheinlagen und Hin- und Herzahlen differenziert, ist dem BGH zuzustimmen. De lege ferenda sollte jedoch darüber nachgedacht werden, diese Differenzierung aufzugeben.

V. Die Rechtsfolgen des § 19 Abs. 4 GmbHG

1.) Das Weiterbestehen der Einlagepflicht

Die Regelung des § 19 Abs. 4 S. 1 GmbHG-E sah vor, dass eine verdeckte Sacheinlage trotz vereinbarter Bareinlage der Erfüllung der Einlageschuld nicht entgegenstehen sollte und ordnete als Rechtsfolge für den Fall einer

---

nicht zweckmäßig, und zwar einmal im Hinblick auf Sacheinlagen, deren Übertragung auf eine – noch nicht entstandene – Gesellschaft an bestimmten Förmlichkeiten (...) gebunden ist, zum anderen (...). Hieraus folgt gleichzeitig, dass als Sacheinlage im Sinne des deutschen Rechts – mit dieser Maßgabe – auch weiterhin die Begründung eines schuldrechtlichen Anspruchs ausreicht. (...) Satz 1 des neuen § 36a Abs. 2 enthält die grundlegende Regelung für Sacheinlagen. BT-Drs. 8/1678 v. 31.3.1978, S. 13.

570 BGH, Urt. v. 16.2.2009 – II ZR 120/07 (Qivive) = BGHZ 180, 38 = ZIP 2009, 713; vgl. hierzu: *Hentzen/Schwandtner*, ZGR 2009, 1006 ff.; *Schluck-Amend/Penke*, DStR 2009, 1433 ff.

571 BGH, Urt. v. 16.2.2009 – II ZR 120/07 (Qivive) = BGHZ 180, 38 = ZIP 2009, 713 mit Verweis auf BGH, Urt. v. 20.11.2006 – II ZR 176/05 = BGHZ 170, 47.

572 *Ulmer*, in: Großkomm., § 5 Rn. 60; *Winter/Westermann*, in: Scholz, § 5 Rn. 52.

573 BGH, Urt. v. 16.2.2009 – II ZR 120/07 (Qivive) = BGHZ 180, 38 = ZIP 2009, 713.

574 Für die Sacheinlagefähigkeit von Dienstleistungen: *Schall*, ZGR 2009, 126 (151).

nicht hinreichend werthaltigen verdeckten Sacheinlage eine Differenzhaftung des Gesellschafters an.[575] Dies wurde jedoch nicht aufrechterhalten. Insbesondere *Hoffmann-Becking* hatte in seiner Stellungnahme für den Rechtsausschuss eine Abmilderung der Rechtsfolgen verdeckter Sacheinlagen begrüßt, jedoch eine Lösung über die vorgesehene Erfüllungswirkung beanstandet.[576] Kritisiert wurde an der Erfüllungslösung insbesondere die mit ihr einhergehende Legalisierung verdeckter Sacheinlagen. Ein Anreiz zur Einhaltung des gesetzlich vorgesehenen Verfahrens bestünde dann nicht mehr.[577] Es stelle keine wünschenswerte Gesetzestechnik dar, komplizierte Anforderungen an einen Sachverhalt zu stellen, deren Nichteinhaltung aber ohne Sanktion zu belassen.[578] Zudem wurde auf die für den Geschäftsführer entstehende Pflichtenkollision hingewiesen: Wäre dieser zu einer Mitwirkung an der Gesetzesumgehung verpflichtet gewesen, obwohl er sich hierdurch strafbar gemacht hätte?[579]

2.) Die Anrechnung des Wertes des Vermögensgegenstandes, § 19 Abs. 4 S. 3 GmbHG

Der Gesetzgeber hat sich letztlich für den Weg über eine Anrechnung[580] des Wertes des verdeckt eingebrachten Vermögensgegenstandes[581] entschieden. In § 19 Abs. 4 S. 3 GmbHG ist nunmehr geregelt, dass auf die fortbestehende Einlagepflicht des Gesellschafters der Wert des Vermögensgegenstandes im Zeitpunkt der Anmeldung der Gesellschaft bzw. im Zeitpunkt der Überlassung an die Gesellschaft anzurechnen ist.

Eine Anrechnung[582] erfolgt zwar erst nach der Eintragung der Gesellschaft in das Handelsregister, dann jedoch automatisch, also ohne dass es einer hierauf

---

575 Dies war zwar nicht ganz zweifelsfrei, nicht alle sahen dies in der Formulierung „steht nicht entgegen" enthalten, vgl. *Veil*, ZIP 2007, 1241 (1242). Im Gesetzesentwurf BT-Drs. 16/6140, S. 40 heißt es jedoch, *„(...), so ist die Einlagepflicht vollständig erfüllt; bei fehlender Vollwertigkeit liegt eine Teilerfüllung vor und die Differenz ist in bar zu erbringen."*

576 Stellungnahme für die öffentliche Anhörung vor dem Rechtsausschuss am 23.1.2008, S. 4; ebenso kritisch: *Lutter*, Stellungnahme für die öffentliche Anhörung vor dem Rechtsausschuss am 23.1.2008, S. 7.

577 *Büchel*, GmbHR 2007, 1065 (1070); *Goette*, DStR 2009, 51 (53); *Habersack*, ZHR 170 (2006), 607 (609).

578 *Büchel*, GmbHR 2007, 1065 (1070).

579 Vgl. hierzu: *Ulmer*, ZIP 2008, 45 (51); Stellungnahme des Präsidenten der Bundesnotarkammer für die öffentliche Anhörung vor dem Rechtsausschuss am 23.1.2008, S. 4.

580 Zu der Übernahme mehrerer Geschäftsanteile durch einen Gesellschafter: *Bayer*, in: Lutter/Hommelhoff, 17. Aufl., § 19 Rn. 79.

581 Der Begriff des Vermögensgegenstandes sollte nach *Kerstings* Ansicht, obwohl es sich um einen originär handelsbilanzrechtlichen Begriff handelt, nicht an die durch das Handelsbilanzrecht vorgegebenen Merkmale anknüpfen, sondern weiterhin – wie in § 27 Abs. 2 AktG – an die Einlagefähigkeit des Gegenstandes, aus der dann wiederum dessen Bilanzierungsfähigkeit folge. Voraussetzungen wären damit die Feststellbarkeit eines wirtschaftlichen Wertes sowie die Übertragbarkeit zur freien Verfügung der Gesellschaft, *Kersting*, in: VGR Gesellschaftsrecht in der Diskussion 2008, S. 101 (S. 117)

582 Von der Literatur wird problematisiert, was Gegenstand der Anrechnung ist. Hier wird zum einen davon ausgegangen, dass dies die ursprüngliche Bareinlage bis zum

gerichteten Willenserklärung bedarf.[583] Entspricht der Wert des verdeckt eingelegten Vermögensgegenstandes nicht der übernommenen Einlagepflicht, ist dieser also unterwertig[584], führt dies dazu, dass die ursprüngliche Einlagepflicht vermindert um den Wert des Vermögensgegenstandes fortbesteht und somit die Kapitalaufbringung noch nicht abgeschlossen ist, bis der Differenzbetrag[585] geleistet wird. Bei der Zahlung der Differenz handelt es sich also nicht um einen der Kapitalerhaltung zugehörigen Vorgang.[586] Dies zeigt sich auch in dem Fall, dass der Ausgabebetrag höher als der Nennbetrag ist. Hier ist nicht bloß die Differenz bis zum Nennbetrag, sondern vielmehr diejenige zum Ausgabebetrag zu leisten.[587] [588] Übersteigt der Wert des Vermögensgegenstandes dagegen die vereinbarte Vergütung, ist der Gesellschafter an seiner Entscheidung, der Gesellschaft mehr zuzuwenden als er durch den Kaufpreis erhält, festzuhalten: Die Anrechnung erfolgt daher nur in Höhe des vereinbarten Wertes der Vergütung.[589]

3.) Wirksamkeit der verdeckt vorgenommenen Rechtsgeschäfte

Seit der Entscheidung vom 7.7.2003 hatte die Rechtsprechung die Vorschrift des § 27 Abs. 3 S. 1 AktG analog auf die GmbH angewendet, womit nicht nur das schuldrechtliche Verpflichtungsgeschäft, sondern auch das dingliche Erfüllungsgeschäft als unwirksam angesehen wurde.[590] Dem tritt der Gesetzgeber nun entgegen. § 19 Abs. 4 S. 2 GmbHG ordnet an, dass Verträge über Sacheinlagen und die Rechtshandlungen zu ihrer Ausführung nicht unwirksam sind. Es konnte also auch bis zur Änderung des § 27 Abs. 3 AktG durch das ARUG nicht mehr zu einer entsprechenden Anwendung des § 27 Abs. 3 S. 1 AktG a.F. kommen. Die Gesellschaft wird damit Eigentümerin des eingebrachten Vermögensgegenstandes.

Wert des Vermögensgegenstandes sei, teilweise wird auf den Vermögensgegenstand mit dessen Wert oder schlicht auf dessen Wert abgestellt, vgl.: *Dauner-Lieb*, AG 2009, 217 (225); *Heinze*, GmbHR 2008, 1065 (1066); *Maier-Reimer/Wenzel*, ZIP 2009, 1185 (1186); *Ulmer*, ZIP 2009, 293 (295).

583 Beschlußempfehlung und Bericht des Rechtsausschusses, BT-Drs. 16/9737, S. 56.

584 *Maier-Reimer/Wenzel*, ZIP 2009, 1185 (1187).

585 Deshalb wird hier regelmäßig die Terminologie „Differenzhaftung" verwendet, die jedoch durchaus irreführend sein kann, vgl. hierzu: *Maier-Reimer/Wenzel*, ZIP 2009, 1185 (1188). Zu beachten ist insbesondere, dass es sich bei dem aus § 9 GmbHG folgenden Anspruch auf Differenzhaftung nicht mehr um den oder einen Teil der ursprünglichen Einlagepflicht handelt, sondern dies ein hiervon eigenständiger Anspruch ist, welcher Folge der Minderwertigkeit des als offene Sacheinlage Geleisteten ist. Bei der Leistung des Differenzbetrages i.S.d. § 19 Abs. 4 GmbHG handelt es sich demgegenüber um die Erfüllung der Einlagepflicht.

586 *Maier-Reimer/Wenzel*, ZIP 2009, 1185 (1187).

587 *Maier-Reimer/Wenzel*, ZIP 2009, 1185 (1188).

588 Hierdurch werden Mitgesellschafter, die sich nicht an einer Kapitalerhöhung beteiligen, vor Verwässerung ihrer Anteile geschützt, vgl. *Maier-Reimer/Wenzel*, ZIP 2009, 1185 (1188).

589 Hierzu: *Veil/Werner*, GmbHR 2009, 729 (736).

590 Vgl. BGH, Urt. v. 7.7.2003 – II ZR 235/01 = BGHZ 155, 329 = NJW 2003, 3127.

4.) Wirkungsweise und Probleme der Neuregelung

Nunmehr sollen an verschiedenen Fallkonstellationen[591] die Wirkungsweise der Neuregelung sowie die mit ihr verbundenen Probleme aufgezeigt und diskutiert werden. Die Vorschrift des § 19 Abs. 4 GmbHG bestimmt, dass eine Anrechnung des Wertes des Vermögensgegenstandes erst erfolgt, wenn die GmbH in das Handelsregister eingetragen ist. Zu unterscheiden ist damit der Zeitraum bis zur Eintragung der GmbH in das Handelsregister und derjenige ab Eintragung der GmbH. Veranschaulicht werden soll dies anhand folgenden Falles:

Der Gesellschafter G übernimmt eine Bareinlage in Höhe von 20.000 €. Mit der Gesellschaft vereinbart er, dass die GmbH ihm von diesem Geld einen Pkw abkaufen soll, dessen objektiver Verkehrswert 20.000 € beträgt, der dann als Geschäftswagen des Geschäftsführers genutzt werden soll. G zahlt im Juni 2009 die 20.000 € an die Gesellschaft. Sodann verwendet die GmbH das Geld, um im August 2009 den Pkw von ihm zu kaufen. Schließlich wird die GmbH im September 2009 in das Handelsregister eingetragen.

a) Rechtslage vor der Eintragung der Gesellschaft

Bis zur Eintragung der GmbH in das Handelsregister stellt sich die Rechtslage wie folgt dar: Erfolgen die Abrede über die verdeckte Sacheinlage sowie die Vornahme des Verkehrsgeschäfts erst nach der Barleistung der Einlage, ist zunächst einmal von einer wirksamen Erfüllung der Einlagepflicht auszugehen. Wird jedoch sodann der Tatbestand einer verdeckten Sacheinlage verwirklicht, hat dies zur Folge, dass die Erfüllungswirkung der Barzahlung ex tunc beseitigt wird. Die Erfüllungswirkung ist damit auflösend bedingt durch die Verwirklichung des Tatbestandes des § 19 Abs. 4 S. 1 GmbHG.[592] Die Einlageverpflichtung besteht dann weiterhin in voller Höhe, da eine Anrechnung erst nach Eintragung der Gesellschaft erfolgt. Die GmbH hat somit bis September 2009 gegen G einen Anspruch auf Zahlung der Einlage in Höhe von 20.000 €. Zudem besteht ein Bereicherungsanspruch des Gesellschafters gegen die Gesellschaft aus Zweckverfehlungskondiktion hinsichtlich des geleisteten Geldbetrages[593].[594] Die schuldrechtlichen sowie dinglichen Rechtsgeschäfte, die im

591 Vgl.: *Pentz*, in: FS K. Schmidt, S. 1265 (1276 ff.).

592 Dies gilt ebenso für den Fall, dass es zwar bereits zu einer Abrede über die verdeckte Sacheinlage, aber noch nicht zu der Ausführung des Verkehrsgeschäfts gekommen ist. Schließlich besteht dann noch die Möglichkeit die Absicht der verdeckten Sacheinlage aufzugeben, vgl. hierzu eingehend: *Veil/Werner*, GmbHR 2009, 729 (731).

593 *Veil/Werner*, GmbHR 2009, 729 (731) sind der Auffassung, dass es sich hierbei nicht um einen Anspruch auf Zweckverfehlungskondiktion, sondern vielmehr um einen Anspruch aus § 812 Abs. 1 S. 1 Var. 1 BGB (condictio indebiti) handele, da bei der Zweckverfehlungskondition, anders als bei der condictio indebiti keine vertragliche Verpflichtung in Bezug auf die Zweckerreichung bestehe; insoweit verweisen sie unter anderem auf: *Schwab*, in: MüKo BGB, § 812 Rn. 374.

594 *Maier-Reimer/Wenzel*, ZIP 2009, 1185 (1190). Das Verkehrsgeschäft wird vor der Eintragung der Gesellschaft nicht in die Kapitalaufbringung einbezogen. Dies geschieht erst mit der mit der Eintragung der Gesellschaft automatisch erfolgenden Anrechnung.

Zusammenhang mit der verdeckten Sacheinlage geschlossen wurden, sind wirksam, so dass weder ein Anspruch des G gegen die GmbH auf Herausgabe des Pkw noch ein solcher der GmbH auf Herausgabe des Kaufpreises aus § 985 BGB bzw. § 812 BGB gegeben ist. Der Gesellschafter kann nicht mit seinem Anspruch aus Zweckverfehlungskondition gegen den Einlageanspruch der Gesellschaft aufrechnen, vgl. § 19 Abs. 2 GmbHG. Außerhalb der Insolvenz wird der Gesellschafter durch seinen Anspruch aus Zweckverfehlungskondiktion vor einer doppelten Inanspruchnahme geschützt.[595]

b) Rechtslage ab Eintragung der Gesellschaft

Eine Veränderung der Rechtslage erfolgt mit der Eintragung der Gesellschaft in das Handelsregister: Der Einlageanspruch erlischt mit der Eintragung der Gesellschaft in der Höhe, in der eine Anrechnung erfolgt, d. h. in Höhe des Wertes, den der Vermögensgegenstand im Zeitpunkt der Anmeldung der Gesellschaft zur Eintragung in das Handelsregister hat. Folglich erlischt der Einlageanspruch im Beispielsfall mit Eintragung der Gesellschaft im September 2009 in voller Höhe: Der Wert des Pkw beträgt 20.000 € zum Zeitpunkt seiner Überlassung an die Gesellschaft. Dieser wird auf die Einlagepflicht, welche ebenfalls 20.000 € beträgt, angerechnet. Fraglich ist hierbei allein, wie dieser Vorgang, also derjenige der Anrechnung, rechtsdogmatisch einzuordnen ist. Problematisch ist ferner, was mit dem Bereicherungsanspruch des Gesellschafters aus Zweckverfehlungskondiktion geschieht. Die Anrechnungslösung des § 19 Abs. 4 GmbHG führt zu dem Ergebnis, dass die Gesellschaft für den Vermögensgegenstand eine doppelte Leistung erbringt: Zum einen zahlt sie den Kaufpreis, zum anderen verliert sie aufgrund der Anrechnung ihren Einlageanspruch gegen den Gesellschafter. Der Bereicherungsanspruch des Gesellschafters bleibt demgegenüber scheinbar offen, da das Gesetz diesbezüglich keine Rechtsfolge anordnet. Der Fall zeigt die zwei am heftigsten diskutierten Fragen zum § 19 Abs. 4 GmbHG: (1) Wie ist der Vorgang der Anrechnung rechtsdogmatisch einzuordnen und (2) Was passiert mit dem Bereicherungsanspruch des Gesellschafters aus Zweckverfehlungskondiktion, wenn die Gesellschaft in das Handelsregister eingetragen wird?

aa) Rechtsdogmatische Einordnung der Anrechnungslösung

Bereits die Formulierung des § 19 Abs. 4 S. 1 GmbHG wird als misslungen bezeichnet.[596] „(A)llein die Erfüllung des zu Grunde liegenden Anspruchs befreie von der spiegelbildlich hiermit verbundenen Verpflichtung, so dass es von vornherein nicht um die Befreiung durch eine rechtliche „Bewertung" gehen (könne)".[597] Zudem wird an der Anrechnungslösung kritisiert, dass der Leistung der Sacheinlage, in der Höhe des Betrages, der auf die Einlageverpflich-

595 *Kersting*, in: VGR Gesellschaftsrecht in der Diskussion 2008, S. 101 (S. 119). In der Insolvenz ist dieser Anspruch jedoch allein auf die Quote gerichtet.

596 *Pentz*, in: FS K. Schmidt, S. 1265 (1274).

597 *Pentz*, in: FS K. Schmidt, S. 1265 (1274).

tung angerechnet wird, schuldbefreiende Wirkung zukommt.[598] Dies lasse sich aber nicht aus der Dogmatik der §§ 362 ff. BGB ableiten, da hier ein Rechtsinstitut „Anrechnung" nicht vorgesehen sei.[599] Zu diesem rechtsdogmatischen Problem haben sich bislang vier unterschiedliche Ansätze herausgebildet:

(1) Leistung an Erfüllungs Statt

In Betracht kommt eine Einordnung als Leistung an Erfüllungs Statt im Sinne des § 364 BGB. Im Erfüllungsrecht des BGB gilt der Grundsatz, dass der Schuldner mit einer anderen als der geschuldeten Leistung keine Erfüllung herbeiführen kann. Eine solche andere Leistung kann die Erfüllung jedoch ersetzen, wenn sie vom Schuldner als Leistung an Erfüllungs Statt angeboten und vom Gläubiger als solche angenommen wird.[600] Im Rahmen des § 364 BGB hat jedoch keine der Vertragsparteien das Recht auf einseitige Änderung des Leistungsgegenstandes.[601] *Maier-Reimer/Wenzel*[602] ordnen die zur Anrechnung nach § 19 Abs. 4 GmbHG führende Sacheinlage als Leistung an Erfüllungs Statt ein.[603] Sie konstatieren zwar, dass es sich bei der Anrechnung nicht um ein bislang bekanntes Erfüllungssurrogat handelt, doch sei ihre Folge, dass die Sachleistung im Verkehrsgeschäft mit der Eintragung der Gesellschaft ins Handelsregister an Erfüllung statt auf die Einlageschuld geleistet sei.[604]

(2) Verrechnungsähnliches Erfüllungssurrogat eigener Art

Pentz[605] qualifiziert den Anrechnungsvorgang als *„verrechnungsähnliche Erfüllungssurrogat eigener Art"*.[606] Einer Einordnung als Leistung an Erfüllung statt stehe entgegen, dass die Anrechnungsfolge unabhängig von einer Willensbetätigung der Parteien qua Gesetz erfolgt.[607] Zudem setze § 364 Abs. 1 BGB voraus, dass die Leistung angenommen werden könne. Der Geschäftsführer der

---

598 *Markwardt*, BB 2008, 2414 (2415 f.); in diese Richtung auch: *Goette*, DStR 2009, 51 (53); *Maier-Reimer/Wenzel*, ZIP 2008, 1449 (1451); *Ulmer*, ZIP 2008, 45 (52);.

599 *Ulmer*, ZIP 2008, 45 (51) siehe dort Fn. 42; ebenfalls kritisch: *Goette*, DStR 2009, 51 (53); *Maier-Reimer/Wenzel*, ZIP 2008, 1449 (1451); *Markwardt*, BB 2008, 2414 (2416); *Pentz*, GmbHR 2009, 126 (127); *ders.* in: FS K. Schmidt, S. 1265 (1269 ff.).

600 *Westermann/Buck-Heeb*, in: Erman, BGB, § 364 Rn. 4; *Wenzel*, in: MüKo BGB, § 364 Rn. 1.

601 *Westermann/Buck-Heeb*, Erman, BGB, § 364 Rn. 1.

602 ZIP 2008, 1449 (1451 f.).

603 Hierzu: *Hueck/Fastricht*, in: Baumbach/Hueck, § 19 Rn. 62, sie gehen jedoch darauf ein, dass auch dieser Lösungsansatz nicht passt, da es bei § 19 Abs. 4 GmbHG nur zu einer Anrechnung in Höhe des Wertes der Sachleistung komme, wohingegen nach dem Rechtsinstitut der Leistung an Erfüllungs Statt der Anspruch auf die ursprüngliche Leistung insgesamt als erfüllt gelte.

604 Für eine Leistung an Erfüllungsstatt kraft Gesetzes: *Fuchs*, BB 2009, 170 (172).

605 *Pentz*, GmbHR 2009, 126 (127); *ders.*, in: FS K. Schmidt, S. 1265 (1275).

606 Auch *Veil/Werner*, GmbHR 2009, 729 (730) sind der Ansicht, dass es sich bei der Anrechnung um ein Institut eigener Art handele, lassen jedoch offen, ob sie der Ansicht *Pentz'* oder derjenigen *Ulmers* folgen.

607 *Pentz*, in: FS K. Schmidt, S. 1265 (1275); *Veil/Werner*, GmbHR 2009, 729 (730).

GmbH ist zu einer Annahme jedoch gerade nicht berechtigt.[608] Den Parteien fehlt die erforderliche Dispositionsbefugnis über die Erfüllungswirkung.[609]

(3) Verdeckte, verschleierte Erfüllungslösung

Auch *Dauner-Lieb* sieht im Anrechnungsmodell „schwierige Fragen" verwurzelt. Satz 1 und Satz 3 des § 19 Abs. 4 GmbHG n.F. stünden derart in einem Spannungsverhältnis, dass Satz 1 durch die Anordnung in Satz 3 im Ergebnis wieder aufgehoben werde.[610] Bei einer Anknüpfung an die Sachleistung müsse die Anrechnungslösung als *„verdeckte, verschleierte Erfüllungslösung"* verstanden werden, die damit den Einwänden, die gegen die Erfüllungslösung im Rahmen des Differenzhaftungsvorschlags des Regierungsentwurfs vorgebracht wurden, ausgesetzt sei.[611]

(4) Gedanke der Vorteilsausgleichung

Der Annahme einer Leistung an Erfüllungs Statt widerspricht auch *Ulmer*.[612] Der Rechtsausschuss habe sich klar gegen das Erfüllungskonzept des Regierungsentwurfs entschieden. Zudem sei es dem Geschäftsführer nicht möglich, sich mit dem Gesellschafter über die Erbringung eines anderen Vermögensgegenstandes als Leistung an Erfüllungs Statt zu einigen. Ein Austausch der Erfüllungsobjekte sei ihrer Dispositionsfreiheit kraft Gesetzes entzogen.[613] Den Hauptkritikpunkt gegen die Annahme einer Leistung an Erfüllung statt sieht er darin, dass die an § 364 Abs. 1 BGB anknüpfende Erfüllungskonstruktion der Verselbstständigung des Verkehrsgeschäfts und dessen Herauslösung aus dem „vSE-Kontext durch § 19 Abs. 4 S. 2 n.F. GmbHG" widerspreche.[614] Einen Widerspruch sieht *Ulmer* darin, dass die Erbringung der geschuldeten Sache (also der verdeckten Sacheinlage) nicht gleichzeitig der Erfüllung der Verpflichtung des Inferenten aus dem kraft Gesetzes verselbstständigten Verkehrsgeschäfts einerseits und der Erfüllung der Bareinlageforderung andererseits dienen könne.[615]

Er stellt indes einen Vergleich mit den im BGB[616] genannten Fällen einer „Anrechnung" an. Gemeinsames Merkmal sei die forderungsmindernde Wirkung der Anrechnung kraft Gesetzes[617], die zwar die Wirkung der Erfüllung habe, aber nicht das Vorhandensein einer erfüllungstauglichen Leistung oder

608 *Markwardt*, BB 2008, 2414 (2416).
609 *Veil/Werner*, GmbHR 2009, 729 (730).
610 *Dauner-Lieb*, AG 2009, 217 (221).
611 *Dauner-Lieb*, AG 2009, 217 (222). Auch *Heinze*, GmbHR 2008, 1065 (1065) ist der Ansicht, dass die Anrechnungslösung „in der Sache nichts anderes" bedeute.
612 ZIP 2009, 293 (296).
613 *Ulmer*, ZIP 2009, 293 (295).
614 *Ulmer*, ZIP 2009, 293 (295).
615 *Ulmer*, ZIP 2009, 293 (295).
616 Hierbei verweist er auf: §§ 326 Abs. 2 S. 2, 337 Abs. 1, 366, 367, 615 Abs. 2, 616 S. 2, 649 S. 2, 1380 Abs. 1, 2315 Abs. 1 BGB.
617 Hierin sieht *Ulmer* auch den Hauptunterschied zur erklärungsabhängigen Aufrechnung, *Ulmer*, ZIP 2009, 293 (296).

deren Surrogat voraussetze. Er schlägt vor, die Anrechnung als ein Rechtinstitut anzusehen, das zu Gunsten des Inferenten für einen Ausgleich des GmbH-Vorteils aus der unwirksam gezahlten Bareinlage sorgen soll.[618] Er unterteilt die Fälle der im BGB genannten Anrechnungen in verschiedene Gruppen[619] und ordnet § 19 Abs. 4 GmbHG derjenigen Gruppe zu, deren Merkmal die Anrechnung von Vorteilen ist, die dem aus einem gegenseitigen Vertrage Verpflichteten verbleiben, wenn er von seiner Leistungspflicht frei wird, während sein Gegenleistungsanspruch fortbesteht. Als Beispiel für diese Gruppe nennt *Ulmer* die Regelung des § 326 Abs. 2 S. 2 BGB, welche vorsieht, dass trotz des Untergangs der Leistungspflicht des Schuldners nach § 275 BGB ausnahmsweise dessen Gegenleistungsanspruch gem. § 326 Abs. 2 S. 1 BGB fortbesteht.[620] § 326 Abs. 2 S. 2 BGB bestimmt, dass er sich die Vorteile anrechnen lassen muss, die ihm durch die Befreiung von seiner Leistungspflicht verbleiben.[621] Zurückzuführen seien die Regelungen dieser Gruppe auf den aus § 242 BGB herzuleitenden Gedanken der Vorteilsausgleichung, der seinerseits auf Billigkeitsgründen beruhe. Durch die Anrechnung solle sichergestellt werden, dass die vom Inferent erbrachte, wenn auch unwirksame Barleistung in Verbindung mit dem wirksamen Verkehrsgeschäft und der noch offenen Bareinlageforderung nicht zu einem ungerechtfertigten Vorteil der GmbH führt, sondern sich entsprechend anspruchsmindernd auf die Einlageforderung auswirkt.[622] Die Regelung des § 19 Abs. 4 GmbHG entspreche insoweit der Systematik des § 326 Abs. 2 S. 2 BGB, als der Zweck des § 19 Abs. 4 GmbHG ebenso auf einen Ausgleich des der Gesellschaft aus der Kombination von fehlgeschlagener Bareinlage und wirksamem Verkehrsgeschäft zugeflossenen Vorteils gerichtet sei.[623] Stimmig sei dies jedoch nur dann, wenn dem Inferent kein Bereicherungsanspruch hinsichtlich der ohne Erfüllungswirkung geleisteten Bareinlage zustünde.[624]

---

618 *Ulmer*, ZIP 2009, 293 (293).

619 Merkmal der ersten Gruppe sei, dass der leistende Schuldner dem Gläubiger mehrere gleichartige Leistungen bzw. neben der Hauptleistung auch Nebenleistungen in Gestalt von Zinsen und Kosten schulde (Bsp. §§ 366, 367 BGB). Die zweite Gruppe kennzeichne sich hingegen dadurch, dass die Anrechnung einer Vorleistung des Schuldners oder seines Rechtsvorgängers auf die geschuldete Leistung vom wirklichen oder mutmaßlichen Willen des Vorleistenden abhängig sei (Bsp.: § 337 Abs. 1 BGB), *Ulmer*, ZIP 2009, 293 (296).

620 Einen Vergleich zu dieser Vorschrift zieht ebenso: *Winter*, in: Goette/Habersack, Das MoMiG in Wissenschaft und Praxis, S. 66 f.

621 Die Anrechnungspflicht des § 326 Abs. 2 S. 2 BGB soll eine Besserstellung des Schuldners verhindern. Sein Gegenleistungsanspruch wird daher automatisch, also ohne dass es einer Aufrechnung durch den Gläubiger bedarf, um die in § 326 Abs. 2 S. 2 BGB genannten Posten gekürzt, vgl. hierzu: *Ernst*, in: MüKo BGB, § 326 Rn. 84 ff.

622 *Ulmer*, ZIP 2009, 293 (297); sich hieran anschließend: *Badenhop*, ZInsO 2009, 793 (794).

623 *Ulmer*, ZIP 2009, 293 (297).

624 *Ulmer*, ZIP 2009, 293 (298).

(5) Stellungnahme

Die Regelung des § 19 Abs. 4 GmbHG n.F. dogmatisch greifbar zu machen, ist durchaus ein schwieriges Unterfangen. Das Fortbestehen der Einlagepflicht einerseits sowie die Berücksichtigung des Wertes des verdeckt eingelegten Gegenstandes im Rahmen der Einlageverpflichtung andererseits lassen sich nur schwerlich miteinander vereinbaren. Setzt man hierbei jedoch an den Beweggründen, die den Gesetzgeber dazu bewogen haben, die Rechtsfolgen verdeckter Sacheinlagen im Sinne der Anrechnungslösung zu regeln, an, zeigt sich, dass er zum einen den sich aus einer zunächst vorgesehenen Erfüllungslösung ergebenden Problemen begegnen, zum anderen aber auch ein „gerechteres" Ergebnis erzielen wollte.[625] Ein solches erfordert jedoch die Berücksichtigung des Wertes des verdeckt eingelegten Vermögensgegenstandes. Für *Pentz´* Ansatz, den Vorgang der Anrechnung als *„verrechnungsähnliches Erfüllungssurrogat eigener Art"* anzusehen, lässt sich anführen, dass sich die Konstruktion des § 19 Abs. 4 GmbHG eben nicht in bislang bekannte gesetzliche Konstruktionen einfügen lässt.

Gegen den Ansatz *Ulmers*, den Vorgang als solchen der Vorteilsausgleichung zu qualifizieren, ließe sich vorbringen, dass es sich hierbei grundsätzlich um eine Frage des Schadensersatzrechts handelt. Hieraus wird gefolgert, dass dieses Rechtsinstitut grundsätzlich nur in diesem Bereich anwendbar sei.[626] Für eine Anwendung im Rahmen der dogmatischen Begründung der Anrechnungslösung des § 19 Abs. 4 GmbHG spricht indes, dass sich die allgemeinen Gedanken des Rechtsinstituts hier durchaus für eine dogmatische Erklärung fruchtbar machen lassen: Im Rahmen der Vorteilsausgleichung wird allgemein danach gefragt, ob zwischen dem Vorteil und dem Schadensereignis ein adäquater Zusammenhang besteht, ob der Vorteil seiner Art nach dem Schadensposten entspricht und ob die Anrechnung mit dem Zweck des jeweiligen Ersatzanspruches übereinstimmt.[627] Weiterhin muss die Anrechnung für den Geschädigten zumutbar sein und sie darf den Schädiger nicht unangemessen entlasten.[628] Maßgeblich ist ferner, ob eine Anrechnung des Vorteils nach dem Zweck der verletzten Norm geboten ist.[629]

Es kommt hier also auf die Bereicherung der Gesellschaft an, die darin besteht, dass diese ihren Einlageanspruch behält, obwohl ihr ein Wert in Form der verdeckten Sacheinlage zugeführt wird. Diesen muss sie sich – im Wege

---

625 Vgl. Markwardt, BB 2008, 2414 (2416): „Die Rechtsfolge ist allein wegen des Wunsches gesetzlich verankert worden, verdeckte Sacheinlagen nicht länger mit aller Schärfe zu sanktionieren." Auch Heinze, GmbHR 2008, 1065 (1065) meint, dass die Anrechnungslösung an die Stelle der Erfüllungslösung trete, in der Sache aber nichts anderes bedeute.

626 *Ebert*, in: Erman, BGB, Vor §§ 249-253 Rn. 85: Insbesondere folge hieraus kein allgemeiner Rechtsgedanke.

627 *Oetker*, in: MüKo BGB, § 249 Rn. 228.

628 BGH, Urt. v. 17.05.1984 – VII ZR 169/82 = BGHZ 91, 206 = NJW 1984, 2457 (2458); BGH, Urt. v. 25.10.2001 – I ZR 187/99 = NJW-RR 2002, 905 (906); BGH, Urt. v. 17.11.2005 – III ZR 350/04 = NZG 2006, 186 (186); *Oetker*, in: MüKo BGB, § 249 Rn. 228.

629 *Oetker*, in: MüKo BGB, § 249 Rn. 229.

der Vorteilsausgleichung – anrechnen lassen. Eine solche Anrechnung ist ihr auch zumutbar sowie mit dem Grundsatz der realen Kapitalaufbringung zu vereinbaren. Die Intention des Gesetzgebers, eine Anrechnung des Wertes sowie den Nichteintritt der Erfüllung durch Leistung einer verdeckten Sacheinlage miteinander zu vereinbaren, lässt sich mit dem von *Ulmer* vorgeschlagenen Konzept damit – dogmatisch überzeugend – bewältigen. Hierfür spricht zudem Folgendes: Probleme können sich weiterhin im Zusammenhang mit verdeckten gemischten Sacheinlagen ergeben, deren Charakteristikum es ist, dass das Volumen des Verkehrsgeschäfts die Einlageverpflichtung übersteigt: Die Konstruktion einer Anrechnung des Wertes des Vermögensgegenstandes kann hier allein unter dem Aspekt der Unausgeglichenheit des Verkehrsgeschäfts eingreifen. Es muss darauf abgestellt werden, ob eine *„verdeckte Zuwendung"* erfolgt ist.[630]

bb) Der Bereicherungsanspruch des Gesellschafters

Als problematisch erweist sich an der Differenzierung zwischen der Rechtslage vor der Eintragung der Gesellschaft und derjenigen ab Eintragung der dem Gesellschafter zustehenden Anspruch aus Zweckverfehlungskondiktion: Die Leistung des vom Gesellschafter gezahlten Geldes erfüllt nicht dessen Einlagepflicht; es kommt also nicht zu einer Tilgungswirkung.[631] Konsequenz ist also, dass der Gesellschafter diesbezüglich einen Anspruch aus Zweckverfehlungskondiktion gegen die Gesellschaft hat.[632] Wird die Gesellschaft in das Handelsregister eingetragen, bleibt zwar weiterhin die Einlagepflicht offen, doch kommt es zu einer Anrechnung. Was aber ist mit dem bereicherungsrechtlichen Anspruch? Besteht dieser nun nicht mehr? Wie wäre der Fortfall dieses Anspruchs dogmatisch zu begründen?[633] Bleibt der Bereicherungsanspruch bestehen, würde der Gesellschafter zum einen „sein Geld" zurückerhalten und zum anderen den Gegenstand angerechnet bekommen, wohingegen die Gesellschaft auf die Differenz[634] zwischen der Höhe der Einlageforde-

630 Zu dieser Frage auch: *Dauner-Lieb*, AG 2009, 217 (223 f.).

631 *Maier-Reimer*, ZIP 2008, 1449 (1452).

632 *Maier-Reimer*, ZIP 2008, 1449 (1452).

633 Es stellt sich zudem die Frage, was passiert, wenn die Gesellschaft nie eingetragen wird. Zu der Parallelfrage, was Folge der Aufgabe eines Kapitalerhöhungsvorhabens ist, *Maier-Reimer/Wenzel*, ZIP 2008, 1449 (1452); vgl. auch *dies.*, ZIP 2009, 1185 (1187).

634 Zu den Begrifflichkeiten: *Maier-Reimer/Wenzel*, ZIP 2009, 1185 (1188), die eine Abgrenzung der Anrechnungslösung von der Differenzhaftung nach § 9 GmbHG vornehmen, da im Rahmen der Anrechnungslösung regelmäßig von Differenzhaftung gesprochen wird. Sie sehen den Hauptunterschied darin, dass im Rahmen des § 9 GmbHG der Gesellschaft die Beweislast obliegt und der Inferent aufgrund der Differenzhaftung nur die Differenz zwischen dem Wert des Vermögensgegenstandes und dem Nennbetrag der Geschäftsanteile, nicht jedoch die Differenz zum hiervon etwaig abweichenden Ausgabebetrag zahlen muss.

rung und dem Wert des verdeckt eingelegten Gegenstandes verwiesen bliebe. Dies kann jedoch nicht sein.[635]

(1) Zahlung der Gesellschaft als Tilgung der Bereicherungsschuld

Maier-Reimer/Wenzel schlagen vor, für die Beurteilung der Einlageerbringung das Verkehrsgeschäft als ein Kausalgeschäft auszublenden: Die von der Gesellschaft erbrachte Zahlung tilgt danach nicht die Kaufpreisschuld aus dem Kaufvertrag über den Vermögensgegenstand, sondern ihre Bereicherungsschuld aus der Zweckverfehlungskondition.[636] Mit der Eintragung der Gesellschaft in das Handelsregister gehe einher, dass sich die beiden Zahlungsvorgänge gegenseitig aufheben oder die eine Zahlung die andere erstatte sowie dass der Vermögensgegenstand mit seinem Wert als Sacheinlage auf die Einlageschuld angerechnet werde.[637] *Maier-Reimer/Wenzel*[638] sind der Ansicht, dass der Vorgang als Sacheinlage behandelt werden müsse, die nach der Eintragung der Gesellschaft auf die Einlageschuld angerechnet werde. Dies führe dazu, dass die erfolgten Barzahlungen gegeneinander saldiert würden. Im Idealfall, also dass sich der Wert des Vermögensgegenstandes und die Einlagepflicht entsprechen, heben sich die Zahlungen dann im Ergebnis gegenseitig auf. Erreicht der Wert des Vermögensgegenstandes hingegen nicht den Betrag der Einlageverpflichtung, liege eine Mischeinlage vor, die sich aus der – in Höhe des Wertes durch Anrechnung mit Erfüllungswirkung ausgestatteten – verdeckten Sacheinlage und der verbleibenden (Rest-) Bareinlage zusammensetze.[639]

Für den Bereicherungsanspruch des Gesellschafters aus Zweckverfehlungskondiktion führe dies dazu, dass er zunächst einmal entsteht und in dem Fall, dass die Kapitalmaßnahme endgültig scheitert, auch bestehen bleibe. Erfolgt jedoch die Eintragung im Handelsregister, erledige sich der Bereicherungsanspruch durch die aufgrund der Anrechnung erfolgende Umwidmung der Zahlungen.[640]

(2) Wirksamkeit der Sacheinlage

Kersting[641] unterbreitet den Vorschlage, nur die Sacheinlage, nicht jedoch das Verkehrsgeschäft als wirksam zu betrachten. Dann bestünde für die Gesellschaft die Möglichkeit, mit ihrem Anspruch auf Rückforderung ihrer Gegenleistung gegen den Anspruch des Gesellschafters auf Rückzahlung der ohne

---

635 Von praktischer Relevanz ist diese Frage insbesondere im Hinblick auf die Frage der Anwendbarkeit der §§ 814, 815 BGB, *Veil/Werner*, GmbHR 2009, 729 (731).

636 *Maier-Reimer/Wenzel*, ZIP 2008, 1449 (1452); *dies.*, ZIP 2009, 1185 (1190); dem folgend: *Fuchs*, BB 2009, 170 (172); *Veil/Werner*, GmbHR 2009, 729 (733).

637 *Maier-Reimer/Wenzel*, ZIP 2009, 1185 (1190). Diese sprechen hier von einer Umwidmung der Zahlungen.

638 ZIP 2009, 1185 (1189).

639 *Maier-Reimer/Wenzel*, ZIP 2009, 1185 (1191).

640 *Maier-Reimer/Wenzel*, ZIP 2009, 1185 (1191). Sie sprechen sich insbesondere gegen einen rückwirkenden Wegfall des Bereicherungstatbestandes aus.

641 *Kersting*, in: VGR Gesellschaftsrecht in der Diskussion 2008, S. 101 (S. 109).

Erfüllungswirkung erfolgten ersten Erbringung der Geldeinlage aufzurechnen. Hierfür wäre das Verkehrsgeschäft gem. § 117 Abs. 1 BGB als nichtiges Scheingeschäft anzusehen, so dass sich der Anspruch der Gesellschaft auf Rückzahlung ihrer Gegenleistung aus § 812 Abs. 1 S. 1 Alt. 1 BGB ergeben würde.[642] Für die verdeckte Sacheinlage würde indes nach § 117 Abs. 2 BGB die Vorschrift des § 19 Abs. 4 S. 2 GmbHG gelten, was die Wirksamkeit der Einbringung des Vermögensgegenstandes zur Folge haben würde. Diese Konstruktion lehnt *Kersting* aber selber ab, da sie zu Problemen führen kann, wenn sich aus dem Verkehrsgeschäft bedeutsame Nebenpflichten[643] ergeben.

(3) Erfüllungswirkung der Geldzahlung

Kersting[644] sieht jedoch einen weiteren möglichen Lösungsansatz: Sowohl der schuldrechtliche als auch der dingliche Teil des Verkehrsgeschäfts seien als wirksam zu behandeln. Der Wert des Vermögensgegenstandes wird auf die fortbestehende Einlagepflicht angerechnet. Unter „Anrechnung" sei hier die ipso iure erfolgende Reduktion der fortbestehenden Einlagepflicht zu verstehen. Dies führe dazu, dass die erste Geldzahlung, soweit die Anrechnung des Wertes des Vermögensgegenstandes führt, doch Erfüllungswirkung hat. Ein Bereicherungsanspruch des Gesellschafters besteht dann in dieser Höhe nicht mehr, da der mit der Leistung des Gesellschafters bezweckte Erfolg i.S.d. § 812 Abs. 1 S. 2 Alt. 2 BGB dann doch noch eingetreten ist. Ist die Sacheinlage werthaltig, führt die Anrechnung zur Erfüllung der Einlagepflicht und zugleich dazu, dass ein Bereicherungsanspruch des Gesellschafters nicht gegeben ist. Ist sie nicht hinreichend werthaltig, kommt es zur teilweisen Erfüllung und dem Bestehen eines Bereicherungsanspruchs in korrespondierender Höhe. *Kersting* befürchtet jedoch, dass der fortbestehende Einlageanspruch der Gesellschaft außerhalb der Insolvenz ins Leere zu laufen drohe. Daher müsse der Bereicherungsanspruch des Gesellschafters neutralisiert werden. Dies könne dadurch erfolgen, dass man in dem Verkehrsgeschäft eine verdeckte Gewinnausschüttung sehe, die der Inferent der Gesellschaft zu erstatten habe. Mit diesem Anspruch könne die Gesellschaft ihrerseits aufrechnen. Gegen diesen Lösungsansatz bringt *Kersting* seinerseits jedoch vor, dass es sich bei der verdeckten Sacheinlage um eine Frage der Kapitalaufbringung handele und sich für diesen Ansatz auch unter teleologischen Aspekten keine tragfähige Basis erkennen lasse. Ziel des § 19 Abs. 4 GmbHG sei es, sicherzustellen, dass der Gesellschaft ein bestimmter Wert auch tatsächlich zugeführt wird. Daneben sei für die Annahme einer verdeckten Gewinnausschüttung kein Raum.

(4) Entreicherung der Gesellschaft

Auch *Pentz* setzt sich mit der Problematik des Bereicherungsanspruchs auseinander. Seiner Ansicht nach bildet § 19 Abs. 4 GmbHG den Rechtsgrund für

642 *Kersting*, in: VGR Gesellschaftsrecht in der Diskussion 2008, S. 101 (S. 109).
643 Hier nennt er als Beispiel Wettbewerbsverbote.
644 *Kersting*, in: VGR Gesellschaftsrecht in der Diskussion 2008, S. 101 (S. 111).

die Befreiung von der Einlageschuld.[645] Die Anrechnungslösung des § 19 Abs. 4 GmbHG führe zu dem Ergebnis, dass die Gesellschaft für den Vermögensgegenstand eine doppelte Leistung erbringe: Zum einen zahlt sie den Kaufpreis, zum anderen verliert sie aufgrund der Anrechnung ihren Einlageanspruch gegen den Gesellschafter. Der Bereicherungsanspruch des Gesellschafters bleibt demgegenüber offen; es wird vorgeschlagen, hier eine Entreicherung der Gesellschaft im Sinne des § 818 Abs. 3 BGB anzunehmen.[646] *„Aufgrund der im kausalen Zusammenhang mit dem Gesamtvorgang der verdeckten Sacheinlage stehenden Anrechnung muss (die Gesellschaft) für den Erwerb des Vermögensgegenstands ihre Einlageforderung gleichsam zusätzlich aufwenden, sodass ihr in der Höhe des angerechneten Betrags letztlich kein Vermögenszuwachs verbleibt."*[647] Eine Entreicherung ist also nach *Pentz* Ansicht unter zwei Voraussetzungen anzunehmen: (1) die Gesellschaft hat bereits den Kaufpreis gezahlt und (2) eine Anrechnung erfolgt in Höhe der gesamten Einlageforderung; erfolgt eine Anrechnung nur in Höhe eines Teilbetrages tritt nur insoweit Entreicherung ein.[648] *Kersting*[649] sieht die Bereicherung demgegenüber darin, dass die Gesellschaft mit dem aus der nicht zur Erfüllung führenden Einlageleistung herrührenden Geld ein schlechtes Geschäft getätigt hat, d.h. einen Verlust in Höhe der Differenz zwischen Einlage und Wert des Vermögensgegenstandes erlitten hat. Die §§ 819, 820 BGB würden hier nicht eingreifen, da diese durch die vorrangigen Wertungen des Kapitalaufbringungsrechts verdrängt würden.[650]

(5) Kein Bereicherungsanspruch

Heidinger/Benz[651] sind der Ansicht, dass der Bereicherungsanspruch des Inferenten ausgeschlossen sei. Dies entspreche nicht nur der gesetzgeberischen Intention, sondern sei dogmatisch so zu erklären, dass die condictio ob rem ebenso wie die condictio in debiti voraussetze, dass die Zweckverfehlung endgültig feststehe. Die Frage, ob der Inferent von seiner Einlage befreit werde, entscheide sich bei verdeckten Sacheinlagen indes erst in dem Zeitpunkt endgültig, den das Gesetz für die Wertanrechnung bestimmt. Bis zu diesem Zeitpunkt könne daher kein Bereicherungsanspruch entstehen.

---

645 In: FS K. Schmidt, S. 1265 (1277); hiergegen wenden sich *Veil/Werner*, GmbHR 2009, 729 (733), da diese Lösung versage, wenn der Bereicherungsanspruch des Gesellschafters bereits von der Gesellschaft erfüllt wurde. Dies räumt *Pentz* jedoch seinerseits ein, GmbHR 2009, 126 (129).

646 *Pentz*, in: FS K. Schmidt, S. 1265 (S. 1278); *ders.*, GmbHR 2009, 126 (128 f.).

647 *Pentz*, in: FS K. Schmidt, S. 1265 (S. 1278); zustimmend: *Kersting*, in: VGR Gesellschaftsrecht in der Diskussion 2008, S. 101 (S. 112 ff.).

648 *Pentz*, in: FS K. Schmidt, S. 1265 (S. 1278); *ders.*, GmbHR 2009, 126 (128 f.).

649 In: VGR Gesellschaftsrecht in der Diskussion 2008, S. 101 (S. 113).

650 *Kersting*, in: VGR Gesellschaftsrecht in der Diskussion 2008, S. 101 (S. 114).

651 *Heidinger/Benz*, in: Spindler/Stilz, AktG, 2. Aufl., § 27 Rn. 181 f.

(6) § 19 Abs. 4 GmbHG als lex specialis gegenüber dem Bereicherungsrecht

Ulmer[652] ist der Auffassung, dass der Gesetzgeber den Bereicherungsanspruch durch eine ausdrückliche Regelung in § 19 Abs. 4 GmbHG hätte ausschließen sollen. Da der Gesetzgeber dies allerdings versäumt habe, sei § 19 Abs. 4 GmbHG als das Bereicherungsrecht verdrängendes lex specialis anzusehen. Ein Bereicherungsausgleich zugunsten des Gesellschafters wäre dann nicht möglich, was auch der Intention des Gesetzgebers entsprechen würde. Kritisiert wird an diesem Lösungsansatz, dass, da die Anrechnung erst mit der Eintragung der Gesellschaft in das Handelsregister erfolge, der Bereicherungsanspruch jedenfalls bis dahin bestehen müsse und daher § 19 Abs. 4 S. 3 GmbHG nicht die Entstehung des Bereicherungsanspruchs im Wege der Spezialität ausschließen könne, sondern Folge der Anrechnung der Wegfall des zunächst entstandenen Bereicherungsanspruchs sein müsse.[653]

(7) Bereicherungsanspruch teleologisch gesperrt?

Von einem Ausschluss des Bereicherungsanspruchs gehen auch *Bormann/Urlichs*[654] aus. Auch wenn die Barzahlung den mit ihr verfolgten Zweck nicht erreicht habe, könne der Gesellschafter insoweit keinen Bereicherungsanspruch geltend machen. Sinn und Zweck des § 19 Abs. 4 GmbHG sei, dass der Gesellschaft im Falle einer verdeckten Sacheinlage wertmäßig die Leistung zufließt, die ursprünglich als Bareinlage geschuldet war. Dieses Ergebnis könne jedoch nur durch einen Ausschluss des Bereicherungsanspruchs erreicht werden. Der hinter der Regelung des § 19 Abs. 4 GmbHG stehende Sinn und Zweck gebiete daher, dass der Bereicherungsanspruch gesperrt sei.

(8) Stellungnahme

Im Ergebnis besteht Einigkeit darüber, dass der Gesellschafter den an sich bestehenden Bereicherungsanspruch nicht geltend machen können darf. *Ulmer*[655] und *Pentz*[656] zeigen hierfür überzeugende Wege auf. Dem Lösungsansatz von *Maier-Reimer/Wenzel*[657], die Zahlung der Gesellschaft als Tilgung der Bereicherungsschuld anzusehen, steht Folgendes entgegen: Die von der Gesellschaft erbrachte Zahlung wird dem Bereicherungsanspruch zugeordnet, obwohl die Zahlung der Gesellschaft der Übertragung des Eigentums an dem Vermögensgegenstand seitens des Gesellschafters zuzuordnen ist. Fraglich ist, ob eine Neuzuordnung der Zahlung durch die Gesellschaft zur Überwindung der sich aus dem offenen Bereicherungsanspruch ergebenden Probleme gerechtfertigt, angemessen und erforderlich erscheint. Die lässt sich bezweifeln, da es mit den dogmatisch nachvollziehbaren Lösungen von *Pentz* und *Ulmer* Lö-

---

652 ZIP 2009, 293 (298).
653 *Maier-Reimer/Wenzel*, ZIP 2009, 1185 (1189).
654 GmbHR Sonderheft Oktober 2008, 37 (39 f.).
655 ZIP 2009, 293 (298 f.).
656 In: FS K. Schmidt, S. 1265 (1277 f.).
657 ZIP 2008, 1449 (1452).

sungsansätze gibt, die sich konsequenter an dem vom Gesetz vorgesehenen System orientiert. Zudem vermag der Lösungsansatz von *Maier-Reimer/Wenzel* keine stimmige dogmatische Begründung für die *„Ausblendung des Verkehrsgeschäfts als Kausalgeschäft"* zu liefern.[658]

Gegen den Vorschlag, der Geldzahlung doch noch Erfüllungswirkung zuzuerkennen, lässt sich vorbringen, dass sich der Gesetzgeber bewusst gegen die Erfüllungslösung entschieden hat: Diese war im Regierungsentwurf vorgesehen und wurde im Anschluss an die vehemente Kritik hieran durch die Anrechnungslösung ersetzt. § 19 Abs. 4 S. 1 GmbHG bestimmt daher ausdrücklich, dass die verdeckte Sacheinlage den Gesellschafter nicht von seiner Einlagepflicht befreit.[659]

Die von *Pentz* vorgeschlagene Lösung über das Bereicherungsrecht würde dazu führen, dass gem. § 818 Abs. 3 BGB die Herausgabepflicht, soweit der Empfänger nicht verschärft haftet, auf dasjenige beschränkt wäre, was als Bereicherung noch vorhanden ist und fortbesteht.[660] Der Begriff des Wegfalls der Bereicherung ist hierbei wirtschaftlich zu sehen,[661] so dass eine eingetretene Bereicherungsminderung zu berücksichtigen wäre. Eine solche ließe sich feststellen, indem der Vermögensstand des Bereicherten zur Zeit der Entstehung des Bereicherungsanspruchs mit dem Zeitpunkt der Herausgabe[662] verglichen würde.[663] Für *Pentz* Lösung spricht, dass es sich um einen Anspruch aus Bereicherungsrecht handelt, der mit den Mitteln des Bereicherungsrechts gehandhabt würde. Für *Ulmers* Konzept ließe sich demgegenüber anführen, dass es sich aus dem Sinn und Zweck und dem dies enthaltendem Gesamtkonzept des § 19 Abs. 4 GmbHG herleiten ließe. Hiergegen lässt sich freilich jedoch einwenden, dass es keine Stütze im Wortlaut der Vorschrift findet und damit für den Laien unter Umständen schwer verständlich sein wird. Zudem müsste im Rahmen einer Bewertung anhand der Wertungen des § 19 Abs. 4 GmbHG gewährleistet werden, dass der Bereicherungsanspruch erst wegfällt, wenn die Gesellschaft in das Handelsregister eingetragen wird, da erst dann die Anrechnung erfolgt. Auch bei der Frage, wie der Wegfall des Bereicherungsanspruchs dogmatisch zu begründen ist, ist damit *Ulmer* oder *Pentz* zu folgen. Schließlich käme in Betracht, der Gesellschaft eine dahingehende Einrede zuzugestehen, die aus dem Grundsatz des venire factum proprium oder aus dem Grundsatz von Treu und Glauben im Allgemeinen abgeleitet werden könnte.

Fraglich ist weiterhin, was in dem Fall, dass die Gesellschaft den Bereicherungsanspruch bereits erfüllt hat, sachgerecht ist. Ergebnis einer Leistung auf

658 *Kersting*, in: VGR Gesellschaftsrecht in der Diskussion 2008, S. 101 (S. 110).

659 Vgl. auch: *Maier-Reimer/Wenzel*, ZIP 2009, 1185 (1189).

660 Hinter dieser Regelung steht der Gedanke, dass der gutgläubige Bereicherungsschuldner im Gegensatz zum bösgläubigen Sorgfaltspflichten im Umgang mit der Sache nicht treffen, *Westermann/Buck-Heeb*, in: Erman, BGB, § 818 Rn. 31; *Schwab*, in: MüKo BGB, § 818 Rn. 160.

661 *Sprau*, in: Palandt, § 818 Rn. 28 f.

662 Bzw. mit dem Eintritt der Rechtshängigkeit bzw. der Kenntniserlangung.

663 *Sprau*, in: Palandt, § 818 Rn. 28 f.

den Bereicherungsanspruch muss sein, dass es entweder nicht zu einer Anrechnung kommt oder die Gesellschaft einen Anspruch auf Rückzahlung des auf den Bereicherungsanspruch Gezahlten hat. Ersteres wäre für sie wohl im Hinblick darauf, dass sie andernfalls das Insolvenzrisiko des Gesellschafters tragen müsste, günstiger. Die Vorschrift des § 19 Abs. 4 S. 3 GmbHG ist insoweit teleologisch zu reduzieren, so dass es nicht zu einer Anrechnung des Wertes des Vermögensgegenstandes kommt, wenn die Gesellschaft die Bereicherungsverbindlichkeit bereits erfüllt hat. Andernfalls wäre Konsequenz einer Anrechnung eine mit den Wertungen des Kapitalaufbringungsrechts nicht in Einklang zu bringende Rechtsfolge.[664] Auch hier lässt sich letztlich allein ausgehend vom Telos der Norm argumentieren.

c) Mängel des Verkehrsgeschäfts

Weiterhin stellt sich die Frage, welche Konsequenzen Mängel des Verkehrsgeschäfts haben. Fraglich ist, ob ein Mangel zur Nichtigkeit oder Anfechtbarkeit des Verkehrsgeschäfts führt und das Rechtsgeschäft bei Berufung auf die Nichtigkeit bzw. Anfechtbarkeit als von Anfang an nicht wirksam zustande gekommen gilt. Eine Anrechnung gem. § 19 Abs. 4 S. 3 GmbHG könnte dann nicht erfolgen, da die Abrede der verdeckten Sacheinlage letztlich ins Leere ginge.[665] Die Einlagepflicht des Inferenten bliebe selbstredend bestehen. Ein Berufen auf den Mangel des Verkehrsgeschäfts wäre dem Gesellschafter in diesem Fall verwehrt. Dies folgt aus den Grundsätzen der Lehre von der fehlerhaften Gesellschaft.[666] Für den Fall, dass der Inferent die Barzahlung bereits erbracht hat, erhielte diese mit dem Wegfall des Verkehrsgeschäfts Tilgungswirkung.[667] Schließlich würde es nun nicht mehr zu einem nachträglichen Mittelrückfluss kommen.

Zu einer Zahlung der Einlage bleibt der Inferent verpflichtet, wenn beim Vollzug des Verkehrsgeschäfts Störungen in Form von Leistungsstörungen oder Sach- oder Rechtsmängel auftreten und es deshalb nicht zu einer Durchführung des Verkehrsgeschäfts kommt. Eine Anrechnung erfolgt auch in diesem Fall nicht. Wurde die Bareinlage bereits durch den Gesellschafter gezahlt, behält diese ihre Erfüllungswirkung, da die auflösende Bedingung nunmehr nicht eingetreten ist. Zu einer Anrechnung nach § 19 Abs. 4 S. 3 GmbHG kann es kommen, wenn die Mängel der Kaufsache zu einem Minderungsrecht nach § 441 BGB führen. Zu beachten bleibt hier jedoch, dass es im Rahmen der Anrechnung nicht darauf ankommen kann, ob die Gesellschaft von ihrem Minderungsrecht Gebrauch macht. Es kommt allein auf den objektiven Wert des Vermögensgegenstandes[668] an.[669] Da allein dieser angerechnet wird, wird der

664 *Pentz*, GmbHR 2009, 126 (129).

665 *Maier-Reimer/Wenzel*, ZIP 2009, 1185 (1193); *Veil/Werner*, GmbHR 2009, 729 (733).

666 *Ulmer*, ZIP 2009, 293 (299).

667 *Ulmer*, ZIP 2009, 293 (299).

668 Es kommt nicht auf den von den Parteien festgelegten subjektiven Wert an. Dies würde dem Gebot der realen Kapitalaufbringung widersprechen. Vgl. hierzu auch: *Veil/Werner*, GmbHR 2009, 729 (734).

Minderwert der Sache bereits erfasst. Macht die Gesellschaft jedoch von ihrem Minderungsrecht Gebrauch, bleibt der Bereicherungsanspruch des Inferenten in entsprechender Höhe bestehen.[670] Macht die Gesellschaft einen Nacherfüllungsanspruch geltend, erhöht dies den anzurechnenden Wert, da der Vermögensgegenstand nunmehr, also nach erfolgreicher Nacherfüllung, objektiv mehr wert ist.[671]

d) Gemischte verdeckte Sacheinlage

Einer „berichtigenden"[672] Auslegung des § 19 Abs. 4 GmbHG bedarf es zudem im Rahmen der Beurteilung von Sachverhalten, denen eine gemischte verdeckte Sacheinlage zugrunde liegt. Eine gemischte verdeckte Sacheinlage liegt vor, wenn der Gesellschafter im Falle einer vereinbarten Bareinlage aufgrund einer Vorvereinbarung einen Vermögensgegenstand an die Gesellschaft veräußert und die von der Gesellschaft gezahlte Gegenleistung den Nennbetrag des vom Inferenten übernommenen Geschäftsanteils übersteigt.[673] Dies soll folgender Beispielsfall verdeutlichen: Gesellschafter G hat eine Bareinlage in Höhe von 50.000 € übernommen und sodann einen Vermögensgegstand für 80.000 € an die GmbH veräußert, der allerdings nur einen Wert von 60.000 € hat. Bei ordnungsgemäßer Kapitalaufbringung im Wege einer offenen Sacheinlage hätte die GmbH gegen G einen Anspruch auf Differenzhaftung in Höhe von 20.000 €. Dieses Endergebnis muss sich auch, um Unstimmigkeit zu verhindern, aus einer Anwendung des § 19 Abs. 4 GmbHG herleiten lassen. Hierfür ist eine Gesamtbetrachtung von Einlageleistung und Verkehrsgeschäft vorzunehmen.[674] Die Einlageleistung sowie der Wert der verdeckten Sacheinlage sind dem gezahlten Kaufpreis gegenüberzustellen.[675] Ergibt dies eine Differenz, muss diese ausgeglichen werden. Im Beispielsfall müsste G also noch die Differenz von 20.000 € ausgleichen.

e) Aufgabe des beabsichtigten Verkehrsgeschäfts

Geben die Parteien die Absicht eines Verkehrsgeschäfts nachträglich auf, ist der Vorgang nicht nach § 19 Abs. 4 GmbHG zu beurteilen. Auch wenn zunächst eine verdeckte Sacheinlage gewollt war, wurde eine Bareinlage geleistet. Der ursprünglichen Einlagezahlung ist in diesem Fall doch befreiende Wirkung zuzuerkennen.[676]

---

669 *Ulmer*, ZIP 2009, 293 (300).

670 *Veil/Werner*, GmbHR 2009, 729 (734).

671 *Veil/Werner*, GmbHR 2009, 729 (734).

672 *Kersting*, in: VGR Gesellschaftsrecht in der Diskussion 2008, S. 101 (S. 114).

673 *Winter*, in: Goette/Habersack, Das MoMiG in Wissenschaft und Praxis, S. 68.

674 *Bayer*, in: Lutter/Hommelhoff, 17. Aufl., § 19 Rn. 77; *Kersting*, in: VGR Gesellschaftsrecht in der Diskussion 2008, S. 101 (S. 114).

675 *Maier-Reimer/Wenzel* folgern dieses Ergebnis daraus, dass das Gesetz den gesamten Vorgang als Sacheinlage behandle. Bei der Frage der Vollwertigkeit seien daher dieselben Maßstäbe wie im Falle der offenen Sacheinlage anzusetzen; ZIP 2009, 1185 (1191).

676 *Maier-Reimer/Wenzel*, ZIP 2009, 1185 (1193).

f) Praktische Schwierigkeiten der Beweislastregel

Das Gesetz ordnet an, dass der Gesellschafter die Beweislast für die Werthaltigkeit des Vermögensgegenstandes trägt. Dieser Regelung kommt im Grunde allein klarstellende Wirkung zu, da die Anrechnung dazu führt, dass der Bareinlageanspruch der Gesellschaft zumindest teilweise erlischt und es sich damit im Ergebnis um einen vom Schuldner, also vom Gesellschafter, zu beweisenden Erfüllungseinwand handelt. Welchen Anforderungen der Gesellschafter zu genügen hat, um die Werthaltigkeit des eingebrachten Vermögensgegenstandes zu beweisen, regelt § 19 Abs. 4 GmbHG nicht. Auch der Gesetzesentwurf enthält hierzu keine weiteren Angaben.

Inzwischen ist es wohl nahezu allgemeine Meinung, dass sich ein so genanntes „Schubladengutachten" allein nicht zum Beweis eignen wird.[677] Daher werden aus der Literatur folgende Vorschläge unterbreitet: Zum einen wird vorgetragen, dass der Gesellschafter positive Feststellungsklage gem. § 256 ZPO gegen die Gesellschaft, auf Feststellung der Werthaltigkeit erheben könne. Hierbei bleibt jedoch zu bedenken, dass das nach § 256 Abs. 1 ZPO erforderliche Feststellungsinteresse regelmäßig dann nicht gegeben sein wird, wenn die Gesellschaft die Werteinschätzung des Gesellschafters teilt.[678] Zum anderen könnte der Gesellschafter ein Gutachten von einem neutralen Sachverständigen einholen.[679] Ein Nachweis wäre auch im Rahmen eines selbständigen Beweisverfahrens nach §§ 485 ff. ZPO möglich.[680] Letztlich wird eine Orientierung der Rechtsprechung an den Vorgaben der geänderten Kapitalrichtlinie (Börsenkurs) vorgeschlagen.[681]

Dem Inferenten ist, zur Vermeidung der Schwierigkeiten mit der Beweislastregel, zu raten, auf eine Heilung[682] der verdeckten Sacheinlage hinzuwirken. Dies ist freilich nur bis zur Eröffnung eines Insolvenzverfahrens möglich. Nach der Heilung gilt bei ggf. noch bestehenden Zweifeln die Regelung des § 9 GmbHG, wonach der Gesellschaft die Beweislast obliegt.

VI. Verfassungsmäßigkeit des § 3 Abs. 4 EGGmbHG

Die Vorschrift des § 3 Abs. 4 EGGmbHG ordnet an, dass § 19 Abs. 4 GmbHG n.F. auch für Einlageleistungen gilt, die vor dem 1.11.2008 bewirkt worden sind, soweit sie nach der vor dem 1.11.2008 geltenden Rechtslage wegen der Vereinbarung einer Einlagenrückgewähr oder wegen einer verdeckten Sach-

---

677 *Bayer*, in: Lutter/Hommelhoff, 17. Aufl., § 19 Rn. 68; *Wicke*, GmbHG, § 19 Rn. 28; *Gehrlein*, Der Konzern 2007, 771 (784); *Schall*, ZGR 2009, 126 (145).

678 *Wicke*, GmbHG, § 19 Rn. 28; *Gehrlein*, Der Konzern 2007, 771 (784).

679 *Gehrlein*, Der Konzern 2007, 771 (784).

680 *Bayer*, in: Lutter/Hommelhoff, 17. Aufl., § 19 Rn. 68.

681 *Bormann*, GmbHR 2007, 897 (900).

682 Durch das MoMiG hat sich nichts daran geändert, dass eine Heilung verdeckter Sacheinlagen möglich sein muss. Hierfür müssen die Gesellschafter einen Beschluss über die Heilung mit satzungsändernder Mehrheit fassen sowie einen Bericht über die Änderung der Einlagendeckung verfassen. Zudem bedarf es einer Versicherung des Geschäftsführers über die Werthaltigkeit und den Empfang des Gegenstandes sowie einer registerrechtlichen Werthaltigkeitsprüfung.

einlage keine Erfüllung der Einlagenverpflichtung bewirkt haben.[683] Ob eine solche Rückwirkung der Neuregelung für Altfälle verfassungsrechtlich zulässig ist, erscheint bedenklich. Die bereits im Regierungsentwurf vorgesehene Regelung wurde trotz Kritik[684] aufrechterhalten. Der BGH[685] hat diese Frage zunächst ausdrücklich offen gelassen.[686] Dass er die verfassungsrechtliche Zulässigkeit nicht – gleichsam durch ein obiter dictum – festgestellte, wurde zunächst in dem Sinne gedeutet, dass er sich hier nicht festlegen wollte. Allerdings wandte er sowohl § 19 Abs. 4 GmbHG als auch Abs. 5 in der so genannte Cash-Pool-II-Entscheidung[687] auf einen „Altfall" an, ohne sich mit der verfassungsrechtlichen Zulässigkeit der rückwirkenden Anordnung des § 3 Abs. 4 EGGmbHG auseinander zu setzen. In seiner Entscheidung vom 22.03.2010, der sog. ADCOCOM-Entscheidung, stellte der 2. Zivilsenat des BGH zwischenzeitlich ausdrücklich fest, dass er keine durchgreifenden Bedenken gegen die Verfassungsmäßigkeit der Rückwirkung habe und diese Frage daher auch nicht dem BVerfG zur Entscheidung vorzulegen sei.[688] Im Rahmen der Verfassungsmäßigkeit der Rückwirkungsanordnung sind insbesondere das aus Art. 20 Abs. 3 GG folgende Rückwirkungsverbot als auch Art. 14 Abs. 1 GG zu untersuchen.

1.) Vereinbarkeit mit Art. 20 Abs. 3 GG

a) Probleme mit der Rückwirkungsanordnung

Zunächst einmal ist die Frage zu klären, ob die rückwirkende Anordnung des § 3 Abs. 4 EGGmbHG mit den Geboten des Vertrauensschutzes (insbesondere Art. 20 Abs. 3 GG) in Einklang steht. Im Sinne einer Rechtssicherheit gewährleistenden Anwendung der Norm auf „Altfälle" ist es von besonderer Bedeutung, ob die Anordnung der rückwirkenden Geltung verfassungsgemäß ist. Bei der praktischen Anwendung der Rückwirkungsanordnung stellen sich verschiedene Fragen.[689] Für die Praxis von besonderer Relevanz ist, wie und wann das Eigentum an dem Vermögensgegenstand, der als verdeckte Sacheinlage eingebracht wird, übergeht. Nach alter Rechtslage waren sowohl das

683 Dies gilt jedoch wiederum nicht, soweit über die aus der Unwirksamkeit folgenden Ansprüche zwischen der Gesellschaft und dem Gesellschafter bereits vor dem 1.11.2008 ein rechtskräftiges Urteil ergangen oder eine wirksame Vereinbarung zwischen der Gesellschaft und dem Gesellschafter getroffen worden ist; in diesem Fall beurteilt sich die Rechtslage nach den bis zum 1.11.2008 geltenden Vorschriften.

684 Stellungnahme für die Anhörung vor dem Rechtsausschuss am 23.1.2008, *Goette*, S 6.

685 BGH, Urt. v. 16.2.2009 – II ZR 120/07 (Qivive) = BGHZ 180, 38 = ZIP 2009, 713.

686 Vgl. auch: BGH, Urt. v. 20.7.2009 – II ZR 273/07 = WM 2009, 1574.

687 BGH, Urt. v. 20.7.2009 – II ZR 273/07 = WM 2009, 1574.

688 BGH, Urt. v. 22.03.2010 – II ZR 12/08 (ADCOCOM)= NJW 2010, 1948 ff.; im Ergebnis zustimmend: *Altmeppen*, NJW 2010, 1955; *Benz*, MittBayNot 2011, 71 ff.; *Pentz*, GmbHR 2010, 673 ff.

689 Ungeklärt ist bislang zudem, ob für die Zeit bis zum Eigentumsübergang die §§ 986 ff. BGB anwendbar und ob für diese Zeit die Verzinsungspflicht des § 20 GmbHG bestehen bleibt.

schuldrechtliche Verpflichtungs- als auch das dingliche Verfügungsgeschäft über den verdeckt eingebrachten Vermögensgegenstand analog § 27 Abs. 3 AktG a.F. unwirksam. Über § 3 Abs. 4 EGGmbHG wird nach § 19 Abs. 4 S. 2 GmbHG nunmehr die Wirksamkeit dieser Rechtsgeschäfte angeordnet, was dazu führt, dass der Gesellschafter nicht mehr – wie noch nach alter Rechtslage – Eigentümer des Gegenstandes ist. Es findet also ein rückwirkender Eigentumswechsel kraft Gesetzes statt.[690] Dies hat insbesondere für Zwischenverfügungen des Gesellschafters Bedeutung. Der Gesellschafter handelte bei der Verfügung rückwirkend nicht mehr als Berechtigter, sondern vielmehr als Nichtberechtigter gem. §§ 929, 931 BGB. Der Erwerber kann seinerseits jedoch nicht gutgläubig Eigentum erwerben, da ihm weder der Besitz[691] noch ein Anspruch auf Einräumung des Besitzes übertragen werden kann. Ihm wird das Eigentum an dem Vermögensgegenstand, welches er zunächst vom damals noch Berechtigten erworben hatte, also durch die Rückwirkung nachträglich entzogen. Um dies zu vermeiden, schlägt *Pentz*[692] eine teleologische Reduktion des § 3 Abs. 4 EGGmbHG vor: Zwischenverfügungen des Gesellschafters, der nach altem Recht als Berechtigter handelte, müssten wirksam bleiben. Konsequenz hiervon ist, dass die Übereignung an die Gesellschaft endgültig unwirksam ist. Entsprechendes soll zudem für den Kaufvertrag gelten. Würde § 3 Abs. 4 EGGmbHG nur in der Weise teleologisch reduziert, dass er § 19 Abs. 4 S. 2 GmbHG nicht zur Anwendung kommen ließe, würde dies zu dem Ergebnis führen, dass eine Anrechnung mangels wirksamer Übertragung eines Vermögensgegenstandes nicht erfolgen könnte. Der Gesellschafter müsste der Einlagepflicht in voller Höhe nachkommen.

b) Auslegung der Regelung des § 3 Abs. 4 EGGmbHG

Zunächst ist nach verschiedenen Auslegungsmöglichkeiten der Vorschrift zu suchen, da die Verfassungswidrigerklärung einer Norm hinter einer verfassungskonformen Auslegung dieser Norm zurücktreten muss. Der Regelungsgehalt des § 3 Abs. 4 EGGmbHG kann in verschiedener Weise ausgelegt werden:[693] (1) Die Regelung findet rückwirkend Anwendung auf den Zeitpunkt der Leistung der verdeckten Sacheinlage und der Eintragung (2) die Anrechnungswirkung des § 19 Abs. 4 GmbHG ist erst mit dem Inkrafttreten des MoMiG eingetreten oder (3) nicht allein die Anrechnung, sondern auch die Bewertung der Werthaltigkeit der geleisteten verdeckten Sacheinlage haben mit dem Inkrafttreten des MoMiG zu erfolgen; für die Bewertung wäre danach der Wert am 1.11.2008 maßgeblich. Konsequenzen dieser Auslegungsansätze ist, dass bei der Auslegung im Sinne von (1) an einen in der Vergangenheit liegenden Sachverhalt eine Rechtsfolge in der Vergangenheit angeknüpft wird, bei der Auslegung nach (2) an einen in der Vergangenheit liegenden

---

690 Anschauliches Beispiel hierzu bei: *Heckschen*, Das MoMiG in der notariellen Praxis, S. 57.

691 Diesen hat schließlich die Gesellschaft inne.

692 *Pentz*, in: FS K. Schmidt, S. 1265 (S. 1283 f.); *ders.*, GmbHR 2010, 673 ff.

693 *Badenhop*, ZInsO 2009, 793 (794).

Sachverhalt ex nunc eine Rechtsfolge angeknüpft wird, wobei dieser Umstände aus der Vergangenheit zugrunde gelegt werden[694] und bei der Auslegung nach (3) an einen in der Vergangenheit liegenden Sachverhalt ex nunc eine Rechtsfolge angeknüpft wird, dieser jedoch die „aktuelle" Tatsachengrundlage zugrunde gelegt wird[695]. Von Bedeutung ist diese Differenzierung insbesondere unter dem Gesichtspunkt, dass nach dem letzten Ansatz in Fällen, in denen der Einlagegegenstand zwischenzeitlich durch Abnutzung stark an Wert verloren hat oder zwischenzeitlich, also vor dem 1.11.2008, Antrag auf Eröffnung des Insolvenzverfahrens gestellt wurde, eine wesentlich geringere Anrechnung erfolgt als nach den anderen beiden Ansätzen.[696] In letzterem Fall würde sich der Rückgewähranspruch des Gesellschafters als Tabellenforderung nach der Quote richten.[697] Es liegt auf der Hand, dass alle drei Auslegungsansätze mit unterschiedlicher Intensität in die rechtlichen Interessen desjenigen eingreifen, der sich gegen die verdeckte Sacheinlage wendet.

Führt eine Prüfung der Verfassungsmäßigkeit einer der möglichen Auslegungsvarianten zu dem Ergebnis, dass diese mit dem Grundgesetz in Einklang steht, die anderen demgegenüber nicht, ist von dieser Auslegung auszugehen. Sind zwei oder möglicherweise alle drei Ansätze mit dem Grundgesetz vereinbar, gilt derjenige, der am ehesten dem Willen des Gesetzgebers entspricht. Nach Auffassung des Bundesverfassungsgericht ist eine verfassungskonforme Auslegung einer Norm immer dann zulässig und geboten, wenn unter Berücksichtigung von Wortlaut, Entstehungsgeschichte, Gesamtzusammenhang und Zweck mehrere Bedeutungen möglich sind und jedenfalls eine zu einem verfassungsgemäßen Ergebnis führt.[698] Die Grenzen einer solchen Auslegung bestehen darin, dass sie weder dem Wortlaut der Vorschrift noch dem Gesetzeszweck zuwiderlaufen darf.[699] Sowohl mit dem Wortlaut der Vorschrift als auch mit Systematik und Gesetzeszweck sind alle drei Auslegungen vereinbar[700].

c) Durch die Rückwirkung „betroffen"

Betroffen von der rückwirkenden Anwendung des § 19 Abs. 4 GmbHG sind zum einen die Gläubiger der Gesellschaft, zum anderen etwaige Insolvenzverwalter im Hinblick auf die Insolvenzmasse. Für diese kann die Rückwirkung erhebliche finanzielle Auswirkungen nach sich ziehen. Die von Insolvenzverwaltern bis zum Inkrafttreten des MoMiG anhängig gemachten Klagen gegen Gesellschafter können nunmehr – aufgrund der neuen Rechtslage –

694 Es wird an den Wert des der verdeckten Sacheinlage zugrunde liegenden Vermögensgegenstandes im Zeitpunkt der Übertragung auf die Gesellschaft angeknüpft.

695 Es kommt auf den Wert des Vermögensgegenstandes zum Zeitpunkt des Inkrafttretens des MoMiG an.

696 *Badenhop*, ZInsO 2009, 793 (794).

697 *Badenhop*, ZInsO 2009, 793 (795).

698 Siehe nur: BVerfG, Beschl. v. 16.06.2009 – 1 BvR 2269/07.

699 BVerfG, Beschl. v. 16.06.2009 – 1 BvR 2269/07.

700 *Badenhop*, ZInsO 2009, 793 (795).

unbegründet werden. Dies kann unter zwei Aspekten Bedeutung erlangen: Zum einen werden zunächst begründete Klagen nunmehr unbegründet, womit die Kosten des Rechtsstreits grundsätzlich vom Kläger zu tragen sind (§ 91 Abs. 1 S. 1 ZPO); zum anderen kann dies für den Insolvenzverwalter persönlich unter dem Gesichtspunkt seiner unbeschränkten Haftung gegenüber den Massegläubigern gem. § 61 InsO Relevanz erlangen.

aa) Die unbeschränkte Haftung des Insolvenzverwalters gem. § 60 InsO

Gem. § 60 Abs. 1 S. 1 InsO ist der Insolvenzverwalter allen Beteiligten zum Schadensersatz verpflichtet, wenn er schuldhaft die Pflichten verletzt, die ihm nach der Insolvenzordnung obliegen. Hierbei hat er gem. § 60 Abs. 1 S. 2 InsO für die Sorgfalt eines ordentlichen und gewissenhaften Insolvenzverwalters einzustehen.[701] Der Insolvenzverwalter hat im Vertrauen auf den Fortbestand der alten Rechtslage Geld der Masse in einen Prozess gegen den Gesellschafter investiert.[702] Hier wird kein Verschulden des Insolvenzverwalters angenommen werden können, so dass der Insolvenzverwalter im Ergebnis nicht haften muss, doch ist unter Umständen allein in der Gefahr der Geltendmachung von Ansprüchen eine Beeinträchtigung der Interessen des Insolvenzverwalters zu sehen.

bb) Die Kosten des Rechtsstreits

Das Bundesverfassungsgericht hat sich auf den Standpunkt gestellt, dass die Kosten eines Rechtsstreits einen den Kläger treffenden und somit sein Vertrauen enttäuschenden Umstand darstellen können. Dass der der Klage zugrunde liegende Anspruch plötzlich nicht mehr geltend gemacht werden kann, die Klage also unbegründet ist, wird vom Bundesverfassungsgericht demgegenüber als *„ungünstige Entwicklung der ohnehin gegebenen Prozessrisiken“* angesehen.[703] Der BGH geht in seiner ADCOCOM-Entscheidung davon aus, dass die Gesellschaft dem Kostenrisiko dadurch entgehen könne, dass sie den Rechtsstreit für erledigt erkläre.

Die Gesellschaft sollte also versuchen eine übereinstimmende Erledigungserklärung zu erreichen. Dann wird über die Kosten unter Berücksichtigung des bisherigen Sach- und Streitstandes entschieden, § 91a Abs. 1 S. 1 ZPO. Das Gericht stellt hierbei darauf ab, wie der Rechtsstreit voraussichtlich ausgegangen wäre, wenn er nicht für erledigt erklärt worden wäre. Hierbei müsste das Gericht berücksichtigen, ob zum Zeitpunkt der Klageerhebung mit einer Änderung der Rechtslage zu rechnen war und ob von einer rückwirkenden Anwendbarkeit einer Neuregelung auszugehen war. Diese Fragen wird das Gericht regelmäßig verneinen, womit es die Kosten dem beklagten Gesellschafter auferlegen müsste.

---

701 Von Relevanz könnte hier möglicherweise die Vorschrift des § 61 InsO sein.

702 Hierauf hinweisend: *Badenhop*, ZInsO 2009, 793 (796).

703 BVerfG, Beschl. v. 12.6.1986 – 2 BvL 5/80, 17/82 und 2 BvR 635/80 = BVerfGE 72, 302 (327).

Stimmt der Beklagte der Erledigungserklärung des Klägers nicht zu, kann der Kläger noch einseitig Antrag, auf Feststellung, dass der ursprüngliche Sachantrag zunächst zulässig und begründet war, sich allerdings durch ein nachträgliches Ereignis erledigt habe, stellen. Gelangt das Gericht zu der Überzeugung, dass die Klage zunächst zulässig und begründet war, sich nunmehr jedoch erledigt hat, obsiegt der klagende Insolvenzverwalter, womit die Kosten des Rechtsstreits vom beklagten Gesellschafter zu tragen wären.[704] Hierbei ist es für das Gericht von Bedeutung, ob die Einführung des § 3 Abs. 4 EGGmbHG seinem Wesen nach eine Gesetzesänderung oder eine Rechtsprechungsänderung darstellt, da allein eine Gesetzesänderung ein die Hauptsache erledigendes Ereignis darstellt.[705] Die Frage, ob § 3 Abs. 4 EGGmbHG eine Gesetzes- oder Rechtsprechungsänderung bewirkt, ist zudem für die Frage maßgeblich, welcher verfassungsrechtliche Beurteilungsmaßstab anzusetzen ist.

d) Beurteilungsmaßstab

In Betracht kommt zum einen eine Anwendung der Grundsätze über den zu gewährenden Vertrauensschutz bei Rechtsprechungsänderungen[706], wie sie

---

704 In Betracht kommt möglicherweise auch eine Klagerücknahme. Gem. § 269 III 2 ZPO trägt der Kläger die Kosten, wenn sie nicht dem Beklagten aus einem anderen Grund aufzuerlegen sind.

705 Vgl. hierzu, BGH, Urt. v. 13.5.1993 – I ZR 113/91 = NJW-RR 1993, 1319 (1320); BGH, Urt. v. 18.12.2003 – I ZR 84/01 = NJW 2004, 1665 (1666). Der BGH begründet dies damit, dass eine Rechtsprechungsänderung als Risiko eines niemals auszuschließenden Wandels der Rechtsprechung beim Kläger liege und von diesem zu tragen sei.

706 Nach ständiger Rechtsprechung des BVerfG (BVerfG, Beschl. v. 19.2.1975 – 1 BvR 418/71 = BVerfGE 38, 386 (396); BVerfG, Beschl. v. 26.6.1991 – 1 BvR 779/85 = BVerfGE 84, 212 (227)) sind höchstrichterliche Entscheidungen kein Gesetzesrecht und erzeugen keine damit vergleichbare Rechtsbindung. Andernfalls wären die Gerichte an eine einmal feststehende Rechtsprechung gebunden, *„auch wenn diese sich im Licht geläuterter Erkenntnis oder angesichts des Wandels der sozialen, politischen oder wirtschaftlichen Verhältnisse als nicht haltbar erweist"* (BVerfG, Beschl. v. 11.11.1964 – 1 BvR 488/62, 1 BvR 562/63, 1 BvR 216/64 = BVerfGE 18, 224 (240 f.)). Aber auch hier können sich Schranken für eine Rückwirkung unter Gesichtspunkten des Vertrauensschutzes ergeben. Bei der Änderung einer konsistenten höchstrichterlichen Rechtsprechung sind also auch Vertrauensschutzaspekte zu berücksichtigen (BVerfG, Beschl. v. 26.6.1991 – 1 BvR 779/85 = BVerfGE 84, 212 (227). In BGH, Urt. v. 29.2.1996 – IX ZR 153/95 = BGHZ 132, 119 ist der 9. Senat der Ansicht, dass eine über § 242 BGB hinausgehende Einschränkung der Rückwirkung höchstrichterlicher Rechtsprechung voraussetze, dass die von der Rückwirkung betroffene Partei auf die Fortgeltung der bisherigen Rechtsprechung vertrauen durfte und die Anwendung der geänderten Auffassung wegen ihrer Rechtsfolgen (…) auch unter Berücksichtigung der berechtigten Interessen des Prozessgegners eine unzumutbare Härte bedeuten würde. Gesetzesänderungen, die dem Bürger rückwirkend erworbene Rechte entziehen, können unter dem in Art. 20 Abs. 3 GG verwurzelten Vertrauensschutz unzulässig sein (*Hein/Suchan/Geeb*, DStR 2008, 2289 (2295)). Diese Grundsätze sollen jedoch dann nicht gelten, sondern vielmehr die strengeren Grundsätze über die Rückwirkung von Gesetzen, wenn die Rechtsprechungsänderung wie eine Gesetzesänderung wirkt. Zu Rechtsprechungsänderungen: *Pohl*, Rechtsprechungsänderung und Rückanknüpfung, S. 143 ff.

der BGH[707] in seiner Entscheidung vom 7.4.2003 zur Haftung des neu in eine Gesellschaft bürgerlichen Rechts eintretenden Gesellschafters vertreten hat, oder der aus dem in Art. 20 Abs. 3 GG verankerten Rechtsstaatsprinzip folgende Schutz vor rückwirkenden Gesetzen. Das Rechtsinstitut der verdeckten Sacheinlage wurde durch richterliche Rechtsfortbildung geschaffen und fortentwickelt.[708] Bis zur Neubestimmung der Rechtsfolgen verdeckter Sacheinlagen durch das MoMiG gab es keine gesetzliche Regelung. Hieraus könnte zu schließen sein, dass § 3 Abs. 4 EGGmbHG allein an den Grundsätzen über das Rückwirkungsverbot für Rechtsprechungsänderungen zu messen ist.[709] Bislang hat das BVerfG insoweit keine allgemeingültigen Regeln aufgestellt.[710] In einer aktuellen Entscheidung des BVerfG[711] führt der 2. Senat aus, dass es zu den anerkannten Aufgaben der Rechtsprechung gehöre, im Rahmen der Gesetze von ihr als rechtsgrundsätzlich aufgestellte Rechtssätze zu überprüfen und sie, wenn erforderlich, weiterzuentwickeln. Der Umstand, dass ein im Wege richterlicher Rechtsfindung gewonnener Rechtssatz über einen langen Zeitraum Beachtung fand, möge in die Entscheidung einfließen, ob es gerechtfertigt ist, einen abweichenden Rechtssatz aufzustellen, er verleihe indes dem bisherigen Rechtssatz keine höhere Wertigkeit oder gar eine verfassungsrechtlich erhebliche Bestandsgarantie. Das BVerwG hält in seiner aktuellen Entscheidung zur beamtenrechtlichen Konkurrentenklage eine Änderung der Rechtsprechung unter dem Gesichtspunkt des Vertrauensschutzes für unbedenklich, wenn sie hinreichend begründet sei und sich im Rahmen einer vorhersehbaren Entwicklung halte.[712] Schranken ergeben sich damit aus dem rechtsstaatlichen Prinzip der Rechtssicherheit.

Im Ergebnis sind jedoch die Grundsätze für Gesetzesänderungen heranzuziehen. Für eine Anwendung dieser Grundsätze lässt sich vorbringen, dass die Rechtsfolgen, welche die Rechtsprechung an verdeckte Sacheinlagen knüpfte nicht bloß aufgehoben wurden, sondern es zu einer gesetzlichen Neubestimmung kam.[713] Hierbei sollte auch die abstrakte Wirkung von Gesetzen berück-

---

707 BGH, Urt. v. 7.4.2003 – II ZR 56/02 = BGHZ 154, 370 = ZIP 2003, 899 (902): „Die seit langem bestehende gefestigte Rechtsprechung des Bundesgerichtshofs, wonach der Neugesellschafter einer Gesellschaft bürgerlichen Rechts für deren Altverbindlichkeiten nicht mit seinem Privatvermögen haftet, hat auf Seiten der Neugesellschafter schützenswertes Vertrauen dahin begründet, dass sie für Altverbindlichkeiten nicht mit ihrem Privatvermögen einzustehen haben. (…) Es träfe sie deshalb unverhältnismäßig hart, wenn sie nunmehr rückwirkend der persönlichen Haftung für Altverbindlichkeiten unterworfen würden, wie sie sich als Folge des geänderten Verständnisses von der Haftungsverfassung der Gesellschaft bürgerlichen Rechts ergibt."

708 Vgl. Kap. 2 G (S. 50 ff.).

709 Hierfür: *Bormann*, GmbHR 2007, 897 (900 f.); *Wedemann*, GmbHR 2008, 1131 (1133, vgl. Fn. 14) mit Verweis auf BGH, Urt. v. 7.4.2003 – II ZR 56/02 = NJW 2003, 1803 (1805).

710 BGH, Urt. v. 29.2.1996 – IX ZR 153/95 = BGHZ 132, 119 (130).

711 BVerfG, Beschl. v. 15. 1. 2009 - 2 BvR 2044/07 = NJW 2009, 1469 (1472).

712 BVerwG, Urt. v. 04.11.2010 – 2 C 16/09 = NVwZ 2011, 358 (364) unter Hinweis auf: BVerfGE 122, 248 = NJW 2009, 1469 (1472).

713 *Felke*, GmbH-StB 2009, 17 (19). Es handele sich nicht um eine bloße Änderung der Rechtsprechung, da dieser eigentümlich sei, dass diese nicht dazu führe, dass das

sichtigt werden. Stellt man auf die Form der Veränderung ab, ist ebenfalls von einer Gesetzesänderung auszugehen.[714] Weiterhin wurde das Rechtsinstitut der verdeckten Sacheinlage von der Rechtsprechung in § 19 Abs. 5 GmbHG sowie § 8 Abs. 2 S. 1 GmbHG verankert, was es ebenfalls rechtfertigt, die Grundsätze über Gesetzesänderungen anzuwenden.[715] Entscheidender Unterschied zu dem vom BGH entschiedenen Fall zur Haftung des neu eintretenden GbR-Gesellschafters für Altverbindlichkeiten der Gesellschaft ist, dass in diesem eine ständige Rechtsprechung durch die Rechtsprechung verändert wurde, im Falle der Rechtsfolgen verdeckter Sacheinlagen indes eine Änderung durch Gesetz erfolgt. Damit sind für die verfassungsrechtliche Beurteilung des § 3 Abs. 4 EGGmbHG die Grundsätze über Gesetzesänderungen maßgeblich.[716]

aa) Differenzierung zwischen echten und unechten Rückwirkungen

Die Grundsätze über Gesetzesänderungen differenzieren zwischen echten [717] (Rückbewirkung von Rechtsfolgen) und unechten Rückwirkungen (tatbestandliche Rückanknüpfung).[718] Es ist also zunächst auf die Frage einzugehen, ob die Anordnung des § 3 Abs. 4 EGGmbHG eine echte oder eine unechte Rückwirkung[719] darstellt.[720]

Recht selbst geändert wird, sondern vielmehr feststellt, was bereits vorher rechtens war. Ebenfalls gegen die Anwendung der Grundsätze über Rechtsprechungsänderungen: *Badenhop*, ZInsO 2009, 793 (796).

714 BGH, Urt. v. 22.03.2010 – II ZR 12/08 (ADCOCOM) = NJW 2010, 1948 (1951); zustimmend: *Haas/Vogel*, NZG 2010, 1081 (1083).; vgl. auch: *Fuchs*, BB 2009, 170 (174).

715 *Pentz*, GmbHR 2009, 505 (506).

716 *Fuchs*, BB 2009, 170 (174).

717 Zur echten Rückwirkung: BVerfG, Beschl. v. 31.3.1965 – 2 BvL 17/63 = BVerfGE 18, 429 (439); BVerfG, Beschl. v. 19.12.1967 – 2 BvL 4/65 = BVerfGE 23, 12 (32); BVerfG, Beschl. v. 16.10.1968 – 1 BvL 7/62 = BVerfGE 24, 220 (229).

718 BVerfG, Beschl. v. 15.10.1996 – 1 BvL 44, 48/92 = BVerfGE 95, 64 (86 f.). Zu der Frage einer Zuordnung der Rechtslage als echte oder unechte Rückwirkung: *Wernsmann*, JuS 1999, 1177 ff.; JuS 2000, 39 ff.; *Muckel*, Kriterien des verfassungsrechtlichen Vertrauensschutzes bei Gesetzesänderungen, 1989, S. 68 ff.

719 *Badenhop*, ZInsO 2009, 793 (796) ist der Auffassung, dass § 3 Abs. 4 EGGmbHG nicht am allgemeinen, aus Art. 20 Abs. 3 GG herzuleitenden rechtsstaatlichen Grundsatz des Vertrauensschutzes, sondern vielmehr an Art. 14 Abs. 1 GG zu messen sei. Zu einer Prüfung anhand dieses Maßstabes: BVerfG, Beschl. v. 9.1.1991 – 1 BvR 929/89 = BVerfGE 83, 201 (212) unter Verweis auf BVerfG, Beschl. v. 8.7.1971 – 1 BvR 766/66 = BVerfGE 31, 275 (290).

720 Die traditionelle Differenzierung des BVerfG zwischen echter und unechter Rückwirkung wurde mittlerweile vom Zweiten Senat des BVerfG in Frage gestellt. So unterscheidet der Zweite Senat seit seiner Entscheidung vom 14.05.1986 nicht mehr zwischen echter und unechter Rückwirkung, sondern zwischen einer Rückbewirkung von Rechtsfolgen und einer tatbestandlichen Rückanknüpfung. Der Erste Senat des BVerfG hat hingegen bis heute an der Unterscheidung zwischen echter und unechter Rückwirkung festgehalten. Es bestehen demnach zwei Begriffspaare. Sie dürften sich jedoch decken. Jedenfalls ist jede Vordatierung von Rechtsfolgen (Rückbewirkung von Rechtsfolgen) eine echte Rückwirkung im Sinne des Ersten Senats.

Eine echte Rückwirkung liegt vor, wenn das Gesetz nachträglich ändernd in abgewickelte, der Vergangenheit angehörende Tatbestände eingreift[721], aber auch, wenn eine Norm den Eintritt ihrer Rechtsfolgen von Gegebenheiten aus der Zeit vor ihrer Verkündung abhängig macht[722].[723] Abgesehen von Art. 103 Abs. 2 GG, der vorsieht, dass eine Tat nur bestraft werden darf, wenn die Strafbarkeit gesetzlich bestimmt war, bevor die Tat begangen wurde, gibt es keine Bestimmung des positiven Rechts, die jede Rückwirkung ausschlösse.[724] Dennoch sind echte Rückwirkungen aus Vertrauensschutzgründen grundsätzlich nicht mit Art. 20 Abs. 3 GG vereinbar, also nur ausnahmsweise zulässig.[725] Der Bürger ist davor zu bewahren, dass abgeschlossene, vergangene Sachverhalte später einer neuen Bewertung unterzogen werden und an sie andere als die erwarteten Rechtsfolgen angeknüpft werden.[726] Eine echte Rückwirkung ist daher nur zulässig, wenn das Vertrauen des Betroffenen auf die geltende Rechtslage nicht schutzwürdig ist. Dies ist der Fall, wenn der Betroffene mit der Neuregelung rechnen konnte[727], insbesondere weil die bisherige Rechtslage unklar und verworren war[728], eine bislang gültige Rechtsnorm nachträglich unwirksam wird oder an ihrer Geltung Zweifel bestehen[729], die Rückwirkung

721 BVerfG, Beschl. v. 31.5.1960 – 2 BvL 4/59 = BVerfGE 11, 141 (145); BVerfG, Beschl. v. 19.7.1967 – 2 BvL 1/65 = BVerfGE 22, 241 (248); BVerfG, Beschl. v. 19.12.1967 – 2 BvL 4/65 = BVerfGE 23, 12 (32); BVerfG, Beschl. v. 28.11.1984 – 1 BvR 1157/82 = BVerfGE 68, 287 (306).

722 BVerfG, Beschl. v. 22.3.1983 – 2 BvR 475/78 = BVerfGE 63, 343 (353); BVerfG, Beschl. v. 14.5.1986 – 2 BvL 2/83 = BVerfGE 72, 200 (242 ff.).

723 *Hofmann*, in: Schmidt-Bleibtreu/Hofmann/Hopfauf, GG, Art. 20 Rn. 77.

724 Eine Rückwirkung verstößt nicht schlechthin gegen rechtsstaatliche Grundsätze, BVerfG, Urt. v. 30.4.1952 – 1 BvR 14, 25, 167/52 = BVerfGE 1, 264 (280); BVerfG, Beschl. v. 24.4.1953 – 1 BvR 102/51 = BVerfGE 2, 237 (265). Insbesondere gibt es keinen allgemeinen Rechtssatz, der es dem Gesetzgeber verbietet, nachträglich an einen in der Vergangenheit liegenden abgeschlossenen Sachverhalt anzuknüpfen, BVerfG, Beschl. v. 24.4.1953 – 1 BvR 102/51 = BVerfGE 2, 237 (264).

725 BVerfG, Urt. v. 19.12.1961 – 2 BvL 6/59 = BVerfGE 13, 261 (271); BVerfG, Beschl. v. 25.5.1993 – 1 BvR 1509/91, 1 BvR 1648/91 = BVerfGE 88, 384 (403); BVerfG, Urt. v. 27.9.2005 – 2 BvR 1387/02 = BVerfGE 114, 258 (300); *Sachs*, GG, Art. 20 Rn. 133. Anderes gilt bei unechten Rückwirkungen. Diese sind grds. zulässig, *Hofmann*, in: Schmidt-Bleibtreu/Hofmann/Hopfauf, GG, Art. 20 Rn. 78.

726 *Wernsmann*, JuS 1999, 1177 (1177).

727 BVerfG, Urt. v. 19.12.1961 – 2 BvL 6/59 = BVerfGE 13, 261 (272); BVerfG, Beschl. v. 25.5.1993 – 1 BvR 1509/91, 1 BvR 1648/91 = BVerfGE 88, 384 (404); BVerfG, Beschl. v. 23.6.1993 – 1 BvR 133/89 = BVerfGE 89, 48 (67); BVerfG, Beschl. v. 7.10.2003 – 1 BvR 1712/01 = BVerfGE 108, 370 (402 f.).

728 BVerfG, v. 16.10.1957 – 1 BvL 13/56, 1 BvL 46/56 = BVerfGE 7, 129 (151 ff.); BVerfG, Beschl. v. 4.5.1960 – 1 BvL 17/57 = BVerfGE 11, 64 (72, 77); BVerfG, Urt. v. 19.12.1961 – 2 BvL 6/59 = BVerfGE 13, 261 (272); BVerfG, Beschl. v. 25.5.1993 – 1 BvR 1509/91, 1 BvR 1648/91 = BVerfGE 88, 384 (404).

729 BVerfG, Urt. v. 19.12.1961 – 2 BvL 6/59 = BVerfGE 13, 261 (272); BVerfG, Beschl. v. 23.1.1990 – 1 BvL 4, 5, 6, 7/87 = BVerfGE 81, 228 (239).

eine Bagatelle[730] darstellt oder zwingende Gründe des Allgemeinwohls[731] eine Rückwirkung erforderlich machen.[732]

Eine unechte Rückwirkung ist demgegenüber gegeben, wenn eine Rechtsnorm zwar nicht auf vergangene, sondern auf gegenwärtige, noch nicht abgeschlossene Sachverhalte einwirkt, damit aber zugleich eine Rechtsposition nachträglich entwertet.[733] Unechte Rückwirkungen sind grundsätzlich zulässig. Allerdings können sich aus dem Grundsatz des Vertrauensschutzes sowie dem Verhältnismäßigkeitsprinzip Grenzen der Zulässigkeit ergeben. Diese sind jedoch erst überschritten, wenn die vom Gesetzgeber angeordnete unechte Rückwirkung zur Erreichung des Gesetzeszwecks nicht geeignet oder erforderlich ist oder wenn die Bestandsinteressen der Betroffenen die Veränderungsgründe des Gesetzgebers überwiegen.[734] Sie erfordern somit eine Abwägung zwischen dem Gewicht der berührten Vertrauensschutzbelange und der Bedeutung des gesetzgeberischen Anliegens für das Gemeinwohl. In seiner ADCOCOM-Entscheidung weist der BGH darauf hin, dass bei Gesetzen mit unechter Rückwirkung vom Grundsatz her den Gesichtspunkten des Vertrauensschutzes und der Rechtssicherheit kein genereller Vorrang vor dem jeweils verfolgten gesetzgeberischen Anliegen eingeräumt wird.[735] Die Gewährung vollständigen Schutzes zu Gunsten des Fortbestehens der bisherigen Rechtslage würde den dem Gemeinwohl verpflichteten Gesetzgeber in wichtigen Bereichen lähmen und den Konflikt zwischen der Verlässlichkeit der Rechtsordnung und der Notwendigkeit ihrer Änderung in nicht mehr vertretbarer Weise zu Lasten der Anpassungsfähigkeit der Rechtsordnung lösen.[736]

Zur Beurteilung, ob ein Fall der echten oder unechten Rückwirkung vorliegt, ist daher entscheidend, wann der Tatbestand der verdeckten Sacheinlage als abgeschlossen anzusehen ist.

bb) Echte Rückwirkung

Ein Teil der Literatur knüpft an den Zeitpunkt der *Leistung der verdeckten Sacheinlage* an. Zwar führe die Leistung der verdeckten Sacheinlage nicht zu einer Erfüllung der Einlagepflicht, doch habe der Inferent nunmehr „seinen Teil" erledigt. Hierfür spreche auch, dass auch die Rechtsprechung hier mit ihren Rechtsfolgen nach altem Recht ansetzte. Da an einen in der Vergangenheit ab-

---

730 BVerfG, Beschl. v. 11.10.1962 – 1 BvL 22757 = BVerfGE 14, 288 (299 f.), maßgeblich sei unter anderem das Ausmaß des Vertrauensschadens.

731 BVerfG, Urt. v. 1.7.1953 – 1 BvL 23/51 = BVerfGE 2, 380 (405); BVerfG, Urt. v. 19.12.1961 – 2 BvL 6/59 = BVerfGE 13, 261 (272); BVerfG, Beschl. v. 23.3.1971 – 2 BvL 2/66, 2 BvR 168, 196, 197, 210, 472/66 = BVerfGE 30, 367 (390 f.).

732 BVerfG, Beschl. v. 31.3.1965 – 2 BvL 17/63 = BVerfGE 18, 429 (439); BVerfG, Urt. v. 23.11.1999 – 1 BvF 1/94 = BVerfGE 101, 239 (263) = NJW 2000, 413 (415) .

733 BVerfG, Urt. v. 23.11.1999 – 1 BvF 1/94 = BVerfGE 101, 239 (263) = NJW 2000, 413 (415).

734 BVerfG, Urt. v. 23.11.1999 – 1 BvF 1/94 = BVerfGE 101, 239 (263) = NJW 2000, 413 (415); BVerfG, Urt. v. 5.2.2004 – 2 BvR 2029/01 = BVerfGE 109, 133 (182) = NJW 2004, 739 (748).

735 BGH, Urt. v. 22.03.2010 – II ZR 12/08 (ADCOCOM) = NJW 2010, 1948 (1953).

736 BGH, Urt. v. 22.03.2010 – II ZR 12/08 (ADCOCOM) = NJW 2010, 1948 (1953).

geschlossenen Sachverhalt angeknüpft werde, handele es sich bei der Regelung des § 3 Abs. 4 EGGmbHG um eine echte Rückwirkung.[737]

§ 3 Abs. 4 EGGmbHG wäre daher am Maßstab für echte Rückwirkungen zu messen. Es käme demnach darauf an, ob die Betroffenen mit der Neuregelung haben rechnen müssen. Es wird allgemein davon ausgegangen, dass mit einer Veränderung der Rechtslage jedenfalls nach dem endgültigen Gesetzesbeschluss des Bundestages gerechnet werden müsse.[738] Maßgeblich sei jedoch letztlich der Zeitpunkt, für den die Rückwirkung eintritt, also ob zu dem Zeitpunkt, an welchen nunmehr die Rechtsfolge geknüpft werden soll, eine Veränderung der Rechtslage absehbar gewesen sei. Dieser Zeitpunkt ist hier derjenige, in dem der Inferent die verdeckte Sacheinlage in die Gesellschaft eingebracht hat. Mit einer von der bisherigen Rechtsprechung abweichenden gesetzlichen Regelung habe indes frühestens ab Mai 2007[739] gerechnet werden können, eher sogar erst ab Januar 2008, als auch der Rechtsausschuss sich für eine gesetzliche Regelung der Rechtsfolgen verdeckter Sacheinlagen aussprach. Der endgültige Beschluss des Bundestages erging sogar erst im Oktober 2008. Vor Mai 2007 habe damit keinesfalls mit einer Neuregelung gerechnet werden müssen. Unter diesem Gesichtspunkt könnte daher nicht von einer ausnahmsweisen Zulässigkeit der echten Rückwirkung ausgegangen werden. Weiteres Kriterium für eine Zulässigkeit ist, ob die Rechtslage vorher unklar und verworren gewesen sei. Insoweit wird argumentiert, dass die bisherige Rechtslage nicht allein deshalb unklar und verworren gewesen sei, weil im GmbH-Recht zumindest im Hinblick auf die Unwirksamkeit des dinglichen Erfüllungsgeschäfts die Rechtsprechung noch nicht vollends gefestigt war.[740] Die Rechtslage sei nicht unbestritten gewesen, doch habe es eine gefestigte Rechtsprechung und keinerlei Anzeichen dafür gegeben, dass eine Änderung dieser in Zukunft erfolgen würde, so dass nicht von einer unklaren und verworrenen Rechtslage hätte ausgegangen werden können.

Schließlich könnte sich die Rückwirkungsanordnung unter dem Gesichtspunkt der Gewährung größerer Rechtssicherheit rechtfertigen lassen. Aber auch dem wird entgegengetreten: Die Gewährung von Rechtssicherheit habe eine Rückwirkung ebenfalls nicht erforderlich gemacht.[741]

Im Ergebnis bejahen diejenigen, die von einer echten Rückwirkung ausgehen, keine der Ausnahmen[742] und halten die Regelung des § 3 Abs. 4 EGGmbHG daher für verfassungswidrig.[743]

---

737 *Bormann*, GmbHR 2007, 897 (900); *Felke*, GmbH-StB 2009, 17 (19); *Heinze*, GmbHR 2008, 1065 (1073); *Nagel/Meder*, ZInsO 2009, 944 (948).

738 BVerfG, Beschl. v. 3.12.1997 - 2 BvR 882/97 = BVerfGE 97, 67 (82); BVerfG, Beschl. v. 15.1.1992 – 2 BvR 1824/89 = BVerfG, NJW 1992, 2877 (2878); BGH, Urt. v. 28.1.1987 – VIII ZR 37/86 = BGHZ 100, 1 (6); vgl. auch: *Muckel*, JA 1994, 13 (15).

739 Zu diesem Zeitpunkt wurde vom Gesetzgeber erstmals eine gesetzliche Regelung der Rechtsfolgen verdeckter Sacheinlagen zur Diskussion gestellt.

740 Vgl. hierzu: BGH, Urt. v. 20.11.2006 - II ZR 176/05 = NJW 2007, 765

741 *Heinze*, GmbHR 2008, 1065 (1073); *Nagel/Meder*, ZInsO 2009, 944 (949).

742 *Badenhop*, ZInsO 2009, 793 (800).

743 So wohl: *Felke*, GmbH-StB 2009, 17 (19); *Pentz*, GmbHR 2009, 126 (130).

cc) Unechte Rückwirkung

Der 2. Zivilsenat des BGH sowie Teile der Literatur sehen in der Regelung des § 3 Abs. 4 EGGmbHG indes eine unechte Rückwirkung. Die Rückwirkungsanordnung verletze nicht das zu berücksichtigende Vertrauensschutzprinzip.[744] Der Sachverhalt sei noch nicht als abgeschlossen zu betrachten, da im Sinne einer Gesamtbetrachtung auf den einheitlichen Sachverhalt der Kapitalaufbringung abzustellen sei, der bis zur Einführung der Anrechnungslösung wegen der fehlenden Erfüllungswirkung der einzelnen Rechtsgeschäfte noch nicht abgeschlossen gewesen sei.

Auch Gesichtspunkte des Vertrauensschutzes oder des Verhältnismäßigkeitsprinzips stünden einer solchen Betrachtungsweise nicht entgegen. Dies wäre erst dann der Fall, wenn die vom Gesetzgeber angeordnete unechte Rückwirkung zur Erreichung des Gesetzeszwecks nicht geeignet oder erforderlich sei oder wenn die Bestandsinteressen der Betroffenen die Veränderungsgründe des Gesetzgebers überwiegen würden. Die Anrechnungslösung sei jedoch gerade geeignet und erforderlich um das Ziel des Gesetzgebers, Rechtssicherheit im Zusammenhang mit den Rechtsfolgen verdeckter Sacheinlagen herzustellen, zu erreichen. Durch die Rückwirkung würden auch keine Vertrauensinvestitionen nachteilig beeinflusst, vielmehr werde die von den Beteiligten gewollte Rechtslage hergestellt.[745] Das Bestandsinteresse des Inferenten, das Eigentum an einer verdeckt eingebrachten Sache oder die Inhaberschaft an einer verdeckt eingebrachten Forderung zu behalten, sei nach dem Grundsatz des Verbots widersprüchlichen Verhaltens nicht schutzwürdig.[746]

dd) Bewertung

Im Ergebnis ist dem BGH zuzustimmen. Die Frage, ob es sich um eine echte oder unechte Rückwirkung handelt, hängt allein davon ab, ob auf den Gesamtvorgang der Kapitalaufbringung oder auf den Leistungsaustausch zwischen Gesellschaft und Gesellschafter abzustellen ist. Für die Ansicht des BGH spricht, dass die Kapitalaufbringung als ein Vorgang in Gänze zu betrachten ist. Die Rechtsfolgen verdeckter Sacheinlagen wurden von der Rechtsprechung schließlich immer unter dem Gesichtspunkt behandelt, dass verdeckte Sacheinlagen nicht geeignet seien, den Vorgang der Kapitalaufbringung abzuschließen. Andererseits ist der Vorgang des Leistungsaustausches, also des „Realhandelns", in vielen Fällen schon Jahre her, so dass unter diesem Gesichtspunkt auch von einer echten Rückwirkung ausgegangen werden könnte.

Zuzustimmen ist dem BGH jedenfalls in seiner Bewertung der Schutzbedürftigkeit. Denn nur wenn eine solche gegeben ist, können die Betroffenen unter Vertrauensschutzgesichtspunkten verletzt sein. Hier lassen sich zwei Fälle unterscheiden: Zum einen – und das ist wohl der in der Praxis häufiger

---

Da der dritte Auslegungsansatz zu einer *„prinzipiellen Werterhaltung"* führt, könnte er möglicherweise als verfassungsgemäß anzusehen sein, *Badenhop*, ZInsO 2009, 793 (800).

744 BGH, Urt. v. 22.03.2010 – II ZR 12/08 (ADCOCOM)= NJW 2010, 1948 (1952).

745 BGH, Urt. v. 22.03.2010 – II ZR 12/08 (ADCOCOM) = NJW 2010, 1948 (1953).

746 BGH, Urt. v. 22.03.2010 – II ZR 12/08 (ADCOCOM) = NJW 2010, 1948 (1953).

anzutreffende Fall –, dass den Beteiligten nicht bewusst war, dass sie eine verdeckte Sacheinlage vornehmen. Die Rückwirkung führt in diesem Fall im Ergebnis zu dem, was die Beteiligten von Anfang an wollten. Daher kann hier wohl kaum von einer Verletzung schutzwürdigen Vertrauens gesprochen werden. Da dem Gesellschaftsvermögen durch die Anrechnungslösung auch keine „Werte" entzogen werden, bestehen auch keine schutzwürdigen Interessen auf Seiten der Gesellschaftsgläubiger. Zum anderen kann es aber auch so sein, dass bewusst eine verdeckte Sacheinlage verabredet wurde. In diesem Fall verdienen die Beteiligten „erst recht" keinen Vertrauensschutz.[747] Im Ergebnis ist daher von der Verfassungsmäßigkeit der Rückwirkungsanordnung auszugehen.

Die Rückwirkungsanordnung des § 3 Abs. 4 EGGmbHG ist damit mit Art. 20 Abs. 3 GG vereinbar.

2.) Vereinbarkeit mit Art. 14 Abs. 1 GG

Fraglich ist ferner, ob die Anordnung in § 3 Abs. 4 EGGmbHG mit Art. 14 Abs. 1 GG vereinbar ist. Der BGH bejaht diese Frage.[748] Die Rückwirkungsanordnung berühre den Schutzbereich des Art. 14 Abs. 1 GG, da Eigentum i.S.d. Art. 14 Abs. 1 GG nicht nur dingliche Rechte an einer Sache, sondern auch Forderungen seien.[749] Daher seien auch Forderungen im Zusammenhang mit verdeckten Sacheinlagen (auf Seiten der Gesellschaft) sowie das Eigentum bzw. die Inhaberschaft an dem verdeckt eingebrachten Gegenstand (auf Seiten des Gesellschafters) in den Schutzbereich des Art. 14 Abs. 1 GG einbezogen.[750] Die Regelung des § 3 Abs. 4 EGGmbHG stelle keine Enteignung, sondern eine Inhalts- und Schrankenbestimmung dar,[751] da es bei der Regelung alleine darum ginge, eine rechtliche Korrektur von Erwerbsvorgängen herbeizuführen mit dem Ziel, divergierende private Interessen zu einem Ausgleich zu bringen.[752] Es gehe gerade nicht um einen staatlichen Eingriff in das Eigentum. Diese Inhalts- und Schrankenbestimmung sei verfassungsrechtlich gerechtfertigt, da sie dem Gebot eines gerechten Interessenausgleiches und damit den Kriterien einer zulässigen Inhalts- und Schrankenbestimmung sowohl im Verhältnis zur Gesellschaft als auch zum Inferenten darstelle.[753] Indem § 3 Abs. 4 EGGmbHG Rechtsgeschäften Wirksamkeit verleihe, deren fehlende rechtliche

---

747 Vgl. BGH, Urt. v. 22.03.2010 – II ZR 12/08 (ADCOCOM) = NJW 2010, 1948 (1953).

748 BGH, Urt. v. 22.03.2010 – II ZR 12/08 (ADCOCOM)= NJW 2010, 1948 (1950).

749 BGH, Urt. v. 22.03.2010 – II ZR 12/08 (ADCOCOM)= NJW 2010, 1948 (1950 f.); hierzu: *Pentz*, GmbHR 2010, 673 ff.; *Suppliet*, NotBZ 2010, 370 ff.

750 Anders sei dies hingegen hinsichtlich des aufschiebend bedingten prozessualen Erstattungsanspruchs (*§ 91 ZPO*) der auf Leistung der Bareinlage klagenden Gesellschaft im Falle der (ursprünglichen) Werthaltigkeit des verdeckt eingebrachten Gegenstands. Denn die Gesellschaft könne in solchen Fällen weiter eine ihr günstige Kostenfolge dadurch erreichen, dass sie den Rechtsstreit für erledigt erklärt, BGH, Urt. v. 22.03.2010 – II ZR 12/08 (ADCOCOM)= NJW 2010, 1948 (1951).

751 Zustimmend: *Haas/Vogel*, NZG 2010, 1081 (1083).

752 BGH, Urt. v. 22.03.2010 – II ZR 12/08 (ADCOCOM)= NJW 2010, 1948 (1951).

753 BGH, Urt. v. 22.03.2010 – II ZR 12/08 (ADCOCOM)= NJW 2010, 1948 (1952).

Anerkennung aus der Sicht der handelnden Personen nicht ohne weiteres erkennbar war, schaffe er Rechtssicherheit.[754]

Diese Argumentation überzeugt. Der Gesetzgeber ist bei Bestimmung von Inhalt und Schranken des Eigentums insbesondere an den Grundsatz der Verhältnismäßigkeit gebunden. Einschränkungen des Eigentums müssen daher vom jeweiligen Sachbereich her geboten und auch in ihrer Ausgestaltung erforderlich und sachgerecht sein.

Die Inhalts- und Schrankenbestimmung muss zur Verfolgung eines legitimen gesetzgeberischen Anliegens geeignet sein. Die gesetzliche Regelung der Rechtsfolgen verdeckter Sacheinlagen verfolgt den Zweck, Rechtssicherheit für diesen Bereich herzustellen. Hierbei handelt es sich um ein legitimes gesetzgeberisches Anliegen. Durch die Anordnung des § 3 Abs. 4 EGGmbHG soll dies auch schon für in der Vergangenheit begonnene Sachverhalte gelten. Auch für diese Sachverhalte Rechtssicherheit herzustellen, ist legitim. Zudem ist die Regelung hierzu auch geeignet.

Weiterhin müsste die Vorschrift auch geboten sein. Dies ist sie, wenn kein gleich geeignetes, aber zugleich milderes Mittel zur Verfügung steht. Es ist nicht ersichtlich, wie der Gesetzgeber auch für in der Vergangenheit bereits begonnene Sachverhalte auf andere - mildere - Weise eine Regelung hätte treffen sollen. Zugleich ist hier der dem Gesetzgeber zustehende Gestaltungsspielraum zu berücksichtigen.

Schließlich muss die Regelung auch angemessen sein. Insbesondere der Gesichtspunkt der Rechtssicherheit spricht für eine solche Regelung. Die Beteiligten sind regelmäßig (Jahre/Jahrzehnte) davon ausgegangen, dass ihre Rechtsgeschäfte wirksam sind. Die Neuregelung liegt daher sogar im Interesse sowohl der Gesellschaft als auch der Gesellschafter. Somit werden schutzbedürftige Interessen der Beteiligten durch die Regelung nicht berührt.

3.) Ergebnis

Die Regelung des § 3 Abs. 4 EGGmbHG ist somit verfassungsgemäß.

VII. Rechtspolitische Bewertung

Es ist zu begrüßen, dass sich der Gesetzgeber der Regelung der Rechtsfolgen verdeckter Sacheinlagen angenommen und nicht an der im Referentenentwurf geäußerten Ansicht festgehalten hat, die Kapitalaufbringung bedürfe keiner Regelung.[755] Beachtlich ist der sich durch die Regelung vollziehende Paradig-

---

754 BGH, Urt. v. 22.03.2010 – II ZR 12/08 (ADCOCOM)= NJW 2010, 1948 (1952).

755 Auch im Rechtsausschuss wurde dies begrüßt: vgl. nur Stellungnahme für die Anhörung vor dem Rechtsausschuss am 23.1.2008, *Grunewald*, Stellungnahme für die Anhörung vor dem Rechtsausschuss am 23.1.2008, S. 5, *Hirte*, Stellungnahme für die Anhörung vor dem Rechtsausschuss am 23.1.2008, S. 5; *Hoffmann-Becking*, S. 4; Stellungnahme für die Anhörung vor dem Rechtsausschuss am 23.1.2008, BDI, S. 13. Vgl. auch: *Gesell*, BB 2007, 2241 (2241); *Karsten*, GmbH-Recht, § 3 Rn. 59; *Kersting*, in: VGR Gesellschaftsrecht in der Diskussion 2008, S. 101 (S. 124); *Noack*, DB 2007, 1395 (1397); DAV, NZG 2007, 735 (739).

menwechsel: Anknüpfungspunkt der Rechtsfolgen verdeckter Sacheinlagen ist nunmehr nicht mehr der Regelverstoß, sondern die konkrete Gläubigerbenachteiligung durch unzureichende Kapitalausstattung.[756]

1.) Die Wahrung des Grundsatzes der realen Kapitalaufbringung

Abgesehen von den dogmatischen Schwierigkeiten, ist die Regelung des § 19 Abs. 4 GmbHG zudem unter rechtspolitischen Gesichtspunkten zu bewerten und insbesondere der Frage nachzugehen, ob die Anrechnungslösung dem Grundsatz der realen Kapitalaufbringung und damit den Schutzinteressen der Gesellschaftsgläubiger gerecht wird. Die Anrechnungslösung sieht vor, dass der Inferent zwar grundsätzlich zur Leistung der Einlage in bar verpflichtet ist und auch bleibt, jedoch der von ihm zu beweisende Wert der verdeckt eingebrachten Sache auf die Einlagepflicht angerechnet wird. Im Ergebnis ist also die Differenz zwischen dem Wert der übernommenen Einlage und dem tatsächlichen Wert der verdeckt eingelegten Sache zu leisten, so dass der Gesellschaft im Ergebnis der Wert, der versprochen wurde, auch zugeführt wird.[757] Da der Grundsatz der realen Kapitalaufbringung lediglich besagt, dass das den Gläubigern haftende Kapital wertmäßig erbracht werden muss, wird die Anrechnungslösung diesem Grundsatz gerecht.[758] Sowohl der Gesetzgeber[759] als auch weite Teile der Literatur[760] gehen davon aus, dass es durch die Veränderung der Rechtslage durch das MoMiG nicht zu einer Benachteiligung der Gesellschaftsgläubiger kommen wird. So wird insbesondere angeführt, dass der Schutz vor überbewerteten Sacheinlagen letztlich weniger auf der Prüfung der Werthaltigkeit durch das Registergericht als vielmehr auf der angeordneten Differenzhaftung beruhe.[761] Genau dieser Schutz wird den Gläubigern jedoch weiterhin gewährt. Um diesen Schutz sicher zu gewährleisten, sieht das Gesetz ausdrücklich eine Beweislast des Gesellschafters für den Wert des Vermögensgegenstandes vor.

Der Handelsrechtsausschuss des DAV hatte in seiner Stellungnahme zum Referentenentwurf eine gesetzliche Regelung der Rechtsfolgen verdeckter Sacheinlagen gefordert, DAV, NZG 2007, 211 (221 f.).

756 *Dauner-Lieb*, AG 2009, 217 (219): Die Nichtoffenlegung der Sacheinlage bleibt ohne haftungsrechtliche Sanktion.

757 *Körber*, JuS 2009, 1041 (1043).

758 *Einsele*, NJW 1996, 2681 (2686) geht davon aus, dass bei werthaltiger verdeckter Sacheinlage der Grundsatz der realen Kapitalaufbringung nicht verletzt wird.

759 RegE, BT-Drs. 16/6140, S. 40.

760 *Bartl*, in: Bartl/Bartl/Fichtelmann/Koch/Schlarb, GmbHG, § 19 Rn. 29; *Triebel/Otte*, ZIP 2006, 1321 (1323); DAV, NZG 2007, 735 (740). So auch *Veil*, ZIP 2007, 1241 (1243): *„Signifikante Defizite des Gläubigerschutzes wären nicht zu beklagen."*; a.A.: *Bayer*, in: Lutter/Hommelhoff, 17. Aufl., § 19 Rn. 51, dieser ist der Ansicht, dass es durch die Neuregelung zu einer Abschwächung des präventiven Gläubigerschutzes komme; *Goette*, DStR 2009, 51 (52); *Wirsch*, GmbHR 2007, 736 (740).

761 *Heidenhain*, GmbHR 2006, 455 (456).

2.) Anreiz zur Einhaltung der Sacheinlagekautelen

Lutter[762] führte für eine strenge Rechtsfolge und damit für die bisherige Lehre von der verdeckten Sacheinlage an, dass, „(s)ollen die Regeln zu einem festen Grundkapital[763] ihren Sinn haben, so dürfen sie nicht nur auf dem Papier stehen, sondern müssen dafür sorgen, dass der betreffenden Gesellschaft auch reale Vermögenswerte in Höhe der Kapitalziffer zufließen."

Eine Auflockerung der Rechtsfolgen könnte zur faktischen Konsequenz haben, dass der Inferent einer Sacheinlage jeglichen Anreiz zur Einhaltung der gesetzlichen Schutzvorschriften verlöre und in Folge dessen die generalpräventive Wirkung der Sacheinlagevorschriften verloren ginge.[764] Gegen die Regelung der Rechtsfolgen durch das MoMiG in Form der Differenzhaftung in Verbindung mit der Erfüllungslösung wurde vorgebracht, dass es keinen Sinn mache, zunächst strenge Anforderungen an die Erbringung von Sacheinlagen zu stellen, um eine Umgehung dieses Verfahrens letztlich sanktionslos hinzunehmen.[765] Es gab nach dem Regierungsentwurf sogar schon eine Auflistung derjenigen Fälle, in denen in der Praxis zur verdeckten Sacheinlage unter Bereithaltung eines Werthaltigkeitsgutachtens für den Ernstfall geraten wurde.[766] Auch die Anrechnungslösung wird unter diesem Gesichtspunkt kritisiert. Es sei widersprüchlich, dass das Gesetz bis zur Eintragung der Gesellschaft auf die Einhaltung der Sacheinlagevorschriften bestehe, ab der Eintragung den Umgehungsvorgang jedoch anerkenne und eine Anrechnung vornehme.[767] Die Anrechnungslösung habe zur Konsequenz, dass offene und verdeckte Sacheinlagen nahezu gleich behandelt würden, was in einem Wertungswiderspruch zu der Differenzierung zwischen Bar- und Sacheinlagen stehe.[768] Dieser Kritik ist entgegenzutreten. Die Veränderung durch das MoMiG wird nicht zu

---

762 In: FS Stiefel, S. 507.

763 Bei der GmbH: Stammkapital.

764 *Büchel*, GmbHR 2007, 1065 (1070); *Habersack*, ZHR 170 (2006), 607 (609); *ders.*, in: FS Priester, S. 157 (S. 158); *Joost*, ZIP 1990, 549 (560); *Priester*, in: VGR Die GmbH-Reform in der Diskussion, S. 21. Diese Befürchtung wurde auch von einigen Sachverständigen vor dem Rechtsausschuss vorgetragen: Stellungnahme für die öffentliche Anhörung vor dem Rechtsausschuss am 23.1.2008, *Götte* für die Bundesnotarkammer, S. 4; *Ries*, Stellungnahme für die öffentliche Anhörung vor dem Rechtsausschuss am 23.1.2008, S. 11; *Lutter*, Stellungnahme für die öffentliche Anhörung vor dem Rechtsausschuss am 23.1.2008, S. 7. *Kallmeyer*, DB 2007, 2755 (2757) machte bereits Vorschläge, wann in der Beratungspraxis zur verdeckten Sacheinlage geraten werden sollte.

765 *Büchel*, GmbHR 2007, 1065 (1070); *Dauner-Lieb*, AG 2009, 217 (222); *Goette*, WPg 2008, 231 (234); *Heinze*, GmbHR 2008, 1065 (1067); *Markwardt*, BB 2008, 2414 (2416); *Ulmer*, ZIP 2008, 45 (51); *Veil*, ZIP 2007, 1241 (1243); *Wirsch*, GmbHR 2007, 736 (739). Dieser Widerspruch werde durch die Anrechnungslösung ausgeräumt, *Ulmer*, ZIP 2009, 293 (293 f.).
Bormann, GmbHR 2007, 897 (900) befürchtete, dass mit der Neuregelung die Zahl der verdeckten Sacheinlagen erheblich steigen werde und diese als bewusstes Gestaltungsmittel eingesetzt werde.

766 *Kallmeyer*, DB 2007, 2755 (2757).

767 *Pentz*, in: FS K. Schmidt, S. 1265 (1276).

768 *Markwardt*, BB 2008, 2414 (2416).

einer *„Flucht in die verdeckte Sacheinlage"* führen. Es lassen sich drei Aspekte anführen, die weiterhin die Einhaltung der Sacheinlagekautelen gewährleisten werden: (aa) die Verpflichtung zur Ablehnung der Eintragung der Gesellschaft in das Handelsregister durch das Registergericht, (bb) die in § 19 Abs. 4 S. 5 GmbHG enthaltene Beweislastregel sowie (cc) die das Verhalten von Geschäftsführer und Gesellschafter steuernden Regelungen der §§ 9a, 43, 82 GmbHG.

a) Die Verpflichtung zur Ablehnung der Eintragung einer Gesellschaft in das Handelsregister

Die Vorschrift des § 19 Abs. 4 S. 4 GmbHG besagt, dass eine Anrechnung der verdeckten Sacheinlage erst nach der Eintragung der Gesellschaft in das Handelsregister erfolgt.[769] Der Registerrichter ist dazu verpflichtet, die Eintragung der Gesellschaft trotz Werthaltigkeit der Sacheinlage wegen Missachtung der gesetzlichen Regelungen abzulehnen, wenn er vom Vorliegen einer verdeckten Sacheinlage Kenntnis erlangt, § 9c S. 1 GmbHG.[770] Der Umstand, dass das Registergericht die Eintragung der Gesellschaft in diesem Fall ablehnen muss, schafft Anreiz für die Einhaltung des gesetzlichen Verfahrens.[771] Vorsätzliche verdeckte Sacheinlagen sind weiterhin unzulässig.[772]

Bis zu dem Zeitpunkt der Eintragung der Gesellschaft in das Handelsregister besteht eine unbeschränkte Haftung der Gesellschafter[773], so dass diese auf eine rasche Eintragung hinwirken und dasjenige unterlassen werden, was eine solche verzögern könnte. Zudem ist zu berücksichtigen, dass die Prüfung offener Sacheinlagen durch das Registergericht vereinfacht wurde und dies ebenfalls zur Verringerung des Umgehungsanreizes beiträgt.[774] Durch die Vereinfachung des Verfahrens soll die Eintragungszeit verkürzt werden, womit ein Anreiz für eine Gesetzesumgehung in Zukunft weitgehend entfallen wird.

---

769 Diese Anforderung ist nicht bloß als zeitliche Verschiebung, sondern vor allem als Abhängigkeit von der Bedingung der Eintragung der Gesellschaft in das Handelsregister, vgl. *Maier-Reimer/Wenzel*, ZIP 2009, 1185 (1187).

770 Hierzu: Beschlußempfehlung und Bericht des Rechtsausschusses, BT-Drs. 16/9737, S. 56, hier wird allerdings missverständlich formuliert, dass das Registergericht die Eintragung ablehnen könne; *Pentz*, in: FS K. Schmidt, 1265 (1275); *Ulmer*, ZIP 2009, 293 (300). Entsprechendes gilt gem. § 57a GmbHG für die Kapitalerhöhung.

771 *Fliegner*, DB 2008, 1668 (1669).

772 *Pentz*, in: FS K. Schmidt, S. 1265 (1274); *Rose*, in: Bunnemann/Zirngibl, Auswirkungen des MoMiG auf bestehende GmbHs, § 6 Rn. 13.

773 BGH, Urt. v. 27.1.1997 – II ZR 123/94 = BGHZ 134, 333 = NJW 1997, 1507; *Raiser/Veil*, Recht der Kapitalgesellschaften, § 26 Rn. 110.

774 BT-Drs. 16/6140, S. 40. Das Registergericht kann die Eintragung der Gesellschaft fortan nur noch verweigern, wenn es zu der Überzeugung gelangt, die Sacheinlagen seien *„wesentlich"* überbewertet, § 9c S. 2 GmbHG.

b) Die Beweislastregelung des § 19 Abs. 4 S. 5 GmbHG

Anreiz für die Einhaltung der Sacheinlagekautelen ist weiterhin die in § 19 Abs. 4 S. 5 GmbHG vorgesehene Beweislastregel. Es wird vorgetragen, dass ein Unterschied zwischen offener und verdeckter Sacheinlage fortan nur noch im Rahmen der Beweislastverteilung hinsichtlich der Werthaltigkeit bestehen werde und sich dieser bei einer offenen Sacheinlage jedoch erheblich relativiere, wenn man den Aufwand einer offenen Sacheinlage mitbetrachte.[775] Im Rahmen des Anspruchs aus § 9 GmbHG obliegt die Beweislast der Gesellschaft, im Rahmen des § 19 Abs. 4 GmbHG dem Gesellschafter. Doch wird beanstandet, dass eine Prävention durch die Beweislastverteilung bei einem gut beratenen Gesellschafter dennoch ausbleiben werde.[776] Dieser könne Schwierigkeiten mit dem Nachweis der Werthaltigkeit dadurch vermeiden, dass er die bei einer ordnungsgemäßen Sacheinlage zum Handelsregister einzureichenden Werthaltigkeitsunterlagen bereits bereithält.[777] Dieser Kritik ist zu widersprechen: Gerade die Beweislastregel[778] führt zu einem entscheidenden Unterschied der beiden Fälle: Der Umstand, dass der Gesellschafter die Beweislast für die Werthaltigkeit der Einlage trägt, ist Anreiz dafür, auch in Zukunft die Vorschriften zur Erbringung von Sacheinlagen einzuhalten.[779] Die Bewertung der Sacheinlage wird mit voranschreitender Zeit immer schwieriger, so dass der Inferent das Risiko der späteren Nichtaufklärbarkeit trägt.[780] Insbesondere bei Wirtschaftsgütern, die einem starken Wertverlust ausgesetzt sind, wird dies praktisch durchaus zu Schwierigkeiten führen. Bei der Einbringung wertvoller Vermögensgegenstände wird der Inferent daher selber ein Interesse an der Einhaltung des ordnungsgemäßen Verfahrens und der damit einhergehenden Rechtssicherheit haben.[781] Denn nur durch die Einhaltung des gesetzlich vorgesehenen Verfahrens, also der offenen Sacheinlage, ist er vor einer späteren Inanspruchnahme und dem damit einhergehenden Risiko der späteren Nichtaufklärbarkeit abgesichert. Zudem schützt ihn auch ein

---

775 *Wirsch*, GmbHR 2007, 736 (739); *Kallmeyer*, DB 2007, 2755 (2756 f.) .

776 *Römermann*, GmbH Report 2007, R. 193 (R 194).

777 Stellungnahme für die öffentliche Anhörung vor dem Rechtsausschuss am 23.1.2008 der Centrale für GmbH Dr. Otto Schmidt vom 2.7.2007 zum RegE, abgedruckt in: GmbHR 2007, 754 (756).

778 Zu der Frage, welche Anforderungen an die Qualität des vom Gesellschafter zu erbringenden Beweises zu stellen sind, äußert sich weder das Gesetz noch die Gesetzbegründungen. Letztlich wird die Rechtsprechung hier jedoch Vorgaben machen.

779 DAV, NZG 2007, 735 (740); so auch: *Grunewald*, WM 2006, 2333 (2335); *Triebel/Otte*, ZIP 2006, 1321 (1323); *Winter*, in: FS Priester, S. 867 (874); so bereits: *Einsele*, NJW 1996, 2681 (2689); *K. Schmidt*, in: Blaurock, Das Recht der Unternehmen in Europa, S. 103 (S. 119).

780 *Einsele*, NJW 1996, 2681 (2689); *Winter*, in: FS Priester, S. 867 (874); *ders.*, in: Goette/Habersack, Das MoMiG in Wissenschaft und Praxis, S. 64; *Heckschen*, Das MoMiG in der notariellen Praxis, S. 37.

781 *Einsele*, NJW 1996, 2681 (2689).

sog. *„Schubladengutachten“*[782] nicht: Ein solches kann vielmehr sogar ein Indiz dafür darstellen, dass vorsätzlich der Weg der verdeckten Sacheinlage gewählt wurde, was zu strafrechtlichen Konsequenzen führen würde.[783] Vor diesem Hintergrund ist keinesfalls zur verdeckten Sacheinlage als Gestaltungsmittel zu raten.[784] Zudem wird es ein solches Schubladengutachten in den seltensten Fällen geben: Der Tatbestand der verdeckten Sacheinlage wird vielfach unbewusst verwirklicht.[785] Mit *Habersack*[786] ist dem Inferenten als „homo oeconomicus“ für den Fall, dass er ein Werthaltigkeitsgutachten besitzt, zu empfehlen, den Vermögensgegenstand in Rahmen einer offenen Sacheinlage einzubringen.

c) Die Regelungen der §§ 9a, 43, 82 GmbHG

Schließlich entfalten die §§ 9a, 43, 82 GmbHG verhaltenssteuernde Wirkung[787]: Der Inferent ist zunächst einmal dem Risiko einer Haftung für falsche Angaben nach § 9a GmbHG ausgesetzt.[788] Der Geschäftsführer kann zudem bei der Anmeldung nicht erklären, die Einlageschuld sei erfüllt, wenn er mit einem Gesellschafter die Erbringung einer verdeckten Sacheinlage vereinbart hat.[789] Schließlich muss der Geschäftsführer bei der Anmeldung der Gesellschaft die Versicherung abgeben, dass sich die auf die Stammeinlage zu leistenden Einlagen endgültig in seiner freien Verfügung befinden, § 7 Abs. 2 S. 1 GmbHG. Ist diese Erklärung unrichtig, haftet der Geschäftsführer gem. § 9a Abs. 1 GmbHG und der Gesellschafter gem. § 9a Abs. 2 GmbHG für einen der Gesellschaft entstehenden Schaden. Der Geschäftsführer darf bei vereinbarter Bareinlage, die verdeckte Sacheinlage nicht als Erfüllung annehmen.[790] Hieran hat sich auch durch das MoMiG nichts geändert.

Weiterhin würde ein solches Verhalten den Straftatbestand des § 82 Abs. 1 Nr. 1 GmbHG erfüllen.[791] Zur Konsequenz hätte eine entsprechende Verurteilung, dass der Geschäftsführer für fünf Jahre vom Geschäftsführeramt ausge-

---

782 *Veil*, ZIP 2007, 1241 (1243): Der Inferenten sei gut beraten, in allen möglicherweise als verdeckte Sacheinlage zu qualifizierenden Fällen ein Wertgutachten in seine Schublade zu legen.

783 DAV, NZG 2007, 735 (740); *Schall*, ZGR 2009, 126 (145). Zudem wird am Beweiswert eines solchen Gutachtens gezweifelt, *Maier-Reimer/Wenzel*, ZIP 2008, 1449 (1451).

784 So auch: *Bormann/Urlichs*, GmbHR Sonderheft 2008, 37 (40); *Schall*, ZGR 2009, 126 (145).

785 Zu derselben Problematik im Rahmen des § 27 Abs. 3 AktG n.F.: *Habersack*, AG 2009, 557 (560).

786 Zu derselben Problematik im Rahmen des § 27 Abs. 3 AktG n.F.: *Habersack*, AG 2009, 557 (560); ebenso: *Winter*, in: Goette/Habersack, Das MoMiG in Wissenschaft und Praxis, S. 65.

787 *Fliegner*, DB 2008, 1668 (1669). In Bezug auf die Haftung des Geschäftsführers gem. § 43 GmbHG: *Bayer*, in: Lutter/Hommelhoff, 17. Aufl., § 19 Rn. 51; *Veil*, ZIP 2007, 1241 (1244).

788 *Winter*, in: FS Priester, S. 867 (874).

789 *Maier-Reimer/Wenzel*, ZIP 2008, 1449 (1451); *Schall*, ZGR 2009, 126 (139).

790 Beschlußempfehlung und Bericht des Rechtsausschusses, BT-Drs. 16/9737, S. 97.

791 *Fliegner*, DB 2008, 1668 (1669); *Pentz*, in: FS K. Schmidt, S. 1265 (1274); *Schall*, ZGR 2009, 126 (139); *Seibert/Decker*, ZIP 2008, 1208 (1210).

schlossen würde.[792] Zwar setzt der Tatbestand subjektiv Vorsatz voraus, der nicht allein aufgrund des Bestehens eines zeitlichen sowie sachlichen Zusammenhangs angenommen werden kann[793], doch bleibt zu bedenken, dass in der typischen GmbH regelmäßig Gesellschafter auch Geschäftsführer der selbigen sind. Sie werden daher oftmals Kenntnis haben, so dass es sich bei der Vereinbarung verdeckter Sacheinlagen für diese um ein *„riskantes Spiel"*[794] handelt.[795] Unterlässt der Geschäftsführer es, sich entsprechend der gesetzlichen Vorgaben zu verhalten, haftet er gem. § 43 Abs. 2 i.V.m. Abs. 1 GmbHG.[796] Gem. § 43 Abs. 2 haftet der Geschäftsführer, der in Angelegenheiten der Gesellschaft nicht die Sorgfalt eines ordentlichen Geschäftsmannes anwendet, der Gesellschaft für den deshalb entstandenen Schaden. Das Verabreden der Rückzahlung der Bareinlage stellt eine Pflichtverletzung im Sinne des § 43 Abs. 2 GmbHG dar. Dem Geschäftsführer obliegt die Pflicht zur ordnungsgemäßen Unternehmensleitung. Diese verlangt, dass er den Gesellschaftszweck bestmöglich fördert und zwar unter Einhaltung des durch Gesetz, Satzung und Anstellungsvertrag vorgegebenen Rahmens.[797] Eine Abrede der Rückzahlung der Bareinlage stellt daher eine Pflichtverletzung in diesem Sinne dar.[798] Die aus der falschen Versicherung resultierenden zivil- und strafrechtlichen Haftungsfolgen werden den Geschäftsführer also von einer systematischen Umgehung der Sondervorschriften für Sacheinlagen abhalten.[799] In der Gesamtschau betrachtet üben die gesetzlichen Regeln Druck auf den Geschäftsführer aus, sich entsprechend der Gesetze zu verhalten.

Auch nach der Änderung des § 19 Abs. 4 GmbHG durch das MoMiG wird weiterhin ein Sanktionsgefälle zu Lasten des Inferenten einer verdeckten Sacheinlage bestehen und es daher nicht zu einer *„Flucht in die verdeckte Sacheinlage"* kommen.[800] Das gesetzliche Verfahren einzuhalten, bietet dem Sacheinleger Sicherheit, die er weiterhin haben möchte.

3.) Die Schutzinteressen der Mitgesellschafter

Wie bereits festgestellt, handelt es sich bei den Schutzinteressen der übrigen Gesellschafter um Fragen des Innenrechts, die durch Ansprüche der Gesell-

792 Hierzu: *Bayer*, in: Lutter/Hommelhoff, 17. Aufl., § 6 Rn. 21, 26.

793 *Bayer*, in: Lutter/Hommelhoff, 17. Aufl., § 19 Rn. 73.

794 *Ulmer*, ZIP 2009, 293 (301).

795 Für alle anderen Fälle bezweifelt *Kersting* die abschreckende Wirkung durch die Strafandrohung, da der Vorsatznachweis schwer zu erbringen sein wird, *Kersting*, in: VGR Gesellschaftsrecht in der Diskussion 2008, S. 101 (S. 116 f.).

796 RegE, BT-Drs. 16/6140, S. 40; DAV, NZG 2007 735 (740). Zu diesem Aspekt auch: *Wicke*, GmbHG, § 19 Rn. 28; *Veil*, ZIP 2007, 1241 (1244).

797 *Hommelhoff/Kleindiek*, in: Lutter/Hommelhoff, 16. Aufl., § 43 Rn. 8.

798 *Herrler*, DB 2008, 2346 (2350).

799 RegE, BT-Drs. 16/6140, S. 40.

800 *Wicke*, GmbHG, § 19 Rn. 28; *Gesell*, BB 2007, 2241 (2245); *Habersack*, AG 2009, 557 (560); *Kersting*, in: VGR Gesellschaftsrecht in der Diskussion 2008, S. 101 (S. 117); *Körber/Kliebisch*, JuS 2008, 1041 (1043); *Ulmer*, ZIP 2009, 293 (301); *Schall*, ZGR 2009, 126 (144); DAV, NZG 2007, 735 (740).

schafter untereinander ausreichend geschützt werden können. Vorgeschlagen wird es, den anderen Gesellschaftern vor Eintragung der Gesellschaft einen Unterlassungsanspruch zuzubilligen.[801] Der Mitgesellschafter könnte damit im Wege der actio pro socio den verdeckt einlegenden Gesellschafter oder die Gesellschaft auf Unterlassung des verdeckten Geschäfts in Anspruch nehmen.[802] Hieran erscheint allerdings problematisch, dass eine schuldrechtliche Verpflichtung sowohl der Gesellschaft als auch des Gesellschafters auf Durchführung der Ausführungsgeschäfte besteht. Nach Eintragung der Gesellschaft kommen Schadensersatzansprüche gegen den Gesellschafter wegen Verletzung der Treupflichten sowie gegen den Geschäftsführer in Betracht. Fraglich ist hier, ob die Mitgesellschafter auch Naturalrestitution verlangen können. Dies hätte eine Rückabwicklung der Ausführungsgeschäfte zur Konsequenz. [803] Eine Rückabwicklung der Ausführungsgeschäfte erscheint jedoch nicht interessengerecht. Sollte der Gesellschaft durch die verdeckte Sacheinlage ein Schaden entstehen, ist dieser vom Gesellschafter auszugleichen. Schutzinteressen der Mitgesellschafter stehen der Anrechnungslösung damit nicht entgegen.[804]

4.) Die Gewährleistung von mehr Rechtssicherheit

Gegen die Lehre von der verdeckten Sacheinlage wurde zudem vorgebracht, dass diese zu einem hohen Maß an Rechtsunsicherheit führe[805], da ein Gesellschafter ohne juristisch eingehende Beratung oftmals keine Kenntnis vom Vorliegen einer verdeckten Sacheinlage habe; es fehle ihm regelmäßig an der zutreffenden *„Parallelwertung in der Laiensphäre"*. Unsicherheiten bestanden im Bereich der Bestimmung des Tatbestands der verdeckten Sacheinlage.[806] Die Unkenntnis des Gesellschafters vom Vorliegen einer verdeckten Sacheinlage hatte oftmals zur Konsequenz, dass auch keine Heilung der verdeckten Sacheinlage erfolgte. Kenntnis vom Vorliegen einer solchen erlangte der Gesellschafter dann erst in der Insolvenz der Gesellschaft, in der eine Heilung nicht mehr möglich war.[807] Die immer weitergehende Ausdifferenzierung des Tatbestandes der verdeckten Sacheinlage durch die Rechtsprechung führte dazu, dass der Gesellschafter zu wenig Rechtssicherheit hinsichtlich eines „richtigen" Verhaltens antraf. Die Neuregelung schafft zwar nicht mehr Rechtssicherheit im Bereich der Bestimmung des Tatbestands verdeckter Sacheinlagen,

---

801 Vgl. hierzu: *Bayer*, in: Lutter/Hommelhoff, 17. Aufl., § 19 Rn. 66.

802 *Markwardt*, BB 2008, 2414 (2417); hierzu auch bereits: *Veil*, ZIP 2007, 1241 (1244).

803 *Markwardt*, BB 2008, 2414 (2417).

804 Es bestanden wohl die Vorschläge, verdeckte Sacheinlagen vom Einverständnis der anderen Gesellschafter abhängig zu machen, DAV, WiB 1996, 707 (711) sowie den anderen Gesellschaftern Unterlassungsansprüche im Wege der actio pro socio einzuräumen, *Markwardt*, BB 2008, 2414 (2417).

805 *Gesell*, BB 2007, 2241 (2241); *Schöpflin*, GmbHR 2003, 57 (57).

806 Vgl. oben insbesondere die Ausführungen zum Ausschüttungs-Rückhol-Verfahren, Kap. 2 D IV (Seite 38).

807 *Heidenhain*, GmbHR 2006, 455 (455); *Krieger*, ZGR 1996, 674 (691); *Triebel/Otte*, ZIP 2006, 1321 (1323).

doch gerade wegen dieser bestehenden Unsicherheiten ist eine Abmilderung der Rechtsfolgen rechtspolitisch wünschenswert und daher zu begrüßen.

C. Ergebnis

Natürliche Personen entscheiden sich gerade für eine Beteiligung an einer Kapitalgesellschaft, weil nach der Leistung der Einlage Gewissheit darüber herrscht, dass die Gesellschafter nicht mit ihrem privaten Vermögen für die Verbindlichkeiten der Gesellschaft haften. Solange gewährleistet ist, dass der Gesellschafter diese Einlage einmal wertmäßig erbringt, ist eine weitergehende Belastung des Gesellschafters weder erforderlich noch angemessen, noch entspricht dies dem Wesen der Kapitalgesellschaft. Eine Analyse des Rechtsinstituts der verdeckten Sacheinlage zeigt eindeutig, dass die vor der Veränderung durch das MoMiG angewandten *„katastrophalen"* Rechtsfolgen zwar konsequent, aber über das mit ihr verfolgte Ziel hinausgehend und daher nicht weiter aufrecht zu erhalten waren. Ihr Ziel, die Gewährleistung einer realen Kapitalaufbringung sicherzustellen, kann ebenso durch den weniger einschneidenden Lösungsansatz einer Anrechnung des Wertes des verdeckt eingelegten Gegenstandes – wie ihn § 19 Abs. 4 GmbHG wählt – erreicht werden. Abschließend lässt sich feststellen, dass der Gesetzgeber nun einen – im Ergebnis – angemessenen Lösungsweg gewählt hat: Einerseits wird am System der realen Kapitalaufbringung und damit an einem Schutz der Gesellschaftsgläubiger und der Mitgesellschafter festgehalten, andererseits schafft es der Gesetzgeber, die Rechtsfolgen auf ein angemessenes Maß zurückzuführen.[808] Eine Sanktion findet allein im Wege der strafrechtlichen Vorschrift des § 82 GmbHG statt; dies erscheint angemessen. Die Neubestimmung der Rechtsfolgen verdeckter Sacheinlagen durch die Regelung des § 19 Abs. 4 GmbHG ist auch unter dem Aspekt zu begrüßen, dass an den gesellschaftsrechtlichen Kenntnisstand der Beteiligten im Bereich kleiner und mittelständischer Unternehmen keine überzogenen Erwartungen gestellt werden dürfen und dies oftmals der Grund dafür sein wird, dass verdeckte Sacheinlagen als solche nicht entdeckt werden.[809]

Sowohl die dogmatischen als auch die mit dem „offen gebliebenen" Bereicherungsanspruch des Gesellschafters verbunden Schwierigkeiten stehen der grundsätzlichen Befürwortung der Neuregelung nicht entgegen. Diesen wird die Rechtsprechung eine praktikable Lösung zuführen. Ob die Regelung des § 19 Abs. 4 GmbHG n.F. den Bedürfnissen der Praxis vollumfänglich standzuhalten vermag, wird sich zeigen müssen.

Allein an den weiterhin bestehenden Abgrenzungsschwierigkeiten zwischen den einzelnen Rechtsinstituten ist Kritik zu äußern. De lege ferenda sollte über die Möglichkeit einer Vereinfachung der Rechtslage nachgedacht werden.

---

808 DAV, WiB 1996, 707 (710); *Maier-Reimer/Wenzel*, ZIP 2008, 1449 (1450); *Noack*, DB 2007, 1395 (1397).

809 So auch RegE, BT-Drs. 16/6140, S. 40.

Kapitel 6: Die verdeckte Sacheinlage im Aktienrecht nach dem ARUG

A. Die Ziele des ARUG

Das Aktiengesetz wurde durch das ARUG[810] zum 01.09.2009 geändert. Durch das ARUG sollte zum einen die so genannte Aktionärsrechterichtlinie umgesetzt werden zum anderen wurde das Gesetzgebungsverfahren zum Anlass genommen, das Aktienrecht auf den von der Richtlinie angesprochenen Gebieten einerseits zur Entlastung der Gesellschaften sowie im Interesse der Aktionäre zu modernisieren, zu deregulieren und zu flexibilisieren. Im Bereich des Sacheinlageverfahrens soll von der Deregulierungsoption aus der Änderungsrichtlinie[811] zur Richtlinie 77/91/EWG Gebrauch gemacht werden.[812]

B. Die Deregulierung der Kapitalrichtlinie

Die 2. Gesellschaftsrechtliche Richtlinie gibt europäische Vorgaben unter anderem für die Finanzverfassung von Aktiengesellschaften vor. Die Kapitalrichtlinie wurde durch die Änderungsrichtlinie 2006/68/EG[813] vom 6. September 2006 dereguliert. Trotz der Forderung aus dem Vereinigten Königreich, das feste Kapital als europaweit verbindliche Regelung durch Aufhebung der 2. Gesellschaftsrechtlichen Richtlinie abzuschaffen,[814] hält der Europäische Gesetzgeber weiterhin am System des festen Kapitals fest. Doch sind nunmehr im Bereich der Erbringung von Sacheinlagen Vereinfachungen vorgesehen.[815] Die Kommission ist der Ansicht, dass eine Vereinfachung und Modernisierung der Richtlinie 77/91/EWG wesentlich zur Steigerung der Leistungs- und Wettbewerbsfähigkeit der Unternehmen beitragen kann, ohne den Aktionärs- oder Gläubigerschutz zu verringern.[816] Eine Änderung sollte insbesondere in der Weise erfolgen, dass die Mitgliedstaaten den Aktiengesellschaften gestatten können, Aktien für die Einbringung von Sacheinlagen auszugeben, ohne die Aktiengesellschaften zu einer Bewertung durch einen Sachverständigen zu verpflichten, wenn es für die Bewertung der betreffenden Sacheinlage einen klaren Anhaltspunkt gibt. Die Kommission geht davon aus, dass das derzeit

---

810 Referentenentwurf vom 6.5.2008; Regierungsentwurf vom 5.11.2008; Beschlussempfehlung und Bericht des Rechtsausschuss, Drs. 16/13098; BGBl. I, 2479; BR-Drs. 512/09 vom 29.05.2009.

811 Richtlinie 2006/68/EG des Europäischen Parlaments und des Rates vom 6. September 2006 zur Änderung der Richtlinie 77/91/EWG des Rates in Bezug auf Gründung von Aktiengesellschaften und die Erhaltung und Änderung ihres Kapitals.

812 Beschlußempfehlung und Bericht des Rechtsausschusses zu dem Gesetzentwurf der Bundesregierung – Drucksache 16/11642, Drs. 16/13098, S. 1.

813 Richtlinie 2006/68/EG des Europäischen Parlaments und des Rates vom 6. September 2006 zur Änderung der Richtlinie 77/91/EWG des Rates in Bezug auf Gründung von Aktiengesellschaften und die Erhaltung und Änderung ihres Kapitals.

814 Rickford-Bericht: Rickford, Reforming Capital, 2004, EBLR, 919 ff.

815 Vgl. hierzu: Kap. 1 C II 2.) a) cc) (S. 15 ff.); *Westermann*, ZHR 172 (2008), 144 ff.

816 Richtlinie 2006/68/EG des Europäischen Parlaments und des Rates vom 6. September 2006 zur Änderung der Richtlinie 77/91/EWG des Rates in Bezug auf die Gründung von Aktiengesellschaften und die Erhaltung und Änderung ihres Kapitals (S. 1).

vorgeschriebene Bewertungsgebot so durch mindestens gleichwertige Schutzvorkehrungen ersetzt wird.[817] Die Vereinfachungen des Sacheinlagerechts sind zu begrüßen. Der Nutzen, welcher sich aus einer umfassenden Bewertung bereits zuverlässig bewerteter Sacheinlagen ergibt, rechtfertigt den Aufwand des Verfahrens, insbesondere den hiermit einhergehende Zeit- sowie Kostenaufwand, nicht. Der Umstand, dass die Kapitalrichtlinie im Bereich der Sacheinlagen vereinfacht wird, zeigt, dass nicht in allen Fällen von Sacheinlagen ein derart aufwendiges Bewertungs- und Prüfungsverfahren erforderlich ist, wie es das bislang vorgesehen war. Die Vereinfachungen des Sacheinlageverfahrens könnten dazu führen, dass der Anreiz, dieses zu umgehen, in einer Vielzahl von Fällen in der Zukunft sehr gering sein wird.

C. Die Regelung der verdeckten Sacheinlagen in § 27 Abs. 3 AktG durch das ARUG

I. Diskussion bis zur Veränderung des AktG durch das ARUG

Hatte der Gesetzgeber auf Kritik und Anregung aus der Praxis reagiert und das Rechtsinstitut der verdeckten Sacheinlage im GmbH-Recht normiert und damit, insbesondere die Problematik um die Rechtsfolgen verdeckter Sacheinlagen, einer gesetzgeberischen Lösung zugeführt, stellte sich die Frage, ob die Reform des GmbH-Gesetzes Auswirkungen auf die Rechtslage für Aktiengesellschaften haben würde oder dieser eine entsprechende Veränderung des Aktiengesetzes nachfolgen sollte. Bereits im Rahmen des MoMiG wurden „Nachbesserungen" am Aktiengesetz vorgenommen.[818] In das Aktiengesetz wurde durch das MoMiG jedoch keine dem § 19 Abs. 4 GmbHG n.F. entsprechende Regelung aufgenommen. Wohl wurde im Reformprozess über die Frage der Anpassung des Aktiengesetzes nachgedacht. Dies lässt sich den Gesetzesmaterialien entnehmen.[819]

1.) Gesetzgeber

Der Gesetzgeber ließ bereits im Gesetzgebungsverfahren zum MoMiG und in dem zum Teil parallel verlaufenden Verfahren zum ARUG erkennen, dass er einer Anpassung des AktG an § 19 Abs. 4 GmbHG nicht abgeneigt war. Jedoch wollte er *„die Akzeptanz der für die GmbH in dem Gesetz zur Modernisierung des GmbH-Rechts und zur Bekämpfung von Missbräuchen gefundenen Regelung"*[820] zunächst einmal abwarten.[821]

---

817 Arbeitsunterlagen der Kommission, Erläuterung der Änderungsvorschläge, S. 1.

818 Bspw. Änderung des § 5 Abs. 1 AktG, Aufhebung des § 36 Abs. 2 S. 2 AktG, Änderung des § 37 AktG sowie des § 57 AktG, vgl. BGBl. I 2026 (2034).

819 Begründung RegE, BT-Drucks. 354/07, S. 118.

820 RegE ARUG, BR-Drs. 847/08, S. 2 (Allg. Teil).

821 *Bayer*, in: Schmidt/Lutter, 2. Aufl., § 27 Rn. 56 ist der Ansicht, dass der Gesetzgeber gut beraten gewesen wäre, wenn er tatsächlich abgewartet hätte und die Erfahrungen im GmbH-Recht – vor der inhaltsgleichen Übernahme in das Aktienrecht – zunächst analysiert hätte.

2.) Rechtsprechung: Die Entscheidungen Lurgi und Rheinmöve

Die Entscheidungen *Lurgi*[822] und *Rheinmöve*[823] liegen zeitlich innerhalb des Gesetzgebungsprozesses zum MoMiG. Die Entscheidung *Lurgi II*[824] liegt zeitlich nach der Reform des GmbHG, aber innerhalb des Gesetzgebungsverfahrens zum ARUG. Alle drei Entscheidungen beschäftigen sich inhaltlich mit der gemischten verdeckten Sacheinlage in der Aktiengesellschaft.

In der Entscheidung *Lurgi*[825] ging es um die Rechtsvorgängerin der Beklagten, eine GmbH, die im Rahmen einer Barkapitalerhöhung ein Jahr nach deren Gründung Anteile an einer AG erworben hatte. Die Einlageschuld betrug 30.000 DM nebst Agio in Höhe von 2 Mio. DM. In unmittelbarem zeitlichem Zusammenhang verpflichtete sich die Erwerberin zur Herstellung einer Industrieanlage für den Preis von 292,2 Mio. DM für die Gesellschaft. In der Folgezeit stellte sich jedoch heraus, dass es der AG nicht möglich war, die Anlage wirtschaftlich zu betreiben. Über das Vermögen der AG musste das Insolvenzverfahren eröffnet werden. Der Insolvenzverwalter klagte nunmehr auf Rückzahlung des geleisteten Werklohns aus § 62 Abs. 1 S. 1 i.V.m. § 52 Abs. 1 S. 2 AktG, weil der Werkvertrag ein unwirksames Nachgründungsgeschäft gewesen sei. Der BGH sah hier eine verdeckte gemischte Sacheinlage[826] mit der Folge, dass die Bareinlageverpflichtung mangels befreiender Zahlung noch fortbestand und das gem. § 183 Abs. 2 S. 1 AktG unwirksame Verkehrsgeschäft rückabzuwickeln war.

In der Entscheidung *Rheinmöve*[827] ging es um die R-AG, die als Vorratsgesellschaft entstanden und später als Auffanggesellschaft für eine „übertragende Sanierung" der R-GmbH & Co. KG (R-KG) verwendet wurde. Die R-KG übernahm im Rahmen einer Kapitalerhöhung bei der R-AG Aktien der selbigen. In sachlichem und zeitlichem Zusammenhang schlossen die beiden Gesellschaften einen Kaufvertrag, durch welchen die R-AG den Betrieb sowie die Aktiva und Passiva der R-AG übernahm. Der Insolvenzverwalter der R-AG machte nunmehr Ansprüche u.a. gegen die R-KG geltend, da es sich bei der Einbringung des Betriebs sowie der Aktiva und Passiva im Wege des Kaufvertrages um eine gemischte verdeckte Sacheinlage handele.

Beide Entscheidungen – ebenso wie die Entscheidung *Lurgi II* – beschäftigen sich mit der Anwendbarkeit der Grundsätze der gemischten verdeckten Sacheinlage im Zusammenhang mit Kapitalerhöhungen in der AG.[828] Eine Auseinandersetzung damit, ob die Veränderung des GmbHG Auswirkungen auf die

---

822 BGH, Urt. v. 9.7.2007 – II ZR 62/06 = ZIP 2007, 1751; hierzu: *Habersack*, ZGR 2008, 48 ff.

823 BGH, Urt. v. 18.2.2008 – II ZR 132/06 = NZG 2008, 425.

824 BGH, Urt. v. 11.5.2009 – II ZR 137/08 = DB 2009, 1285.

825 Vereinfachte Darstellung des Sachverhalts der Entscheidung BGH, Urt. v. 9.7.2007 – II ZR 62/06 = BGHZ 173, 145 = ZIP 2007, 1751 ff. Vgl. auch die Kritik aus der Literatur: *Martens*, AG 2007, 732 ff.

826 Zur verdeckten gemischten Sacheinlage nach neuem Recht: BGH, Urt. v. 22.3.2010 – II ZR 12/08 (ADCOCOM) = NJW 2010, 1948 (1953 ff.).

827 BGH, Urt. v. 18.2.2008 – II ZR 132/06 = NZG 2008, 425 ff. – sehr verkürzte Darstellung des Sachverhalts.

828 Ebenso BGH, Urt. v. 11.5.2009 – II ZR 137/08 = DB 2009, 1285 (1285 ff.).

Rechtslage im Aktienrecht haben könnte oder sollte, blieb jedoch aus. Vielmehr bekräftigte der BGH seine ständige Rechtsprechung. Eine Änderung der Rechtsprechung erfolgte nicht. Auch für die Zukunft war damit nicht mit einer Veränderung der Rechtsprechung bei gleich bleibender gesetzlicher Lage zu rechnen.[829]

3.) Literatur

Innerhalb der Literatur war das Meinungsbild gespalten. Gegen eine Anpassung des Aktiengesetzes an die Vorschrift des § 19 Abs. 4 GmbHG n.F. sprachen sich insbesondere *Dauner-Lieb*[830] und *Pentz*[831] aus. Beide begründeten ihre Ansicht mit systematischen Bedenken gegen eine Anpassung.[832] Befürwortet wurde eine Anpassung demgegenüber neben dem Handelsrechtsausschuss des Deutschen Anwaltsvereins[833] auch von *Kersting*[834], der keinen sachlichen Grund für eine unterschiedliche Behandlung von GmbH und AG im Bereich der Rechtsfolgen verdeckter Sacheinlagen sah. Zudem empfand er die Rechtslage im Aktienrecht als besonders unbefriedigend, da hier nicht die Möglichkeit einer Heilung bestand.[835] *Grunewald*[836] sprach sich für eine analoge Anwendung des § 19 Abs. 4 GmbHG auf die AG aus. Auf die vorgetragenen Argumente für bzw. gegen eine Gleichbehandlung soll an späterer Stelle noch detaillierter eingegangen werden. Eine analoge Anwendung, aber auch eine sonstige Annäherung an das GmbH-Recht gestaltete sich allerdings als durchaus schwer bis unmachbar.[837]

---

829 Ebenfalls zu dieser Einschätzung kommend: *Schall*, ZGR 2009, 126 (154).

830 AG 2009, 217 ff.

831 GmbHR 2009, 505 (508).

832 *Dauner-Lieb*, AG 2009, 217 ff.; *Pentz*, GmbHR 2009, 505 (508).

833 NZG 2007, 735 (740).

834 *Kersting*, AG 2008, 883 ff.; *Kersting*, in: VGR Gesellschaftsrecht in der Diskussion 2008, S. 101 (S. 125).

835 *Kersting*, in: VGR Gesellschaftsrecht in der Diskussion 2008, S. 101 (S. 127). Mit Verweis auf: §§ 27 Abs. 4, 183 Abs. 2 S. 4 AktG.

836 *Grunewald*, GesellR, S. 252 f.

837 Eine analoge Anwendung des § 19 Abs. 4 GmbHG auf die AG scheiterte am Vorliegen einer planwidrigen Regelungslücke (*Bormann/Urlichs*, GmbHR 2008, Sonderheft MoMiG, 37 (42); *Dauner-Lieb*, AG 2009, 217 (225); *Theusinger*, BB 2009, 183 (185); *Schäfer*, in: FS Hüffer, 2010, S. 863 (S. 864)): Nach dem Regierungsentwurf des MoMiG sollten die Rechtsfolgen verdeckter Sacheinlagen für die Rechtsform der Aktiengesellschaft erst im Zuge der Umsetzung der geänderten 2. Gesellschaftsrechtlichen Richtlinie gesetzlich geregelt werden (Begründung RegE, BT-Drucks. 354/07, S. 118). In der Begründung des Regierungsentwurfs heißt es hierzu: "*Die Änderungen des Aktiengesetzes beruhen auf dem Gedanken, dass sich die insoweit hinsichtlich der Änderungen des Gesetzes betreffend die Gesellschaften mit beschränkter Haftung angestellten Erwägungen auf das Recht der Aktiengesellschaft sinnvoll übertragen lassen. Auch hier bestehen gleich gelagerte Regelungsbedürfnisse. (…) Zudem soll die Deregulierung der Sacheinlage im Aktienrecht im Rahmen der Umsetzung der durch die Richtlinie 2006/68/EG geänderten 2. Gesellschaftsrechtlichen Richtlinie in Angriff genommen werden und wird daher aus dem vorliegenden Entwurf ausgeklammert.*"(BT-Drs. 16/6140, S. 40).

4.) Stellungnahme

Ob die Problematik verdeckter Sacheinlagen im Aktiengesetz eine dem § 19 Abs. 4 GmbHG entsprechende Regelung erfahren sollte, wurde kontrovers diskutiert. Im Rahmen dieser Diskussion wurde darauf hingewiesen, dass, unabhängig davon, für wie berechtigt die Kritik an den Rechtsfolgen der Lehre von der verdeckten Sacheinlage gehalten wird, letztlich zu konstatieren sei, dass die an die Umgehung der Sachgründungsvorschriften anknüpfenden Rechtsfolgen zusammen mit den Sacheinlagekautelen ein geschlossenes, konsequentes System darstellen. Die Rechtsprechung gewährleistete hierdurch, eine reale Kapitalaufbringung in jeglicher Konsequenz.[838] Der Umstand, dass das Aktienrecht traditionell strenger als das GmbH-Recht ist, nicht zuletzt, da es sich bei der AG um eine Publikumsgesellschaft handelt und neben den Interessen der Gläubiger die durchaus unterschiedlich gelagerten Interessen der verschiedenen Aktionärsgruppen[839] treten, könnte indes für eine unterschiedliche Behandlung der beiden Rechtsformen sprechen. *Bayer* äußerte die Besorgnis, dass die Einführung einer Differenzhaftung für Umgehungen der Sachgründungsvorschriften für das Kapitalschutzsystem der AG in seiner Gesamtheit nicht geringe Gefahren berge.[840] Es könne nicht auf jeglichen präventiven Kapitalschutz verzichtet werden. Vielmehr müsse der Schutzzweck der Sachgründungsvorschriften beachtet werden. *Dauner-Lieb*[841] bezweifelte die Rechtsähnlichkeit der Problemlagen in beiden Rechtsformen aus *„grundlegend systematischen Gründen"*: Das MoMiG habe zwar formal betrachtet das präventive Kapitalschutzsystem auch in der GmbH beibehalten, doch dessen Überzeugungskraft in verschiedenen Einzelregelungen geschwächt. Eine Gesamtschau der Veränderungen durch das MoMiG zeige, dass sich die GmbH im Bereich der Kapitalaufbringung und Kapitalerhaltung nunmehr an das KG-Recht annähere. *Pentz* lehnte eine Übernahme der Regelung des § 19 Abs. 4 GmbHG in das AktG ab, da eine solche *„mit Blick auf die Schutzbedürftigkeit spä-*

Auch der von *Kersting* (AG 2008, 883 (885 f.).) unternommene Versuch einer Annäherung an das GmbH-Recht führte nicht zu einer zufriedenstellenden Rechtslage. Er schlug vor, dass unter Beachtung des gesetzgeberischen Willens, welcher durch § 19 Abs. 4 GmbHG zum Ausdruck kommt, die Rechtsfolgen der verdeckten Sacheinlage im Aktienrecht durch Anwendung einer *„gesellschaftsrechtlichen Saldotheorie"* zumindest zum Teil an das GmbH-Recht angenähert werden könnten: Sämtliche Ansprüche zwischen Gesellschafter und Gesellschaft würden dann, wenn es sich um bereicherungsrechtliche und nicht um sachenrechtliche Ansprüche handelt, miteinander saldiert. Diesem Ansatz stand entgegen, dass er sich nicht mit den (bisherigen) rechtlichen Wertungen in Einklang befand und sich zudem entgegenhalten lassen muss, dass dies eine Auslegung contra legem voraussetzen würde.

838 *Dauner-Lieb*, AG 2009, 217 (218 f.).

839 Zu den verschiedenen Aktionärstypen: *Raiser/Veil*, Recht der Kapitalgesellschaften, § 9 Rn. 6.

840 *Bayer*, in: Bayer/Habersack: Aktienrecht im Wandel, Band II, Rn.105 (S. 750).

841 AG 2009, 217 ff.

ter hinzukommender Aktionäre mit dem Charakter der AG als Publikumgesellschaft und mit den übrigen Vorgaben des Aktiengesetzes unverträglich" sei.[842]

Aus der Einordnung der GmbH als Rechtsform zwischen der KG einerseits sowie der AG andererseits lassen sich letztlich keine Rückschlüsse für oder gegen eine Gleichbehandlung von AG und GmbH im Bereich der Rechtsfolgen verdeckter Sacheinlagen herleiten.

Die GmbH steht im Gefüge der Rechtsformen traditionell zwischen der Aktiengesellschaft einerseits und den Personengesellschaften andererseits. Die Schaffung der Rechtsform der GmbH im Jahre 1892 geht auf eine Verschärfung der Regelungen zur Aktiengesellschaft zurück. Der Gesetzgeber wollte durch die Schaffung der GmbH dem Bedürfnis des Wirtschaftsverkehrs nach einer Rechtsform, die es einem kleineren Kreis von Gesellschaftern ermöglicht, ohne persönliche Haftung am Markt tätig zu werden, nachkommen.[843] Die Rechtsform der GmbH sollte auf den Zusammenschluss von wenigen Gesellschaftern nach Art der OHG oder KG zugeschnitten sein, jedoch als Wesensmerkmal die beschränkte Haftung der Gesellschafter ebenso wie in der AG haben.[844] Gegenüber der AG sollte sie sich durch *„ein Weniger an gerichtlicher Kontrolle und einem Mehr an Vertragsfreiheit"* auszeichnen.[845] Weiterhin gestaltete der Gesetzgeber sie bewusst als die flexiblere Rechtsform aus.[846] Da sich die GmbH an typisch körperschaftlichen Elementen wie beispielsweise der Fremdorganschaft und dem Mehrheitsprinzip orientierte, wurde sie auch als *„kleine Schwester"* der Aktiengesellschaft bezeichnet.[847]

Auch im Rahmen der GmbH-Novelle 1980 ging man bei der Frage der Übertragbarkeit aktienrechtlicher Regeln davon aus, dass die Vorschriften des

---

842 *Pentz*, GmbHR 2009, 505 (508).

843 *Wilhelm von Oechselhäuser* sprach von einem Bedürfnis nach einer Gesellschaftsform *„auf individualistischer Grundlage, aber mit beschränkter Haftung"*, *Oechselhäuser*, An die preußischen Handelskammern und kaufmännischen Korporationen, S. 3; zitiert nach *Schubert*, in: FS 100 Jahre GmbHG, S. 1 (5). In der amtlichen Begründung zum GmbHG heißt es hierzu, dass die GmbH eine *„Mittelstellung"* zwischen der *„streng individualistischen Gesellschaftsform nach Art der offenen Handelsgesellschaft"* und der AG einnehmen solle, amtliche Begründung zum GmbHG, S. 35

844 *Ulmer*, in: Großkomm. GmbHG, Einl. A Rn. A3. *Von Oechselhäuser* schlug eine an den Personengesellschaften orientierte Rechtsform vor. Demgegenüber war der „Entwurf eines Gesetzes betreffend die Gesellschaften mit beschränkter Haftung" eher am Leitbild der kleinen AG orientiert. Auch entschied sich der Gesetzgeber dafür, dass die GmbH doch auch auf den Zusammenschluss eines größeren Gesellschafterkreises gerichtet sein sollte.

845 *Bayer*, ZGR 2007, 220 (222): Federführend insoweit der zuständige Referent im Reichsjustizamt Eduard Hoffman.

846 *Mosthaf*, Die Reformen des GmbH-Rechts, S. 15.

847 *Brodmann*, GmbHG, 1924, § 1 Anm. 2. Diese Sichtweise hat sich allerdings im Laufe der Jahre gewandelt. Immer mehr wurde eine Abgrenzung von der Rechtsform der Aktiengesellschaft gefordert. Der Referentenentwurf aus dem Jahr 1969, welcher weitestgehend nach dem Vorbild des Aktiengesetzes von 1937 gestaltet war, stieß durchweg auf Ablehnung: *„Die GmbH darf keine kleine AG werden"* war das Ziel der Kritiker, *Centrale für GmbH*, GmbHR 1969, 95 f. Auch heute wird dies bestätigt: *Bayer*, ZGR 2007, 220 (228).

Aktiengesetzes auf die Bedürfnisse einer Kapitalgesellschaft mit meist einer Vielzahl von anonymen Aktionären zugeschnitten und daher nicht ohne weiteres für die GmbH mit in der Regel wenigen, nicht selten persönlich verbundenen Gesellschaftern geeignet seien.[848] In einem Bericht verschiedener Abgeordneter heißt es hierzu: *„Vorschriften aus dem Aktiengesetz werden daher nur übernommen, wenn aufgrund einer gleichgearteten Interessenlage in beiden Gesellschaften auch eine gleichgeartete Regelung gerechtfertigt erscheint."*[849] Die GmbH gilt inzwischen für viele als die personalistischere Rechtsform und ist in der Praxis in der Regel auf den Zusammenschluss von wenigen Gesellschaftern, die sich untereinander kennen, gerichtet.[850] In der Rechtstatsächlichkeit steht die GmbH, zumindest was die Gesellschafterstruktur anbelangt, also den Personengesellschaften näher als der AG.[851]

Für einen Gleichlauf von GmbH und AG im Bereich der Rechtsfolgen verdeckter Sacheinlagen lässt sich jedoch vorbringen, dass sich die Kapitalschutzsysteme beider Rechtsformen durchaus ähnlich sind. Beide haben ein festes Grund- bzw. Stammkapital, welches durch strenge Kapitalaufbringungs- und Kapitalerhaltungsvorschriften geschützt wird. Bei beiden Gesellschaftsformen stellen diese Schutzvorschriften das Korrelat zur beschränkten Haftung dar.[852] Die durch § 27 Abs. 3 AktG n.F. nunmehr vorgenommene gesetzliche Anpassung des Aktienrechts an das GmbH-Recht ist unter folgendem Gesichtspunkt zu begrüßen: Im Bereich des Kapitalaufbringungsrechts sind GmbH und AG stark aneinander angenähert. Beide Rechtsformen haben ein striktes Kapitalaufbringungsrecht. Im Bereich der Kapitalerhaltung ist die Rechtsform der GmbH weniger streng gestaltet als diejenige der AG, im Kapitalaufbringungsrecht gelten demgegenüber für beide strenge, zwingende Vorschriften. Wie bereits festgestellt, hat sich das Kapitalaufbringungsrecht der GmbH seit Schaffung der GmbH immer weiter an dasjenige der AG angenähert. Der Gesetzgeber führte 1977 im Entwurf zur GmbH-Novelle aus, dass *„wegen der gleichen Interessenlage"* § 27 Abs. 2-4 AktG unverändert ins GmbHG übernommen werden sollen.[853]

---

848 Vgl. Bericht der Abgeordneten Lambinus, Helmrich und Kleinert für den Rechtsausschuss, BT-Drs. 8/3908, S. 67.

849 Vgl. Bericht der Abgeordneten Lambinus, Helmrich und Kleinert für den Rechtsausschuss, BT-Drs. 8/3908, S. 67.

850 Derzeit schätzt man den Anteil der Gesellschaften mit beschränkter Haftung mit nur einem einzigen Gesellschafter auf 40% und denjenigen der zweigliedrigen Gesellschaften auf 30%, *Kornblum/Hampf/Naß*, GmbHR 2000, 1240 (1245, 1249 f.).

851 Der Strukturunterschied zwischen AG und GmbH wird insbesondere darin gesehen, dass die AG eine „reine" Kapitalgesellschaft ohne alle personalistischen Züge ist und sie anders als die GmbH den Urtyp des Kapitalsammelbeckens darstellt, der auf ständigen Mitgliederwechsel angelegt ist. Jedoch besteht die Ansicht, dass *„(d)ie Grundregeln beider Gesellschaftsformen(...) sehr ähnlich (sind).", Mellert/Verfürth*, Wettbewerb der Gesellschaftsformen.

852 Vgl. Kap. 1 A (S. 7).

853 BT-Drs. 8/1347, S. 30.

Zudem haben sich im Bereich der Kapitalaufbringung, insbesondere im Umgang mit verdeckten Sacheinlagen, Literatur und Rechtsprechung für beide Gesellschaftsformen parallel entwickelt und stark aneinander angenähert.[854] [855] Die lange Zeit herrschende Lehre erachtet bei verdeckten Sacheinlagen im GmbH-Recht nur das schuldrechtliche Verpflichtungsgeschäft für unwirksam, nicht aber das dingliche Verfügungsgeschäft.[856] Nachdem der BGH diese Frage zunächst offen gelassen hatte[857], stellte er in seiner Entscheidung vom 7.7.2003[858] jedoch fest, dass die Rechtsfolgen verdeckter Sacheinlagen auch im Recht der GmbH in der Unwirksamkeit sowohl des schuldrechtlichen Verpflichtungsgeschäfts als auch des dinglichen Erfüllungsgeschäfts bestehen, § 27 Abs. 3 S. 1 AktG analog anzuwenden ist.[859] Begründet hat der BGH die Möglichkeit einer analogen Anwendung damit, dass bereits § 5b Abs. 2 RegE zur GmbH-Novelle 1980 einer derartige Lückenfüllung der Regelungslücke vorsah und dieser nur deshalb nicht Gesetz wurde, weil der Reformgesetzgeber davon ausgegangen war, dass diese *„inhaltlich weitgehend geltendem Recht"* entspreche und ein Regelungsbedürfnis daher nicht bestehe.[860] Unter diesem Aspekt erschien dem BGH eine *„vollständige Analogie"* daher geboten. Des Weiteren sah der BGH keine überzeugenden Gründe, warum im GmbH-Recht eine vom Aktienrecht abweichende Rechtslage bestehen sollte.[861] Die Sacheinlagevorschriften sollen sowohl im AktG als im GmbHG zum Schutze der Gläubiger jeweils Offenlegung und Kontrolle der Sacheinlageleistung sicherstellen. Für eine Analogie sprach neben den sich aus der Wirksamkeit des dinglichen Rechtsgeschäfts ergebenden Rückabwicklungsproblemen eben auch, dass es sich bei der Frage nach den Rechtsfolgen verdeckter Sacheinlagen im GmbH- und Aktienrecht um ein einheitliches Regelungsproblem han-

---

854 *Heidinger*, in: Spindler/Stilz, AktG, 1. Aufl., § 27 Rn. 100. Vgl. Kap. 2 E (S. 38 ff.).

855 *Fleischer* führt zur Kapitalaufbringung aus, dass die GmbH wie die AG Kapitalgesellschaft sei, da auch für sie die zwingenden Grundsätze der Kapitalaufbringung und Kapitalerhaltung gelten. Da das Institut des Garantiekapitals zuerst für die AG ausgearbeitet wurde, biete deren Finanzverfassung einen reichhaltigen Fundus analogiefähiger Vorschriften. Die Regelungen der Kapitalaufbringung bei der GmbH weisten sowohl im Konzept als auch in den einzelnen Elementen grundsätzlich keine Unterschiede zur AG auf, *Fleischer*, GmbHR 2008, 673 (679); *Schüppen/Schaub*, Anwalts Handbuch Aktienrecht, § 2 Rn. 26.

856 *Ulmer*, in: Hachenburg, GmbHG, 8. Aufl., 1992, § 19 Rn. 113 f.; *Lutter/Hommelhoff*, 15. Aufl., 2000, § 5 Rn. 48.

857 BGH, Urt. v. 16.3.1998 – II ZR 303/96, GmbHR 1998, 588 (590).

858 BGH, Urt. v. 7.7.2003 – II ZR 235/01 = BGHZ 155, 329 = NJW 2003, 3127 (3129).

859 Vgl. den zweiten Leitsatz, BGH, Urt. v. 7.7.2003 – II ZR 235/01 = BGHZ 155, 329 = NJW 2003, 3127.

860 BGH, Urt. v. 7.7.2003 – II ZR 235/01 = BGHZ 155, 329 = NJW 2003, 3127 (3129).

861 BGH, Urt. v. 7.7.2003 – II ZR 235/01 = BGHZ 155, 329 = NJW 2003, 3127 (3129), so bereits: *Mülbert*, ZHR 154, 145 (178). Anderer Meinung war hier *Priester*, der meinte, dass eine analoge Anwendung des § 27 Abs. 3 AktG auf die GmbH abzulehnen sei, da das Kapitalaufbringungssystem der GmbH ein anderes als das des Aktienrechts sei, *Priester*, in VGR: Die GmbH-Reform in der Diskussion, S. 1 (20); vor dem Urteil des BGH bereits: *Knobbe-Keuk*, ZIP 1986, 885 (886); *Richter/Schick*, GmbHR 1999, 97 (100).

delt.[862] Auch im neueren Schrifttum wird vertreten, dass die zur GmbH ergangene Rechtsprechung sowie die hierzu vertretenen Literaturmeinungen auch auf die AG anwendbar seien.[863]

Auch der Handelsrechtsausschuss des Deutschen Anwaltvereins sprach sich für eine Gleichbehandlung von AG und GmbH im Bereich der Rechtsfolgen verdeckter Sacheinlagen aus.[864] Er sah bereits 1996 keine maßgeblichen Unterschiede zwischen den beiden Rechtsformen. Daher schlug er Maßnahmen des Gesetzgebers zur Regelung der *„Verdeckte-Sacheinlage-Situation"* sowohl für die AG als auch die GmbH vor.[865] Auch *Kersting* hielt es für *„unklar, worin die sachliche Rechtfertigung liegen soll, die Rechtsfolgen im Aktienrecht und im GmbH-Recht so unterschiedlich auszugestalten"*[866] Gründe der Rechtsvereinheitlichung und Praktikabilität sprächen für eine Anpassung des Aktiengesetzes.[867] Letztlich ist eine Gleichbehandlung der Rechtsformen zu befürworten: Die Neuregelung des § 27 Abs. 3 AktG beseitigt nicht jeglichen präventiven Kapitalschutz. Das Kapitalaufbringungsrecht bleibt als solches erhalten, nur werden die an eine nicht ordnungsgemäße Kapitalaufbringung anknüpfenden Rechtsfolgen auf ein angemessenes Maß reduziert. Insoweit mag zwar von einer Annäherung an das KG-Modell gesprochen werden können, doch unterscheiden sich die Kapitalschutzsysteme von GmbH und AG einerseits sowie KG andererseits doch weiterhin nicht bloß unerheblich. Weder im Aktien- noch im GmbH-Recht reicht ein einfaches Einlageversprechen aus. Unabhängig von der Konstellation kommt es in jedem Fall zu einem Leistungsfluss an die Gesellschaft. Kommt es danach – wirtschaftlich betrachtet – zu einem „Rückfluss" unterliegt dieser strengen gesetzlichen Vorgaben. Letztlich stehen auch die Schutzinteressen neu hinzukommender Aktionäre der Neuregelung nicht entgegen, weil auch diese allein ein Interesse an einer vermögensmäßigen Ausstattung der Gesellschaft haben, die durch die Neuregelung gewährleistet ist.

---

862 Vgl. Kap. 2 E (S. 38 ff.).

863 *Heidinger*, in: Spindler/Stilz, AktG, 1. Aufl., § 27 Rn. 100; *Winter*, in: FS Priester, S. 867 (S. 867), ähnlich: *Winter*, in: FS Priester, S. 867 (867). Im Bereich der Frage, ob die Lehre von der verdeckten Sacheinlage mit der 2. Gesellschaftsrechtlichen Richtlinie vereinbar ist, wird vertreten, dass, auch wenn sich die Richtlinie nur auf die AG bezieht, dies kaum ohne Auswirkung auf die im wesentlichen gleichgelagerte Problematik bei der GmbH bleiben könne, *Einsele*, NJW 1996, 2681 (2683).

864 DAV, WiB 1996, 707 (710).

865 In seiner Stellungnahme zum ARUG äußerte sich der deutsche Anwaltverein wie folgt: „Der Gesetzgeber hat inzwischen im MoMiG die verdeckte Sacheinlage für die GmbH geregelt. Eine entsprechende Regelung für die AG steht jedoch noch aus. (...) Er sollte diesen Punkt aber nicht weiter aufschieben, sondern nunmehr im ARUG im Zusammenhang mit der Umsetzung der Änderungsrichtlinie zur 2. EG-Richtlinie regeln." Auch in seiner Stellungnahme zum Regierungsentwurf des MoMiG betonte der Handelsrechtsausschuss, dass es wünschenswert wäre, wenn es im Rahmen der Rechtsfolgen verdeckter Sacheinlagen zu einem „Gleichlauf in der gesetzlichen Regelung" kommen würde DAV, WiB 1996, 707 (710), DAV, NZG 2007, 735 (740).

866 *Kersting*, AG 2008, 883 (884).

867 *Bormann/Urlichs*, GmbHR Sonderheft 2008, 37 (42).

II. Verfassungsrechtliche Zulässigkeit der Rückwirkung, § 20 Abs. 7 EGAktG

Die Vorschrift des § 20 Abs. 7 EGAktG sieht vor, dass § 27 Abs. 3 und 4 des Aktiengesetzes in der ab dem 01.09.2009 geltenden Fassung auch für Einlageleistungen gilt, die vor diesem Zeitpunkt bewirkt worden sind, soweit sie nach der vor dem 01.09.2009 geltenden Rechtslage wegen der Vereinbarung einer Einlagenrückgewähr oder wegen einer verdeckten Sacheinlage keine Erfüllung der Einlagenverpflichtung bewirkt haben.[868] Es stellt sich also ebenso, wie im Rahmen des § 3 Abs. 4 EGGmbHG die Frage nach der verfassungsrechtlichen Zulässigkeit der Rückwirkung. Die zu § 3 Abs. 4 EGGmbHG angestellten Erwägungen gelten auch für die Regelung des § 20 Abs. 7 EGAktG.

III. Die Regelung des § 27 Abs. 3 AktG n.F.

Der Gesetzgeber hat die Formulierung des § 19 Abs. 4 GmbHG für das AktG übernommen. Den mit § 19 Abs. 4 GmbHG übereinstimmenden Wortlaut der Vorschrift begründet der Rechtsausschuss damit, dass so eine einheitliche Rechtslage bei AG und GmbH gewährleistet sei.[869] Der Gesetzgeber hat sich auch im Aktienrecht für die bereits in das GmbHG aufgenommene Anrechnungslösung entschieden. Der Rechtsausschuss sieht durch diese Regelung auf der einen Seite gewährleistet, dass der Gesellschaft die geschuldete Einlage wertmäßig voll zugeführt wird, durch sie aber auch andererseits das Risiko des Gesellschafters, die Einlage unter Umständen wirtschaftlich doppelt erbringen zu müssen, vermindert.[870]

Auch im Aktienrecht befürchtet der Gesetzgeber nicht den Verlust der generalpräventiven Wirkung, da es durch § 27 Abs. 3 AktG nicht zu einer Gleichstellung verdeckter Sacheinlagen mit ordnungsgemäßen offenen Sacheinlagen komme: (1) Eine Anrechnung erfolgt erst nach Eintragung der Gesellschaft[871] in das Handelsregister; (2) gem. § 399 Abs. 1 AktG macht sich strafbar, wer als Gründer oder als Mitglied des Vorstands oder des Aufsichtsrats zum Zweck der Eintragung der Gesellschaft über die Übernahme der Aktien oder die Einzahlung auf Aktien falsche Angaben macht oder erhebliche Umstände verschweigt, (3) der Registerrichter muss die Eintragung der Gesellschaft/des Kapitalerhöhungsbeschlusses ablehnen, wenn er Kenntnis von (vereinbarten) verdeckten Sacheinlagen erlangt, § 38 Abs. 1 S. 2 AktG und (4) die Beweislast hinsichtlich der Werthaltigkeit des verdeckt eingelegten Ver-

---

868 Die Vorschrift sieht weiterhin vor, dass dies nicht gilt, soweit über die aus der Unwirksamkeit folgende Ansprüche zwischen der Gesellschaft und dem Gesellschafter bereits vor dem 01.09.2009 ein rechtskräftiges Urteil ergangen oder eine wirksame Vereinbarung zwischen der Gesellschaft und dem Gesellschafter getroffen worden ist; in diesem Fall beurteilt sich die Rechtslage nach den bis zum 01.09.2009 geltenden Vorschriften.

869 Beschlussempfehlung und Bericht des Rechtsausschusses zu dem Gesetzentwurf der Bundesregierung – Drs. 16/11642, Drs. 16/13098, S. 54.

870 Beschlußempfehlung und Bericht des Rechtsausschusses zu dem Gesetzentwurf der Bundesregierung – Drs. 16/11642, Drs. 16/13098, S. 53.

871 Bzw. des Kapitalerhöhungsbeschlusses.

mögensgegenstandes liegt beim Gesellschafter. Diese Mechanismen gewährleisten ein hinreichendes *„Sanktionsgefälle"*[872].

IV. Vereinbarkeit des § 27 Abs. 3 AktG mit der Kapitalrichtlinie

Da durch die Regelung des § 27 Abs. 3 AktG mit dem Kapitalaufbringungsrecht ein von der Kapitalrichtlinie betroffener Bereich tangiert wird, ist zu untersuchen, ob die Regelung des § 27 Abs. 3 AktG n.F. in Einklang mit der Kapitalrichtlinie steht.[873] Hierbei ist insbesondere die Frage zu beantworten, ob *„das deutsche Aktienrecht künftig hinreichend wirkungsvolle und abschreckende Instrumentarien bereithält, die den Beteiligten die Beachtung der Vorgaben über Sacheinlagen, insbesondere deren Offenlegung, nahe legen"*[874]. Der Rechtsausschuss hält die europarechtliche Problematik für offen.[875]

Aus der Kapitalrichtlinie folge das Gebot an die Mitgliedstaaten, die Vorgaben der Richtlinie vor Umgehung zu schützen.[876] Durch § 27 Abs. 3 AktG wird Umgehungsschutz vermittelt. Die angeordnete Rechtsfolge muss sich im Rahmen der Zwecksetzung der Richtlinie halten. Probleme sieht der Rechtsausschuss darin, dass die nationalen Regeln funktional nicht dem abstrakten Umgehungsschutz des Art. 11 der Kapitalrichtlinie entsprechen dürfen. Dies hatte Generalanwalt *Tesauro* in seinen Schlussanträgen im Meilicke-Verfahren deutlich gemacht. Danach wäre eine Anknüpfung allein an objektive Voraussetzungen unzulässig. Der Rechtsausschuss sieht in der Regelung des § 27 Abs. 3 AktG n.F., insbesondere durch die Tatbestandsmerkmale der *„wirtschaftlichen Betrachtung"* sowie der *„Abrede"*, eine einer europarechtskonformen Auslegung zugängliche Regelung. Die offene Formulierung des Absatzes 3 ermögliche es, etwaigen Rechtsentwicklungen auf europäischer Ebene im nationalen Recht angemessen Rechnung zu tragen.[877] Zudem sei eine Fortentwicklung des Rechtinstituts der verdeckten Sacheinlage Rechtsprechung und Lehre überlassen. Hierfür biete die offene Tatbestandsformulierung hinrei-

---

872 Dass eine Heilungsmöglichkeit eröffnet wird, zeigt, dass weiterhin ein Sanktionsgefälle zwischen offenen und verdeckten Sacheinlagen besteht, welches es notwendig macht, dem verdeckten Sacheinleger eine gesetzlich vorgesehene Möglichkeit zu geben, die verdeckte Sacheinlage dadurch zu legalisieren, dass sie in eine offene Sacheinlage „umgewandelt" wird.

873 *Pentz*, GmbHR 2009, 505 (508) ist der Ansicht, dass europarechtliche Gründe einer Übernahme des § 19 Abs. 4 GmbHG in das AktG entgegenstünden. A. A.: *Bayer*, in: Schmidt/Lutter, 2. Aufl., § 27 Rn. 57, dieser ist der Ansicht, dass sich an der Beurteilung der Rechtslage nichts verändert habe, da der hohe Umgehungsschutz des deutschen Rechts auf ein Niveau abgesenkt worden sei, das immer noch über dem europäischen Mindeststandard liegt.

874 *Habersack*, AG 2009, 557 (559).

875 Beschlußempfehlung und Bericht des Rechtsausschusses zu dem Gesetzentwurf der Bundesregierung – Drs. 16/11642, Drs. 16/13098, S. 54.

876 Vgl. Kap. 3 B II. (S. 59 ff.).

877 Beschlußempfehlung und Bericht des Rechtsausschusses zu dem Gesetzentwurf der Bundesregierung – Drs. 16/11642, Drs. 16/13098, S. 54.

chenden Raum.[878] Im Übrigen soll § 27 Abs. 3 AktG jedoch wie § 19 Abs. 4 GmbHG angewendet und ausgelegt werden.[879] Die zu § 19 Abs. 4 GmbHG vom Gesetzgeber gemachten Aussagen sind also auch bei der Auslegung des § 27 Abs. 3 AktG heranzuziehen.

Die Kapitalrichtlinie verlangt eine reale Kapitalaufbringung und gebietet zudem, die Kapitalaufbringungsvorschriften vor Umgehung zu schützen.[880] Allein so kann die praktische Wirksamkeit der Richtlinienvorgaben gewährleistet werden. Dem Gebot der praktischen Wirksamkeit wird die Regelung des § 27 Abs. 3 AktG durchaus gerecht. Zwischen offener und verdeckter Sacheinlage zeigt sich weiterhin ein hinreichendes Sanktionsgefälle, welches besonders stark in der Beweislastverteilung hinsichtlich der Werthaltigkeit des eingebrachten Gegenstandes zum Ausdruck kommt.[881]

Die in § 27 Abs. 3 AktG geregelte Anrechnungslösung führt im Ergebnis dazu, dass der Inferent die Differenz zwischen dem Betrag der von ihm versprochenen Bareinlage und dem Wert des verdeckt eingebrachten Vermögensgegenstandes leisten muss. Eine reale Kapitalaufbringung wird durch eine Rechtsfolge, die eine entstandene Differenz im Ergebnis ausgleicht, sichergestellt. Eine Differenzhaftung wird daher für mit EU-Recht vereinbar gehalten.[882] Die Anrechnungslösung des § 27 Abs. 3 AktG ist damit unter kapitalaufbringungsrechtlichen Gesichtspunkten mit der Kapitalrichtlinie vereinbar. Da der Gesetzgeber nicht an die rein objektive Umgehung der Sacheinlagevorschriften anknüpft, sondern mit der Anforderung einer Abrede zusätzlich an ein subjektives Erfordernis anknüpft, entspricht die Regelung funktional nicht dem bereits durch Art. 11 der Kapitalrichtlinie vermittelten Umgehungsschutz. Somit ist § 27 Abs. 3 AktG mit der Kapitalrichtlinie vereinbar.[883]

V. Verfassungsrechtliche Gesichtspunkte

Wie die Untersuchungen in Kapitel 4 gezeigt haben, war eine Anpassung des Aktienrechts an das GmbHG nicht aus verfassungsrechtlichen Gründen erforderlich.[884]

VI. Systematisches Verhältnis zu den Regelungen des AktG

1.) § 134 AktG – Das Stimmrecht

Folgeprobleme aus der Neuregelung könnten sich möglicherweise daraus ergeben, dass auch die in § 27 Abs. 3 AktG geregelte Lösung nicht die Erfüllung der Einlagepflicht vorsieht. Bei der AG könnten sich aus der Nichterfüllung

---

878 Beschlußempfehlung und Bericht des Rechtsausschusses zu dem Gesetzentwurf der Bundesregierung – Drs. 16/11642, Drs. 16/13098, S. 55.

879 Beschlußempfehlung und Bericht des Rechtsausschusses zu dem Gesetzentwurf der Bundesregierung – Drs. 16/11642, Drs. 16/13098, S. 55.

880 Vgl. Kap. 3 C (S. 65).

881 So auch: *Habersack*, AG 2009, 557 (560).

882 *Bormann*, GmbHR 2007, 897 (901); *Einsele*, NJW 1996, 2681 (2683 f.).

883 *Habersack*, AG 2009, 557 (560).

884 Vgl. Kap. 4 B (S. 71).

der Einlage Beteiligungsprobleme hinsichtlich der Frage ergeben, ob und ab wann ein Stimmrecht[885] gegeben ist.[886] § 134 Abs. 2 S. 1 AktG besagt schließlich, dass das Stimmrecht (erst) mit der vollständigen Leistung der Einlage beginnt. Unter Leistung der Einlage ist hierbei nicht irgendeine Leistung an die AG, sondern nur die Leistung, die den Einlagevorschriften entspricht zu verstehen.[887] Ratio legis des § 134 AktG ist es, die Aktionäre dazu zu animieren, ihre Einlagen zeitnah vollständig zu leisten.[888] Da die Leistung verdeckter Sacheinlagen durch das ARUG nicht in der Form legalisiert wurde, dass die Einlageleistung durch die Erbringung einer verdeckten Sacheinlage erfüllt wäre, sondern § 27 Abs. 3 S. 1 AktG sogar explizit sagt, dass es durch die Leistung einer verdeckten Sacheinlage nicht zu einer Erfüllung der Einlagepflicht kommt, stellt die Leistung einer verdeckten Sacheinlage weiterhin eine nicht den Einlagevorschriften entsprechende Leistung dar.

Der Gesetzgeber hat, um diesen Konflikt zu vermeiden, nach Absatz 2 Satz 1 folgenden Satz in § 134 AktG eingefügt: „Entspricht der Wert einer verdeckten Sacheinlage nicht dem in § 36a Absatz 2 Satz 3 genannten Wert, so steht dies dem Beginn des Stimmrechts nicht entgegen; das gilt nicht, wenn der Wertunterschied offensichtlich ist." Der Rechtsausschuss sah hier das Erfordernis einer Änderung, da andernfalls für den Fall, dass der Wert der verdeckten Sacheinlage auch nur geringfügig von der geschuldeten Einlage abweicht und die Anrechnung demnach den Einlageanspruch nicht vollständig zum Erlöschen bringt, angenommen werden könnte, dass das Stimmrecht des Inferenten nicht zur Entstehung gelange.[889] Dies sei jedoch „völlig unpraktikabel", da dies im Zweifel die Einholung aussagekräftiger Wertgutachten vor der Hauptversammlung notwendig machen würde.[890] Zudem könnte es zu im Beschlussanfechtungsverfahren auszutragenden Streitigkeiten kommen. Der Streit über auch nur minimale Wertdifferenzen oder deren bloße Möglichkeit könnte schließlich dazu führen, dass für die Gesellschaft wichtige Strukturmaßnahmen durch ein solches Beschlussanfechtungsverfahren blockiert wür-

885 Das Stimmrecht ist Ausprägung des Mitverwaltungsrechts eines jeden Aktionärs, vgl. zu den Mitgliedschaftsrechten des Aktionärs: *K. Schmidt*, GesellR, S. 797 ff.

886 Ganz abgesehen von der Folgefrage, ob Beschlüsse im Nachhinein deshalb anfechtbar sind.

887 Auch eine Teilerfüllung kann nicht zu einem Stimmrecht führen, *Hüffer*, AktG, § 134 Rn. 16.

888 Beschlußempfehlung und Bericht des Rechtsausschusses zu dem Gesetzentwurf der Bundesregierung – Drs. 16/11642, Drs. 16/13098, S. 57.

889 Beschlußempfehlung und Bericht des Rechtsausschusses zu dem Gesetzentwurf der Bundesregierung – Drs. 16/11642, Drs. 16/13098, S. 57.

890 Beschlußempfehlung und Bericht des Rechtsausschusses zu dem Gesetzentwurf der Bundesregierung – Drs. 16/11642, Drs. 16/13098, S. 57.

den.[891] Im Ergebnis könnte es hierdurch zu einer massiven Schädigung der Gesellschaft einerseits sowie der übrigen Aktionäre andererseits kommen.[892] Die negative Formulierung in Abs. 2 S. 2, *„das gilt nicht, wenn der Wertunterschied offensichtlich ist"*, stellt klar, dass derjenige die Darlegungs- und Beweislast für eine offensichtlich fehlende Werthaltigkeit trägt, der sich auf sie berufen möchte.[893] Das Tatbestandsmerkmal „offensichtlich" lehnt sich ausweislich der Beschlussempfehlung des Rechtsausschusses an die Formulierung des § 38 Abs. 2 S. 1 AktG an. Halte sich die – in der Gewährung der Gegenleistung zum Ausdruck kommende – Bewertung der Sacheinlage innerhalb der üblichen Bandbreite von Bewertungsdifferenzen, verhindere dies nicht die Entstehung des Stimmrechts."[894] Offensichtlich i.S.d. § 134 Abs. 2 S. 2 AktG sei der Wertunterschied dann, wenn er *„ins Auge springe"*.[895] Hierdurch werde zum einen dem Versammlungsleiter Verantwortung abgenommen und dieser hierdurch entlastet, zum anderen werde aber auch das Beschlussanfechtungsrecht weitgehend von schwierigen Bewertungsfragen frei gehalten.[896]

2.) § 60 AktG – Der Dividendenanspruch

Auch der Dividendenanspruch aus §§ 58 Abs. 4, 60 Abs. 1 AktG setzt eine ordnungsgemäße Leistung der Einlage voraus und macht die Höhe des Gewinnanteils vom Anteil am Grundkapital abhängig. Nach Ansicht des Rechtsausschusses ergeben sich hier nicht ebensolche Risiken wie im Rahmen des § 134 AktG, da die Gewinnverteilung Sache des Vorstandes ist und eine geringfügige Bewertungsdifferenz sich nicht zu einem massiven Schaden für die Gesellschaft entwickeln könne.[897] Daher sah der Rechtsausschuss eine Änderung des § 60 AktG nicht veranlasst.[898]

---

891 Beschlußempfehlung und Bericht des Rechtsausschusses zu dem Gesetzentwurf der Bundesregierung – Drs. 16/11642, Drs. 16/13098, S. 57.

892 Beschlußempfehlung und Bericht des Rechtsausschusses zu dem Gesetzentwurf der Bundesregierung – Drs. 16/11642, Drs. 16/13098, S. 57.

893 Beschlußempfehlung und Bericht des Rechtsausschusses zu dem Gesetzentwurf der Bundesregierung – Drs. 16/11642, Drs. 16/13098, S. 57.

894 Beschlußempfehlung und Bericht des Rechtsausschusses zu dem Gesetzentwurf der Bundesregierung – Drs. 16/11642, Drs. 16/13098, S. 57.

895 Beschlußempfehlung und Bericht des Rechtsausschusses zu dem Gesetzentwurf der Bundesregierung – Drs. 16/11642, Drs. 16/13098, S. 57.
Im Rahmen des § 38 Abs. 2 S. 1 AktG wird unter „Offensichtlichkeit" als „nach der Überzeugung des Gerichts zweifelsfrei feststehend" (*Kleindiek*, in: Schmidt/Lutter, 1. Aufl., § 38 Rn. 12) definiert, was also eine prüfende Beurteilung durch das Gericht voraussetzt.

896 Beschlußempfehlung und Bericht des Rechtsausschusses zu dem Gesetzentwurf der Bundesregierung – Drs. 16/11642, Drs. 16/13098, S. 57.

897 Beschlußempfehlung und Bericht des Rechtsausschusses zu dem Gesetzentwurf der Bundesregierung – Drs. 16/11642, Drs. 16/13098, S. 58.

898 Beschlußempfehlung und Bericht des Rechtsausschusses zu dem Gesetzentwurf der Bundesregierung – Drs. 16/11642, Drs. 16/13098, S. 58.

3.) Bewertung: Stimmigkeit mit anderen aktienrechtlichen Regelungen

Die Anpassung des § 134 AktG führt zu einer überzeugenden Lösung der sich durch die Nichterfüllung der Einlageschuld (§ 27 Abs. 3 S. 1 AktG n.F.) ergebenden Frage nach dem Beginn des Stimmrechts.

Fraglich ist jedoch, ob der Gesetzgeber auch § 60 AktG hätte verändern müssen. In § 60 Abs. 2 S. 1 AktG zeigt sich das *„Wechselspiel zwischen Einlageleistung und Mitgliedschaftsrechten"*.[899] Diese Vorschrift enthält einen Gewinnverteilungsschlüssel für den Fall, dass nicht alle Einlagen auf das Grundkapital gleichmäßig geleistet sind. Die Vorschrift des § 60 Abs. 2 S. 3 AktG sieht ferner vor, dass Einlagen, die im Laufe des Geschäftsjahrs geleistet wurden, nach dem Verhältnis der Zeit berücksichtigt werden, die seit der Leistung verstrichen ist. Die Vorschrift des § 60 AktG erlaubt es dem Vorstand also auf Umstände, aus denen sich die Angemessenheit einer unterschiedlichen, von Absatz 1 abweichenden, Verteilung des Gewinns ergibt, in angemessener Weise zu reagieren. Der Vorstand kann, wenn er von einer nicht hinreichenden Werthaltigkeit der verdeckten Sacheinlage ausgeht, damit zum einen über § 27 Abs. 3 AktG die Differenz fordern und zum anderen mit Hinweis hierauf den Gewinnanspruch des betreffenden Aktionärs entsprechend mindern. Damit ist dem Rechtsausschuss zuzustimmen: § 60 AktG bedurfte, anders als § 134 AktG, keiner Anpassung.

a) § 71a Abs. 1 S. 1 AktG – Das Verbot der „financial assistance"

Bedauerlicherweise hat sich der Rechtsausschuss nicht mit dem Verhältnis des § 27 Abs. 3 AktG zu der Regelung des § 71a Abs. 1 S. 1 AktG auseinandergesetzt. Die Vorschrift des § 71a Abs. 1 S. 1 AktG steht im Regelungszusammenhang zu derjenigen des § 71 Abs. 1 AktG. In § 71 Abs. 1 AktG ist geregelt, in welchen Fällen, die AG eigene Aktien erwerben darf. Hierin enthalten ist damit das grundsätzliche Verbot des Erwerbs eigener Aktien.[900]

Die Vorschrift des § 71a Abs. 1 S. 1 AktG enthält ein den Grundsatz des Verbots eines Erwerbs eigener Aktien ergänzendes Verbot der financial assistance. Dieses geht zurück auf Art. 23 Abs. 1 der Kapitalrichtlinie.[901] [902] Die-

899 Beschlußempfehlung und Bericht des Rechtsausschusses zu dem Gesetzentwurf der Bundesregierung – Drs. 16/11642, Drs. 16/13098, S. 58.

900 Durch § 71a Abs. 1 S. 1 AktG wird insbesondere der sog. „leveraged buy out" geregelt. Hierbei handelt es sich um Fallgestaltungen, in denen ein fremdfinanzierter Unternehmenskauf in der Weise erfolgen soll, dass das Vermögen der erworbenen Gesellschaft zur Erwerbsfinanzierung herangezogen wird, *Bezzenberger*, in: Schmidt/Lutter, 1. Aufl., § 71a Rn. 2.

901 Das deutsche Recht kannte bis dahin keine entsprechende Regelung. Art. 23 der Kapitalrichtlinie wurde insbesondere auf Initiative Großbritanniens in die Kapitalrichtlinie aufgenommen. In das englische Recht war eine entsprechende Regelung 1929 aufgenommen worden, nachdem es zu einigen spektakulären Unternehmenszusammenbrüchen gekommen war. Zurückzuführen waren diese auf eine kreditfinanzierte Übernahmewelle nach dem Ende des Ersten Weltkriegs. Vgl. hierzu: *Merkt*, in: Großkomm. AktG, § 71a Rn. 6; *Cahn*, in: Spindler/Stilz, AktG, 1. Aufl., § 71a Rn. 1 f.

ser bezweckt als eigenständige Kapitalschutzregel einen umfassenden Schutz des Gesellschaftsvermögens bei den in der Vorschrift genannten finanziellen Unterstützungshandlungen. Neben den in § 71a Abs. 1 S. 1 AktG ausdrücklich genannten Rechtsgeschäften zwischen AG und Gesellschafter können von der Regelung nach h.M.[903] auch andere über den Gesetzeswortlaut hinausgehende Geschäfte erfasst werden, da es sich bei der Vorschrift um einen offenen Tatbestand mit Regelbeispielen handele[904] und es Zweck der Vorschrift sei, einen Aktienerwerb ohne ausreichende Eigenmittel unter Heranziehung der Vermögenssubstanz außerhalb der legalen Gewinnausschüttung zu verhindern.[905] Eine (entsprechende) Anwendung setze jedoch voraus, dass das Rechtsgeschäft die Gesellschaft in vergleichbarer Weise mit finanziellen Risiken im Zusammenhang mit dem Erwerb ihrer Aktien belastet.[906] Unter anderem Austauschgeschäfte mit Äquivalenzstörungen sollen von der Vorschrift erfasst sein:[907] Zahlt die Gesellschaft für einen Gegenstand einen erheblich über dem Marktpreis liegenden Kaufpreis, dann lasse sich dieses Geschäft wirtschaftlich aufteilen in einen Kaufvertrag und ein Darlehen in Höhe der den Marktpreis übersteigenden Summe.[908] Hierbei komme es jedoch maßgeblich auf den Finanzierungseffekt des Rechtsgeschäfts an.[909] Zu beachten ist ferner, dass auch nachträgliche Geschäfte vom Finanzierungsverbot erfasst werden können. Dies lässt sich einer richtlinienkonformen Auslegung des Art. 23 der Kapitalrichtlinie entnehmen: Dieser spricht von einer Finanzierung *„im Hinblick auf den Erwerb"* und legt damit keine „verbindliche" Reihenfolge fest.[910]

Aus verschiedenen Gründen stehen § 71a Abs. 1 S. 1 AktG und die Regelung des § 27 Abs. 3 AktG n.F. nicht in einem Spannungsverhältnis zueinander: Zum einen mag es zwar so sein, dass die Vorschriften sich im Anwen-

---

902 Die Norm ist durch Art. 1 Nr. 15 des Gesetzes zur Durchführung der Zweiten Richtlinie des Rates der Europäischen Gemeinschaften zur Koordinierung des Gesellschaftsrechts vom 13. Dezember 1978 neu in das AktG eingefügt worden.

903 OLG Frankfurt, Urt. v. 30.1.1992 – 16 U 120/90 = WM 1992, 572 (576): auch die Gewährung eines Zuschusses zum Erwerb von Aktien unterfalle im Wege des Erst-recht-Schlusses der Nichtigkeitsfolge nach § 71a AktG; LG Düsseldorf, Urt. v. 28.10.2005 – 39 O 180/04 = ZIP 2006, 516 (518); *Merkt*, in: Großkomm. AktG, § 71a Rn. 29; *Oechsler*, in: MüKo AktG, § 71a Rn. 19 ff.; *Bezzenberger*, in: Schmidt/Lutter, 1. Aufl., § 71a Rn. 12; *Schroeder*, Finanzielle Unterstützung des Aktienerwerbs, S. 174 ff.; dies bezweifelnd: *Habersack*, in: FS Röhricht, S. 155 (S. 170).

904 *Hüffer*, AktG, § 71a Rn. 2; *Oechsler*, in: MüKo AktG, § 71a Rn. 19; *Singhof*, NZG 2002, 745 (746).

905 *Schroeder*, Finanzielle Unterstützung des Aktienerwerbs, S. 178.

906 *Bezzenberger*, in: Schmidt/Lutter, 1. Aufl., § 71a Rn. 12. Er nennt als Beispiel „break fee-Vereinbarungen".

907 *Merkt*, in: Großkomm. AktG, § 71a Rn. 34.

908 *Merkt*, in: Großkomm. AktG, § 71a Rn. 34; *Oechsler*, in: MüKo AktG, § 71a Rn. 20.

909 *Oechsler*, in: MüKo AktG, § 71a Rn. 20.

910 *Oechsler*, in: MüKo AktG, § 71a Rn. 36; *Schroeder*, Finanzielle Unterstützung des Aktienerwerbs, S. 194 f.; differenzierend: *Hüffer*, AktG, § 71a Rn. 3, der dies aber in jedem Fall bejahen möchte, wenn vor dem Erwerb nur Anschubfinanzierung gewährt wird und Hauptfinanzierung zu Lasten des AG-Vermögens nachfolgt.

dungsbereich überschneiden können, doch wird von § 71a Abs. 1 S. 1 AktG ein originärer Aktienerwerb nicht erfasst, was zu einem eigenständigen Anwendungsbereich des § 27 Abs. 3 AktG führt. Zudem könnte eine finanzielle Unterstützung, wenn überhaupt, nur in den Fällen vorliegen, in denen der Wert des verdeckt eingelegte Gegenstands weit unter dem Wert der Einlagepflicht liegt. In allen anderen Fällen würde die Gesellschaft dem Aktionär nicht eine einem Zahlungsziel entsprechende Position verschaffen. Die finanzielle Unterstützung muss *„zum Zweck des Erwerbs von Aktien dieser Gesellschaft"* erfolgen. Aus dieser Formulierung wird gefolgert, dass die Leistung objektiv dem Aktienerwerb dienen muss.[911] Aus der Formulierung *„zum Zwekke des Erwerbs"* wird zudem das Erfordernis einer bestimmten Willensrichtung der Parteien gefolgert. [912] Erforderlich ist die Vorstellung der einen Partei des Finanzierungsgeschäfts, die der anderen Partei erkennbar geworden ist und von ihr nicht beanstandet wurde, oder die gemeinsame Vorstellung, dass die Leistung der AG wirtschaftlich zur Unterstützung des Aktiengeschäfts bestimmt ist.[913] Das Vorliegen dieses subjektiven Kriteriums wird vermutet, wenn das Rechtsgeschäft nicht *at arm`s length* geschlossen wurde. § 27 Abs. 3 AktG enthält keine entsprechende Anforderung; dieser Vorschrift geht es vielmehr um die Sanktionierung einer Umgehung des Sacheinlageverfahrens. Der Richtliniengeber hatte bei Art. 23 der Richtlinie Fälle vor Augen, *„bei denen eine bisher nicht oder jedenfalls nicht in dieser Höhe beteiligte Person die Kontrolle über die Gesellschaft fremdkapitalfinanziert zu Lasten ihres gebundenen Vermögens übernehmen möchte"*.[914]

Die von § 71a Abs. 1 S. 1 AktG verfolgten Zwecke[915] und Schutzerwägungen sind andere als diejenigen, die hinter dem Rechtsinstitut der verdeckten Sacheinlage stehen. Im Unterschied zu verdeckten Sacheinlagen setzt § 71a Abs. 1 S. 1 AktG voraus, dass die „Leistung" der Gesellschaft einen Finanzierungseffekt hat. Zudem kommt es bei verdeckten Sacheinlagen im Aktienrecht[916] – zumindest auf Tatbestandsebene – nicht darauf an, ob es sich um ein im Hinblick auf Leistung und Gegenleistung unausgewogenes Rechtsgeschäft han-

911 *Bezzenberger*, in: Schmidt/Lutter, 1. Aufl., § 71a Rn. 14.

912 *Schroeder*, Finanzielle Unterstützung des Aktienerwerbs, S. 202.

913 *Schroeder*, Finanzielle Unterstützung des Aktienerwerbs, S. 203.

914 Beschlußempfehlung und Bericht des Rechtsausschusses zu dem Gesetzentwurf der Bundesregierung – Drs. 16/11642, Drs. 16/13098, S. 56.

915 Die Regelungsziele des § 71a Abs. 1 S. 1 AktG werden wie folgt definiert: Die Vorschrift soll (1) verhindern, dass ein Dritter Aktien der Gesellschaft ohne ausreichende Eigenmittel erwirbt, indem er diese außerhalb der legalen Gewinnausschüttung veranlasst, ihm für den Erwerb liquide Reserven der Gesellschaft zur Verfügung zu stellen, (2) die Regelung des § 71 AktG dadurch absichern, dass die Gesellschaft den gleichen Effekt mit einer Finanzierung des Aktienerwerbs Dritter herbeiführt und (3) vermeiden, dass die Gesellschaft mit einer solchen Finanzierung auf den Kurswert ihrer Aktien Einfluß nimmt; *Schroeder*, Finanzielle Unterstützung des Aktienerwerbs, S. 113 f.

916 Beachte den Unterschied zu der Regelung des § 19 Abs. 4 GmbHG, der die Rechtsfolgen an eine Gläubigerbenachteiligung knüpft.

delt. Die Rechtsfolgen verdeckter Sacheinlagen knüpfen allein an die Gesetzesumgehung bei Vorliegen einer entsprechenden Abrede der Parteien an.

b) Fehlende Auseinandersetzung mit der Problematik des Bereicherungsanspruchs

Es wäre zu begrüßen gewesen, wenn sich der Gesetzgeber im Rahmen des § 27 Abs. 3 AktG mit der Problematik des Bereicherungsanspruchs auseinander gesetzt hätte. Da eine Auseinandersetzung hiermit jedoch nicht stattgefunden hat, gilt hier das zu § 19 Abs. 4 GmbHG Gesagte.[917]

4.) Heilungsmöglichkeit

Durch den Wegfall des § 27 Abs. 4 AktG a.F. eröffnet der Gesetzgeber Freiraum für eine Heilung verdeckter Sacheinlagen. Auch dieser gesetzgeberische Schritt wurde im Hinblick auf eine Harmonisierung der Rechtslage bei AG und GmbH vorgenommen. Der Rechtsausschuss ist der Auffassung, dass es dem verdeckten Sacheinleger möglich sein müsse, das gesetzliche Verfahren der Offenlegungs- und Prüfungspflichten nachzuholen. Vorteil einer Heilungslösung ist, dass das missachtete Verfahren im Nachhinein doch noch beachtet wird und damit weiterhin Geltung beansprucht. Zudem müssen in den Heilungsvorgang die anderen Gesellschafter mit einbezogen werden.[918] Auch nach Ansicht des Rechtsausschusses steht einer Gleichbehandlung mit dem offenen Sacheinleger nichts entgegen, wenn der Inferent das Sacheinlageverfahren nachgeholt habe.[919] Handlungsbedarf sah der Rechtsausschuss, weil bislang unklar war, ob die zum GmbH-Recht ergangene Rechtsprechung auf die AG übertragbar sei bzw. von den Gerichten auch übertragen werden würde.[920] Dies lag insbesondere an dem einer solchen Heilungsmöglichkeit entgegenstehenden § 27 Abs. 4 AktG a.F.

Dass der Gesetzgeber durch die Streichung des § 27 Abs. 4 AktG a.F. die Möglichkeit einer Heilung verdeckter Sacheinlagen geschaffen hat, ist zu begrüßen. Insbesondere aufgrund des Umstands, dass der juristische Laie oftmals keine Kenntnis vom Vorliegen einer verdeckten Sacheinlage hat, bei Kenntniserlangung jedoch – auch nach Abmilderung der Rechtsfolgen – ein schützenswertes Interesse daran hat, die verdeckte Sacheinlage in eine offene Sacheinlage „umzuwandeln", wird dies für die Praxis durchaus von Relevanz sein. Auf diese Weise kann sich der Inferent schließlich vor dem Risiko einer späteren Nichtnachweisbarkeit der Werthaltigkeit der Einlage schützen.

---

917 Vgl. Kap. 5 B V. 4.) b) bb) (8) (S. 111 f.).

918 Vgl. zu den berücksichtigenden Aspekten: *Ulmer*, ZIP 2008, 45 (53).

919 Beschlußempfehlung und Bericht des Rechtsausschusses zu dem Gesetzentwurf der Bundesregierung – Drs. 16/11642, Drs. 16/13098, S. 54.

920 Beschlußempfehlung und Bericht des Rechtsausschusses zu dem Gesetzentwurf der Bundesregierung – Drs. 16/11642, Drs. 16/13098, S. 54.

D. Regelung des Hin- und Herzahlens in § 27 Abs. 4 AktG n.F.

Auch das so genannte Hin- und Herzahlen findet nunmehr eine gesetzliche Regelung im AktG. Es wird eine Anpassung an dem im Wege des MoMiG neu in das GmbHG aufgenommenen § 19 Abs. 5 GmbHG vorgenommen. Der Rechtsausschuss hat sich für eine solche Angleichung aus Gründen der Harmonisierung des GmbH- und Aktienrechts im Rahmen der Kapitalschutzsysteme entschieden. Beide Gesellschaftsformen sollen im Rahmen der Kapitalaufbringung und Kapitalerhaltung einer bilanziellen Betrachtungsweise unterliegen. Hierdurch werde nicht nur eine Harmonisierung mit dem GmbH-Recht, sondern zugleich eine solche der Kapitalaufbringung mit der Kapitalerhaltung in der AG erreicht.

E. Ergebnis

Die Anpassung des Aktienrechts an das GmbH-Recht durch Veränderung des § 27 Abs. 3 AktG ist als Schritt in die richtige Richtung zu begrüßen. Die hierin vorgesehene Regelung der Rechtsfolgen verdeckter Sacheinlagen ist mit der Kapitalrichtlinie zu vereinbaren; insbesondere tangiert sie keinen von der Richtlinie abschließend geregelten Bereich. Zudem fügt sich § 27 Abs. 3 AktG auch in das System des Aktiengesetzes ein. Durch die Anpassung des § 134 AktG kommt es auch bei der Frage des Beginns des Stimmrechts nicht zu schwierigen Zweifelsfragen. Für eine Anpassung an das GmbHG spricht, dass sich die Umgehungsproblematik, also das Vorliegen verdeckter Sacheinlagen, als ein einheitliches Regelungsproblem im Aktien- wie im GmbH-Recht erwiesen hat. In beiden Rechtsformen waren Rechtsprechung und Lehre vor die Aufgabe gestellt, deren Behandlung einzuordnen. Sowohl im Aktienrecht als auch im GmbH-Recht wurde das Recht durch die Rechtsprechung fortgebildet. Hier hat sich die Rechtsprechung zur GmbH an derjenigen zur AG orientiert, sich an diese angenähert und schließlich einen identischen Lösungsweg durch die analoge Anwendung des § 27 Abs. 3 AktG gefunden. Gesetzgebung, Rechtsprechung und Lehre sind immer konsequenter den Weg der Gleichbehandlung der beiden Rechtsformen im Bereich der Rechtsfolgen verdeckter Sacheinlagen gegangen. Für die Praxis ist es vorteilhaft hier eine einheitliche Regelung zu haben.[921] Ob es nicht noch eine Möglichkeit zu weitergehenden Vereinfachung der Rechtslage bei Aufrechterhaltung des Schutzniveaus gibt, wird in Kapitel 8 untersucht werden.

---

921 *Bormann*, GmbHR 2007, 897 (901).

Kapitel 7: Verdeckte Sacheinlagen in der Unternehmergesellschaft (haftungsbeschränkt)

Im Vorfeld der GmbH-Reform wurden weitreichende Überlegungen zur Stärkung der Konkurrenzfähigkeit der GmbH, insbesondere gegenüber der Limited, angestellt. Die Vorschläge reichten von der Absenkung des Mindestkapitals[922], der Einführung eines Kaufmanns mit beschränkter Haftung[923] oder einer Basisgesellschaft[924] als neue Gesellschaftsform bis hin zur Statuierung einer Variante zur GmbH in Gestalt einer Unternehmergesellschaft[925]. Durchgesetzt hat sich schließlich der letzte Vorschlag. Die nunmehr in § 5a GmbHG geregelte Unternehmergesellschaft (haftungsbeschränkt)[926] eröffnet als *„Variante"* der GmbH Gründern die Möglichkeit, bereits ab einem Euro Stammkapital mit begrenztem Risiko unternehmerisch tätig zu werden.[927] Aus dem Umstand, dass es sich bei der UG um eine Variante der GmbH handelt, folgt, dass, soweit § 5a GmbHG nichts Abweichendes regelt, die Vorschriften des GmbHG zur Anwendung kommen.[928] Als Ausgleich für die Absenkung der Zutrittshürde beim Mindestkapital sieht § 5a GmbHG eine Pflicht zur Volleinzahlung der Geschäftsanteile[929], zur Führung eines Rechtsformzusatzes[930] sowie zur Rücklagenbildung vor. Die Regelung des § 5a Abs. 3 GmbHG bestimmt, dass in der Bilanz des nach den §§ 242, 264 HGB aufzustellenden Jahresabschlusses eine gesetzliche Rücklage zu bilden ist, in die ein Viertel des um einen Verlustvortrag aus dem Vorjahr geminderten Jahresüberschusses

---

922 Vgl. RefE zum MindestkapG v. 15.4.2005, RegE v. 1.6.2005.

923 Entwurf eines Gesetzes zur Einführung des Kaufmanns mit beschränkter Haftung, abrufbar über die Homepage des Bayerischen Staatsministeriums der Justiz, www.justiz.bayern.de/_gesetzgebung/index.htm.

924 Entwurf eines Gesetzes zur Vereinfachung der Gründung einer Gesellschaft mit beschränkter Haftung (GVGG) v. 17.3.2006, abrufbar über die Homepage des Justizministeriums Nordrhein-Westfalen, www.justiz.nrw.de/JM/justizpolitik/schwerpunkte/index.php.

925 *Gehb/Drange/Heckelmann*, NZG 2006, 88 ff. Vgl. hierzu: *K. Schmidt*, DB 2006, 1096 ff. Auch in Spanien wurde mit der Sociedad limitada nueva empresa eine Unterart zur spanischen GmbH geschaffen, vgl. *Embid Irujo*, RIW 2004, 760 (761 f.).

926 Die Unternehmergesellschaft muss unter Unternehmergesellschaft (haftungsbeschränkt) oder UG (haftungsbeschränkt) firmieren, § 5a Abs. 1 GmbHG. Im Folgenden wird nur noch die Bezeichnung „UG" verwendet.

927 Eine Nachfrage an dieser neuen Rechtsform wird insbesondere von solchen Personen gezeigt, die bislang Interesse an der Gründung einer Limited hatten, *Heckschen*, DStR 2009, 166 (169). Zu der hiermit einhergehenden Gefahr einer Überschuldung oder Zahlungsunfähigkeit bereits unmittelbar nach Gründung, *Heckschen*, DStR 2009, 166 (170).

928 *Bormann*, GmbHR 2007, 897 (898); *Freitag/Riemenschneider*, ZIP 2007, 1485 (1485); *Gehrlein*, Der Konzern 2007, 771 (778); *Joost*, ZIP 2007, 2242 (2243).

929 Dies wird von *Veil*, ZGR 2009, 623 (630) kritisiert. Wenn sie die Einlagen gleich in voller Höhe einzahlen müssen, werde dies dazu führen, dass Gründer ihre Gesellschaften mit geringerem Stammkapital ausstatten werden.

930 Zu der Frage, welche Rechtsfolgen an eine nicht bzw. nicht vollständige Benutzung des Rechtsformzusatzes zu knüpfen sind, *Heckschen*, DStR 2009, 166 (170).

einzustellen ist. Die Rücklage darf nur für Zwecke des § 57c GmbHG, zum Ausgleich eines Jahresfehlbetrags, soweit er nicht durch einen Gewinnvortrag aus dem Vorjahr gedeckt ist sowie zum Ausgleich eines Verlustvortrags aus dem Vorjahr, soweit er nicht durch einen Jahresüberschuss gedeckt ist, verwendet werden, § 5a Abs. 3 S. 2 GmbHG. Hierdurch sollen auf der einen Seite Gesellschaftsgründungen erleichtert und gleichzeitig eine bei erfolgreichem Geschäftsgang mit der Zeit zunehmende Eigenkapitalausstattung der Gesellschaft erreicht werden. Der Regierungsentwurf spricht von einem bisher unbekannten Maß an Flexibilität, Schnelligkeit, Einfachheit und Kostengünstigkeit.[931] Durch die Pflicht zur Rücklagenbildung wird erreicht, dass der/die Gesellschafter eine Haftungsmasse aufbauen.

Im Folgenden soll die Vorschrift des § 5a Abs. 2 S. 2 GmbHG unter verschiedenen Gesichtspunkten untersucht werden. Ausgehend vom Sinn und Zweck des darin statuierten Sacheinlageverbots soll geklärt werden, ob dieses nur im Rahmen von Gründungen oder auch für Kapitalerhöhungen gilt. Sodann ist auf die Frage einzugehen, ob für einen Einzelkaufmann die Möglichkeit besteht, sein Unternehmen in eine UG „einzubringen", um fortan von der Haftungsbeschränkung profitieren zu können. Schließlich wird der Frage nachgegangen, welche Rechtsfolgen an verdeckte Sacheinlagen in der UG zu knüpfen sind.

A. Das Sacheinlageverbot des § 5a Abs. 2 S. 2 GmbHG

Die Vorschrift des § 5a Abs. 2 S. 2 GmbHG bestimmt, dass Sacheinlagen zur Erbringung des Stammkapitals einer UG ausgeschlossen sind.

I. Sinn und Zweck des Sacheinlageverbots

Der Gesetzgeber hat sich nicht ausdrücklich dazu geäußert, welche teleologischen Erwägungen hinter der Statuierung des Sacheinlageverbots stehen. Den Gesetzesmaterialien lässt sich nur entnehmen, dass der Gesetzgeber diese nicht als erforderlich ansah, da die Höhe des Stammkapitals von dem/den Gründer(n) frei gewählt werden könne.[932]

Es sind verschiedene Gesetzeszwecke denkbar: Zunächst einmal könnte es dem Gesetzgeber um den Schutz der Gläubiger[933] der UG bzw. möglicherweise auch deren anderer Gesellschafter gegangen sein. Weiterhin könnte es dem Gesetzgeber darauf angekommen sein, dass die UG – wenn sie schon mit einem geringeren Kapital startet – mit hinreichender Liquidität ausgestattet sein soll.[934] Schließlich könnte dem Sacheinlageverbot aber auch „alleine" zugrunde liegen, dass Unternehmensgründungen erleichtert und insbesondere beschleunigt werden sollen.

---

931 RegE, S. 70.

932 Begründung zum RegE MoMiG v. 25.5.2007, BT-Drs. 16/6140, S. 32 = BR-Drs. 354/07, S. 71.

933 *Schäfer*, ZIP 2011, 53 (56).

934 So: *Schäfer*, ZIP 2011, 53 (56).

Der BGH hat sich lediglich dahingehend geäußert, dass das Sacheinlageverbot jedenfalls einer Beschleunigung von Unternehmensgründungen diene, möglicherweise darüber hinaus aber auch dem Schutz der Gläubiger der Gesellschaft.[935]

Teile der Lehre sehen den Sinn und Zweck des Sacheinlageverbots weder im Gläubigerschutz noch in Liquiditätsgründen, sondern einzig und allein in Beschleunigungsgründen.[936] Da das Stammkapital denkbar gering gewählt werden kann, sei dieses – auch wenn es bar erbracht wird – weder dazu geeignet, die Interessen der Gläubiger der Gesellschaft zu schützen noch die Gesellschaft mit (umfangreicher) Liquidität auszustatten. Es wird vielmehr die Befürchtung geäußert, dass das Sacheinlageverbot einem Gläubigerschutz entgegenlaufe, weil es die Einlage von werthaltigem Sachvermögen und damit eine höhere Kapitalausstattung verhindere.[937] Dem wird entgegen gehalten, dass ein reiner Beschleunigungszweck des Sacheinlageverbots nicht zu dem Umstand passe, dass beim vereinfachten Verfahren nach § 2 Abs. 1a GmbHG Sacheinlagen noch einmal besonders ausgeschlossen werden und hier sogar für die normale GmbH.[938] Hieraus sei zu schließen, dass das Sacheinlageverbot einen über die Beschleunigung hinausgehenden weiteren Zweck verfolgen müsse.[939]

Berücksichtigt man bei dieser Frage zudem, dass die UG als Variante der GmbH konzipiert wurde, um eine deutsche Alternative zur Limited zu schaffen, gelangt man letztlich zu dem Ergebnis, dass es dem Gesetzgeber alleine um eine Beschleunigung der Gründung gegangen sein kann. Indem er diese von Bewertungs- und Prüfungsfragen frei hält, wird es vereinfacht und dadurch beschleunigt.[940]

II. Sacheinlageverbot auch bei Kapitalerhöhungen?

Weiterhin stellt sich die Frage, ob das Sacheinlageverbot des § 5a Abs. 2 S. 2 GmbHG auch für Kapitalerhöhungen gilt oder sein Anwendungsbereich vielmehr auf den Vorgang der Gründung beschränkt ist.[941] Diese Frage wird sogleich auch noch für umwandlungsrechtliche Fragestellungen von Bedeutung sein.

Das Meinungsbild zu dieser Frage ist nicht einheitlich: Während zum Teil vertreten wird, dass die Vorschrift auch auf Kapitalerhöhungen Anwendung finden soll[942], wird teilweise danach differenziert, ob durch die Kapitalerhö-

---

935 BGH, Beschl. v. 11.4.2011 - II ZB 9/10 = ZIP, 2011, 1054 ff.

936 *Hennrichs*, NZG 2009, 1161 (1162); *Klein*, NZG 2011, 377 (378) .

937 *Hennrichs*, NZG 2009, 1161 (1162).

938 *Schäfer*, ZIP 2011, 53 (56).

939 *Schäfer*, ZIP 2011, 53 (56).

940 *Hennrichs*, NZG 2009, 1161 (1162); *Klein*, NZG 2011, 377 (378).

941 Vgl. hierzu: *Hennrichs*, NZG 2009, 1161 (1162).

942 *Heckschen*, DStR 2009, 166 (170 f.);*Weber*, BB 2009, 842 (844); *Heinemann*, NZG 2008, 820 (821).

hung die Schwelle zur regulären GmbH überschritten wird[943] bzw. ob die maßgeblichen Eintragungen im Handelsregister erfolgt sind[944]. Schließlich wird eine Anwendung des Sacheinlageverbots auf Kapitalerhöhungen gänzlich abgelehnt[945].

1.) Geltung des Sacheinlageverbots bis zur Eintragung der Kapitalerhöhung im Handelsregister

Die Vertreter der Ansicht, die davon ausgeht, dass das Sacheinlageverbot des § 5a Abs. 2 S. 2 GmbHG bis zur Eintragung einer Kapitalerhöhung auf mindestens 25.000 € gelte, stellen zum einen auf den Wortlaut der Vorschrift sowie auf deren Sinn und Zweck ab. Dass insoweit für die UG strengeres Recht gelte als für die GmbH, sei systembedingt der Preis für die Wahl des Einstiegsmodells.[946]

2.) Geltung nur bis zur Schwelle zur regulären GmbH

Diejenigen, die sich gegen eine Geltung des Sacheinlageverbots – zumindest für den Fall, dass durch die Kapitalerhöhung die Schwelle zur regulären GmbH überschritten wird – aussprechen, verweisen darauf, dass es nicht ersichtlich sei, dass es die Intention des Gesetzgebers gewesen sei, die Gesellschafter einer UG beim Übergang in die reguläre GmbH schlechter zu stellen, als wenn sie von vornherein eine reguläre GmbH gegründet hätten.[947]

3.) Keine Anwendung des Sacheinlageverbots

Gegen eine Anwendung des Sacheinlageverbots werden Wortlaut und Systematik des § 5a Abs. 2 GmbHG angeführt.[948] Der Ausschluss von Sacheinlagen stehe in unmittelbarem Zusammenhang mit der Anmeldung der Gesellschaft im Rahmen der Gründung. Vom Wortlaut ausgehend spezifiziere das Gesetz nicht, ob der Ausschluss auch für Kapitalerhöhungen gelten solle. Betrachte man sodann das Zusammenspiel mit § 56 GmbHG, welcher die Kapitalerhöhung als solche regelt, falle auf, dass dieser weder auf § 5a Abs. 2 S. 2 GmbHG verweise noch selber eine abweichende Anordnung für die UG vorsehe.[949] Zwar sei die Systematik, insbesondere im Hinblick auf § 5a Abs. 5 GmbHG, durchaus widersprüchlich, denn dieser ordnet seinerseits an, dass die Absätze 1-4 keine Anwendung mehr finden sollen, wenn die Gesellschaft ihr Stamm-

---

943 *Berninger*, GmbHR 2010, 63 (66); *Heckschen*, in: Heckschen, Die GmbH in der Beratungs- und Gestaltungspraxis, 2009, § 5 Rn. 45 ff; *Waldenberger/Sieber*, GmbHR 2009, 114 (119); *Lange*, NJW 2010, 3686 (3689); *Leuering*, NJW-Spezial 2007, 315 (316); *Schäfer*, ZIP 2011, 53 (56 f.); *Tettinger*, Der Konzern 2008, 75 (77); *Altmeppen*, in: Roth/Altmeppen, GmbHG, § 5a Rn. 26.

944 OLG München, Beschl. v. 23.09.2010 – 31 Wx 149/10 = NZG 2010, 1303 ff.

945 *Hennrichs*, NZG 2009, 1161 (1162).

946 *Hueck/Fastrich*, in: Baumbach/Hueck, GmbHG, 19. Aufl., § 5a Rn. 33.

947 OLG Hamm, Beschl. v. 05.05.2011 – 27 W 24/11; *Meister*, NZG 2008, 767 (767); *Rieder*, in: MüKo, GmbHG, § 5a Rn. 40.

948 *Hennrichs*, NZG 2009, 1161 (1162).

949 *Hennrichs*, NZG 2009, 1161 (1162).

kapital erhöht, so dass es den Betrag des Mindestkapitals nach § 5 Abs. 1 GmbHG erreicht. Hiergegen wird indes argumentiert, dass letztlich auf den Sinn und Zweck der Vorschrift geschaut werden müsse, der schließlich in der Beschleunigung der Gründung liege.[950] Sobald die Gesellschaft jedoch gegründet sei, sei dieser Zweck erfüllt und eine Sachkapitalerhöhung könne nach den allgemeinen Regeln vorgenommen werden. Ein Verbot der Sachkapitalerhöhung sei darüber hinaus objektiv unvernünftig, da nicht nachvollziehbar sei, warum das Gesetz die UG hinsichtlich der späteren Kapitalbeschaffung schlechter stellen wollen sollte als die reguläre GmbH.[951] Der Gesetzgeber verhindere mit dieser Regelung die Stärkung der Eigenkapitalbasis der Gesellschaft.[952] Es mache wenig Sinn, den Gesellschaftern einer UG eine Kapitalerhöhung mit Eigenmitteln zu erlauben, ihnen aber eine solche aus Sachmitteln der Gesellschafter zu untersagen.[953]

Ein weit verstandenes Sacheinlageverbot überzeuge auch deshalb nicht, weil es sich umgehen ließe, indem Sacheinbringungen, die als andere Zuzahlungen in das Eigenkapital gem. § 272 Abs. 2 Nr. 4 HGB verbucht werden und die Rücklagen erhöhen, dafür genutzt würden, das Kapital aus Gesellschaftsmitteln zu erhöhen.[954]

4.) Rechtsprechung

Das OLG München[955] hatte sich mit der Frage auseinanderzusetzen, zu welchem Zeitpunkt die für die UG in § 5a Abs. 1-4 GmbHG geregelten Beschränkungen wegfallen. Es hat sich der Auffassung angeschlossen, dass die Sonderregelungen des § 5a Abs. 1-4 GmbHG erst dann keine Anwendung mehr finden bzw. § 56a GmbHG und § 7 Abs. 2 S. 1 GmbHG erst dann gelten, wenn die geleistete Bareinzahlung den Betrag des Stammkapitals in Höhe von 25.000 € (§ 5 Abs. 1 GmbHG) tatsächlich erreicht oder überschritten hat. Nach dem Wortlaut der Vorschrift sei der maßgebliche Zeitpunkt für den Wechsel der anzuwendenden Vorschriften der der (wirksamen) Erhöhung des Stammkapitals. § 5a Abs. 5 GmbHG bilde in systematischer Hinsicht eine Klammer um sämtliche Regelungen, die in § 5a Abs. 1-4 GmbHG enthalten sind,[956] so dass auch § 5a Abs. 2 S. 2 GmbHG nicht nur für den Gründungsakt, sondern auch für Kapitalerhöhungen Anwendung finde.[957] Eine teleologische Reduktion der Vorschrift sei nicht möglich, da sich keine konkreten Anhaltspunkte dafür finden ließen, dass dies im Sinne des Gesetzgebers wäre.[958]

950 *Hennrichs*, NZG 2009, 1161 (1162).
951 *Hennrichs*, NZG 2009, 1161 (1162).
952 *Specks*, RNotZ 2011, 234 (237).
953 *Specks*, RNotZ 2011, 234 (237).
954 *Klein*, NZG 2011, 377 (379).
955 OLG München, Beschl. v. 23.09.2010 – 31 Wx 149/10 = NZG 2010, 1303 ff.
956 Vgl. auch: *Heckschen*, DStR 2009, 166 (170).
957 OLG München, Beschl. v. 23.09.2010 – 31 Wx 149/10 = NZG 2010, 1303 (1304).
958 OLG München, Beschl. v. 23.09.2010 – 31 Wx 149/10 = NZG 2010, 1303 (1304).

Nunmehr hat sich jüngst auch der BGH[959] zu dieser Frage geäußert. In seinem Beschluss vom 19.04.2011 schließt er sich der Ansicht an, dass die Anwendung des § 5a Abs. 2 S. 2 GmbHG nicht auf die Gründung der UG beschränkt sei. Eine solche Einschränkung folge weder aus dem Wortlaut dieser Vorschrift noch aus ihrem systematischen Zusammenhang. Die Regelung in § 5a Abs. 5 GmbHG spreche vielmehr dafür, dass das Sacheinlagenverbot grundsätzlich auch bei Kapitalerhöhungen nach der Gründung der UG gelte. Andernfalls wäre der Verweis in § 5a Abs. 5 GmbHG auf Abs. 2 S. 2 GmbHG überflüssig. Der BGH folgt dem OLG München jedoch insoweit nicht, als es um die Frage geht, ab welchem Zeitpunkt ein Wechsel der anzuwendenden Vorschriften i.S.d. § 5a Abs. 5 GmbHG erfolgt.[960]

5.) Stellungnahme

Setzt man beim Wortlaut des § 5a Abs. 2 S. 2 GmbHG an, so lässt sich feststellen, dass dieser keine Aussage darüber trifft, ob das Sacheinlageverbot nur im Rahmen der Gründung einer UG oder aber auch im Rahmen von Kapitalerhöhungen gelten soll. Im systematischen Zusammenhang allein des Absatzes 2 spricht vieles dafür, das Verbot nur auf Gründungen zu beziehen, da der Satz 1 die Anmeldung der Gesellschaft nach der Gründung regelt. Zieht man den Kreis jedoch größer und betrachtet zugleich die Regelung des Absatzes 5, so wird hiervon auch Absatz 2 Satz 2 betroffen. Absatz 5 nimmt diesen nicht explizit aus. Auch ist nichts für ein gesetzgeberisches Redaktionsversehen ersichtlich. In einem Umkehrschluss könnte aus der Regelung des Absatzes 5 daher zu schließen sein, dass bis zu diesem Zeitpunkt jede Kapitalmaßnahme den Kautelen der Absätze 1-4 unterstehen soll, so dass auch das Sacheinlageverbot des Absatzes 2 Satz 2 gelten würde. Die Systematik lässt sich daher im Ergebnis eher für die Geltung des Sacheinlageverbots auch im Rahmen von Kapitalerhöhungen anführen. Es kommt jedoch letztlich entscheidend auf den Sinn und Zweck der Regelung an. Sieht man diesen in der Beschleunigung des Gründungsvorgangs, indem dieser von Bewertungs- und Prüfungspflichten frei gehalten werden soll, erscheint unklar, warum das Sacheinlageverbot auch für Kapitalerhöhungen gelten soll, die anders als Gründungen nicht beschleunigt werden müssen bzw. zu deren Beschleunigung der Gesetzgeber auch keine Aussage getroffen hat. Auch ein Schutz der Gläubiger der Gesellschaft spricht im Ergebnis nicht gegen eine Nichtgeltung des § 5a Abs. 2 S. 2 GmbHG für Kapitalerhöhungen. Schließlich ist es gerade Ziel einer Kapitalerhöhung, die Gesellschaft mit neuen Mitteln auszustatten. Dass dies auch der Wunsch des Gesetzgebers ist, zeigt sich eindrucksvoll an der Regelung des § 5a Abs. 3 S. 1 GmbHG. Auch unter Liquiditätsgesichtspunkten lässt sich nichts gegen Sachkapitalerhöhungen in der UG einwenden, da auch bar eingebrachten Mittel alsbald ihre Liquidität genommen werden könne. Im Ergebnis überzeugt die Meinung, die von einer Nichtgeltung des Sacheinlageverbots für Kapitalerhöhungen ausgeht.

---

959 BGH, Beschl. v. 19.04.2011 – II ZB 25/10 = ZIP 2011, 955 ff.

960 Vgl.: BGH, Beschl. v. 19.04.2011 – II ZB 25/10 = ZIP 2011, 955 ff.

III. Einbringung eines Einzelunternehmens in die UG

Das strikte Sacheinlageverbot (im Rahmen von Gründungen) wird vor allem unter dem Aspekt kritisiert, dass es gerade Kleinunternehmern[961], die ihr Unternehmen in eine UG „umwandeln" möchten, entgegen käme, wenn sie ihr Unternehmen als Sacheinlage einbringen könnten. Dass dies nicht möglich ist, hat zur Konsequenz, dass sie das Stammkapital vergleichsweise gering bestimmen. Eine solche Entwicklung ist jedoch unter dem Gesichtspunkt des Gläubigerschutzes kritisch zu betrachten.[962] Fraglich ist, ob es andere Wege gibt, das Einzelunternehmen bzw. sonstige Vermögenswerte in die UG einzubringen.

1.) Gründung einer UG mit anschließender Kapitalerhöhung

Den Weg über die Gründung einer UG und der sich an die Gründung anschließenden Kapitalerhöhung im Wege einer Sachkapitalerhöhung ist – wie bereits dargestellt – zwar nach der hier vertretenen Auffassung, jedoch nicht nach der Rechtsprechung und weiten Teilen der Literatur möglich und der Praxis daher – zumindest derzeit – nicht zu empfehlen. Im Zweifel wird dies beim Registergericht, welches eine Eintragung vornehmen müsste, scheitern.

2.) Umwandlungsrechtliche Möglichkeiten

Es könnte jedoch darüber nachgedacht werden, ob der Einzelunternehmer sein Unternehmen in eine UG formwechseln kann. Der Formwechsel ist in den §§ 214 ff. UmwG geregelt. Diese Vorschriften sehen einen Formwechsel von einem einzelkaufmännischen Unternehmen in eine Gesellschaft indes nicht vor. Da im Umwandlungsrecht der „numerus clausus der Umwandlungsmöglichkeiten" gilt, kann der Einzelkaufmann sein Unternehmen damit nicht auf diese Weise in die UG einbringen. Hiergegen spräche auch, dass es sich hierbei indirekt um eine unzulässige Sachgründung handeln würde.

Auch die Gründung einer GmbH, in Form einer Sach- oder Mischgründung im Rahmen derer das Einzelunternehmen in die GmbH eingelegt wird, mit anschließendem „down-sizing" in eine UG ist nicht möglich, da dies der gesetzgeberischen Intention widersprechen würde und auch umwandlungsrechtlich nicht möglich ist, da eine Umwandlung einen Wechsel der Rechtsform erfordert. Bei der UG handelt es sich nicht um eine eigenständige Rechtsform, sondern um eine Variante der GmbH. Ein Formwechsel von der GmbH in die UG ist damit – mangels Rechtsformwechsels – nicht möglich.[963] Zudem ist dies deshalb nicht möglich, weil § 58 Abs. 2 S. 1 i.V.m. § 5 Abs. 1 GmbHG es verbietet, das Stammkapital einer GmbH auf einen Betrag unter 25.000 € herabzusetzen.

---

961 Bzw. Unternehmer, die bislang als Einzelkaufleute i.S.d. §§ 1 ff. HGB tätig waren.

962 *Miras*, Die neue Unternehmergesellschaft, S. 42 (Rn. 154).

963 Zu der Frage, ob die GmbH im Wege eines Downstream-Mergers auf eine durch sie neu gegründete UG verschmolzen werden könnte, *Römermann/Passarge*, ZIP 2009, 1497 (1500), die es nicht für möglich halten, dass die UG als Zielrechtsträger oder als aufnehmender Rechtsträger eingesetzt wird. Hierzu ebenfalls: *Schießl*, StuB 2009, 460 ff.

Der Einzelkaufmann hat jedoch grundsätzlich die Möglichkeit zur Ausgliederung, wenn er sein Vermögen auf einen anderen Rechtsträger übertragen möchte. Fraglich ist daher, ob eine Ausgliederung gem. §§ 152 ff. UmwG auf eine UG möglich ist.

Gem. § 152 S. 1 UmwG kann die Ausgliederung des von einem Einzelkaufmann betriebenen Unternehmens, dessen Firma im Handelsregister eingetragen ist, oder von Teilen desselben aus dem Vermögen dieses Kaufmanns nur zur Aufnahme dieses Unternehmens oder von Teilen dieses Unternehmens durch Personenhandelsgesellschaften, Kapitalgesellschaften oder eingetragene Genossenschaften oder zur Neugründung von Kapitalgesellschaften erfolgen. Der Ausgliederung zur Aufnahme entspricht es, wenn das Unternehmen bzw. der Unternehmensteil im Wege der Sacheinlage in eine bereits bestehende Gesellschaft eingebracht wird.[964] Dieser Weg dürfte derzeit für die Praxis indes nicht gangbar sein, da er jedenfalls nach der Rechtsprechung und Teilen der Lehre an der Vorschrift des § 5a Abs. 2 S. 2 GmbHG scheitern dürfte. Etwas anderes könnte nur angenommen werden, wenn man davon ausginge, dass das Verbot des § 5a Abs. 2 S. 2 GmbHG allein für Neugründungen außerhalb des Umwandlungsgesetzes gelten würde. Es wird vertreten, dass die UG als Variante der GmbH wie diese uneingeschränkt an Umwandlungen beteiligt sein könne.[965] Weder das UmwG enthalte eine Vorschrift, die diese Fähigkeit beschränke noch stünde das Verbot des § 5a Abs. 2 S. 2 GmbHG einem umwandlungsrechtlichen Vorgang durch Neugründung entgegen.[966] Das Gesetz, also § 5a Abs. 2 S. 2 GmbHG, habe allein die Gründung einer UG außerhalb des UmwG im Auge („stand-alone Gründung"). Weitergehende Beschränkungen der Flexibilität der UG seien damit nicht beabsichtigt.[967] Es sei daher davon auszugehen, dass § 5a Abs. 2 S. 2 GmbHG nicht von dem Verweis des § 197 S. 1 UmwG erfasst werde. Dieser Verweis auf die Gründungsvorschriften mache den Formwechsel nicht zu einer Sachgründung, sondern wolle allein sicherstellen, dass die für das Kapitalgesellschaftsrecht grundlegenden Kapitalaufbringungsvorschriften nicht unterlaufen werden. Da die Vorschrift des § 5a Abs. 2 S. 2 GmbHG von ihrem Sinn und Zweck her jedoch allein eine Beschleunigung der Gründung ermöglichen wolle, also weder Gläubigerschutz vermitteln noch eine reale Kapitalaufbringung absichern wolle, sei sie nicht von § 197 S. 1 UmwG erfasst.[968]

Der BGH hat die Frage, ob § 5a Abs. 2 S. 2 GmbHG auch für umwandlungsrechtliche Sachverhalte gelte, bejaht. Er hat sich dem OLG Frankfurt[969] sowie Teilen der Literatur[970] angeschlossen und entschieden, dass eine UG nicht durch Abspaltung von einem anderen Rechtsträger nach § 123 Abs. 2 Nr. 2

964 *Lutter*, UmwG, § 152 Rn. 9.
965 *Hennrichs*, NZG 2009, 1161 (1163).
966 *Hennrichs*, NZG 2009, 1161 (1163).
967 *Hennrichs*, NZG 2009, 1161 (1164).
968 *Hennrichs*, NZG 2009, 1161 (1164).
969 OLG Frankfurt, Beschl. v. 9.03.2010 – 20 W 7/10 = NZG 2010, 1429 (1429).
970 *Gasteyer*, NZG 2009, 1364 (1368); *Meister*, NZG 2008, 767 (768).

UmwG neu gegründet werden könne.[971] Dies folge aus dem über § 135 Abs. 2 S. 1 UmwG zur Anwendung kommenden § 5a Abs. 2 S. 2 GmbHG. Weder Wortlaut noch Systematik der Norm würden dafür sprechen, dass das Verbot des § 5a Abs. 2 S. 2 GmbHG für Umwandlungen nicht gelte.[972] Jedenfalls de lege lata ist daher ein Vorgehen über §§ 152 ff. UmwG nicht zu empfehlen.

3.) Einstellung in die Kapitalrücklage der UG

Möglich erscheint es jedoch nach Gründung der UG das Einzelunternehmen im Wege des § 272 Abs. 2 Nr. 4 HGB in die UG zu überführen. Das Unternehmen würde dann in die Kapitalrücklage der UG als andere Zuzahlung i.S.d. § 272 Abs. 2 Nr. 4 HGB eingestellt.[973] Andere Zuzahlungen in das Eigenkapital in diesem Sinne sind auch bei der UG ohne Einschränkungen zulässig.[974] „Andere Zuzahlungen" sind keine Sacheinlagen i.S.d. § 5a Abs. 2 S. 2 GmbHG, auch wenn sie durch Übertragung von Sachen oder anderen (nicht baren) Vermögensgegenständen erfolgen. Sie sind gem. § 272 Abs. 2 Nr. 4 HGB in die Kapitalrücklage einzustellen und erfolgen damit nicht auf das gezeichnete Kapital. Im Ergebnis ist dies also eine Möglichkeit für einen Einzelkaufmann, sein Unternehmen in eine UG zu überführen.

4.) Anwachsungsmodell

In Betracht kommt ferner der Weg über das sog. Anwachsungsmodell, mit welchem sich im Ergebnis das wirtschaftliche Ziel eines Formwechsels einer Personengesellschaft in eine UG erreichen lässt.[975] Hierbei ist von der Regelung des § 738 Abs. 1 S. 1 BGB auszugehen, nach der bei einer Gesellschaft bürgerlichen Rechts im Falle des Ausscheidens eines Gesellschafters dessen Anteil am Gesellschaftsvermögen den übrigen Gesellschaftern anwächst. Unter Anwachsung wird also der unmittelbare Übergang des Gesellschaftsanteils auf die übrigen Gesellschafter verstanden. Der durch die Anwachsung bedingte Eigentumsübergang erfolgt kraft Gesetzes, § 738 BGB. Einzelner Übertragungsakte bedarf es mithin nicht. Die Vorschrift des § 738 Abs. 1 S. 1 BGB gilt ebenso für die oHG (§ 105 Abs. 3 HGB).

Das Einzelunternehmen könnte nach dem Anwachsungsmodell auf folgende Weise in eine UG „eingebracht" werden: Der Einzelunternehmer gründet eine UG, die wiederum in das Einzelunternehmen des Kaufmanns einsteigt, so dass hieraus eine oHG wird (§ 105 Abs. 1 HGB). Der Einzelkaufmann scheidet sodann aus der oHG aus. Damit wächst dessen Anteil am Gesellschaftsvermögen dem verbleibenden Gesellschafter – der UG – gem. § 738 Abs. 1 S. 1 BGB i.V.m. § 105 Abs. 3 HGB an, mit der Konsequenz, dass aus der Personengesellschaft eine UG wird.[976]

---

971 BGH, Beschl. v. 11.4.2011 - II ZB 9/10 = ZIP 2011, 1054 ff.

972 BGH, Beschl. v. 11.4.2011 - II ZB 9/10 = ZIP 2011, 1054 ff.

973 Hierzu ausführlich: *Hennrichs*, NZG 2009, 1161 (1164).

974 *Hennrichs*, NZG 2009, 1161 (1164).

975 Vgl.: *Berninger*, GmbHR 2010, 63 (70); *Wicke*, in: Wicke, GmbHG, § 5a Rn. 18.

976 *Berninger*, GmbHR 2010, 63 (70).

Das Prinzip der Anwachsung findet selbst dann Anwendung, wenn alle Gesellschafter bis auf einen ausscheiden und eigentlich eine Gesamthandgemeinschaft nicht mehr besteht.[977] Zudem ermöglicht es einen Formwechsel von der Personen- in die Kapitalgesellschaft.[978]
Ein solcher Rechtsformwechsel ist keine Sacheinlage, womit die für Sacheinlagen erforderliche besondere Prüfung der Angemessenheit der Bewertung des in die Kapitalgesellschaft einzubringenden Vermögens entfällt (§§ 56 ff. GmbHG).[979] Folglich stellt sich dies als eine Möglichkeit, ein Einzelunternehmen in die UG „einzubringen", für die Praxis dar.

IV. Rechtsfolgen verdeckter Sacheinlagen

Wird dieser letzte Weg bzw. der Weg über die Einstellung in die Kapitalrücklage nicht gewählt, sondern das Einzelunternehmen im Wege eines Kaufvertrages in sachlichem und zeitlichem Zusammenhang in die UG eingebracht, stellt sich die Frage, welche Rechtsfolgen an verdeckte Sacheinlagen bei der UG zu knüpfen sind. Zu dieser Frage schweigen sowohl das Gesetz als auch der Regierungsentwurf. Es gibt drei bislang ersichtlich diskutierte Lösungsansätze.

1.) Unmöglichkeit verdeckter Sacheinlagen

Joost geht davon aus, dass bei der UG verdeckte Sacheinlagen prinzipiell und von vornherein ausscheiden müssen. Er schließt aus der Unzulässigkeit der Erbringung offener Sacheinlagen darauf, dass es bei der UG gar keine verdeckten Sacheinlagen geben könne.[980] Erbringt der Gesellschafter also die Bareinlage und verwendet die Gesellschaft diese Mittel sodann dafür, vom Gesellschafter einen Vermögensgegenstand zu erwerben, soll dies möglich und zulässig sein. Hier könne schließlich nicht von einer Umgehung der grundsätzlich einzuhaltenden Sacheinlagekautelen gesprochen werden. Es werde zwar ein gesetzliches Verbot umgangen, aber nicht ein gesetzlich vorgesehenes Verfahren. Der von der Rechtsprechung und Literatur an den verdeckten Sacheinleger gerichtete Vorwurf, das gesetzliche Verfahren der Publizitäts- und Prüfungspflichten umgangen zu haben, könne dem Inferenten hier nicht gemacht werden.

2.) Anwendung des § 19 Abs. 4 GmbHG

Teile der Literatur[981] sprechen sich für eine Anwendung des § 19 Abs. 4 GmbHG auf die UG aus. Da es sich bei der UG um eine Variante der GmbH

---

977 BGH, Urt. v. 19.05.1960 – II ZR 72/59 = BGHZ 32, 307 = NJW 1960, 1664 (1666); *Krüger*, NJW 1982, 2847 (2847).

978 *Schmid/Dietel*, DStR 2008, 529 (529).

979 *Krüger*, NJW 1982, 2847 (2848).

980 *Joost*, ZIP 2007, 2242 (2244); zustimmend: *Karsten*, GmbH-Recht, 2009, § 8 Rn. 41.

981 *Lutter*, in: Lutter/Hommelhoff, 17. Aufl., § 5a Rn. 13; *Bayer*, in: Lutter/Hommelhoff, 17. Aufl., § 19 Rn. 59; *Roth*, in: Roth/Altmeppen, GmbHG, § 5a Rn. 15; *Gehrlein*, Der Konzern 2007, 771 (779); *Kersting*, in: VGR Gesellschaftsrecht in der Diskussion 2008, S. 101 (S. 122 f.); *Römermann/Passarge*, ZIP 2009, 1497 (1502); *Römermann*, NZG 2010, 1375

handele, komme grundsätzlich, solange das Gesetz nichts anderes vorsehe, das GmbHG zur Anwendung. Weder die Vorschrift des § 5a GmbHG noch die des § 19 Abs. 4 GmbHG enthalte eine Einschränkung dahin, dass § 19 Abs. 4 GmbHG auf die UG keine Anwendung finden soll. Zudem lasse sich auch der amtlichen Begründung zum MoMiG kein, diese Rechtsfolge ausschließender, Hinweis entnehmen. Zudem reiche die Rechtsfolge des § 19 Abs. 4 GmbHG zum Schutz der Gläubiger aus.[982]

Schließlich wird vorgebracht, dass der Gesetzgeber die Rechtsform der UG insbesondere für unerfahrene Unternehmensgründer in das GmbHG aufgenommen habe.[983] Der Sinn und Zweck des § 5a Abs. 2 S. 2 GmbHG, die Vereinfachung und Beschleunigung des Gründungsprozesses – und eben nicht Aspekte des Gläubigerschutzes –, spreche ebenso wie der Umstand, dass an den gesellschaftsrechtlichen Kenntnisstand der Beteiligten im Bereich kleiner und mittelständischer Unternehmen keine überzogenen Erwartungen gestellt werden dürfen, für eine Anwendung des § 19 Abs. 4 GmbHG auf die UG und gegen die alten Rechtsprechungsregeln.[984]

3.) Fortgeltung der „alten Rechtsprechungsregeln"

Gegen eine Anwendung des § 19 Abs. 4 GmbHG[985] wird demgegenüber folgende Überlegung vorgetragen: Bei der UG ist es nicht möglich, Sacheinlagen offen in zulässiger Weise zu erbringen. Ließe man nun eine Anwendung des § 19 Abs. 4 GmbHG auf die UG zu, führte dies im Ergebnis dazu, dass ein Vorgang *„der auf legale, formal korrekte Weise unzulässig ist, dadurch in seinen Folgen relativiert würde, dass er heimlich und unter Verstoß gegen alle Formvorschriften zustande käme"*.[986] Die Vorschrift des § 19 Abs. 4 GmbHG könne daher keine Anwendung finden.[987] Vielmehr werde § 19 Abs. 4 GmbHG durch § 5a Abs. 2 S. 2 GmbHG i.V.m. § 134 BGB als speziellere Norm verdrängt.[988] Die Vorschrift

---

(1377); *Veil*, ZGR 2009, 623 (631); *Witt*, ZIP 2009, 1102 (1105); *Wälzholz*, GmbHR 2008, 841 (843 f.); *Heinze*, GmbHR 2008, 1065 (1066); *Herrler*, DB 2008, 2347 (2349 f.); *Hennrichs*, NZG 2009, 921 (923); *ders.*, NZG 2009, 1161 (1164); *Goette*, Einführung in das neue GmbH-Recht, S. 19 f.

982 *Veil*, ZGR 2009, 623 (631); *Waldenberger/Sieber*, GmbHR 2009, 114 (119).

983 *Heinze*, GmbHR 2008, 1065 (1066).

984 *Bayer*, in: Lutter/Hommelhoff, 17. Aufl., § 19 Rn. 59; *Kersting*, in: VGR Gesellschaftsrecht in der Diskussion 2008, S. 101 (S. 123); *Witt*, ZIP 2009, 1102 (1105).

985 *Wicke*, GmbHG, § 5a Rn. 8; *Weber*, BB 2009, 842 (845); *Bormann*, GmbHR 2007, 897 (901); *Bormann/Urlichs*, GmbHR-Sonderheft Oktober 2008, 37 (42); *Freitag/Riemenschneider*, ZIP 2007, 1485 (1486); *Gasteyer*, NZG 2009, 1364 (1365); *Schall*, ZGR 2009, 126 (152); *Werner*, GmbHR 2011, 459 (462); *Miras*, Die neue Unternehmergesellschaft, Rn. 349 ff; *ders.*, in: Michalski, GmbHG, § 5a Rn. 45; *Heckschen*, Das MoMiG in der notariellen Praxis, S. 80.

986 *König/Bormann*, DNotZ 2008652 (656 f.); *Miras*, Die neue Unternehmergesellschaft, S. 90 (Rn. 350).

987 *Heckschen*, DStR 2009, 166 (171); *Miras*, Die neue Unternehmergesellschaft, S. 43 (Rn. 155).

988 *Weber*, BB 2009, 842 (845); *Wicke*, GmbHG, § 5a Rn. 8.

des § 19 Abs. 4 GmbHG sei insofern teleologisch zu reduzieren.[989] § 19 Abs. 4 GmbHG sei nur in Fällen anwendbar, in denen eine offene Sacheinlage zulässig sei.[990] Im Ergebnis müssten also die bis zum MoMiG geltenden Rechtsfolgen zur Anwendung gelangen.[991]

4.) Stellungnahme

Welche Rechtsfolge verdeckte Sacheinlagen bei der UG haben sollten, ist vom Gesetzeszweck ausgehend zu beantworten. Wie bereits festgestellt, besteht dieser allein in der Beschleunigung von Unternehmensgründungen. Steht der Gläubigerschutz hier jedoch nicht im Mittelpunkt, ist er vielmehr reiner Reflex der Regelung, spricht dies gegen die Anwendung der bis zum MoMiG geltenden ständigen Rechtsprechung, deren Grundlage immer Erwägungen des Gläubigerschutzes waren.

Zudem ist eine Regelungslücke, die durch Anwendung der alten Rechtsprechungsregeln geschlossen werden müsste, nicht ersichtlich. Gegen eine Anwendung der „alten Rechtsprechungsregeln" spricht ferner, dass hier der Begründungsansatz, der Inferent habe ein gesetzliches Verfahren umgangen, gerade nicht eingreift. Dagegen, § 19 Abs. 4 GmbHG zur Anwendung kommen zu lassen, könnte zwar sprechen, dass es einen Widerspruch darstellt, auf der einen Seite von der Unzulässigkeit offener Sacheinlagen auszugehen, Sacheinlagen aber über die „Hintertür" des § 19 Abs. 4 GmbHG faktisch dennoch zuzulassen. Dies ist jedoch hinzunehmen. Interessengerecht ist es letztlich, die Vorschrift des § 19 Abs. 4 GmbHG auch auf die UG anzuwenden. Hierbei kann zwar nicht mehr an die Rechtfertigung der Rechtsprechung bis zum MoMiG, die Einhaltung der Sacheinlagekautelen müsste gewährleistet wer-

989 *Weber*, BB 2009, 842 (845); *Miras*, Die neue Unternehmergesellschaft, S. 90 (Rn. 352).

990 *Bormann*, GmbHR 2007, 897 (901).

991 *Weber*, BB 2009, 842 (845); *Wicke*, GmbHG-Komm., 2008, § 5a Rn. 8; *Freitag/Riemenschneider*, ZIP 2007, 1485 (1486); *Gehrlein.*, Der Konzern 2007, 771 (779); *König/Bormann*, DNotZ 2008652 (656 f.); *Wachter*, GmbHR Sonderheft 2008 Oktober 2008, 25 (32 f.); *Bormann/Urlichs*, GmbHR Sonderheft Oktober 2008, 37 (38, 42). Es wird jedoch auch vertreten, dass abweichenden von der bis zum MoMiG geltenden Rechtslage, Rechtsfolge sein solle, dass das schuldrechtliche Rechtsgeschäft unwirksam sein soll, nicht demgegenüber das dingliche Rechtsgeschäft, *Wicke*, GmbHG, 2008, § 5a Rn. 8, dies folge daraus, dass § 27 Abs. 3 AktG nach Änderung des § 19 Abs. 4 GmbHG nunmehr nicht mehr auf die GmbH, und damit auch nicht auf die GmbH-Variante UG, anwendbar sei. Fraglich ist jedoch, ob eine solche Rückkehr zum Zustand bis 2003 Sinn machen und zu rechtfertigen sein würde. Damit die UG in ihrer Handlungsfreiheit nicht zu stark eingeengt wird, wird zum einen eine starke Erweiterung der Verkehrsgeschäftsausnahme und zum anderen das Betreiben der UG mit minimalem Grundkapital vorgeschlagen, dann könne im Übrigen mit freien Einlagen gearbeitet werden, bis nach einer Kapitalerhöhung aus Gesellschaftsmitteln eine „Umwandlung" in eine ordentliche GmbH vollzogen werden könne, *Schall*, ZGR 2009, 126 (152).
Schäfer, ZIP 2011, 53 (57) vertritt die Auffassung, dass grundsätzlich die Regelung des § 19 Abs. 5 GmbHG anzuwenden sei. Da es hierfür jedoch regelmäßig an der erforderlichen Anmeldung fehle, verbleibe es bei der Anwendung der „alten" Rechtsprechungsregeln.

den, angeknüpft werden. Der Vorschrift des § 5a Abs. 2 S. 2 GmbHG lässt sich indes entnehmen, dass, wenn der Gesetzgeber bereits keine offenen Sacheinlagen zulassen wollte, aus einem Erst-Recht-Schluss folgt, dass verdeckte Sacheinlagen nicht zulässig sind und an diese eine Rechtsfolge angeknüpft werden muss. Angemessene, aber auch ausreichende Rechtsfolge ist diejenige des § 19 Abs. 4 GmbHG.

B. Ausblick

Die Einführung der UG stellt einen Kompromiss zwischen der Forderung nach Vereinfachung, insbesondere der Gründungsregeln, und dem Anspruch auf Erhalt des Gläubigerschutzniveaus dar.[992] Nicht zuletzt der Erhalt der Seriosität der Rechtsform GmbH wird den Gesetzgeber zu diesem Schritt bewogen haben. Er zeigt eindrucksvoll, dass das deutsche Recht am traditionellen Kapitalschutzsystem erst einmal festhalten wird. Es bleibt jedoch abzuwarten, ob sich in der Rechtsform der UG nicht letztlich doch die unseriösen Marktteilnehmer versammeln werden und *Krejci* mit seiner These recht behält, dass ein Kapitalgesellschaftsrecht, das den Marktauftritt mittelloser und somit insolvenzgeneigter Unternehmen fördert, die Wirtschaft letztlich schädigt.[993] Die Praxistauglichkeit der UG bleibt insbesondere unter dem Eindruck der jüngsten Rechtsprechung abzuwarten.

992 Ähnlich: *Wachter*, GmbHR Sonderheft Oktober 2008, 25 (26).
993 In: FS K. Schmidt, S. 981 (986); in diese Richtung auch: *Heckschen*, DStR 2009, 166 (169).

Kapitel 8: Überlegungen de lege ferenda

Das Recht der Kapitalaufbringung in den Kapitalgesellschaften ist durch die Reformen durch MoMiG und ARUG nicht übersichtlicher geworden, da hierdurch zwar eine (einheitliche) Rechtsfolge verdeckter Sacheinlagen sowie der Fälle des Hin- und Herzahlens angeordnet wurde, doch bleiben für die Praxis erhebliche Abgrenzungsschwierigkeiten, die der erstrebten Modernisierung, Liberalisierung und Vereinfachung entgegenstehen.[994] Im Folgenden sollen daher nun Überlegungen de lege ferenda angestellt werden. Zu untersuchen ist, wie sich das Kapitalschutzsystem in den Kapitalgesellschaften entwickeln könnte.

A. Umgehungsschutz über § 52 AktG sowie § 57 AktG

Ein Umgehungsschutz im Rahmen verdeckter Sacheinlagen könnte als Alternativlösung möglicherweise allein über § 52 AktG sichergestellt werden: Rechtsgeschäfte zwischen der Gesellschaft und ihren Gesellschaftern würden danach auf Ebene der Kapitalaufbringung allein am Maßstab des § 52 AktG gemessen. Alle hiervon nicht erfassten Fälle würden, soweit und sobald die Einlage einmal formal eingezahlt wurde, als in der Kapitalaufbringung ordnungsgemäß angesehen und nur noch unter dem Aspekt der Kapitalerhaltung überprüft. Folge wäre also, dass nur im Gründungsfall, nicht dagegen im Falle einer Kapitalerhöhung, ein Umgehungsschutz[995] eingreifen würde. Darüber hinausgehender Kapitalschutz würde dann allein über das Kapitalerhaltungsrecht und allgemeine Rechtsprinzipien wie beispielsweise §§ 138, 242 BGB erfolgen.[996]

Von besonderer Bedeutung würde für diesen Lösungsansatz die Zentralnorm des Kapitalerhaltungsrechts, die Regelung des § 57 AktG. Die Vorschrift des § 57 Abs. 1 S. 1 AktG untersagt die Rückgewähr von Einlagen an den Aktionär. Der Wortlaut dieser Vorschrift wird als „verfehlt", „längst überholt" und nur „historisch zu verstehen" bezeichnet, da § 57 AktG nach allgemeiner Ansicht jede Zuwendung der Gesellschaft an einen Aktionär außerhalb der Verteilung des Bilanzgewinns und der gesetzlich zugelassenen Ausnahmen verbietet.[997] Das gesamte Vermögen der AG unterliegt damit der Bindung des § 57 Abs. 1 S. 1 AktG.[998] Maßgeblich ist hierbei eine wertmäßige, keine gegen-

994 Vgl. auch: *Bayer*, GmbHR 2010, 1289 ff.; *Drygala*, Anm. z. BGH, Urt. v. 01.02.2010 – II ZR 173/08 (EUROBIKE) = JZ 2011, 50 ff. (53); *Hentzen/Schwandtner*, ZGR 2009, 1006 (1015).

995 Auf Ebene der Kapitalaufbringung.

996 Dieser Ansatz lehnt sich sehr stark an die Vorschläge von *Wilhelm*, ZHR 152 (1988), 333 (349 ff.) und *Meilicke*, Die verschleierte Sacheinlage, S. 60 an

997 OLG Frankfurt, Urt. v. 30.1.1992 – 16 U 120/90 = AG 1992, 194 (196); *Fleischer*, in: Schmidt/Lutter, 1. Aufl., § 57 Rn. 9.

998 *Lutter*, in: Kölner Komm, AktG, § 57 Rn. 5. Anders als im GmbH-Recht, welches in § 30 GmbHG allein das Stammkapital der Gesellschaft dem Zugriff der Gesellschafter entzieht, unterliegt im Aktienrecht das gesamte Gesellschaftsvermögen einer strengen Bindung, OLG Jena, Urt. v. 25.4.2007 – 6 U 947/05 = ZIP 2007, 1314 (1315); *Fleischer*, in: Schmidt/Lutter, 1. Aufl., § 57 Rn. 6.

ständliche Betrachtung.[999] Auch kommt es nicht auf die Form der Einlagenrückgewähr an.[1000]

I. Spannungsverhältnis zu § 71a Abs. 1 S. 1 AktG – Das Verbot der financial assistance

Ein Spannungsverhältnis zu § 71a Abs. 1 S. 1 AktG würde, bei einer Erfassung verdeckter Sacheinlagen durch § 57 AktG nicht entstehen. Die Problematik verdeckter Sacheinlagen ist – wie bereits oben herausgearbeitet – zumindest nicht abschließend von § 71a Abs. 1 S. 1 AktG erfasst. Somit würde § 71a Abs. 1 S. 1 AktG dem Ansatz, verdeckte Sacheinlagen außer an § 52 AktG allein an § 57 AktG zu messen, nicht entgegenstehen.

II. § 57 AktG als Maßstab für verdeckte Sacheinlagen

Die Vorschrift des § 57 Abs. 1 S. 1 AktG verbietet jede Leistung der AG an ihre Gesellschafter, wenn sie nicht aus Bilanzgewinn erfolgt oder ausnahmsweise gesetzlich zugelassen ist.[1001] Auch im Rahmen des § 57 AktG muss eine Abgrenzung der unzulässigen von § 57 AktG erfassten Fälle und denjenigen, in denen lediglich ein zulässiges Rechtsgeschäft zwischen Gesellschaft und Gesellschafter gegeben ist, vorgenommen werden. Schließlich gilt auch im Rahmen der Kapitalerhaltung, dass die Gesellschaft nicht daran gehindert ist, mit ihren Aktionären – wie mit jedem Dritten – Rechtsgeschäfte abzuschließen und entsprechende Leistungen zu erbringen.[1002] Die Abgrenzung ist mittels eines sog. Drittvergleich vorzunehmen: Es kommt darauf an, ob sich die Gesellschaft auf die mit dem Aktionär vereinbarten Konditionen auch gegenüber einem Dritten eingelassen hätte, was seinerseits davon abhängig ist, ob ein objektives Missverhältnis zwischen Leistung und Gegenleistung besteht.[1003] Maßgeblich ist, ob ein gewissenhaft nach kaufmännischen Grundsätzen handelnder Geschäftsleiter das betreffende Geschäft unter sonst gleichen Umständen zu gleichen Bedingungen auch mit einem Nichtgesellschafter abgeschlossen hätte.[1004] [1005] Im Rahmen verdeckter Sacheinlagen käme es also dar-

---

999 RG, v. 19.10.1934 – II 85/34 = RGZ 146, 84 (94); Fleischer, in: Schmidt/Lutter, 1. Aufl., § 57 Rn. 9.

1000 Vgl. hierzu: Lutter, in: Kölner Komm., AktG, § 57 Rn. 8.

1001 RGZ 107, 161 (168); RGZ 149, 385 (400); OLG Frankfurt, Urt. v. 30.11.1995 - 6 U 192/91 = AG 1996, 324 (325); OLG Hamburg, AG 1980, 275 (278); Bayer, in: MüKo AktG, § 57 Rn. 2; Hüffer, AktG, § 57 Rn. 2.

1002 Hüffer, AktG, § 57 Rn. 8.

1003 BGH, Urt. v. 1.12.1986 – II ZR 306/85 = NJW 1987, 1194 f. (GmbH); BGH, Urt. v. 13.11.1995 – II ZR 113/94 = NJW 1996, 589 (589) (GmbH); OLG Frankfurt, Urt. v. 30.1.1992 – 16 U 120/90 = AG 1992, 194 (196); aus der Literatur: Bayer, in: MüKo AktG, § 57 Rn. 37; Fleischer, in: Schmidt/Lutter, 1. Aufl., § 57 Rn. 12; Cahn/Senger, in: Spindler/Stilz, AktG, 1. Aufl., § 57 Rn. 19; Henze, in: Großkomm. AktG, § 57 Rn. 40; Lutter, in: Kölner Komm., AktG, § 57 Rn. 16.

1004 BGH, Urt. v. 1.12.1986 – II ZR 306/85 = NJW 1987, 1194; BGH, Urt. v. 13.11.1995 – II ZR 113/94 = NJW 1996, 589 (590).

auf an, ob der Wert des vom Gesellschafter eingebrachten Vermögensgegenstandes in einem ausgewogenen Verhältnis zu der Gegenleistung der Gesellschaft steht. Ein Verstoß gegen § 57 Abs. 1 S. 1 AktG würde zu einem Anspruch der Gesellschaft gem. § 62 AktG führen.[1006]

III. Bewertung

Problematisch erscheint an diesem Lösungsansatz, dass § 52 AktG zum einen nur die Gründung erfasst, nicht hingegen Kapitalerhöhungen. Zum anderen würde dieser Lösungsansatz eine gravierende Veränderung des Umgehungsschutzes darstellen, was unter Umständen zumindest zunächst zu erneuten Rechtsunsicherheiten führen könnte.[1007] Gegen Ersteres ließe sich zwar einwenden, dass in der Phase der Gesellschaftsgründung ein höheres Schutzbedürfnis als im Rahmen von Kapitalerhöhungen besteht und eine weniger strenge Regulierung eine durchaus bewusste Entscheidung des Gesetzgebers war. Doch haben die obigen Ausführungen gezeigt, dass der über § 52 AktG vermittelte Schutz unzureichend ist, was erneut die Frage aufwerfen würde, ob ein Schutz über die Kapitalerhaltung zu rechtssicheren, praktikablen Lösungen führen würde. Ein solcher Ansatz ist damit im Ergebnis abzulehnen.[1008]

B. Schaffung einer Regelung für Gesellschaftergeschäfte

Im derzeit geltenden Kapitalschutzsystem bedarf der gesamte Leistungsverkehr zwischen der Gesellschaft und ihren Gesellschaftern einer Überwachung dahingehend, ob mit dem Abschluss einzelner Gesellschaftergeschäfte ein Verstoß gegen die Grundsätze der Kapitalaufbringung oder diejenigen der

---

Hierbei kann man auch von einem Fremdvergleich sprechen oder die Terminologie „dealing at arm`s length" aus dem internationalen Bereich nehmen, vgl. *Lutter*, in: Kölner Komm., AktG, § 57 Rn. 15.

1005 Nach der h.M. sind im Rahmen des § 57 AktG keine subjektive Anforderungen zu stellen, *Bayer*, in: MüKo AktG, § 57 Rn. 45; *Henze*, in: Großkomm. AktG, § 57 Rn. 47; *Hüffer*, § 57 Rn. 11; a.A.: Bewusstsein über Zuwendungsgrund (causa societatis) *Ballerstedt*, Kapital, Gewinn und Ausschüttung bei Kapitalgesellschaften, 1949, S. 118 f.; *Flume*, ZHR 144 (1980), 18 (20 ff.); *Cahn/Senger*, in: Spindler/Stilz, AktG, 1. Aufl., § 57 Rn. 26.

1006 Danach muss der Aktionär der Gesellschaft das Empfangene zurückgewähren. Hierbei ist unklar, ob das Empfangene gegenständlich zurückzugewähren ist oder es ausreicht, wenn eine Vermögensrestitution erfolgt. *K. Schmidt*, Gesellschaftsrecht, § 29 II 2 b) (S. 891) spricht sich unter Berufung auf den Sinn und Zweck der Vorschrift für Letzteres aus.

1007 Der BGH unterstellt das Problem der verdeckten Sacheinlage ganz deutlich dem Kapitalaufbringungsrecht. In Lurgi führte er aus, im „Fall einer verdeckten Sacheinlage handele es sich um einen noch nicht abgeschlossenen Kapitalaufbringungsvorgang, der als solcher den dafür maßgeblichen Vorschriften, nicht aber denjenigen der Kapitalerhaltung unterliege", BGH, Urt. v. 9.7.2007 – II ZR 62/06 = BGHZ 173, 145 = ZIP 2007, 1751 (1754).

1008 Daher wird an dieser Stelle nicht mehr auf eine Übertragbarkeit dieses Ansatzes auf die GmbH eingegangen.

Kapitalerhaltung verbunden ist.[1009] Dieses System zergliedert sich in verschiedene Rechtsinstitute, die letztlich als gemeinsamen Zweck die Gewährleistung eines hinreichenden Gläubigerschutzes durch Sicherstellung der Aufbringung und Erhaltung eines Haftungsfonds verfolgen. Dieser ist auf den verschiedenen Ebenen unterschiedlich ausgestaltet: Auf Ebene der Kapitalaufbringung wird er dadurch gewährleistet, dass die Einlagen der Gesellschafter zur freien Verfügung des Vorstands geleistet werden müssen und nicht wieder an die Gesellschafter zurückfließen dürfen[1010]; auf Ebene der Kapitalerhaltung wird demgegenüber dafür gesorgt, dass das Gesellschaftsvermögen nicht durch Leistungen der Gesellschaft an die Gesellschafter gemindert wird, die außerhalb einer ordnungsgemäßen Auszahlung von Gewinnen oder sonstigen durch das Gesetz ausdrücklich zugelassenen Fällen erfolgt[1011]. Dieses komplizierte System führt durch seine Komplexität zu einer Erschwerung der modernen Unternehmensfinanzierung und birgt die Gefahr einer Benachteiligung[1012] deutscher Rechtsformen im internationalen Wettbewerb, indem diese als kompliziert und damit „unattraktiv" empfunden werden.[1013] Der BFH erklärte, dass, *„(d)a es im Bestreben der Rechtsordnung lieg(e), für alle wirtschaftlichen Vorgänge möglichst einfache Rechtsgestaltungen zur Verfügung zu stellen, (...) in der Regel der einfachste rechtliche Weg der angemessene (sei)"*.[1014] Nach einer einfachen und angemessenen Rechtsgestaltung ist auch im Bereich der Gesellschaftergeschäfte im Gesellschaftsrecht zu streben. Auch wenn es durch das ARUG für das Aktienrecht und das MoMiG für das GmbH-Recht bereits zu im Ergebnis begrüßenswerten Vereinfachungen gekommen ist, ist weiterhin nach Vereinfachungsmöglichkeiten zu suchen. Solchen muss der „Spagat" zwischen Vereinfachung der Rechtslage im Interesse der Gesellschaften einerseits sowie den Interessen der Gläubiger an einer ordnungsgemäßen Kapitalausstattung und -erhaltung der Gesellschaft andererseits gelingen. Zu denken wäre daran, die den Gesellschaftergeschäften zugrunde liegenden Regelungsziele bzw. Schutzintentionen in einem neu zu schaffenden Tatbestand zu bündeln, welcher in Form einer Generalklausel die Anforderungen regelte, die an Gesellschaftergeschäft zu stellen sind, unabhängig davon, ob der Vorgang

---

1009 Beispiele hierfür sind verdeckte Sacheinlagen und Darlehen an Gesellschafter, vgl. *Drygala*, ZGR 2006, 587 (591).

1010 Vgl. insoweit das Rechtsinstitut der verdeckten Sacheinlage sowie dasjenige des Hin- und Herzahlens.

1011 Vgl. § 57 AktG.

1012 In Form eines Finanzierungsnachteils.

1013 *Drygala*, ZGR 2006, 587 (591 f.), der darauf hinweist, dass sich Schwierigkeiten insbesondere bei der Umwandlung von Forderungen in Kapitalbeteiligungen (mit Verweis auf BGH, Urt. v. 13.4.1992 – II ZR 277/90 = BGHZ 118, 83; BGH, Urt. v. 15.1.1990 – II ZR 164/88 = BGHZ 110, 47), bei der kreditfinanzierten Übernahme des Unternehmens durch das Management (mit Verweis auf *Fleischer*, AG 1996, 494 (497)) oder auch bei der Zusage von Austrittsrechten zugunsten von Finanzinvestoren, die sich nur zeitlich begrenzt am Unternehmen beteiligen wollen (mit Verweis auf *Davies*, AG 1998, 346 (348)) ergeben können.

1014 BFH, Urt. v. 19.8.1999 – I R 77/96 = GmbHR 1999, 1258 (1259).

nach traditionellem Verständnis der Kapitalaufbringung oder der Kapitalerhaltung angehört.[1015] [1016] Ziel einer solchen Regelung müsste es sein, die verschiedenen einzelnen Rechtsinstitute aufzugeben, sie auf ihren gemeinsamen „Nenner" zu reduzieren und einer flexibleren sowie einfacheren Lösung für die Praxis zuzuführen. Grundlage einer solchen Regelung wäre eine bilanzielle Betrachtungsweise, wie sie bereits durch das MoMiG sowie das ARUG verstärkt betont wird. Maßgeblich wären dann insbesondere die Grundsätze der handelsrechtlichen Forderungsbilanzierung.

Die Frage der Beurteilung von Gesellschaftergeschäften ist nicht allein im Gesellschaftsrecht von Relevanz. Vielmehr sind hiermit auch steuerrechtliche sowie bilanzrechtliche Fragen eng verknüpft. So betrachtet das Steuerrecht sie insbesondere unter dem Aspekt einer verdeckten Gewinnausschüttung[1017]; das Bilanzrecht beschäftigt sich demgegenüber – höchst aktuell – mit der Frage der Bilanzierung von Geschäften der Gesellschaft mit nahe stehenden Unternehmen und Personen[1018]. Im Rahmen der folgenden Ausführungen wird hierauf zurückzukommen sein.

1015 Nach französischem Recht müssen alle Verträge, die die Gesellschaft mit einem Geschäftsführer oder einem Gesellschafter abschließt, durch den Abschlussprüfer oder den gérant der Gesellschafterversammlung mit einem Sonderbericht zur Einzelbestätigung vorgelegt werden, Art. L 50, Art. D 34, 35 code de commerce. Wird ein Vertrag mit einem nicht an der Gesellschaft beteiligten Geschäftsführer geschlossen und hat die Gesellschaft keinen Abschlussprüfer, ist der Vertrag vorab von der Gesellschafterversammlung zu genehmigen, vgl. *Helms,* Die Europäische Privatgesellschaft, S. 275.

1016 Als weiteres Korrektiv kommt in den Fällen der Gesellschaftergeschäfte noch das Rechtsinstitut des Missbrauchs der Vertretungsmacht in Betracht. Dieses kann den zu erstellenden Tatbestand der Gesellschaftergeschäfte allenfalls ergänzen, da die Grundsätze über den Missbrauch der Vertretungsmacht erst dann eingreifen, *„wenn der Vertragspartner der Gesellschaft weiß oder wenn es sich ihm aufdrängen musste, dass der Geschäftsführer die Grenzen überschreitet, die seiner Vertretungsbefugnis im Innenverhältnis zur Gesellschaft gezogen sind. Eine solche Grenzüberschreitung kommt insbesondere dann in Betracht, wenn die Vertragskonditionen beim Abschluss gegenseitiger Verträge für die Gesellschaft grob nachteilig sind oder wenn die Bestimmung der Vergütung weitgehend dem Vertragspartner der Gesellschaft überlassen ist und eine effektive Kontrolle der Höhe der Vergütung der Gesellschaft nicht möglich ist."* (BGH, Urt. v. 13.11.1995 – II ZR 113/94 = BB 1996, 128; BGH, Urt. v. 14.3.1988 – II ZR 211/87 = NJW 1988, 2241 (2242); *Schulze-Osterloh,* in: FS Stimpel, S. 487 (S. 503); *Hager* ,ZGR 1989, 71 (98)).

1017 Die Rechtsprechung nimmt eine verdeckte Gewinnausschüttung nicht bloß bei Gewinnzuwendungen, sondern bei allen Vorteilszuwendungen an, die sich nicht in einer bloßen Annehmlichkeit ohne objektiven Geldwert erschöpfen, von der Körperschaft an einen ihrer Anteilseigner oder diesen nahe stehende Person außerhalb der gesellschaftsrechtlichen Gewinnverteilung erfolgt und ihre Ursache im Gesellschaftsverhältnis hat, BFH, Urt. v. 4.3.1970 – I R 123/68 = BStBl II 1970, 470 (473), vgl. auch: *Podewils,* GmbHR 2009, 803 (804).

1018 Vgl. hierzu aus der internationalen Rechnungslegung: IAS 24.

I. Teleologischer Begründungsansatz

Maßgebliches Begründungskriterium eines solchen Ansatzes wäre, dass der Gesellschafter mit der Beteiligung an der Gesellschaft ein unternehmerisches Risiko übernommen hat, aus dem er nun nicht durch für ihn günstige Austauschgeschäfte mit der Gesellschaft nachträglich wieder entlassen werden darf. Neben der ungerechtfertigten Entlassung aus dem unternehmerischen Risiko würde eine *„Risikobeteiligungsrückgewähr"* schließlich noch mit sich bringen, dass der Gesellschafter trotz fehlender Risikobeteiligung die aus der Beteiligung vorteilhaften Rechtspositionen, insbesondere Ansprüche auf Beteiligung am Unternehmensgewinn, behalten würde.[1019] Durch eine entsprechende Ausgestaltung des Tatbestandes muss verhindert werden, dass der Gesellschafter allein die Chancen, nicht jedoch das Risiko aus der unternehmerischen Beteiligung trägt.

II. Anforderungen an eine tatbestandliche Ausgestaltung

1.) Grundsatz der Zulässigkeit von Gesellschaftergeschäften - Erforderlichkeit eines Drittvergleichs

Ausgehend davon, dass es Gesellschaften nicht generell verboten ist, Rechtsgeschäfte mit ihren Gesellschaftern abzuschließen,[1020] - schließlich ist es nicht gerechtfertigt, die Gesellschafter schlechter als sonstige Gläubiger der Gesellschaft zu behandeln bzw. sie als Gläubiger gänzlich auszuschließen[1021] - könn-

---

1019 Hieran würde sich zudem ein negativer Einfluss auf die verhaltenssteuernde Wirkung des gesetzlichen Mindestkapital ergeben: Trägt der Gesellschafter kein bzw. ein minimales Risiko, hat aber gleichzeitig gleich bleibende Gewinnchancen, ist er zu risikoreicherem Verhalten geneigt.

1020 Für die AG: OLG Koblenz, Urt. v. 10.2.1977 – 6 U 847/75 = AG 1977, 231 (231); OLG Frankfurt, Urt. v. 30.1.1992 – 16 U 120/90 = WM 1992, 572 (575); *Hüffer*, AktG, § 57 Rn. 8; *Lutter*, in: Kölner Komm., § 57 Rn. 15; *Bayer*, in: MüKo AktG, § 57 Rn. 31; für die GmbH: BGH, Urt. v. 1.12.1986 – II ZR 306/85 = BGH, NJW 1987, 1194 (1195); BGH, Urt. v. 13.11.1995 – II ZR 113/94 = BGH, NJW 1996, 589 (589 f.); *Schall*, ZGR 2009, 126 (138). Der Vorschlag – auch unter Vorsehung von Ausnahmetatbeständen - ein Verbot für entgeltliche Dienstleistungen der Gesellschafter an die Gesellschaft (hierzu: *Bayer/Lieder*, NZG 2010, 86 (88 ff.)) ist sowohl im Aktien-, aber vielmehr noch im GmbH-Recht nicht mit den tatsächlichen Gegebenheiten zu vereinbaren, da es gerade in einer GmbH geradezu typisch ist, dass Gesellschafter als Geschäftsführer entsprechende Leistungen erbringen, *Drygala*, Anm. z. BGH, Urt. v. 01.02.2010 – II ZR 173/08 (EUROBIKE) = JZ 2011, 50 ff (53 f.).

1021 Andernfalls würde dem Aktionär untersagt, die von seiner AG produzierten Güter zu kaufen sowie der AG – insbesondere in Konzernsituationen – benötigte Leistungen nur von Unternehmen erbringen zu lassen, die weder selber Aktionär sind noch weitüberwiegend von einem ihrer Aktionäre beherrscht werden, *Bayer*, in: MüKo AktG, § 57 Rn. 31; *Reiner/Brakemeier*, BB 2005, 1458 (1459). Erschwert würde andernfalls auch der Liquiditätsausgleich über Cash-Pool-Systeme. Fatal erscheint hierbei, dass die bestehenden Abgrenzungsprobleme, die ihrerseits zu neuer Rechtsunsicherheit führen, umso höher ist, je mehr ein Gesellschafter in ständigen finanziellen Austauschbeziehungen zur Gesellschaft steht, vgl.: *Drygala*, Anm. z. BGH, Urt. v. 01.02.2010 – II ZR 173/08 (EUROBIKE) = JZ 2011, 50 ff. (53).

te die zu erstellende Regelung den Vorstand bzw. den Geschäftsführer zum Abschluss von Gesellschaftergeschäften für berechtigt erklären unter der Einschränkung, dass diese einem Drittvergleich standhalten müssen.[1022] [1023]

a) Durchführung eines Drittvergleichs

Im Grundsatz ist davon auszugehen, dass ein Rechtsgeschäft grundsätzlich einem Drittvergleich standhält, wenn es unter sonst gleichen Umständen zu den gleichen Bedingungen auch mit einem Nichtgesellschafter abgeschlossen worden wäre.[1024] Bei der Durchführung eines solchen Drittvergleichs ist zu differenzieren: Soweit ein Marktvergleich möglich ist, sind die zum Zeitpunkt des Abschlusses des Rechtsgeschäfts bestehenden Marktpreise maßgeblich.[1025] Ist ein solcher Marktvergleich konkret nicht möglich, ist danach zu fragen, ob eine Rekonstruktion des Marktes möglich ist und sodann ein hypothetischer Marktvergleich vorzunehmen. Andernfalls sind anerkannte Bewertungsmethoden anzuwenden, wobei zu beachten bleibt, dass in diesem Fall regelmäßig eine Preisspanne gegeben sein wird.

Nach dem Grundsatz der Zulässigkeit von Gesellschaftergeschäften könnte durch „Regelbeispiele" bestimmt werden, wann regelmäßig von einem positiven Ergebnis eines solchen Drittvergleichs auszugehen sein würde. Vorteil einer Regelungstechnik durch Regelbeispiele wäre, dass der zu schaffende Tatbestand durch eine Formulierung mit „insbesondere" offen und flexibel gestaltet werden könnte und hierdurch deutlich würde, dass keine abschließende Aufzählung gewollt ist, sondern es Rechtsprechung und Rechtswissenschaft überantwortet sein soll, unter teleologischen und praktischen Gesichts-

---

1022 Ein Drittvergleich ist erforderlich, um die anderen Gesellschafter sowie die Gläubiger der Gesellschaft zu schützen, *Bayer*, in: MüKo AktG, § 57 Rn. 31.

1023 Rechtsvergleichend: Im englischen Recht kommt es bei der Frage der Zulässigkeit von Gesellschaftergeschäften maßgeblich darauf an, ob das Rechtsgeschäft mit dem Gesellschaftszweck vereinbar ist, vgl.: *Koll-Möllenhoff*, Das Prinzip des festen Kapitals, S. 168.

1024 BGH, Urt. v. 1.12.2008 – II ZR 102/07 = ZIP 2009, 70 (71) (MPS), hierzu: *Blasche/König*, GmbHR 2009, 897 (898). Andernfalls sei die Grundlage des Geschäfts im Gesellschaftsverhältnis indiziert. Im Rahmen des § 57 AktG wird nicht allein danach gefragt, ob das Rechtsgeschäft mit einem Dritten zu diesen Konditionen abgeschlossen wurde, sondern zudem, ob ein solches Rechtsgeschäft überhaupt abgeschlossen worden wäre (*Mülbert/Leuschner*, NZG 2009, 281 (283)). Hierdurch wird die Liquiditätslage der Gesellschaft berücksichtigt. Bei der Ermittlung einer verdeckten Gewinnausschüttung wird im Steuerrecht unter anderem danach gefragt, ob die Vermögensminderung bzw. die verhinderte Vermögensmehrung auf Seiten der Gesellschaft durch das Gesellschaftsverhältnis veranlasst ist. Hierbei nimmt die Rechtsprechung eine Veranlassung durch das Gesellschaftsverhältnis regelmäßig an, wenn die Kapitalgesellschaft ihrem Gesellschafter einen Vermögensvorteil zuwendet, den sie bei Anwendung der Sorgfalt eines ordentlichen und gewissenhaften Geschäftsleiters einem Nichtgesellschafter nicht gewährt hätte, BFH, Urt. v. 16.3.1967 I 261/63 = BFHE 89, 208; BFH, Beschl. v. 22.4.2009 – I B 162/08, zur verhinderten Vermögensmehrung auch: *Schulze-Osterloh*, in: FS Stimpel, S. 487 (S. 491), bei dieser nutze die Gesellschaft günstigere Veräußerungs- und Erwerbschancen nicht aus.

1025 *Lutter*, in: Kölner Komm., AktG, § 57 Rn. 17; *Mülbert*, in: FS Lutter, S. 535 (S. 540).

punkten zu entscheiden, welche Rechtsgeschäfte mit dem Regelbeispiel wirtschaftlich vergleichbar sind und damit einem Drittvergleich standhalten.[1026]

Neben der Einbringung von Vermögensgegenständen durch den Gesellschafter wäre von besonderer Praxisrelevanz die Vereinbarung der Gewährung von Darlehen der Gesellschaft an ihre Gesellschafter, unabhängig davon, ob eine solche im Rahmen eines Cash-Pool-Systems[1027] erfolgt. Darlehen der Gesellschaft an ihre Gesellschafter müssten sich an den Grundsätzen der handelsrechtlichen Forderungsbilanzierung messen lassen. Bei der Gewährung von Darlehen an den Gesellschafter kann von einer angemessenen Gegenleistung nur dann ausgegangen werden, wenn zum einen der Rückgewähranspruch vollwertig[1028] ist und zum anderen der Darlehenszins neben den Refinanzierungs- oder Opportunitätskosten auch einen Risikoaufschlag enthält.[1029] [1030] Es kommt also auch auf das Substitutionsverhältnis von Zins und Sicherheit an.[1031] [1032] Fraglich ist, ob Sonderregeln für Cash-Pool-Systeme gelten müssten bzw. bei diesen im Rahmen einer Gesamtbetrachtung mit einbezogen werden müsste, dass deren betriebswirtschaftlicher Sinn und Zweck gerade darin besteht, den beteiligten Konzerntöchtern bessere Konditionen als am allgemeinen Kreditmarkt zu gewähren, um auf diese Weise die aus der Zentralisierung resultierenden Vorteile effektiv an die Töchter weiterzugeben[1033].[1034] Sinn und Zweck einer zu schaffenden Regelung soll es gerade sein, Vereinfachungen für die Praxis zu schaffen, den Gesellschafen größtmögliche Handlungsfreiheiten zu belassen ohne hierdurch den Gläubigerschutz signifikant zu senken. Cash-Pool-Systeme sind für Konzerne besonders bedeutsam.

1026 Bei der Begründung schuldrechtlicher Forderung gegen den Gesellschafter in Form von Rückgewähransprüchen wäre bspw. darauf abzustellen, ob der Rückgewähranspruch vollwertig ist.

1027 Zu der Neuregelung des § 30 GmbHG durch das MoMiG, insbesondere im Hinblick auf Cash-Pool-Systeme: *Eusani*, GmbHR 2009, 795 ff.

1028 Vgl. insoweit: Kap. 5 B IV 2.) c) (S. 85 ff.).

1029 *Mülbert/Leuschner*, NZG 2009, 281 (283); zu § 30 GmbHG: *Helmreich*, GmbHR 2004, 457 (459).

1030 Fraglich ist, ob ein Drittvergleich auch die Ermöglichung nachträglicher Kontrolle des Kreditrisikos fordert. Im Rahmen von Drittgeschäften könnte zu vereinbaren sein, dass die Gesellschaft durch Einräumung entsprechender Informations- und Kündigungsrechte die Möglichkeit einer fortlaufenden Prüfung des Kreditrisikos hat, vgl. hierzu: *Mülbert/Leuschner*, NZG 2009, 281 (283).

1031 *Eusani*, GmbHR 2009, 795 (795).

1032 Die Verpflichtung zu einer angemessenen Verzinsung des Darlehens sollte laufzeitunabhängig bestehen, so auch: *Blasche/König*, GmbHR 2009, 897 (899). Hierfür spricht die Wertung der Regelung des § 30 GmbHG, welcher lediglich die Leistungsbeziehungen zwischen Gesellschaft und Gesellschaftern erleichtern, nicht jedoch die Ausplünderung der Gesellschaft ermöglichen soll.

1033 *Eusani*, GmbHR 2009, 795 (796).

1034 *Eusani*, GmbHR 2009, 795 (796) weist darauf hin, dass bei der Frage eines Abzinsungsverzichts wegen Kurzfristigkeit der Forderung sich mit dem Vorsichts- und Imparitätsprinzip sowie dem Gebot des true-and-fair-view einerseits sowie dem Wesentlichkeitsgebot andererseits grundlegende handelsbilanzielle Prinzipien gegenüber stehen.

Wenn deren Eigenheiten angemessen berücksichtigt werden, müsste ein angemessener Ausgleich zwischen den Interessen des Konzern einerseits sowie der Interessen der Gläubiger andererseits möglich sein. Auch hier würde ein tendenziell offen formulierter Tatbestand der Rechtsprechung eine praxisgerechte Handhabung ermöglichen.

In seiner EUROBIKE-Entscheidung stellt der BGH nunmehr auch auf einen Drittvergleich ab. Der Entscheidung liegt die Frage zugrunde, wie Beratungsleistungen vor Leistung der Einlage zu bewerten sind. Der BGH gelangt zu dem Ergebnis, dass es sich nicht um eine verdeckte Finanzierung der Einlage handele, wenn eine tatsächlich erbrachte Leistung entgolten werde, die dafür gezahlte Vergütung einem Drittvergleich standhalte und die objektiv werthaltige Leistung aus der Sicht der Gesellschaft nicht unbrauchbar und damit wertlos sei.[1035] Wirtschaftlich betrachtet erbringe die Gesellschaft in diesem Fall die Einlage nicht aus ihrem Vermögen, da der Zahlung eine vollwertige Leistung gegenüberstehe.[1036]

b) Beurteilungsspielraum des Vorstands/ des Geschäftsführers

Ausgehend davon, dass gewisse Bewertungsbandbreiten im Einzelfall unvermeidbar sind, was im konkreten Fall zu einem Bewertungsspielraum des Geschäftsleiters führen wird, ist das Bestehen eines allgemeinen Beurteilungsspielraums jedoch abzulehnen.[1037] Andernfalls könnte über dieses Kriterium der Gläubigerschutz beeinträchtigt werden. Solange Marktpreise gegeben sind, sind allein diese maßgeblich, so dass kein Raum für ein Beurteilungsermessen des Vorstands/ des Geschäftsführers besteht. Soweit keine Marktpreise bestehen, ist die Bewertung durch den Geschäftsleiter jedenfalls anhand einer Vertretbarkeitskontrolle zu überprüfen.

2.) Bilanziell neutrale Rechtsgeschäfte

Entschieden werden muss, ob Beurteilungsmaßstab die bilanzielle Neutralität eines Rechtsgeschäfts sein kann. Da es auch bei bilanziell neutralen Rechtsgeschäften zu einer Begünstigung des Gesellschafters kommen kann, ist diese Frage im Ergebnis zu verneinen. Kauft der Gesellschafter beispielsweise von der Gesellschaft ein Grundstück der Gesellschaft zu dessen Buchwert, obwohl es einen höheren Verkehrswert hat, ist hierin ein einem Drittvergleich nicht standhaltendes Rechtsgeschäft zu sehen.[1038] [1039]

1035 BGH, Urt. v. 01.02.2010 – II ZR 173/08 (EUROBIKE) = JZ 2011, 50 (53) m. Anm. *Drygala*; vgl. auch: *Herrler*, NZG 2010, 407 ff.; *Priester*, DNotZ 2010, 462 ff.

1036 BGH, Urt. v. 01.02.2010 – II ZR 173/08 (EUROBIKE) = JZ 2011, 50 (53) m. Anm. *Drygala*.

1037 *Westermann*, in: Scholz, GmbHG, § 30 Rn. 33.

1038 Vgl. hierzu: *Fleischer*, WM 2007, 909 (914); *Grunewald*, WM 2006, 2333 (2334).

1039 Bei der Veräußerung von Gegenständen an den Gesellschafter greift das Deckungsgebot ein, d.h. der Zahlungsanspruch gegen den Gesellschafter muss nicht nur werthaltig sein, sondern auch wertmäßig nach Marktwerten und nicht nach Abschreibungswerten den geleisteten Gegenstand decken, *Winter*, DStR 2007, 1484 (1486).

Im Steuerrecht wird im Bereich verdeckter Gewinnausschüttungen insoweit von einer *verhinderten Vermögensmehrung*[1040] gesprochen. Hierbei handelt es sich um einen Verzicht der Gesellschaft auf die Erzielung bestimmter Betriebseinnahmen, wobei der Verzicht in der Weise zugunsten des Gesellschafters wirkt, dass dieser entweder eigene Aufwendungen erspart oder selbst Einnahmen erzielt. Für die Gesellschaft stellt dies somit eine *„nicht realisierte Geschäftschance"* dar, die in der Bilanz nicht unmittelbar sichtbar wird. Um sie zu ermitteln, ist ein Vergleich zwischen dem Steuerbilanzgewinn laut tatsächlich verwirklichtem Sachverhalt und dem Steuerbilanzgewinn, der angefallen wäre, wenn ein angenommener Sachverhalt hypothetisch verwirklicht worden wäre.[1041]

3.) Erfordernis einer betrieblichen Rechtfertigung

Das Merkmal der *„betrieblichen Rechtfertigung"* des Rechtsgeschäfts wird bereits bisher von der Rechtsprechung im Rahmen der Beurteilung verdeckter Leistungen i.S.d. § 57 AktG als Korrektiv verwendet. Auf die betriebliche Rechtfertigung sei abzustellen, wenn die Beteiligten zum Nachteil der Gesellschaft vom Marktpreis abweichen, dies jedoch eine kaufmännisch vertretbare Reaktion auf unternehmensinterne Fehlentwicklungen darstelle.[1042] [1043] Ob es eines solchen Kriteriums bedarf, ist – im Rahmen des § 57 AktG – nicht unstreitig. Es wird vertreten, dass derlei Korrekturen auch über das Kriterium des objektiven Missverhältnisses hinlänglich berücksichtigt werden könnten. Beziehe man bei der Beurteilung der Frage, ob ein objektives Missverhältnis besteht, das vom Gesellschafter der Gesellschaft abgenommene Risiko oder etwaige andere, sich für die Gesellschaft positiv auswirkende Aspekte ein, bedürfe es des Kriteriums einer betrieblichen Rechtfertigung nicht.[1044] *Fleischer* sieht in diesem Merkmal vielmehr die Gefahr, dass es zu einem *„dogmatischen Allzweckinstrument"* ausgebaut werde, mit dessen Hilfe sich die aktienrechtliche Vermögensbindung von Fall zu Fall aufweichen lasse.[1045] Dass derlei Erwägungen in die Beurteilung der Zulässigkeit eines Gesellschaftergeschäftes einzubeziehen sind, ist wohl unstreitig, so dass eine Abgrenzung der in diesem Sinne zulässigen von den unzulässigen Rechtsgeschäften in jedem Fall vorzunehmen ist. Ob diese Erwägungen nunmehr im Rahmen der Angemessenheit der Gegenleistung oder im Rahmen eines zusätzlichen Prüfungs-

---

1040 Vgl. nur: BFH, Urt. v. 22.4.2009 – I B 162/08.

1041 *Wochinger*, in: Dötsch/Geiger/Klingebiel/Lang/Rupp/Wochinger, Verdeckte Gewinnausschüttung/Verdeckte Einlage, Kap. D Rn. 63.

1042 Vgl. hierzu: *Henze*, in: Großkomm. AktG, § 57 Rn. 41, 60; *Stimpel*, in: FS 100 Jahre GmbHG, S. 335 (S. 345).

1043 Beispiel: Der Gesellschafter verspricht für einen gewissen Zeitraum die gesamte Produktion zum Herstellungspreis abzunehmen zu einem Zeitpunkt, in dem das Risiko der Fortsetzung der Produktion als hoch eingeschätzt wird. Hier nimmt der Gesellschafter der Gesellschaft das gesamte Absatzrisiko ab, vgl.: *Stimpel*, in: FS 100 Jahre GmbHG, S. 335 (S. 345).

1044 So *Fleischer*, WM 2007, 909 (913).

1045 *Fleischer*, WM 2007, 909 (913).

merkmals angestellt werden, macht im Ergebnis keinen Unterschied. Weshalb dieses Merkmal als ein dogmatisches Allzweckinstrument verwendet werden können sollte, ist nicht ersichtlich. Nicht nur das Merkmal der betrieblichen Rechtfertigung, sondern ebenso der Begriff der „Angemessenheit" sind weiche, im Einzelfall dehnbare Rechtsbegriffe.

4.) Erforderlichkeit eines subjektiven Erfordernisses

Zu entscheiden ist weiterhin die Frage, ob ein zu schaffender Tatbestand rein objektiv ausgestaltet sein sollte, oder in Form eines subjektiven Erfordernisses die Anforderung aufstellen sollte, dass die Parteien das Rechtsgeschäft gerade deshalb in der vorgenommenen Weise geschlossen haben müssen, weil der „Leistungsempfänger" Gesellschafter der Gesellschaft ist. Im Rahmen des § 57 AktG legt die Rechtsprechung bei der Frage, ob ein Missverhältnis besteht, einen *normativ-objektiven* Vergleichsmaßstab an.[1046] Es komme allein darauf an, ob ein gewissenhaft nach kaufmännischen Grundsätzen handelnder Geschäftsleiter das betreffende Geschäft unter sonst gleichen Umständen zu gleichen Bedingungen auch mit einem Nichtgesellschafter abgeschlossen hätte.[1047] Für die Beurteilung von Gesellschaftergeschäften mittels einer hier angestrebten Generalklausel könnte erwogen werden, nicht gänzlich auf das Vorliegen eines subjektiven Kriteriums zu verzichten, sondern aufgrund des Bestehens eines objektiven Missverhältnisses die gesellschaftsrechtliche Veranlassung des Rechtsgeschäfts zu vermuten.[1048] Dann muss es dem Gesellschafter aber gestattet werden, den Nachweis zu erbringen, dass das Gesellschaftergeschäft zweifelsfrei nicht auf seine Stellung als Gesellschafter zurückzuführen ist, um so den Tatbestand auszuschließen.[1049] Nur so wird dem Gesellschafter die Möglichkeit gegeben, eine angemessene Korrektur des zunächst ermittelten Ergebnisses herbeizuführen.[1050]

5.) Einbeziehung von Leistungen an Dritte

Ebenso wie im Rahmen verdeckter Sacheinlagen[1051], aber auch der verbotenen Leistung i.S.d. § 57 AktG[1052], stellt sich die Frage eines Umgehungsschutzes

1046 Zur GmbH (§ 30 GmbHG): BGH, Urt. v. 1.12.1986 – II ZR 306/85 = WM 1987, 348 (349); zur AG (§ 57 AktG): OLG Frankfurt a.M., Urt. v. 30.1.1992 – 16 U 120/90 = WM 1992, 572 (575).

1047 BGH, Urt. v. 1.12.1986 – II ZR 306/85 = WM 1987, 348 (349).

1048 Dies wird auch im Rahmen des § 57 AktG von einem Teil der Literatur befürwortet: *Flume*, ZHR 144 (1980), 18 (20 ff.).

1049 Beispielsweise bei freiwilligen Leistungen der Gesellschaft an Arbeitnehmer-Aktionäre, die allen Arbeitnehmern gleichermaßen gewährt werden, Beispiel zu § 57 AktG bei *Fleischer*, WM 2007, 909 (914).

1050 Von Bedeutung kann es jedoch nicht sein, dass der Geschäftsleiter irrtümlich davon ausging, Leistung und Gegenleistung stünden in einem ausgeglichenen Verhältnis und das Rechtsgeschäft wäre zu den gleichen Konditionen auch mit einem Dritten abgeschlossen worden.

1051 *Pentz*, in: MüKo AktG, § 27 Rn. 117.

durch Einbeziehung bestimmter Dritter in den Anwendungsbereich der Vorschrift. Von § 57 AktG werden grundsätzlich nur Leistungen der AG an ihre Aktionäre erfasst. Diesen Leistungen durch die AG werden jedoch solche Leistungen gleichgestellt, die *auf Rechnung der AG, also auf deren Veranlassung* hin erfolgen oder von Unternehmen, die sich im Mehrheitsbesitz der AG[1053] befinden.[1054] Auch Leistungen der AG an Dritte werden erfasst, wenn die Zuwendung aus dem Vermögen der AG nur *„den Umweg über den Dritten nimmt"*, im Ergebnis aber dem Aktionär zufließen soll, aber auch, wenn die Zuwendung bei wirtschaftlicher Betrachtung einem Aktionär zuzurechnen ist.[1055] Diese Grundsätze sollten auch für die Beurteilung von Gesellschaftergeschäften für den zu schaffenden Tatbestand gelten.[1056] Andernfalls könnte der Schutzzweck einer zu schaffenden Vorschrift all zu leicht durch die Einschaltung einer dritten Person, die nicht an der Gesellschaft beteiligt ist, oder durch zwischenzeitliche Aufgabe der Gesellschafterstellung umgangen werden.[1057] Zu berücksichtigen sind deshalb sowohl Leistungen auf Veranlassung des Aktionärs an einen Dritten[1058] als auch Leistungen an eine dem Gesellschafter „nahe stehende" Person.[1059] Indiz hierfür kann das Bestehen eines Verwandtschaftsverhältnisses oder eine maßgebliche Beteiligung an einer Gesellschaft sein.

III. Rechtsfolge: Anordnung einer Differenzhaftung

In dem Fall, dass das Rechtsgeschäft einem Drittvergleich nicht standhalten kann, würde als Rechtsfolge eine Differenzhaftung nach dem Vorbild des § 9

1052 Hierzu: *Lutter*, in: Kölner Komm., § 57 Rn. 36 ff.; *K. Schmidt*, Gesellschaftsrecht, § 29 II 2 a) (S. 890).

1053 Erfasst werden auch Enkel- sowie Urenkelunternehmen der AG, *Bayer*, in: MüKo AktG, § 57 Rn. 50.

1054 *Bayer*, in: MüKo AktG, § 57 Rn. 48; *Hüffer*, AktG, § 57 Rn. 13; *Lutter*, in: Kölner Komm., § 57 Rn. 37.

1055 *Bayer*, in: MüKo AktG, § 57 Rn. 56.

1056 Dies müsste dann natürlich auch für das GmbH-Recht gelten.

1057 *Bayer*, in: MüKo AktG, § 57 Rn. 48, Rn. 57: Leistungen an einen ehemaligen oder künftigen Aktionär werden von § 57 AktG erfasst, wenn zwischen der Aufgabe bzw. Erlangung der Aktionärsstellung und der Vornahme der Leistung ein enger sachlicher und zeitlicher Zusammenhang besteht oder die Zuwendung sonst mit Rücksicht auf die ehemalige oder zukünftige Aktionärsstellung erfolgt.
Bei der Frage, ob der Zuwendungsempfänger Aktionär ist oder nur als von § 57 erfasster Dritter gelten kann, ist auf den Zeitpunkt der Vereinbarung der Zuwendung abzustellen, *Bayer*, in: MüKo AktG, § 57 Rn. 58.

1058 *Lutter*, in: Kölner Komm., § 57 Rn. 45; *Hüffer*, AktG, § 57 Rn. 15.

1059 Die steuerrechtliche Rechtsprechung wertet das Bestehen eines Näheverhältnisses als Indiz für die Veranlassung der verdeckten Gewinnausschüttung durch das Gesellschaftsverhältnis; entscheidend sei in diesem Fall, „ob die Kapitalgesellschaft dem Dritten einen Vermögensvorteil zugewendet hat, den sie bei Anwendung der Sorgfalt eines ordentlichen und gewissenhaften Geschäftsleiters einer Person, die dem betreffenden Gesellschafter nicht nahe steht, nicht gewährt hätte", BFH, Urt. v. 8.10.2008 – I R 61/07 = BFHE 223, 131 = DStR 2009, 217 (218); BFH, Urt. v. 18.12.1996 – I R 139/94 = BFHE 182, 184 (186); Dötsch/Geiger/Klingebiel/Lang/Rupp/Wochinger, Verdeckte Gewinnausschüttungen/Verdeckte Einlage, Rn. 250.

GmbHG[1060] eingreifen. Hält das Rechtsgeschäft einem Drittvergleich nicht stand, hätte der Gesellschafter der Gesellschaft mithin die Differenz zwischen dem Wert, welcher ihm durch die Leistung der Gesellschaft zugeführt wurde und dem Wert der Leistung, die er gegenüber der Gesellschaft erbracht hat, zu ersetzen. Indem die Darlegungs- und Beweislast für die Werthaltigkeit der Leistung des Gesellschafters auf den Gesellschafter übertragen werden würde, wäre dieser zu einer werthaltigen Leistung angehalten. Dies erscheint auch gerechtfertigt, da der Gesellschafter bei Abschluss des Gesellschaftergeschäfts sicherstellen könnte, dass Unterlagen oder Gutachten vorhanden sind, mittels derer er den Wert seiner Gegenleistung beweisen könnte.[1061]

IV. Sonstige Rechtsfolgen

Durch unausgeglichene Gesellschaftergeschäfte werden einerseits die Interessen der Gläubiger der Gesellschaft andererseits diejenigen der übrigen Gesellschafter beeinträchtigt. Das Gesetz muss hier einen hinreichenden Schutz gewährleisten. Im Rahmen von Gesellschaftergeschäften wird auf der einen Seite der Gesellschafter, auf der anderen Seite der Vorstand für die Gesellschaft tätig. Auch dieser muss sich beim Abschluss von Gesellschaftergeschäften den gesetzlichen Vorgaben entsprechend verhalten. Es stellt sich damit die Frage, welche sonstigen Rechtsfolgen – neben der Differenzhaftung des Gesellschafters – an nicht ordnungsgemäße Gesellschaftergeschäfte zu knüpfen sind.

1.) Haftung des Vorstands

Gem. § 93 Abs. 1 S. 1 AktG haben die Vorstandsmitglieder bei ihrer Geschäftsführung die Sorgfalt eines ordentlichen und gewissenhaften Geschäftsleiters anzuwenden. Diese Sorgfalt obliegt ihnen auch beim Abschluss von Gesellschaftergeschäften. Vereinbart der Vorstand für den Gesellschafter günstige Konditionen, wodurch das Rechtsgeschäft einem Drittvergleich nicht mehr standhält, handelt er nicht im Interesse der Gesellschaft und verursacht für diese hierdurch einen Schaden, der in der Differenz zwischen dem, was die Gesellschaft als angemessene Gegenleistung hätte erhalten müssen und auch am Markt erhalten hätte und der Gegenleistung des Gesellschafters besteht. Diesen Schaden muss der Vorstand der Gesellschaft gem. § 93 Abs. 2 AktG ersetzen. Der Vorstand setzt sich also bei der Vereinbarung von Rechtsgeschäften, die einem Drittvergleich nicht standhalten, einer zivilrechtlichen

---

1060 Bereits im Rahmen einer Vorteilsgewährung entgegen § 30 Abs. 1 GmbHG wurde nach einer analogen Anwendung des § 9 GmbHG gefragt, vgl. Ulmer, in: FS 100 Jahre GmbHG, S. S. 363 (S. 380).

1061 Wie sich die Rückgängigmachung einer verdeckten Gewinnausschüttung auswirkt, wird nicht einheitlich beantwortet. Während zum Teil davon ausgegangen wird, dass eine verdeckte Gewinnausschüttung von vornherein überhaupt nicht entsteht, wenn der Vorteil zurückgewährt wird, steht die Rechtsprechung auf dem Standpunkt, dass die verdeckte Gewinnausschüttung zunächst entsteht und durch die Rückgewähr auch nicht rückwirkend wegfalle, sondern dies vielmehr eine Einlage darstelle. Vgl. hierzu: BFH, Urt. v. 23.5.1984 = BStBl II 1984, 723; BFH, Urt. v. 25.5.1999 = BStBl II 2001, 226.

Haftung[1062] aus.[1063] Dies wird ihn zu einem pflichtgemäßen Verhalten anhalten.[1064] Die bereits de lege lata bestehende Haftung würde bei Schaffung eines Tatbestandes für Gesellschaftergeschäfte die Haftung des Gesellschafters ergänzen. Zwischen der Haftung des Gesellschafters und derjenigen des Vorstands würde Anspruchskonkurrenz bestehen.[1065]

2.) Transparenz

Ein Schutz der Gesellschaftsgläubiger sowie der übrigen Gesellschafter kann durch eine Verpflichtung zur Transparenz sichergestellt werden. Hierbei müssen jedoch die widerstreitenden Interessen, das Interesse der Gläubiger und übrigen Gesellschafter an Transparenz einerseits sowie das Interesse der Gesellschaft an Geheimhaltung interner Vorgänge andererseits, in ein angemessenes Verhältnis zueinander gebracht werden. Zu differenzieren ist hierbei in jedem Fall zwischen den Anforderungen an eine externe Transparenz gegenüber den Gesellschaftsgläubigern und denjenigen an eine interne Transparenz gegenüber den übrigen Gesellschaftern.

Fraglich ist damit zunächst einmal, ob ein Schutz der Gläubiger der Gesellschafter es erfordert, dass das Gesellschaftergeschäft nach außen transparent gemacht wird. Maßgeblich ist hierfür, ob diese ein berechtigtes Interesse an Transparenz haben. Maßgebliche Kriterien für die Frage, ob eine Offenlegung erforderlich ist, könnten die Größe des Unternehmens, der Umfang und die Wesentlichkeit des Gesellschaftergeschäfts sowie der Einfluss des Gesellschafters in der Gesellschaft sein.

Transparenz kann insbesondere durch eine Verpflichtung zur Aufnahme bestimmter Vorgänge in den Anhang des Jahresabschlusses geschaffen werden.[1066] Aus der Bilanz lassen sich Gesellschaftergeschäfte als solche nicht erkennen. Zwar werden von der Gesellschaft erworbene und an sie übereignete

---

1062 Sowie möglicherweise sogar dem Risiko einer strafrechtlichen Verfolgung wegen Untreue aus.

1063 Vgl. hierzu: *Drygala*, ZGR 2006, 587 (628 f.).

1064 Rechtsvergleichend: Im französischen Recht besteht eine Haftung der Verwaltungsmitglieder für Schäden, die aus Verstößen gegen das Gesetz oder Verordnungen, aus Verletzungen der Satzung oder aus Fehlern ihrer Geschäftsführung resultieren. Hierunter fallen auch Fälle, in denen das Gesellschaftsvermögen missbraucht wird *(abus des biens et du crédit)*. Für die Gesellschaft unvorteilhafte Gesellschaftergeschäfte, die zudem nicht dem Gesellschaftsinteresse dienen, werden als solcher Missbrauch angesehen. Allerdings ist weitere Anforderung ein Nutzen zu persönlichen Zwecken oder eine Begünstigung einer anderen Gesellschaft, an der das Verwaltungsmitglied zumindest mittelbar interessiert ist. Damit erfasst dies regelmäßig nicht verdeckte Vermögensverschiebungen zugunsten bestimmter/einzelner Aktionäre, jedoch wird dies vom Tatbestand der fehlerhaften Geschäftsführung erfasst, vgl. hierzu: *Koll-Möllenhoff*, Das Prinzip des festen Kapitals, S. 164 f.

1065 Entsprechendes gilt auch für die Haftung des GmbH-Geschäftsführers nach § 43 Abs. 1 GmbHG.

1066 Zentraler Gesichtspunkt der Buchführungspflicht ist der Schutz der Gläubiger durch Schaffung von Transparenz sowie der Selbstkontrolle des Buchführungspflichtigen, *Hüffer*, in: HGB-Bilanzrecht, Großkomm., § 238 Rn. 2 f.

Vermögensgegenstände mit deren Anschaffungskosten bilanziert, doch werden diese unter Umständen bereits im laufenden Geschäftsjahr – zumindest zum Teil – abgeschrieben, so dass eine Rückverfolgung über die Bilanz nicht mehr möglich ist. Zu klären ist damit, inwieweit das Bilanzrecht bereits de lege lata weitergehende Offenlegungspflichten vorsieht. Eine Verpflichtung zur Transparenz durch Aufnahme bestimmter Angaben in den Anhang der Bilanz besteht, für große Kapitalgesellschaften sowie für mittelgroße Aktiengesellschaften für nicht zu marktüblichen Bedingungen zustande gekommene Geschäfte. Gem. § 285 S. 1 Nr. 21 HGB[1067] sind im Anhang zumindest die nicht zu marktüblichen Bedingungen zustande gekommenen Geschäfte[1068], soweit sie wesentlich sind, mit nahe stehenden Unternehmen und Personen[1069], einschließlich Angaben zur Art der Beziehung, zum Wert der Geschäfte sowie weiterer Angaben, die für die Beurteilung der Finanzlage notwendig sind, aufzunehmen. Ob ein Geschäft nicht zu marktüblichen Bedingungen zustande gekommen ist, ist im Wege eines Drittvergleichs festzustellen.[1070] Maßgeblich ist, ob die dem Geschäft zugrunde liegenden Konditionen mit einem unabhängigen fremden Dritten – im positiven wie im negativen Sinne – nicht zu erreichen gewesen wären.[1071] Die im Anhang zu machenden Angaben müssen so gestaltet werden, dass sie den Abschlussadressaten in die Lage versetzen, die Finanzlage des Unternehmens selbstständig zu beurteilen.[1072] Das Gesetz sieht eine Angabepflicht nur für nicht zu marktüblichen Bedingungen zustande gekommene Geschäfte vor, also nicht alle Geschäfte mit nahe stehenden Unternehmen und Personen werden einer Angabepflicht unterstellt. Zudem ist der Begriff der nahe stehenden Unternehmen und Personen im Sinne des IAS 24 zu verstehen, womit auch nicht jeder Aktionär erfasst ist und es hierdurch zu einer weiteren Begrenzung der Angabepflicht kommt. Letztlich sind nur Geschäfte, die wesentlich sind, aufzunehmen. Der Gesetzgeber sieht hier also nicht das Bedürfnis für völlige Transparenz. Schließlich würde der Anhang durch eine Aufnahme aller Gesellschaftergeschäfte auch „überfrachtet", was wiederum den Zielen einer Bilanzierung entgegenlaufen würde. Zudem werden die Publizitätspflichten von Kapitalgesellschaften bereits de lege lata

1067 Die Einfügung der Nr. 21 in § 285 HGB beruht auf Artikel 43 Abs. 1 Nr. 7b der Bilanzrichtlinie in der Fassung der Abänderungsrichtlinie. Verbunden ist mit der Einfügung eine Annäherung an die in der internationalen Rechnungslegung vorgesehenen Berichtspflichten, vgl. IAS 24.

1068 Unter den Begriff des „Geschäfts" fallen alle Transaktionen rechtlicher oder wirtschaftlicher Art, die sich auf die Finanzlage eines Unternehmens auswirken können, RegBegr. BilMoG, S. 158.

1069 Der Begriff der „nahe stehenden Unternehmen und Personen", aber auch nur dieser, ist im Sinne der gemäß der IAS-Verordnung übernommenen internationalen Rechnungslegungsstandards zu verstehen (derzeit IAS 24), RegBegr. BilMoG, S. 159.

1070 RegBegr. BilMoG, S. 158.

1071 RegBegr. BilMoG, S. 158 f.

1072 RegBegr. BilMoG, S. 159.

eher kritisch gesehen und diskutiert.[1073] Aus dem Bilanzrecht lassen sich damit Offenlegungspflichten nur für solche Gesellschaftergeschäfte herleiten, die die Merkmale des § 285 S. 1 Nr. 21 HGB erfüllen.

Weitere Schlüsse lassen sich möglicherweise aus den Vorgaben des Corporate Governance Kodex ziehen, wobei zu beachten bleibt, dass dieser als sog. „soft law" nicht unmittelbar verbindlichen Charakter für die Gesellschaften hat. Herangezogen werden könnten dennoch die hierin enthaltenen Wertungen. Als Anknüpfungspunkt für Offenlegungspflichten in Bezug auf Geschäfte der Gesellschaft mit ihr nahe stehenden Personen und Unternehmen werden 4.3.3. i.V.m. 3.8., 5.5.2. i.V.m. 3.8. sowie 7.1.5. CGK genannt. Diese Vorgaben gelten für alle Aktiengesellschaften, also unabhängig von deren Größe. 4.3.3. CGK beschäftigt sich mit Interessenkonflikten des Vorstands, 5.5.2. CGK demgegenüber mit solchen des Aufsichtsrats. Gem. 4.3.4. CGK müssen *„alle Geschäfte zwischen dem Unternehmen einerseits und den Vorstandsmitgliedern sowie ihnen nahe stehenden Unternehmen andererseits branchenüblichen Standards"* entsprechen. Im Sinne einer Generalklausel verpflichtet 3.8. CGK Vorstand und Aufsichtsrat, die Regeln ordnungsgemäßer Unternehmensführung zu beachten. Schließlich sollen gem. 7.1.5. CGK im Konzernabschluss Beziehungen zu Aktionären erläutert werden, die im Sinne der anwendbaren Rechnungslegungsvorschriften als nahe stehende Personen zu qualifizieren sind. Der Corporate Governance Kodex verpflichtet Vorstand und Aufsichtsrat zu einer ordnungsgemäßen Unternehmensführung, doch ergibt sich hieraus keine über die in § 285 S. 1 Nr. 21 HGB hinausgehende Verpflichtung zur Offenlegung.
Insgesamt lässt sich festhalten, dass eine allgemeine Transparenzpflicht weder de lege lata vorgesehen noch de lege ferenda erforderlich ist. Für den Schutz der Gläubiger ist es ausreichend, wenn sie dem Anhang der Bilanz für die Gesellschaft besonders bedeutsame Rechtsgeschäfte entnehmen können. Eine Information über jedes noch so unbedeutende Gesellschaftergeschäft ist zum Schutz der Gläubiger nicht erforderlich und würde zudem den Jahresabschluss mit unwesentlichen Angaben überfrachten, was den Gläubigern wiederum eine angemessene Information über die Vermögens- und Finanzlage der Gesellschaft im Ergebnis erschweren würde.

3.) Information und Mitwirkungsmöglichkeit der übrigen Gesellschafter

Weil durch für die Gesellschaft unausgewogene Rechtgeschäfte mit einem ihrer Gesellschafter auch die Interessen der übrigen Gesellschafter beeinträchtigt werden[1074], stellt sich die Frage, ob diese in irgendeiner Form an der Entscheidung über den Abschluss des Rechtsgeschäfts beteiligt werden müssen. Schließlich ist auch in ihrem Interesse eine Grenzverschiebung zwischen Ge-

1073 Zu den Publizitätspflichten und Möglichkeiten einer Befreiung von selbigen nach § 264 Abs. 3 HGB: *Tromp/Nagler/Gehrke*, GmbHR 2009, 641 ff.

1074 Deren Beteiligungs- und Mitverwaltungsrechte werden durch unausgeglichene Gesellschaftergeschäfte (nach und nach) verwässert.

sellschafts- und Gesellschaftervermögen zu verhindern.[1075] Dogmatischer Ansatzpunkt für eine Einbeziehung der anderen Gesellschafter in den Entscheidungsprozess könnten die in der Kapitalgesellschaft bestehenden Treupflichten sein. Besondere Ausprägung der umfassenden Treupflicht, die der AG gegenüber ihren Aktionären obliegt, ist die Regelung des § 53a AktG. Diese Vorschrift gebiete es, Aktionäre unter gleichen Voraussetzungen gleich zu behandeln.[1076] Aus § 243 Abs. 2 AktG ergibt sich ferner ein *„Verbot des Strebens nach Sondervorteilen"*. Danach kann ein Hauptversammlungsbeschluss mit der Begründung angefochten werden, dass ein Aktionär mit der Ausübung des Stimmrechts für sich oder einen Dritten Sondervorteile zum Schaden der Gesellschaft oder der anderen Aktionäre zu erlangen sucht und der Beschluss zudem dazu geeignet ist, diesem Zweck zu dienen und den anderen Aktionären durch den Beschluss kein anderweitiger Ausgleich zugestanden wird. Bei dem Abschluss von Gesellschaftergeschäften geht es zwar nicht um die Ausübung eines Stimmrechts im Rahmen einer Hauptversammlung, doch können möglicherweise grundsätzliche Wertungen dieser Vorschrift fruchtbar gemacht werden. Das Gesetz möchte die Gewährung eines „Sondervorteils" an einzelne Aktionäre unterbinden. Unter einem Sondervorteil wird hierbei, ohne Rücksicht auf die Art seiner Erlangung, jedweder Vorteil verstanden, sofern er bei einer Gesamtwürdigung der Fallumstände als sachwidrig, mit den Interessen der Gesellschaft oder ihrer Aktionäre unvereinbare Bevorzugung erscheint, dem Aktionär oder einem Dritten den Vorteilserwerb zu gestatten oder den bereits vollzogenen Erwerb hinzunehmen.[1077] Auch im Rahmen von Gesellschaftergeschäften ist die Gewährung eines Sondervorteils an einen Aktionär und die damit einhergehende Bevorzugung desselbigen zu unterbinden. An beiden besonderen Ausprägungen der Treupflicht, also sowohl § 53a AktG als auch § 243 Abs. 2 AktG, zeigt sich, dass eine einseitige Bevorzugung einzelner Aktionäre nicht im Einklang mit den Wertungen des Kapitalgesellschaftsrechts steht. Ein Schutzbedürfnis der übrigen Aktionäre ist damit also zu bejahen.

In Betracht kommt für eine Beteiligung der übrigen Gesellschafter zum einen, den Abschluss des Rechtsgeschäfts von der Zustimmung der übrigen Gesellschafter abhängig zu machen. Dies ist im Ergebnis jedoch abzulehnen. Würde der Abschluss des Rechtsgeschäfts von der Zustimmung der übrigen Aktionäre abhängig gemacht, könnten diese bzw. ggf. sogar ein einzelner Gesellschafter den Abschluss für die Gesellschaft bedeutsamer Rechtsgeschäfte blockieren oder gar ganz verhindern. Zudem würde dies einen unberechtigten Eingriff in die Kompetenzordnung in der Aktiengesellschaft darstellen. Der Abschluss von Rechtsgeschäften für die Gesellschaft fällt allein in den Aufgabenbereich des Vorstands. Zum anderen könnte das Rechtsgeschäft davon abhängig gemacht werden, dass sich kein Quorum von Gesellschaftern findet,

---

1075 Hierzu: RGZ 107, 161 (168); *Ballerstedt*, Kapital, Gewinn und Ausschüttung bei Kapitalgesellschaften, S. 132.

1076 *Bungeroth*, in: MüKo AktG, § 53a Rn. 4.

1077 *Hüffer*, in: MüKo AktG, § 243 Rn. 75.

das sich gegen den Abschluss des Rechtsgeschäfts wendet. Dies scheint wenig praktikabel und ist ebenfalls aus dem zum vorigen Ansatz vorgetragenen Argument abzulehnen. Zu bedenken ist schließlich, dass das Interesse der Gesellschafter allein an der Ausgeglichenheit des Rechtsgeschäfts schutzwürdig ist.[1078] Dieses Interesse kann jedoch auch durch nachträgliche Kontroll- und Einwirkungsmöglichkeiten befriedigt werden. Ein aktives Mitwirkungsrecht im Rahmen des Abschlusses eines Gesellschaftergeschäfts ist den übrigen Aktionären damit nicht einzuräumen.

Die Gesellschafter haben jedoch regelmäßig ein Interesse daran, über den Abschluss von Gesellschaftergeschäften informiert zu werden. Es ließe sich daher über die Aufnahme einer Regelung nachdenken, die den Vorgang transparent[1079] machen und so eine Information der Gesellschafter gewährleisten würde. Im Aktienrecht besteht keine allgemeine Informationspflicht der Gesellschaft.[1080] Insbesondere hat der einzelne Aktionär keinen auftragsähnlichen Rechenschaftsanspruch gegenüber dem Vorstand.[1081]
Fraglich ist damit, ob Gesellschaftergeschäfte offen zu legen sein sollten und ob diese Pflicht erst ab einer festzulegenden Größe oder Bedeutung des Rechtsgeschäfts vorgesehen werden sollte und gegenüber wem eine Offenlegung zu erfolgen hat.[1082] Für das Erfordernis einer bestimmten Größe ließe sich anführen, dass die in § 90 AktG geregelte Berichtspflicht des Vorstands gegenüber dem Aufsichtsrat ebenfalls nicht jedes Rechtsgeschäft erfasst, sondern nur solche die *„erhebliche Bedeutung"* haben. Eine Eingrenzung wäre allein aus Praktikabilitätsgründen sinnvoll. Ebenso wenig wie die Gläubiger der Gesellschaft dürften die übrigen Gesellschafter ein Interesse daran haben, über jedes noch so unbedeutende Gesellschaftergeschäft informiert zu werden.

Möglicherweise könnte es in den Aufgabenkreis des Vorstands gestellt werden, über Gesellschaftergeschäfte ab einer bestimmten Größe und Bedeutung für die Gesellschaft auf der Hauptversammlung zu berichten. Hierauf könnte sich dann auch das Auskunftsrecht[1083] des § 131 AktG beziehen, welches unter anderem dem Schutz der Ausübung von Minderheitenrechten dient[1084]. Gem. § 131 Abs. 1 S. 1 AktG ist jedem Aktionär auf Verlangen in der Hauptversammlung vom Vorstand Auskunft über Angelegenheiten der Gesellschaft zu geben, soweit sie zur sachgemäßen Beurteilung des Gegenstands der Tagesordnung erforderlich ist. Hierbei wird unter Angelegenheiten der

---

1078 Zudem ist zu berücksichtigen, dass zumindest in der AG nicht alle Aktionäre gleiche Interessen verfolgen. Vielmehr sind die reinen Anlageinteressen von darüber hinausgehenden Interessen zu unterscheiden.

1079 Dies wäre mit den im Rahmen der Kapitalaufbringung bestehenden Publizitätspflichten vergleichbar.

1080 OLG Karlsruhe, AG 2003, 444 (446); *Groß*, AG 1997, 97 (100).

1081 BGH, Urt. v. 30.3.1967 – II ZR 245/63 = NJW 1967, 1462 (1463).

1082 Hier könnten zum Beispiel laufende Rechtsgeschäfte ausgenommen werden.

1083 Das Auskunftsrecht fällt in den Schutzbereich des Art. 14 Abs. 1 GG, BVerfG, Beschl. v. 20.9.1999 – 1 BvR 168/93 = NJW 2000, 129; BVerfG, Beschl. v. 20.9.1999 – 1 BvR 636/95 = NJW 2000, 349 (350).

1084 *Hüffer*, AktG, § 131 Rn. 1.

Gesellschaft alles, was sich auf die AG sowie deren Tätigkeit bezieht, verstanden.[1085] Gem. Satz 2 erstreckt sich die Auskunftspflicht auf die rechtlichen und tatsächlichen Beziehungen der Gesellschaft zu einem verbundenen Unternehmen. Nach h.M. kommt dem jedoch nur klarstellende Bedeutung zu, da die Beziehungen der Gesellschaft zu einem verbundenen Unternehmen Gesellschaftsangelegenheiten sind.[1086] Hier könnte möglicherweise angesetzt werden. Gem. § 131 Abs. 3 S. 1 Nr. 1 AktG darf der Vorstand die Auskunft verweigern, soweit sie geeignet ist, der AG oder einem verbundenen Unternehmen nicht unerheblichen Nachteil zuzufügen. Hierbei kommt es darauf an, ob nach vernünftiger kaufmännischer Beurteilung der Gesellschaft entweder ein Schaden i.S.d. §§ 249 ff. BGB entstehen würde oder es zu einer einigermaßen gewichtigen Beeinträchtigung des Gesellschaftsinteresses kommen könnte.[1087] Ein schlichter Hinweis auf „Konkurrenzgründe" ist insoweit nicht ausreichend.[1088] Im Bereich von Sacheinlagen bei Kapitalerhöhungen reicht es nicht aus, dass sich der Vorstand auf Vertraulichkeitsabsprachen beruft, wenn es zu einer Verrechnung des Einlageanspruchs mit einer Kaufpreisforderung geht und der Vorstand als Verkäufer tätig war.[1089] Letztlich ist eine Abwägung aller Vor- und Nachteile für die Gesellschaft vorzunehmen.[1090] Auf § 131 Abs. 4 AktG lässt sich Auskunftsrecht wohl nicht stützen. Danach hat zwar grundsätzlich jeder Aktionär ein über das grundsätzlich bereits bestehende Auskunftsrecht hinausgehendes Recht auf Auskunft, wenn dies die Gleichbehandlung der Aktionäre erfordert. Es gilt jedoch nicht für Informationen, die ein anderer Aktionär als Vertragspartner der Gesellschaft erlangt hat.[1091]

Letztlich ist eine Informationspflicht aber abzulehnen. Rechtsgeschäfte von besonderer Bedeutung und Konfliktpotential lassen sich zum einen aus der Bilanz und dem Anhang der Gesellschaft erkennen, § 285 S. 1 Nr. 21 HGB. Zum anderen obliegt die Kontrolle des Vorstands dem Aufsichtsrat, § 111 AktG. Es sollte bei der in der Aktiengesellschaft vorgesehenen Kompetenzverteilung bleiben: Der Aufsichtsrat sollte über Gesellschaftergeschäfte, zumindest über diejenigen, die wesentlich i.S.d. § 285 S. 1 Nr. 21 HGB sind, informiert werden, um so seiner Überwachungsaufgabe nachkommen zu können. Bezweifelt der Aufsichtsrat die Angemessenheit eines Gesellschaftergeschäftes, muss er dies eingehend prüfen und danach unter Umständen den Vorstand in Anspruch nehmen, wenn dieser es unterlässt, bei Bestehen eines Anspruchs gegen den Gesellschafter auf Ausgleich der Differenz diese einzufordern. Der Anspruch der Gesellschaft gegen den Vorstand ist vom Aufsichtsrat geltend zu machen. Dem Aufsichtsrat obliegt insoweit die Aufgabe, die Tätig-

1085 *Hüffer*, AktG, § 131 Rn. 11.

1086 OLG Bremen, AG 1981, 229; LG München I, Beschl. v. 10.12.1998 – 5 HKO 10806/97 = AG 1999, 283 (284); *Zöller*, in: Kölner Komm., § 131 Rn. 29.

1087 *Hüffer*, AktG, § 131 Rn. 24.

1088 OLG Düsseldorf, Beschl. v. 17.7.1991 – 19 W 2/91 = WM 1991, 2148 (2152).

1089 LG Koblenz, Urt. v. 17.5.2000 – 1 HO 156/99 = AG 2001, 205 f.

1090 *Hüffer*, AktG, § 131 Rn. 27.

1091 *Raiser/Veil*, Recht der Kapitalgesellschaften, § 16 Rn. 41.

keit des Vorstands zu überwachen[1092] und zu kontrollieren sowie die Pflicht, das Bestehen von Schadensersatzansprüchen der Aktiengesellschaft gegenüber Vorstandsmitgliedern eigenverantwortlich zu prüfen.[1093] Hierbei muss der Aufsichtsrat sehr wohl berücksichtigen, dass dem Vorstand für die Leitung der Geschäfte der Aktiengesellschaft ein weiter Handlungsspielraum zuzubilligen ist[1094], doch hat der Aufsichtsrat kein Ermessen hinsichtlich der Frage, ob er einen bestehenden Anspruch der Gesellschaft gegen den Vorstand geltend macht.[1095] Allein das Bestehen der Möglichkeit der Hauptversammlung, gem. § 147 Abs. 1 AktG über die Geltendmachung von Schadensersatzansprüchen gegenüber einem Vorstandsmitglied zu befinden, entbindet den Aufsichtsrat nicht von dieser Verpflichtung.[1096] Von einer Geltendmachung der Ansprüche darf er nur dann absehen, wenn gewichtige Gründe des Gesellschaftswohls dagegen sprechen und diese Umstände die Gründe, die für eine Rechtsverfolgung sprechen, überwiegen oder ihnen zumindest gleichwertig sind.[1097] Auf diese Weise wird sichergestellt, dass es zu einem Ausgleich des der Gesellschaft entstandenen Schadens kommt, womit die Interessen der übrigen Gesellschafter hinreichend geschützt sind. [1098]

1092 § 111 Abs. 1 AktG.

1093 BGH, Urt. v. 21.4.1997 – II ZR 175/95 = BGHZ 135, 244. Dies folgt aus §§ 112, 116 AktG.

1094 Gem. § 76 Abs. 1 AktG hat der Vorstand die Gesellschaft unter eigener Verantwortung zu leiten. Diese unternehmerische Freiheit des Vorstands wird durch die Business Judgement Rule des § 93 Abs. 1 S. 2 AktG abgesichert. Dem Vorstand steht im Rahmen seiner Tätigkeit ein weiter Handlungsspielraum zu, *„ohne den eine unternehmerische Tätigkeit schlechterdings nicht denkbar ist."* Hierunter fallen insbesondere das bewusste Eingehen geschäftlicher Risiken sowie die Gefahr von Fehlbeurteilungen und Fehleinschätzungen, BGH, Urt. v. 21.4.1997 – II ZR 175/95 = BGHZ 135, 244 (253).

1095 BGH, Urt. v. 21.4.1997 – II ZR 175/95 = BGHZ 135, 244; die Vorinstanz war von einer „Entscheidungsprärogative" des Aufsichtsrats bei dieser Frage ausgegangen, vgl. OLG Düsseldorf, Urt. v. 22.6.1995 – 6 U 104/94 = NJW-RR 1995, 1371 (1376). Der BGH tritt dem entgegen: „Die Entscheidung über die Geltendmachung von Schadensersatzansprüchen gegen pflichtwidrig handelnde Vorstandsmitglieder ist (…) Teil seiner nachträglichen Überwachungstätigkeit, deren Ziel darauf gerichtet ist, den Vorstand zur Erfüllung seiner Pflichten anzuhalten und Schäden von der Gesellschaft abzuwenden." Zu der Entscheidung in der Vorinstanz sowie der Frage nach Pflicht und Ermessen von Aufsichtsratsmitgliedern: Raiser, NJW 1996, 552 ff (554); a.A.: Paefgen, AG 2008, 761 ff., der davon ausgeht, dass es sich bei der Frage, ob der Vorstand in Anspruch genommen wird um eine unternehmerische Entscheidung handele, für welche die Business Judgement Rule gelte.

1096 BGH, Urt. v. 21.4.1997 – II ZR 175/95 = BGHZ 135, 244 (250).

1097 BGH, Urt. v. 21.4.1997 – II ZR 175/95 = BGHZ 135, 244.

1098 Diskutieren ließe sich weiterhin, ab wann unausgewogene Gesellschaftergeschäfte von der Existenzvernichtungshaftung erfasst sein könnten. Diese ist nunmehr als Fallgruppe des § 826 BGB dogmatisch verortet, womit sich als maßgebliche Voraussetzung das Vorliegen einer sittenwidrigen Schädigung der Gesellschaft ergibt. Eine solche lässt sich nicht allein aus der Unausgeglichenheit des Rechtsgeschäfts herleiten. Vielmehr muss objektiv ein wesentliches Missverhältnis und subjektiv eine Schädigungsabsicht gefordert werden.

Im Ergebnis ist der Interessenwiderstreit also über die Kompetenzordnung in der AG zu lösen: Da der Vorstand den Aufsichtsrat und dieser die Aktionäre von „wesentlichen" Gesellschaftergeschäften informieren muss, kann im jeweiligen Verhältnis hinreichender Druck ausgeübt werden. Weitergehende Vorkehrungen sind daher nicht erforderlich.

V. Für und Wider – Rechtspolitische Bewertung

1.) Vereinbarkeit mit der Kapitalrichtlinie

Für das Aktienrecht müsste dieser Ansatz mit den Vorgaben der Kapitalrichtlinie abgestimmt werden. Hierbei sind zum einen deren Anforderungen an die Kapitalaufbringung, zum anderen diejenigen an die Kapitalerhaltung zu beachten. Solange die Regelung des § 52 AktG beibehalten wird, stehen die das Kapitalaufbringungsrecht betreffenden Vorgaben der Kapitalrichtlinie einer solchen Gestaltung nicht entgegen. Wie bereits festgestellt, sollte um nicht einen mit Art. 11 der Kapitalrichtlinie funktional identischen Umgehungsschutz der Kapitalaufbringungsvorschriften zu statuieren, die anknüpfende Rechtsfolge ein subjektives Element, hier die Vermutung einer Abrede/einer gesellschaftsrechtlichen Veranlassung, enthalten.[1099] Der von der Richtlinie geforderte Schutz der Kapitalaufbringungsvorschriften vor Umgehung kann von den Mitgliedsstaaten individuell gestaltet werden. Die Gestaltungsfreiheit der nationalen Gesetzgeber reicht soweit das System insgesamt stimmig ist und hinreichenden Umgehungsschutz gewährleistet.

Fraglich ist, ob eine solche Regelung auch mit den Vorgaben der Kapitalerhaltung, insbesondere Art. 15 der Kapitalrichtlinie, zu vereinbaren sein würde. Nur dann dürfte der Gesetzgeber eine entsprechende Regelung vornehmen. Ebenso wenig wie die Problematik verdeckter Sacheinlagen enthält die Kapitalrichtlinie eine ausdrückliche Regelung darüber, wie der Fall der verdeckten Einlagenrückgewähr zu behandeln ist. Streitig ist daher, ob verdeckte Gewinnausschüttungen, die auch unter den Tatbestand der Gesellschaftergeschäfte fallen würden, von der Kapitalrichtlinie generell, und insbesondere von Art. 15 erfasst werden. Art. 15 der Kapitalrichtlinie regelt Ausschüttungen an Aktionäre.[1100] Teilweise[1101] wird vertreten, dass verdeckte Gewinnausschüttungen nicht von der Regelung des Art. 15 der Kapitalrichtlinie erfasst werden. Dieser habe ausschließlich offene Gewinnausschüttungen vor Augen. Dies ergebe sich daraus, dass er in lit d) nur Dividenden und Zinsen als Ausschüttungsvarianten erwähnt.[1102] Zudem behandelten andere europäischen Rechtsordnungen das Phänomen verdeckter Gewinnausschüttungen nicht als

1099 Vgl. Kap. 3 B II (S. 60 ff.).

1100 Diese dürfen grundsätzlich nur in den Fällen der Kapitalherabsetzung erfolgen, Art. 15 Abs. 1a) der Kapitalrichtlinie.

1101 *Bezzenberger*, Das Kapital der Aktiengesellschaft, 2005, S. 259 ff.; *Koll-Möllenhoff*, Das Prinzip des festen Grundkapitals, S. 159 f.; *Ullrich*, Verdeckte Vermögensverlagerungen, S. 14 ff.

1102 *Koll-Möllenhoff*, Das Prinzip des festen Grundkapitals, S. 159.

Frage des festen Kapitals, sondern allein unter dem Aspekt einer Geschäftsleiterhaftung.[1103] Eine anderweitige, also teleologische Erweiterung der Vorschrift sei mit dem Grundsatz der Rechtsklarheit nicht zu vereinbaren.[1104] Die Vertreter der Gegenansicht[1105] sehen verdeckte Gewinnausschüttungen als von Art. 15 der Kapitalrichtlinie erfasst an. Die Erläuterung des Ausschüttungsbegriffs habe lediglich beispielhaften Charakter, was sich aus der „insbesondere"-Formulierung ergebe.[1106] Aus teleologischer Sicht spreche hierfür weiterhin, dass das Anliegen der Vorschrift der Schutz der Gläubiger der Gesellschaft sei[1107], was auch aus dem vierten Erwägungsgrund der Richtlinie folge, *„das Kapital als Sicherheit für die Gläubiger zu erhalten, indem insbesondere untersagt wird, da(ss) das Kapital durch nicht geschuldete Ausschüttungen an die Aktionäre verringert wird"*[1108]. Nicht zuletzt spreche hiergegen auch der Zusammenhang mit der Kapitalaufbringung: Die strengen Regelungen der Kapitalaufbringung wären weitestgehend überflüssig, wenn eine Rückzahlung der Haftungsmasse an die Gesellschafter im Wege unausgewogener Rechtsgeschäfte möglich wäre.[1109] Letztlich verbleibe die Regelungskompetenz im Übrigen bei den Mitgliedstaaten, da die Richtlinie diesen Regelungsbereich nicht erfasse.[1110] Die letztere Ansicht überzeugt: Ein Umgehungsschutz wird durch die Kapitalrichtlinie impliziert, die konkrete Ausgestaltung demgegenüber den einzelnen Mitgliedsstaaten überlassen. Nicht zuletzt der Wortlaut des Art. 15 Abs. 1 lit d) der Kapitalrichtlinie, wonach unter den Begriff der Ausschüttung „insbesondere" die Zahlung von Dividenden und Zinsen fällt, spricht für ein solches Verständnis. In einem neuen Tatbestand den Fall der verdeckten Gewinnausschüttung zu regulieren, stünde damit im Einklang mit Art. 15 der Kapitalrichtlinie. Sowohl der im Rahmen der Kapitalaufbringung als auch der Kapitalerhaltung vorgesehene Schutz des Gesellschaftsvermögens vor Mittelrückflüssen an die Gesellschafter würde durch einen einheitlichen Tatbestand gewährleistet.

1103 *Bezzenberger*, Das Kapital der AG, S. 259 (S. 261 ff.); *Koll-Möllenhoff*, Das Prinzip des festen Grundkapitals, S. 160, der darauf abstellt, dass diese Problematik zumindest nicht in allen europäischen Rechtsordnungen unter dem Gesichtspunkt eines Schutzes des festen Kapitals behandelt wird.

1104 *Ullrich*, Verdeckte Vermögensverlagerungen, S. 14 f.

1105 *Fleischer*, WM 2007, 909 (911); *Drinkuth*, Die Kapitalrichtlinie, S. 185; f. *Habersack*, Europäisches Gesellschaftsrecht, 2006, § 6 Rn. 34; *Mülbert*, in: FS Lutter, 2000, S. 535 (S. 545 ff.); *Nienhaus*, Kapitalschutz in der AG, 2002, S. 118 ff. (S. 127); *Schön*, in: FS Kropff, 1997, S. 285 (S. 291 ff.); *Veil*, WM 2003, 2169 (2171).

1106 *Fleischer*, WM 2007, 909 (911); *Habersack*, Europäisches Gesellschaftsrecht, § 6 Rn. 34; *Nienhaus*, Kapitalschutz in der AG, S. 124 f.

1107 *Habersack*, Europäisches Gesellschaftsrecht, 2006, § 6 Rn. 34.

1108 *Fleischer*, WM 2007, 909 (911); *Schön*, in: FS Kropff, 1997, S. 285 (S 292); *Veil*, WM 2003, 2169 (2171).

1109 *Drinkuth*, Die Kapitalrichtlinie, S. 186.

1110 *Drinkuth*, Die Kapitalrichtlinie, S. 187.

2.) Signifikante Absenkung des Gläubigerschutzniveaus?

Der maßgebliche Grund dafür, dass wir derzeit ein sehr detailliert geregeltes, in mehreren Vorschriften aufgegliedertes Kapitalschutzsystem haben[1111], ist, dass der Schutz der Gesellschaftsgläubiger hohe Priorität genießt und durch die gesetzliche Regelung verschiedener Konstellationen, in denen die Gefahr einer Beeinträchtigung der Interessen der Gläubiger besteht, gewährleistet werden soll. Überlegungen de lege ferenda müssen sich daran messen lassen, dass es durch sie nicht zu einer signifikanten Absenkung des Gläubigerschutzniveaus kommt.

Dadurch, dass es nicht zu einer externen Überprüfung des Rechtsgeschäfts auf seine Angemessenheit käme, sondern dies allein Sache der Geschäftsleitung wäre, würde dies zu einer weniger strengen Überprüfung und zur Aufgabe der Publizitätspflichten führen als dies im Rahmen der Kapitalaufbringung durch offene Sacheinlage der Fall ist.[1112] Hierdurch könnte es zu einer Einschränkung des Gläubigerschutzes kommen. Bedenken gegen einen einheitlichen Tatbestand könnten sich also aus dem mit ihr möglicherweise einhergehenden Verlust der präventiven externen Kontrolle ergeben. Auch wenn das Gesetz diesen weiterhin im Rahmen der Kapitalaufbringung vorsieht, könnte er durch verdeckte Sacheinlagen umgangen und damit im Ergebnis zumindest nicht nur unerheblich ausgehebelt werden. Einen Anreiz zur Einhaltung der Sacheinlagevorschriften würde allein unter dem Gesichtspunkt der Beweislastverteilung bestehen. Hierdurch würde das präventive Schutzsystem in seiner Durchsetzungskraft zumindest vermindert. Weiterhin könnte sich gegen eine solche Neuregelung vorbringen lassen, dass sie es ermöglicht, das liquide Gesellschaftsvermögen durch Vermögensgegenstände oder Forderungen gegen Gesellschafter zu ersetzen und dies zu einer Verschlechterung der Verwertungsmöglichkeiten führen würde.

Fraglich ist jedoch, inwieweit es überhaupt eines Gläubigerschutzes bedarf. Da den Gläubigern für die Befriedigung ihrer Ansprüche allein das Gesellschaftsvermögen als Haftungsgrundlage zur Verfügung steht, bedürfen die Gläubiger insoweit eines Schutzes, als ihnen dieser Haftungsfond nicht durch dem Gesetz zuwider laufende Auszahlungen an die Gesellschaft entzogen werden darf. Solange jedoch Austauschgeschäfte in der Weise vorgenommen werden, dass der Gesellschafter für die Leistung der Gesellschaft eine angemessene Gegenleistung erbringt, wird das Gesellschaftsvermögen nicht geschmälert.

Auch die präventiven Schutzinstrumentarien des Kapitalaufbringungsrechts gewähren den Gläubigern keinen weitergehenden Schutz als der, der durch eine ordnungsgemäße Zusammensetzung des Gesellschaftsvermögens vermittelt wird. Die de facto möglicherweise eintretende Verringerung der Durchsetzungskraft des präventiven Systems ist damit nicht derart gravierend, dass sie einer einheitlichen Regelung entgegenstünde. Werden durch die

1111 Bis vor kurzem gar durch richterliche Rechtsfortbildung entstandene Rechtinstitute.

1112 *Drygala*, ZGR 2006, 587 (629)

an unzulässige Gesellschaftergeschäfte anknüpfenden Rechtsfolgen die von dem präventiven Schutzsystem verfolgten Ziele – insbesondere die Gewährleistung der Aufbringung des Haftungsfonds – auch erreicht, spricht dies für eine Vereinfachung der Gesetzeslage. In der Tendenz ist dies zudem bereits durch das MoMiG sowie das ARUG erfolgt, in dem diese durch die Veränderung der Vorschriften § 19 Abs. 4 GmbHG und § 27 Abs. 3 AktG verdeckte Sacheinlagen einer wesentlich milderen Rechtsfolge unterstellen als es die Rechtsprechung bis zur Gesetzesänderung getan hatte. Im Rahmen der Kapitalerhaltung würde das Gläubigerschutzniveau nicht herabgesenkt, sondern wie bislang beibehalten.

Dass die Verwertungsmöglichkeiten der Gläubiger in der Insolvenz der Gesellschaft unter Umständen verschlechtert würden, kann einem einheitlichen Tatbestand erst recht nicht entgegenstehen. Es kommt allein auf die vermögensmäßige Ausstattung der Gesellschaft an. Auf eine bestimmte gegenständliche Zusammensetzung des Gesellschaftsvermögens hat der Gläubiger keinen Anspruch.[1113] Ob also liquide Mittel dazu verwendet werden, vom Gesellschafter einen Vermögensgegenstand zu erwerben oder diesem ein Darlehen zu gewähren und im Gegenzug den Rückgewähranspruch zu erhalten, ist im Rahmen des Gläubigerschutzes nur insoweit von Beachtung, als die Gegenleistung werthaltig sein muss, um so den vermögensmäßigen Bestand des Gesellschaftsvermögens zu gewährleisten.[1114] Es ist alleine zu verhindern, dass der Gesellschafter durch den Abschluss für ihn günstiger Austauschgeschäfte mit der Gesellschaft nachträglich aus dem von ihm eingegangenen wirtschaftlichen Unternehmensrisiko entlassen wird.[1115] Das im Rahmen von Darlehen der Gesellschaft an Gesellschafter von der Rechtsprechung angeführte Argument, dass der Austausch liquider Haftungsmasse durch einen schuldrechtlichen Rückgewähranspruch zu einer erschwerten Verwertung der Haftungsmasse für den Gläubiger führe, kann damit nicht ausschlaggebend sein. Schließlich ist dies keine den Gesellschaftergeschäften eigentümliche Frage, sondern immer allein davon abhängig, welche wirtschaftlichen Dispositionen die Gesellschaft trifft.[1116] Im Rahmen von Drittgeschäften wird auch nicht nach den Verwertungsmöglichkeiten der Gläubiger gefragt. Der Gläubiger hat keinen Anspruch auf eine leicht verwertbare Haftungsmasse, so dass weder Rechtsgeschäfte mit Dritten noch solche mit Gesellschaftern unter diesem Aspekt einzuschränken sind. Wenn der Gläubiger jedoch generell bestehenden Verwertungsschwierigkeiten ausgesetzt ist, können solche nicht dem Abschluss eines Rechtsgeschäfts zwischen Gesellschaft und Gesellschafter entgegenstehen.[1117]

1113 Vgl. hierzu: BGH, Beschl. v. 4.3.1996 – II ZB 8/95 = GmbHR 1996, 351 (355).

1114 In diese Richtung auch: *Drygala*, ZGR 2006, 587 (608).

1115 *Drygala*, ZGR 2006, 587 (609).

1116 *Drygala*, ZGR 2006, 587 (625).

1117 Der Gesellschaft ist es nicht verboten, dass Mindestkapital durch Sacheinlagen zusammenzusetzen und so kann auch hier die etwaig erschwerte Verwertung nicht ge-

3.) Vereinfachung der Rechtslage

Durch eine, die verschiedenen Konstellationen erfassende Regelung würde es zu einer erheblichen Vereinfachung der Rechtslage kommen. Die Abgrenzungsprobleme zwischen Kapitalaufbringung und Kapitalerhaltung einerseits sowie der über lange Zeit entwickelten Rechtsinstitute[1118] andererseits sprechen für eine einheitliche, übersichtliche Regelung. Auch für den juristischen Laien wäre dies verständlicher. Wohl würde mit einer derart drastischen Systemveränderung verbunden sein, dass zunächst einmal Erfahrungen mit der Neuregelung zu sammeln wären. Doch ließen sich die von Rechtsprechung und Literatur zur Kapitalaufbringung und Kapitalerhaltung entwickelten Grundsätze als Grundlage für die Neuregelung heranziehen. Zudem würden Gesellschaftergeschäfte für die Zukunft auf eine rechtssichere Grundlage gestellt. Für die Praxis würde es zu enormen Erleichterungen, insbesondere für Cash-Pool-Systeme, kommen.[1119] Es müsste allerdings darauf geachtet werden, dass es nicht zu einer „Aufweichung" von Kapitalaufbringung und Kapitalerhaltung kommen würde.

4.) Überwindung dogmatischer Schwierigkeiten

Zudem könnten mittels einer einheitlichen Regelung die mit der Regelung der §§ 19 Abs. 4 GmbHG, 27 Abs. 3 AktG einhergehenden dogmatischen Schwierigkeiten überwunden werden. Die Frage, ob die Anrechnung i.S.d. §§ 19 Abs. 4 GmbHG, 27 Abs. 3 AktG eine Leistung an Erfüllung statt oder ein verrechnungsähnliches Erfüllungssurrogat eigener Art darstellen oder nicht vielmehr unter dem Gesichtspunkt der Vorteilsausgleichung zu würdigen ist, würde sich erledigen.[1120] Auch die mit dem Bereicherungsanspruch des Gesellschafters aus Zweckverfehlungskondiktion bestehenden Probleme[1121] könnten so überwunden werden.

Fraglich ist indes, ob das Kriterium eines Drittvergleichs zu unbestimmt sein würde. Die Vornahme eines Drittvergleichs ist jedoch nichts Neues. Vielmehr ist diese Bewertung aus dem Steuerrecht unter dem Gesichtspunkt „verdeckter Gewinnausschüttungen"[1122], aber auch aus § 57 AktG sowie § 311 AktG[1123] hinreichend bekannt. Die hier bereits entwickelten Wertungen könnten hier herangezogen werden.

---

gen verdeckte Sacheinlagen vorgebracht werden. Es kommt alleine darauf an, ob der Gesellschafter den von ihm zugesagten Risikobeitrag letztlich trägt.

1118 Zur Problematik verdeckter Sacheinlagen und eines Hin- und Herzahlens.

1119 Vgl. hierzu auch die Kritik Drygalas am Novemberurteil des BGH, ZGR 2006, 587 (631). Vereinfacht wurde die Rechtslage bereits durch das MoMiG, welches insbesondere in § 19 V GmbHG, aber auch in § 57 Abs. 1 S. 3 AktG zu einer bilanziellen Betrachtung zurückkehrte, vgl. hierzu: BGH, Urt. v. 1.12.2008 – 102/07 = ZIP 2009, 70 (71f.) (MPS).

1120 Vgl. Kap. 5 B V. 4.) b) aa) (S. 102 ff.).

1121 Vgl. Kap. 5 B V. 4.) b) bb) (S. 107 ff.).

1122 BFH, Urt. v. 22.4.1964 – I 62/61 U = BStBl. II 1964, 370.

1123 Bei der Frage der Nachteilsfeststellung im Rahmen des § 311 AktG werden die für die verdeckte Gewinnausschüttung geltenden Grundsätze angewendet. Hier wird also

VI. Formulierungsvorschlag und abschließende Bewertung

Folgender Formulierungsvorschlag soll als Diskussionsgrundlage unterbreitet werden:

(1) Der Vorstand ist zum Abschluss von Rechtsgeschäften zwischen der Gesellschaft und ihren Gesellschaftern (Gesellschaftergeschäfte) berechtigt, soweit ein gewissenhaft nach kaufmännischen Grundsätzen handelnder Geschäftsleiter/Vorstand das Geschäft unter sonst gleichen Umständen zu gleichen Bedingungen auch mit einem Nichtgesellschafter abgeschlossen hätte. Dies ist in der Regel anzunehmen, wenn
1. bei bestehendem Marktpreises dieser vereinbart wurde oder
2. in sonstigen Fällen Leistung und Gegenleistung in einem angemessenen Verhältnis zueinander stehen oder
3. bei der Vereinbarung eines Darlehens zu Gunsten des Gesellschafters, der Rückgewähranspruch vollwertig ist und ein angemessener Zinssatz vereinbart wurde.

Das Rechtsgeschäft darf im Übrigen nicht den Interessen der Gesellschaft entgegenstehen. Leistungen auf Veranlassung der Gesellschaft durch von diese beherrschte Unternehmen sowie solche an einem Gesellschafter nahe stehende Personen i.S.d. internationalen Rechnungslegungsstandards sind wie Leistungen an den Gesellschafter zu behandeln.

(2) Hält das Rechtsgeschäft einem Drittvergleich nicht stand, hat der Gesellschafter der Gesellschaft die Differenz zwischen dem Wert, welcher ihm durch die Leistung der Gesellschaft zugeführt wurde und dem Wert der Leistung, die er gegenüber der Gesellschaft erbracht hat, zu ersetzen. Die Beweislast für die Werthaltigkeit der Leistung des Gesellschafters hat dieser zu tragen.[1124]

Die Regelung soll nunmehr anhand einiger Beispielsfälle auf ihre praktische Tauglichkeit überprüft und im Anschluss hieran abschließend bewertet werden:

1.) Gesellschafter G hat der AG ein Darlehen in Höhe von 10.000 € zur Verfügung gestellt. Vereinbart wurde ein marktüblicher Zinssatz. Bei einer später stattfindenden Kapitalerhöhung übernimmt G Aktien in Höhe von 10.000 € und verpflichtet sich hierfür eine Bareinlage in entsprechender Höhe zu erbringen. Er zahlt diesen Betrag an die Gesellschaft, die dieses Geld sodann für eine Rückzahlung des Darlehens an G verwendet. Dies war von vornherein so beabsichtigt.

Das Gesellschaftergeschäft, also die Vereinbarung des Darlehens sowie die Rückzahlung aus den Mitteln der Kapitalaufbringung, ist zulässig, soweit ein gewissenhaft nach kaufmännischen Grundsätzen handelnder Geschäftsführer

---

auch im Kern nach dem Vorliegen eines objektiven Missverhältnisses zwischen Leistung und Gegenleistung gefragt, wobei wiederum ein hypothetischer Drittvergleich zugrunde gelegt wird. Hierbei wird davon ausgegangen, dass sich der Nachteil der Gesellschaft im Vorteil des herrschenden Unternehmens ausdrückt, vgl. *Hüffer*, AktG, § 311 Rn. 30.

1124 Die Regelung wäre entsprechend für das GmbH-Recht anzupassen.

das Geschäft unter sonst gleichen Umständen zu gleichen Bedingungen auch mit einem Nichtgesellschafter abgeschlossen hätte. Dies ist insbesondere dann zu bejahen, wenn Leistung und Gegenleistung in einem angemessenen Verhältnis zueinander stehen. Das zwischen der AG und G vereinbarte Darlehen wurde zu einem marktüblichen Zinssatz vereinbart, womit insoweit keine Abweichung von einem Darlehen durch einen Dritten besteht. Auch durch die Verwendung der durch G im Rahmen der Kapitalerhöhung eingebrachten Barmittel für die Rückzahlung des Darlehens führt nicht zu einer Bevorzugung des G aufgrund seiner Gesellschafterstellung. Insoweit ist eine bilanzielle Betrachtung des Vorgangs vorzunehmen. Dadurch dass die AG dem G das Darlehen zurückzahlt, wird sie von einer Verbindlichkeit in entsprechender Höhe befreit. Es besteht kein Unterschied zu dem Fall, dass die Gesellschaft die Mittel aus der Kapitalerhöhung zur Ablösung eines von einem Dritten überlassenen Darlehens verwenden würde. Die Gesellschaft hat keine Zahlungsschwierigkeiten, so dass der Darlehensanspruch des Gesellschafters weiterhin einen Wert von 10.000 € hatte.

2.) G übernimmt im Rahmen einer Kapitalerhöhung eine Einlagepflicht in Höhe von 10.000 €. Sogleich vereinbart er mit der Gesellschaft, dass er von dieser unmittelbar nach der Kapitalerhöhung ein Darlehen in Höhe von 10.000 € erhalten soll. Vereinbart wird ein unter dem marktüblichen Zinssatz liegender Zins. Der Rückgewähranspruch gegen G ist dafür vollwertig. Diese Vereinbarung wird auch bei der Anmeldung der Kapitalerhöhung dem Registergericht angezeigt. G zahlt an die Gesellschaft 10.000 €. Danach wird G das Darlehen vereinbarungsgemäß ausgezahlt.

Die Vereinbarung des Darlehens stellt ein Gesellschaftergeschäft dar. Dieses Gesellschaftergeschäft hält einem Drittvergleich nur dann stand, wenn der Rückgewähranspruch der Gesellschaft vollwertig ist und ein marktüblicher Zins vereinbart wird. Diese Voraussetzungen müssen also kumulativ gegeben sein. Letzteres ist hier nicht der Fall. Damit würde Absatz 2 des oben vorgeschlagenen Tatbestandes zur Anwendung gelangen. Rechtsfolge des einem Drittvergleich nicht standhaltenden Gesellschaftergeschäfts wäre damit ein Anspruch der AG gegen G auf Zahlung der Differenz. Diese besteht in der Höhe der Differenz zwischen dem marktüblichen Zinssatz und dem vereinbarten Zinssatz.

3.) G übernimmt im Rahmen einer Kapitalerhöhung eine Einlagepflicht in Höhe von 10.000 €. Er zahlt den Betrag an die Gesellschaft. Vier Monate nach der Kapitalerhöhung erhält er von der Gesellschaft ein Darlehen in Höhe von 10.000 €. Es ist nicht sicher, ob dies von Anfang an so vereinbart war.

Auch dieses Gesellschaftergeschäft müsste sich an einem Drittvergleich messen lassen. Für die Beurteilung käme es also darauf an, ob ein marktüblicher Zinssatz vereinbart wurde und ob der Rückgewähranspruch werthaltig ist. Ist dies der Fall, würde sich gem. Abs. 1 S. 2 Nr. 3 der vorgeschlagenen Regelung die Angemessenheit des Rechtsgeschäfts ergeben. Wann das Darlehen abgeschlossen wurde, wäre indes für die Beurteilung unerheblich. Eine Abgrenzung zwischen Kapitalaufbringung und Kapitalerhaltung müsste also nicht vorgenommen werden.

4.) G übernimmt im Rahmen einer Kapitalerhöhung eine Einlagepflicht in Höhe von 10.000 €. Er zahlt den Betrag an die Gesellschaft. Acht Monate später gewährt die AG ihrem Gesellschafter G ein Darlehen. Der hierdurch entstehende Rückzahlungsanspruch gegen G ist vollwertig. Ebenso wurde ein marktüblicher Zinssatz vereinbart.

Dieser Fall ist wie der vorangegangene Fall zu beurteilen und zeigt erneut, dass der vorgeschlagene Tatbestand eine Abgrenzung der Kapitalaufbringung von der Kapitalerhaltung im Rahmen der Beurteilung von Gesellschaftergeschäften obsolet machen würde.

Die Untersuchungen haben gezeigt, dass ein einheitlicher Tatbestand für Gesellschaftergeschäfte durchaus als Alternative zu den derzeit vorhandenen einzelnen Regelungen in Betracht kommt. Die Gewährleistung hinreichenden Gläubigerschutzes würde durch die Regelung sichergestellt. Das Gläubigerschutzniveau würde durch eine solche Regelung nicht herabgesetzt, sondern auf dem jetzigen Niveau beibehalten. Zudem stünde die vorgeschlagene Regelung in Einklang mit der Kapitalrichtlinie. Vorteil einer solchen Regelung wäre, dass sie einfacher und damit praktikabler wäre. Zur Konsequenz hätte sie allerdings die faktische Aufgabe der Differenzierung zwischen Bar- und Sacheinlagen. Zwar würde das Sacheinlageverfahren weiterhin bestehen bleiben und einen Weg zur Einlageleistung darstellen, doch wären verdeckte Sacheinlagen nicht mehr unzulässig, sondern würden lediglich an den Voraussetzungen des neuen Tatbestandes gemessen. Die Einhaltung der Sacheinlagekautelen würde letztlich in das Belieben der Gesellschafter sowie des Vorstands bzw. des Geschäftsführers der Gesellschaft gestellt. Fraglich ist jedoch, ob dies überhaupt negativ zu bewerten ist. Die vorgeschlagene Regelung würde es schaffen, den mit dem Sacheinlageverfahren verbundenen Schutzerwägungen, insbesondere dem Schutz der Gesellschaftsgläubiger sowie der übrigen Gesellschafter, gerecht zu werden. Das strenge Sacheinlagerecht lässt sich historisch auf Fälle von Gründungsschwindel zurückführen, in denen mit den Einlagemitteln Gesellschaftergeschäfte getätigt wurden, die einseitig die Gesellschafter begünstigten. Dem wurde durch den Gesetzgeber durch die Ausgestaltung und immer stärkere Regulierung des Sacheinlageverfahrens sowie durch die Rechtsprechung durch die Entwicklung des Rechtsinstituts der verdeckten Sacheinlage entgegengewirkt. Diese Entwicklung war notwendig und konsequent. Eine Vereinfachung des Systems ist jedoch geboten und dadurch möglich, dass ein „Ersatz", welcher den Gläubiger- und Gesellschafterschutz ebenfalls sicherstellt, angeboten wird. Die mittelbare Aufgabe der Differenzierung von Bar- und Sacheinlagen kann daher hingenommen werden. Solange dies jedoch durch die Kapitalrichtlinie vorgegeben wird, kann es nicht zu einer unmittelbaren Aufgabe der Differenzierung durch den Gesetzgeber kommen. Daher sollte auf europäischer Ebene darüber diskutiert werden, ob die Kapitalrichtlinie in der Weise abgeändert werden sollte, dass diese – zumindest nicht mehr zwingend – eine Differenzierung zwischen Bar- und Sacheinlagen vorsieht. Es kommt letztlich allein darauf an, dass die Gesellschaft mit Kapital ausgestattet wird und dieses ihr nicht ohne entsprechende Gegenleistung wieder entzogen wird. Ist dies gewährleistet, sind die Gesellschaftsgläubiger, aber auch die übrigen Gesellschafter, hinreichend geschützt. Für diesen Schutz ist es ohne Bedeutung, wie sich das Kapital der Gesellschaft konkret zusammensetzt.

Vorteilhaft an der Neuregelung wäre zudem, dass immer noch ungeklärte Abgrenzungsfragen de lege ferenda dahinstehen könnten. So müsste insbesondere keine Abgrenzung mehr zwischen Kapitalaufbringung und Kapitalerhaltung mehr erfolgen. Die zu den verschiedenen Rechtsinstituten de lege lata herausgearbeiteten Wertungen und Gesichtspunkten blieben so verwertbar, es käme aber nicht dazu, dass diese Rechtsinstitute nur in einer Regelung vereint würden, sondern der hierüber hinausgehende Mehrwert der Regelung wäre, dass Abgrenzungsprobleme zwischen den Rechtsinstituten nicht mehr bestünden und diese alle auf den ihnen zugrunde liegenden Kern zurückgeführt würden. Schließlich würden die rechtlichen Rahmenbedingungen für Cash-Pool-Systeme verbessert.

Zusammenfassung der wesentlichen Ergebnisse in Thesenform

Zusammenfassend lassen sich folgende Ergebnisse festhalten:

1.) Sinn und Zweck der Sacheinlagekautelen ist die Gewährleistung realer Kapitalaufbringung. Das gesetzlich angeordnete Verfahren der Publizitäts- und Prüfungspflichten muss zum Schutze der Gesellschaftsgläubiger sowie der Mitgesellschafter vor Umgehung geschützt werden.

2.) Ein Schutz, d.h. die an eine Umgehung anknüpfende Rechtsfolgen, muss sich an dem hiermit verfolgten Schutzzweck, der Gewährleistung realer Kapitalaufbringung, messen lassen, darf aber nicht zum Nachteil des Inferenten hierüber hinausgehen. Vielmehr muss eine Abwägung der Interessen der Gesellschaftsgläubiger einerseits mit den Interessen der Gesellschafter andererseits stattfinden.

3.) Die Lehre von der verdeckten Sacheinlage ließ diese Interessenabwägung zum Nachteil des Inferenten ausfallen, schoss dabei über das von ihr verfolgte Ziel hinaus und stellte sich damit als unangemessen dar. Sie begünstigte einseitig die Interessen der Gesellschaftsgläubiger. Der Umstand, dass der Gesellschafter der Gesellschaft Werte zugeführt hatte, blieb ohne Grund ohne Beachtung. Es bedurfte daher einer Neubestimmung der Rechtsfolgen verdeckter Sacheinlagen.

4.) Eine im Ergebnis angemessene Rechtsfolge stellt die nun in § 19 Abs. 4 GmbHG n.F. in das GmbH-Recht integrierte Anrechnungslösung dar. Diese wahrt eine reale Kapitalaufbringung und schützt dadurch Gesellschaftsgläubiger und Mitgesellschafter, belastet zugleich aber den Inferenten in einer auf ein angemessenes Maß zurückgeführten Weise. Die durch das MoMiG eingeführte Lösung ist, trotz dogmatischer Bedenken, zu begrüßen. Anreize, auch weiterhin die Sacheinlagekautelen einzuhalten, schaffen die Verpflichtung des Registerrichters zur Ablehnung der Eintragung einer Gesellschaft in das Handelsregister bei Aufdeckung verdeckter Sacheinlagen, die Beweislastumkehr zu Lasten des Inferenten in § 19 Abs. 4 S. 5 GmbHG n.F. sowie die verhaltenssteuernde Wirkung der §§ 9a, 43, 82 GmbHG.

5.) Die Vorschrift des § 3 Abs. 4 EGGmbHG ist, soweit sie die rückwirkende Anwendung des § 19 Abs. 4 GmbHG anordnet, verfassungsgemäß.

6.) Dass der Gesetzgeber eine Anpassung des Aktienrechts durch Neuregelung des § 27 Abs. 3 AktG vorgenommen hat, ist ebenfalls zu begrüßen. Dies stellt einen Schritt in Richtung Vereinfachung der Rechtslage dar. Die Regelung des § 27 Abs. 3 AktG steht sowohl in Einklang mit der Kapitalrichtlinie als auch mit den übrigen Vorschriften des AktG.

7.) Hier sollte jedoch nicht stehen geblieben werden. Im Kapitalschutzrecht der Kapitalgesellschaften besteht weiteres Potential zur Vereinfachung der Rechtslage: Durch die Schaffung eines Tatbestandes für Gesellschaftergeschäfte könnten die dem derzeitigen Recht aufgrund der verschiedenen Rechtsinstitute immanenten Abgrenzungsprobleme überwunden und der ihnen allen gemeine Zweck, der Schutz des Kapitals der Aktiengesellschaft im Interesse ihrer Gläubiger erreicht werden. Unabhängig davon, ob ein Vorgang der Kapitalaufbringung oder der Kapitalerhaltung angehört, könnte dieser die Anforderungen an Gesellschaftergeschäfte regeln und diese insbesondere darauf kontrollieren, ob sie einem Drittvergleich standhalten. Vorteil einer solchen Regelung wäre, dass das Gesetz in dieser verschiedene derzeit einzeln geregelte Fragen in einem Tatbestand vereinen könnte sowie, dass es gesetzliche Vorgaben für Gesellschaftergeschäfte geben würde. Hierbei müssten die Interessen der Gläubiger der Gesellschaft einerseits sowie diejenigen der Gesellschaft sowie der Gesellschafter andererseits berücksichtigt werden.

Literaturverzeichnis

Albers, Marion: Gleichheit und Verhältnismäßigkeit, in: JuS 2008, S. 945 ff.;

Altmeppen, Holger: Cash-Pool, Kapitalaufbringungshaftung und Strafbarkeit der Geschäftsleiter wegen falscher Versicherung, Zugleich Besprechung BGH v. 20.7.2009 – II ZR 273/07, ZIP 2009, 1561 – Cash-Pool II, in: ZIP 2009, S. 1545 ff.;

ders.: Cash-Pooling und Kapitalaufbringung, in: NZG 2010, S. 441 ff.;

Badenhop, Johannes: Das EGGmbHG und die Rückwirkung – eine verfassungsrechtliche Bewertung, in: ZInsO 2009, S. 793 ff.;

Ballerstedt, Kurt: Kapital, Gewinn und Ausschüttung bei Kapitalgesellschaften, Tübingen 1949, (zit.: *Ballerstedt*, Kapital, Gewinn und Ausschüttung);

Bäuml, Swen: Gesellschafterdarlehen nach MoMiG: (Steuer-)Rechtliche Beratungsschwerpunkte in der Krise, in: GmbHR 2009, S. 632 ff.;

Bartl, Harald/Bartl, Angela/Fichtelmann, Helmar/Koch, Detlef/Schlarb, Eberhard: GmbH-Recht, Heidelberg 2009, (zit.: *Bearbeiter*, in: Bartl/Bartl/Fichtelmann/Koch/Schlarb);

Baumbach, Adolf/Hopt, Klaus: Kommentar zum Handelsgesetzbuch, Mit GmbH & Co., Handelsklauseln, Bank- und Börsenrecht, Transportrecht, 34. Aufl., München 2010, (zit.: *Bearbeiter*, in: Baumbach/Hopt);

Baumbach, Adolf/Hueck, Alfred: GmbH-Gesetz, 18. Aufl., München 2006, (zit.: *Bearbeiter*, in: Baumbach/Hueck, 18. Aufl., 2006);

Dies.: 19. Auflage, München 2010, (zit.: *Bearbeiter*, in: Baumbach/Hueck);

Bayer, Walter: Neue und neueste Entwicklungen zur verdeckten GmbH-Sacheinlage, in: ZIP 1998, S. 1985 ff.;

Ders.: Aktuelle Entwicklungen im Europäischen Gesellschaftsrecht, in: BB 2004, S. 1 ff.;

Ders.: Unwirksame Leistungen auf die Stammeinlage und nachträgliche Erfüllung, Zugleich Besprechung der Entscheidung des BGH v. 2.12.2002 – II ZR 101/02, in: GmbHR 2004, S. 445 ff.;

Ders.: Moderner Kapitalschutz, in: ZGR 2007, S. 220 ff.;

Ders.: Zentrale Konzernfinanzierung, Cash Management und Kapitalerhaltung, in: Festschrift für Marcus Lutter, Köln 2000, S. 1011 ff., (zit.: *Bayer*, in: FS Lutter);

Ders.: „MoMiG II" – Plädoyer für eine Fortführung der GmbH-Reform, in: GmbHR 2010, S. 1289 ff.;

Bayer, Walter/ Lieder, Jan: Der Entwurf des „MoMiG" und die Auswirkungen auf das Cash-Pooling, Zur Rechtslage de lege lata und Überlegungen de lege ferenda, in: GmbHR 2006, S. 1121 ff.;

Dies.: Kapitalaufbringung im Cash-Pool, Besprechung der Entscheidungen BGH v. 16.1.2006 – II ZR 75/04 und II ZR 76/04, in: GmbHR 2006, S. 449 ff.;

Dies.: Darlehen der GmbH an Gesellschafter und Sicherheiten aus dem GmbH-Vermögen für Gesellschafterverbindlichkeiten Besprechung der Entscheidung BGHZ 157, 72, in: ZGR 2005, S. 133 ff.;

Dies.: Einbringung von Dienstleistungen in die AG, in: NZG 2010, S. 86 ff.;

Bayer, Walter/Habersack, Mathias: Aktienrecht im Wandel, Band II Grundsatzfragen des Aktienrechts, Tübingen 2007, (zit.: *Bearbeiter*, in: Bayer/Habersack, Aktienrecht im Wandel, Band II);

Bayer, Walter/Hoffmann, Thomas: Die Wahrnehmung der *limited* als Rechtsformalternative zur GmbH, in: GmbHR 2007, S. 414 ff.;

Becker, Patricia: Verabschiedung des Gesetzes über die französische Blitz-S.A.R.L., in: GmbHR 2003, S. 1120 f.;

Benecke, Martina: Die Prinzipien der Kapitalaufbringung und ihre Umgehung – Rechtsentwicklung und Perspektiven, in: ZIP 2010, S. 105 ff.;

Benz, Johannes: Anmerkung zum BGH-Urteil vom 22.03.2010 (II ZR 12/08, MittBayNot 2010, 65) – Zur Frage der Verfassungsrechtlichkeit der in § 3 Abs. 4 EGGmbHG angeordneten Rückwirkung der Neuregelung zur verdeckten Sacheinlage, in: MittBayNot 2011, S. 71 ff.;

Bergmann, Thomas: Die verschleierte Sacheinlage bei AG und GmbH, in: AG 1987, S. 57 ff.;

Berninger, Axel: Die Unternehmergesellschaft (haftungsbeschränkt) – Sachkapitalerhöhungsverbot und Umwandlungsrecht, in: GmbHR 2010, S. 63 ff.;

Bezzenberger, Tilman: Anmerkung zum Urteil des BGH vom 20.11.2006 – II ZR 176/05, in: JZ 2007, S. 946 ff.;

Ders.: Das Kapital der Aktiengesellschaft, Kapitalerhaltung, Vermögensbindung, Konzernrecht, Köln 2005, (zit.: *Bezzenberger*, Das Kapital der Aktiengesellschaft);

Blasche, Sebastian/König, Mirko: Upstream-Darlehen vor dem Hintergrund des neuen § 30 Abs. 1 GmbHG, in: GmbHR 2009, S. 897 ff.;

Blasche, Sebastian: Verdeckte Sacheinlage und Hin- und Herzahlen, Abgrenzung, Unterschiede sowie Einordnung wichtiger Praxisfälle, in: GmbHR 2010, S. 288 ff.;

Blaurock, Uwe: Das Recht der Unternehmen in Europa, Baden-Baden 1993, (zit.: *Bearbeiter*, in. Blaurock, Recht der Unternehmen in Europa);

Ders.: Mindestkapital und Haftung bei der GmbH In: Festschrift für Thomas Raiser, Berlin 2005, S. 3 ff., (zit.: *Blaurock*, in: FS Raiser);

Bormann, Michael: Anmerkung zu BGH v. 7.7.2003 – II ZR 235/01, in: GmbHR 2003, S. 1055 ff.;

Ders.: Die Kapitalaufbringung nach dem Regierungsentwurf des MoMiG, in: GmbHR 2007, S. 897 ff.;

Bormann, Michael/Urlichs, Marc: Der Entwurf des MoMiG zur Regelung des Hin- und Herzahlens – ein Fremdkörper im GmbH-Gesetz, in: GmbHR 2008, S. 119 f.;

Dies.: Kapitalaufbringung und Kapitalerhaltung nach dem MoMiG, in: GmbHR 2008, Sonderheft, S. 37 ff.;

Brandner, Hans Erich: Verdeckte Sacheinlage: eine Aufgabe für den Gesetzgeber?, in: Festschrift für Karlheinz Boujong, München 1996, S. 37 ff., (zit.: *Brandner*, in: FS Boujong);

Breitenstein, Jürgen/Meyding, Bernhard: GmbH-Reform: Die 'neue' GmbH als wettbewerbsfähige Alternative oder nur 'GmbH' light?, in: BB 2006, S. 1457 ff.;

Brodmann, Erich: Gesetz betreffend die Gesellschaften mit beschränkter Haftung, Kommentar, Berlin 1924, (zit.: *Brodmann*, GmbHG, 1924);

Bröcker, Norbert: Die aktienrechtliche Nachgründung: Wieviel Kontrolle benötigt die junge Aktiengesellschaft?, in: ZIP 1999, S. 1029 ff.;

Brox, Hans/Walker, Wolf-Dietrich: Allgemeiner Teil des BGB, 32. Aufl., Köln, München 2008, (zit.: *Brox/Walker*, BGB AT);

Brüggemann, Carsten: Verdeckte Sacheinlagen in Kapitalgesellschaften, Göttingen 1993, (zit.: *Brüggemann*, Verdeckte Sacheinlagen in Kapitalgesellschaften);

Brunnemann, Jan/Zirngibl, Nikolas: Auswirkungen des MoMiG auf bestehende GmbHs, München 2008, (zit.: *Brunnemann/Zirngibl*, Auswirkungen des MoMiG auf bestehende GmbHs);

Büchel, Helmut: Kapitalaufbringung, insbesondere Regelung der verdeckten Sacheinlage nach dem Regierungsentwurf des MoMiG , in: GmbHR 2007, S. 1065 ff.;

Cahn, Andreas: Kapitalaufbringung im Cash Pool, in: ZHR 166 (2002),S. 278 ff.;

Ders.: Kredite an Gesellschafter - zugleich Anmerkung zur MPS-Entscheidung des BGH – , in: Der Konzern 2009, S. 67 ff.;

Callies, Christian/Ruffert, Matthias: Kommentierung des Vertrages über Europäische Union und des Vertrages zur Gründung der Europäischen Gemeinschaft, 2. Aufl., Neuwied 2002, (zit.: *Bearbeiter*, in: Callies/Ruffert);

Centrale für GmbH: Die GmbH darf keine „kleine AG" werden! Erste Stellungnahme zum neuen GmbH-Gesetzentwurf, in: GmbHR 1969, S. 95 f.;

Dalberg, Rudolf: Kreditsicherung bei der Gesellschaft mit beschränkter Haftung, Berlin 1911, (zit.: *Dalberg*, Kreditsicherung bei der Gesellschaft mit beschränkter Haftung);

Dauner-Lieb, Barbara: Die Auswirkungen des MoMiG auf die Behandlung verdeckter Sacheinlagen im Aktienrecht, in: AG 2009, S. 217 ff.;

Davies, Paul: Legal Capital in Private Companies in Great Britain, in: AG 1998, S. 346 ff.;

Dötsch, Ewald/Geiger, Otto/Klingebiel, Jörg/Lang, Friedbert/Rupp, Thomas/Wochinger, Peter: Verdeckte Gewinnausschüttung/Verdeckte Einlage, Stuttgart 2004, (zit.: *Dötsch/Geiger/Klingebiel/Lang/Rupp/Wochinger*, Verdeckte Gewinnausschüttung/Verdeckte Einlage);

Drinkuth, Henrik: Die Kapitalrichtlinie – Mindest- oder Höchstnorm?, Köln 1998, (zit.: *Drinkuth*, Die Kapitalrichtlinie);

Drygala, Tim: Für eine alternative Rechtsform neben einer reformierten GmbH – Leipziger Entwurf einer Kommanditgesellschaft mit beschränkter Haftung (KmbH), in: ZIP 2006, S. 1797 ff.;

Ders.: Stammkapital heute – Zum veränderten Verständnis vom System des festen Kapitals und seinen Konsequenzen, in: ZGR 2006, S. 587 ff.;

Ders.: Zweifelsfragen im Regierungsentwurf zum MoMiG, in: NZG 2007, S. 561 ff.;

Ebenroth, Carsten Thomas/Kräutter, Thomas: Der Einfluß der 2. gesellschaftsrechtlichen EG-Richtlinie auf die Lehre von der verdeckten Sacheinlage bei der Aktiengesellschaft, in: DB 1990, S. 2153 ff.;

Ebenroth, Carsten Thomas/Neiß, Ellen: Zur Vereinbarkeit der Lehre von der verdeckten Sacheinlage mit EG-Recht, Zugleich eine Anmerkung zum Urteil des EuGH vom 16. Juli 1992 – C-83/91, in: BB 1992, S. 2085 ff.;

Eidenmüller, Horst: Die GmbH im Wettbewerb der Rechtsformen, in: ZGR 2007, S. 168 ff.;

Einsele, Dorothee: Verdeckte Sacheinlage, Grundsatz der Kapitalaufbringung und Kapitalerhaltung, in: NJW 1996, S. 2681 ff.;

Embid Irujo, Jose Miguel: Eine spanische „Erfindung" im Gesellschaftsrecht: Die „Sociedad limitada nueva empresa" – die neue unternehmerische GmbH, In: RIW 2004, S. 760 ff.;

Emde, Raimond: Vorratsgesellschaft und verschleierte Sacheinlage Zweiter Teil des Themas „Wer gezahlt hat, hat gezahlt", In: GmbHR 2003, S. 1034 ff.;

Ders.: Anmerkung zu OLG Schleswig, GmbHR 2005, 357. In: GmbHR 2005, S. 361 ff.;

Erman: Bürgerliches Gesetzbuch, Handkommentar mit AGG, EGBGB, ErbbauRG, Hausrats- VO, LPartG, ProdHaftG, UKlaG, VAHRG und WEG, 12. Aufl., Köln 2008, Band I: §§ 1-158, Band II: §§ 759-2385, (zit.: *Bearbeiter*, in: Erman, BGB)

Eusani, Guido: Das neue Deckungsgebot und Leistungen *causa societatis* nach § 30 Abs. 1 GmbHG, in: GmbHR 2009, S. 512 ff.;

Ders.: Darlehensverzinsung und Kapitalerhaltung beim Cash Pooling nach dem MoMiG, in: GmbHR 2009, S. 795 ff.;

Fabritius, Andreas: Vermögensbindung in AG und GmbH – tiefgreifender Unterschied oder grundsätzliche Identität?, in: ZHR 144 (1980), S. 628 ff.;

Fastrich, Lorenz: Optimierung des Gläubigerschutzes bei der GmbH – Praktikabilität und Effizienz, in: DStR 2006, S. 656 ff.;

Felke, Klaus: Kapitalaufbringung und Kapitalerhaltung, Probleme bei den Übergangsvorschriften des MoMiG , In: GmbH-StB 2009, S. 17 ff.;

Fleddermann, G.: Der Referentenentwurf eines GmbHG, in: GmbHR 1969, S. 97 ff.;

Fleischer, Holger: Gläubigerschutz in der kleinen Kapitalgesellschaft: Deutsche GmbH versus englische private limited company, in: DStR 2000, S. 1015 ff.;

Ders.: Zweifelsfragen der verdeckten Gewinnausschüttung im Aktienrecht, in: WM 2007, S. 909 ff.;

Ders.: Zur ergänzenden Anwendung von Aktienrecht auf die GmbH, in: GmbHR 2008, S. 673 ff.;

Ders.: 100 Jahre GmbH-Reform und 100 Jahre GmbH-Rundschau, in: GmbHR 2009, S. 1 ff.;

Fliegner, Kai: Das MoMiG – Vom Regierungsentwurf zum Bundestagsbeschluss, in: DB 2008, S. 1668 ff.;

Flume, Werner: Der Gesellschafter und das Vermögen der Kapitalgesellschaft und die Problematik der verdeckten Gewinnausschüttung, in: ZHR 144 (1980), S. 18 ff.;

Fränkel, Franz: Die Gesellschaft mit beschränkter Haftung, Eine volkswirtschaftliche Studie, Tübingen 1915, (zit.: *Fränkel*, Die Gesellschaft mit beschränkter Haftung)

Freitag, Robert/Riemenschneider, Markus: Die Unternehmergesellschaft – „GmbH light“ als Konkurrenz für die Limited?, in: ZIP 2007, S. 1485 ff.;

Fuchs, Ingo: Die Neuregelung zur verdeckten Sacheinlage durch das MoMiG und ihre Rückwirkung, in: BB 2009, S. 170 ff.;

Gansen, Georg: Harmonisierung der Kapitalaufbringung im englischen und deutschen Kapitalgesellschaftsrecht, Frankfurt am Main 1992, (zit.: *Gansen*, Harmonisierung der Kapitalaufbringung)

Ganske, Joachim: Das Zweite gesellschaftsrechtliche Koordinierungsgesetz vom 13. Dezember 1978, in: DB 1978, S. 2461 ff.;

Gasteyer, Thomas: Die Unternehmergesellschaft (haftungsbeschränkt), Praktische Umsetzung des § 5a GmbHG aus anwaltlicher Sicht, in: NZG 2009, S. 1364 ff.;

Gehb, Jürgen/Drange, Günter/Heckelmann, Martin: Gesellschaftsrechtlicher Typenzwang als Zwang zu neuem Gesellschaftstyp, Gemeinschaftsrecht fordert deutsche UGG, in: NZG 2006, S. 88 ff.;

Gehrlein, Markus: Der aktuelle Stand des neuen GmbH-Rechts, in: Der Konzern 2007, S. 771 ff.;

Gerkan, Hartwin von: Verdeckte Sacheinlagen in der GmbH, in: GmbHR 1992, S. 433 ff.;

Gesell, Harald: Verdeckte Sacheinlage & Co im Licht des MoMiG – Das „Hin- und Herzahlen" de lege lata und de lege ferenda –, in: BB 2007, S. 2241 ff.;

Gessler, Ernst: Die Reform des GmbH-Rechts, Zu dem Referenten-Entwurf eines Gesetzes über Gesellschaften mit beschränkter Haftung, in: BB 1969, S. 589 ff.;

Ders.: Die Umwandlung von Krediten in haftendes Kapital, In: Festschrift für Philipp Möhring, München 1975, S. 173 ff., (zit.: *Gessler*, in: FS Möhring)

Giedinghagen, Jan/Lakenberg, Thomas: Kapitalaufbringung durch Dienstleistungen?, in: NZG 2009, S. 201 ff.;

Goette, Wulf: Wo steht der BGH nach „Centros" und „Inspire Art"?, in: DStR 2005, S. 197 ff.;

Ders.: Chancen und Risiken der GmbH-Novelle, in: WPg 2008, S. 231 ff.;

Ders.: Aktuelle Entwicklungen im deutschen Kapitalgesellschaftsrecht im Lichte der höchstrichterlichen Rechtsprechung, in: DStR 2009, S. 51 ff.;

Ders.: Einführung in das neue GmbH-Recht, München 2008, (zit.: *Goette*, Einführung in das neue GmbH-Recht)

Goette, Wulf/Habersack, Mathias: Das MoMiG in Wissenschaft und Praxis, Köln 2009, (zit.: *Bearbeiter*, in: Goette/Habersack, Das MoMiG in Wissenschaft und Praxis)

Groeben, Hans von der/Broeckh, Hans von/Thiesing, Jochen: Kommentar zum EWG-Vertrag, 2. Aufl., Baden Baden 1974, (zit.: *Bearbeiter*, in: Groeben/Broeckh/Thiesing)

Großkommentar: Aktienrecht, Erster Band: Einleitung, §§ 1-53, 4. Aufl., Berlin 2004, (zit.: *Bearbeiter*, in: Großkomm. AktG)

Ders.: 28. Lieferung: §§ 69-75, 4. Aufl., Berlin 2007, (zit.: *Bearbeiter*, in: Großkomm. AktG)

Großkommentar: GmbHG Band I: Einleitung, §§ 1-28, Tübingen 2005, (zit.: *Bearbeiter*, in: Großkomm. GmbHG)

Gross, Wolfgang: Die Lehre von der verdeckten Sacheinlage, in: AG 1991, S. 217 ff.;

Grunewald, Barbara: Gesellschaftsrecht, 6. Aufl., Tübingen 2005, (zit.: *Grunewald*, GesellR, 6. Aufl.);

Dies.: Gesellschaftsrecht, 7. Aufl., Tübingen 2008, (zit.: *Grunewald*, GesellR);

Dies.: Rechtsfolgen verdeckter Sacheinlagen in: Festschrift für Heinz Rowedder München 1994, S. 111 ff., (zit.: *Grunewald*, in: FS Rowedder);

Dies.: Cash-Pooling und Sacheinlagen: Was bringt das MoMiG, was könnte es bringen?, in: WM 2006, S. 2333 ff.;

Grunewald, Barbara/Noack, Ulrich: Zur Zukunft des Kapitalsystems der GmbH – Die Ein-Euro- GmbH in Deutschland, in: GmbHR 2005, S. 189 ff.;

Haas, Ulrich/Vogel, Oliver: Die Verfassungsmäßigkeit der in § 3 IV EGGmbHG angeordneten Rückwirkung des § 19 IV GmbHG, in: NZG 2010, S. 1081 ff.;

Habersack, Mathias: Das MoMiG ante portas – Nachlese zum 66. DJT, in:, ZHR 170 (2006), S. 607 ff.;

Ders.: Dienst- und Werkleistungen des Gesellschafters und das Verbot der verdeckten Sacheinlage und des Hin- und Herzahlens, in: Festschrift für Priester, Köln 2007, S. 157 ff., (zit.: *Habersack*, in: FS Priester)

Ders.: Das Aktiengesetz und das Europäische Recht, in: ZIP 2006, S. 445 ff.;

Ders.: Verdeckte (gemischte) Sacheinlage, Sachübernahme und, Nachgründung im Aktienrecht, Zugleich Besprechung und Entscheidung BGH ZIP 2007, 1751 (Lurgi) –, in: ZGR 2008, S. 48 ff.;

Ders.: Aufsteigende Kredite im Lichte des MoMiG und des „Dezember"-Urteils des BGH, Zugleich Besprechung der Entscheidung BGH ZIP 2009, 70 (MPS) –, in: ZGR 2009, S. 347 ff.;

Ders.: Verdeckte Sacheinlagen und Hin- und Herzahlen nach dem ARUG – gemeinschaftsrechtlich betrachtet, in: AG 2009, S. 557 ff.;

Habetha, Joachim: Verdeckte Sacheinlage, endgültig freie Verfügung, Drittzurechnung und „Heilung" nach fehlgeschlagenen Bareinzahlungen im GmbH-Recht, in: ZGR 1998, S. 305 ff.;

Hachenburg, Max: Großkommentar, Gesetz betreffend die Gesellschaften mit beschränkter Haftung, 7. Aufl., Berlin 1975, (zit.: *Bearbeiter*, in: Hachenburg, 7. Aufl.);

Ders.: Großkommentar, Gesetz betreffend die Gesellschaften mit beschränkter Haftung, 8. Aufl., Berlin 1992, (zit.: *Bearbeiter*, in: Hachenburg, 8. Aufl.);

Hager, Johannes: Die verdeckte Gewinnausschüttung in der GmbH, - Ein Beitrag zu den gesellschaftsrechtlichen Sanktionen –, in: ZGR 1989, S. 71 ff.;

Hägele, Matthias: Beeinflussen das richterliche Verbot der Kreditvergabe an Gesellschafter und die Rechtsfolge der Nichtigkeit des dinglichen Erfüllungsgeschäfts bei der verdeckten Sacheinlage die Heilung derselben?, in: GmbHR 2005, S. 91 ff.

Handelsrechtsausschuss des Deutschen Anwaltsverein: Vorschlag zum Problem der „verdeckten Sacheinlage", in: WiB 1996, S. 707 ff.;

Ders.: Stellungnahme zum Referentenentwurf eines Gesetzes zur Modernisierung des GmbH-Rechts und zur Bekämpfung von Missbräuchen (MoMiG), in: NZG 2007, S. 211 ff.;

Ders.: Stellungnahme zum Regierungsentwurf eines Gesetzes zur Modernisierung des GmbH-Rechts und zur Bekämpfung von Missbräuchen (MoMiG), in: NZG 2007, S. 735 ff.;

Hansen, Ulrike: Die verdeckten Sacheinlagen in Frankreich, Belgien und Deutschland und ihre Behandlung durch die zweite EU- Gesellschaftsrechtsrichtlinie, Frankfurt a. M. 1996 , (zit.: *Hansen*)

Heckschen, Heribert: Gründungserleichterungen nach dem MoMiG - Zweifelsfragen in der Praxis, in: DStR 2009, S. 166 ff.;

Ders.: Das MoMiG in der notariellen Praxis, München 2009, (zit.: *Heckschen*, Das MoMiG in der notariellen Praxis)

Heidenhain, Martin: Katastrophale Rechtsfolgen verdeckter Sacheinlagen, in: GmbHR 2006, S. 455 ff.;

Heinemann, Joachim: Die Unternehmergesellschaft als Zielgesellschaft von Formwechsel, Verschmelzung und Spaltung nach dem Umwandlungsgesetz, in: NZG 2008, S. 820 ff.;

Hein, Oliver/Suchan, Stefan/Geeb, Christoph: MoMiG auf der Schnittstelle von Gesellschafts- und Steuerrecht, in: DStR 2008, S. 2289 ff.;

Heinze, Harald: Verdeckte Sacheinlagen und verdeckte Finanzierung nach dem MoMiG, in: GmbHR 2008, S. 1065 ff.;

Helmreich, Kilian: Die Gewährung von Darlehen durch die GmbH in der Situation der Unterbilanz an ihre Gesellschafter nach der aktuellen Rechtsprechung des BGH, Zugleich Besprechung des BGH-Urt. v. 24.11.2003 – II ZR 171/01, in: GmbHR 2004, S. 457 ff.;

Helms, Dietmar: Die Europäische Privatgesellschaft, Rechtliche Strukturen und Regelungsprobleme einer supra- nationalen Gesellschaft des Gemeinschaftsrechts, Köln 1998, (zit.: *Helms*, Die Europäische Privatgesellschaft);

Hennrichs, Joachim/Petig, Ulrike: Anmerkung zu BGH, Urt. v. 12.2.2007 – II ZR 272/05, in: WuB 2007, S. 423 ff.;

Dies.: Anmerkung zu BGH, Urt. v. 20.7.2009 – II ZR 273/09, in: WuB 2009, S. 767 ff.;

Hennrichs, Joachim: Kapitalschutz bei der GmbH, UG (haftungsbeschränkt) und SPE, in: NZG 2009, S. 921 ff.;

Ders.: Die UG (haftungsbeschränkt) – Reichweite des Sacheinlageverbots und gesetzliche Rücklage – Sacheinlage, Sachkapitalerhöhung, Umwandlung, Zuzahlungen und Rücklagen bei der UG, in: NZG 2009, S. 1161 ff.;

Hentzen, Matthias: Die Abgrenzung von Kapitalaufbringung und Kapitalerhaltung im Cash-Pool, Zugleich eine Anmerkung zu den BGH-Urteilen vom 16.1.2006, II ZR 75/04 und 76/04, in: DStR 2006, S. 948 ff.;

Hentzen, Mathias/Schwandtner, Christian: Für die Vereinfachung des Rechts der Kapitalaufbringung!, Zugleich Anmerkung zu BGH II ZR 120/07 (Qivive), in: ZGR 2009, S. 1007 ff.;

Henze, Hartwig: Zur Problematik der „verdeckten (verschleierten) Sacheinlage" im Aktien- und GmbH-Recht, Unter besonderer Berücksichtigung der Rückzahlung von Darlehen aus den Mitteln der Kapitalerhöhung, in: ZHR 154 (1990), S. 105 ff.;

Herrler, Sebastian: Kapitalaufbringung nach dem MoMiG, - Verdeckte Sacheinlagen und Hin- und Herzahlen (§ 19 Abs. 4 und 5 GmbHG n.F.) -, In: DB 2008, S. 2347 ff.;

Ders.: Verdeckte Sacheinlagen (§ 19 IV GmbHG), Hin- und Herz- ahlen (§ 19 V GmbHG) sowie Dienstleistungen des Gesell- schafters (Qivive) im System der Kapitalaufbringung der GmbH, in: JA 2009, S. 529 ff.;

Ders.: Erfüllung der Einlageschuld und entgeltliche Dienstleistungen durch Aktionäre, in: NZG 2010, S. 407 ff.;

HGB-Bilanzrecht: Großkommentar, Rechnungslegung, Abschlussprüfung, Publizität, 1.Teilband: §§ 238-289 HGB, Grundlagen Jahresabschluß der Personen und Kapitalgesell- schaften, Berlin 2002, (zit.: *Bearbeiter*, in: HGB-Bilanzrecht, Großkomm.);

Hoffmann, Jochen: Die unzulässige Einlage von Dienstleistungen im GmbH- und Aktienrecht, in: NZG 2001, S. 433 ff.;

Hollaender: Die Reform der Gesellschaft mit beschränkter Haftung, in: ZHR 76 (1915), S. 65 ff.;

Hommelhoff, Peter/Kleindiek, Detlef: Schuldrechtliche Verwendungspflichten und „freie Verfügung" bei der Barkapitalerhöhung, in: ZIP 1987, S. 477 ff.;

Honsell, Heinrich: Umwandlung von Kredit in Haftkapital – „verschleierte" Sacheinlage?, in: Festschrift für Gerhard Frotz, Wien 1993, S. 307 ff., (zit.: *Honsell*, in: FS Frotz);

Hüffer, Uwe: Harmonisierung des aktienrechtlichen Kapitalschutzes, Die Durchführung der Zweiten EG-Richtlinie zur Koordinierung des Gesellschaftsrechts, in: NJW 1979, S. 1065 ff.;

Ders.: Das Gründungsrecht der GmbH – Grundzüge, Fortschritte und Neuerungen, in: JuS 1983, S. 161 ff.;

Ders.: Aktiengesetz, Kurz-Kommentar, 8. Aufl., München 2008 , (zit.: *Hüffer*, 8. Aufl., 2008, AktG)

Ders.: Aktiengesetz, 9. Auflage, München 2010, (zit.: *Hüffer*, AktG)

Immenga, Ulrich: Die personalistische Kapitalgesellschaft, Eine rechtsvergleichende Untersuchung nach deutschem GmbH-Recht und dem Recht der Corporations in den Vereinigten Staaten, Bad Homburg 1970, (zit.: *Immenga*, Die personalistische Kapitalgesellschaft)

Joost, Detlev: Verdeckte Sacheinlagen, in: ZIP 1990, S. 549 ff.;

Ders.: Unternehmergesellschaft, Unterbilanz und Verlustanzeige , in: ZIP 2007, S. 2242 ff.;

Kallmeyer, Harald: Kapitalaufbringung und Kapitalerhaltung nach dem MoMiG: Änderung für die GmbH-Beratungspraxis, in: DB 2007, S. 2755 ff.;

Karollus, Martin: Die Umwandlung von Geldkrediten in Grundkapital – eine verdeckte Sacheinlage?, in: ZIP 1994, S. 589 ff.;

Karsten, Frederik: Deregulierung der GmbH-Gründung, in: GmbHR 2006, S. 57 ff.;

Ders.: GmbH-Recht, Baden-Baden 2009, (zit.: *Karsten*, GmbH-Recht);

Kersting, Christian: Verdeckte Sacheinlage in die Aktiengesellschaft: Erleichterungen durch das MoMiG, in: AG 2008, S. 883 ff.;

Ders.: Verdeckte Sacheinlage, In: VGR Gesellschaftsrecht in der Diskussion 2008, Köln 2009, S. 101 ff., (zit.: *Kersting*, in: VGR Gesellschaftsrecht in der Diskussion 2008);

Kindler, Peter: Verdeckte Sacheinlage und Kapitalschutzrichtlinie – Zur Umwandlung von Geldkrediten in Nennkapital der AG , in: Festschrift für Karlheinz Boujong, S. 299 ff., (zit.: *Kindler*, in: FS Boujong);

Klausing, Friedrich: Gesetz über Aktiengesellschaften und Kommanditgesellschaften auf Aktien, 1937, (zit.: Klausing, Gesetz über Aktiengesellschaften und Kom- manditgesellschaften auf Aktien);

Klein, Dennis: Wenn die Unternehmergesellschaft (haftungsbeschränkt) erwachsen werden will ..., in: NZG 2011, S. 377 ff.;

Klose-Mokroß, Lydia: Gläubigerschutz im Kapitalgesellschaftsrecht am Beispiel der Lehre von der verdeckten Sacheinlage, Frankfurt am Main 1997, (zit.: *Klose-Mokroß*, Gläubigerschutz im Kapitalgesellschaftsrecht);

Knieriem, v.: Betrachtungen zur Einmann-Gesellschaft, in: DR 1938, S. 226;

Knobbe-Keuk, Brigitte: „Umwandlung" eines Personenunternehmens in eine GmbH und verschleierte Sachgründung, in: ZIP 1986, S. 885 ff.;

Dies.: Niederlassungsfreiheit: Diskriminierungs- oder Beschränkungsverbot, Zur Dogmatik des Art. 52 EWG-Vertrag – am Beispiel einiger gesellschaftsrechtlicher Beschränkungen, in: DB 1990, S. 2573 ff.;

Koch, Jens: Die Nachgründung, Entgeltliche Erwerbsverträge und gesellschaftsrechtliche Geschäfte der jungen Aktiengesellschaft nach altem und neuem Recht, München 2002, (zit.: *Koch*, Die Nachgründung);

Kölner Kommentar: Zum Aktiengesetz, Band 1: §§ 1-75 AktG, 2. Aufl., Köln 1988, (zit.: *Bearbeiter*, in: Kölner Komm. zum AktG);

König, David/Bormann, Jens: Die Reform des Rechts der Gesellschaften mit beschränkter Haftung, in: DNotZ 2008, S. 652 ff.;

Körber, Torsten/Kliebisch, René: Das neue GmbH-Recht, in: JuS 2008, S. 1041 ff.;

Koll-Möllenhoff, Rainer: Das Prinzip des festen Grundkapitals im europäischen Ge- sellschaftsrecht, Kapitalaufbringung und –erhaltung im EU-Recht und in den Rechten Deutschlands, Frankreichs und Englands, Baden-Baden 2005, (zit.: *Koll-Möllenhoff*, Das Prinzip des festen Grundkapitals);

Kornblum, Udo/Hampf, Thorsten/Naß, Nicole: Neue württembergische Rechtstatsachen zum Unternehmens- und Gesellschaftsrecht, in: GmbHR 2000, S. 1240 ff.;

Krejci, Heinz: GmbH-Reform: Gründerfreiheit statt Rechtssicherheit und Gläubigerschutz?, - Warum das MoMiG für Österreichs GmbH-Reform kein leuchtendes Vorbild ist –, in: Festschrift für Karsten Schmidt, Köln 2009, S. 981 ff., (zit.: *Krejci*, in: FS K. Schmidt);

Kreuels, Martin: Abgrenzung der Lehre von der verdeckten Sacheinlage zum Grundsatz endgültig freier Verfügbarkeit, Bergisch Gladbach 1996 , (zit.: *Kreuels*,);

Krieger, Gerd: Zur Heilung verdeckter Sacheinlagen in der GmbH, - Besprechung der Entscheidung BGH ZIP 1996, 668 -, in: ZGR 1996, S. 674 ff.;

Krolop, Kaspar: Deregulierung bei der Sacheinlage durch Regulierung der Gesellschafteraufrechung, in: GmbHR 2007, S. 117 ff.;

Krüger, Dirk: Wechsel der Unternehmensform im Wege der Anwachsung, Gestaltungsmöglichkeiten und Steuerfolgen, in: NJW 1982, S. 2847 ff.;

Kübler, Friedrich/Assmann, Heinz-Dieter: Gesellschaftsrecht, Die privatrechtlichen Ordnungsstrukturen und Regelungsprobleme von Verbänden und Unternehmen, 6. Aufl., Heidelberg 2006, (zit.: *Kübler/Assmann*, GesellR);

Kübler, Friedrich: Bankenhaftung als Notbehelf der präventiven Kapitalaufbringungskontrolle?, in: ZHR 157, S. 146 ff.;

Lange, Frank-Holger: Wenn die UG erwachsen werden soll – „Umwandlung" in die GmbH, in: NJW 2010, S. 3686 ff.;

Leuering, Dieter: Die GmbH und der internationale Wettbewerb der Rechtsformen, in: ZRP 2006, S. 201 ff.;

Ders.: Die Unternehmergesellschaft als Alternative zur Limited, in: NJW-Spezial 2007, S. 315 f.;

Loos, Gerold: Zur verschleierten Sacheinlage bei der Aktiengesellschaft Eine systemwidrige Gesetzesinterpretation contra legem? , in: AG 1989, S. 381 ff.;

Lutter, Marcus: Kapital, Sicherung der Kapitalaufbringung und Kapitalerhaltung in den Aktien- und GmbH-Rechten der EWG, Eine Untersuchung zur Ausfüllung von Art. 54 Absatz 3 lit. g des Vertrages über die Errichtung einer Europäischen Wirtschaftsgemeinschaft, Karlsruhe 1964, (zit.: *Lutter*, Kapital, Sicherung der Kapitalaufbringung und Kapitalerhaltung);

Ders.: Verdeckte Leistungen und Kapitalschutz, in: Festschrift für Ernst Stiefel München 1987, S. 505 ff., (zit.: *Lutter*, in: FS Stiefel);

Ders.: Die Auslegung angeglichenen Rechts, in: JZ 1992, S. 593 ff.;

Ders.: Zum Umfang der Bindung durch Richtlinien, in: Festschrift für Ulrich Everling, Baden-Baden 1995, S. 765 ff., (zit.: *Lutter*, in: FS Everling);

Ders.: Gesetzliches Garantiekapital als Problem europäischer und deutscher Rechtspolitik, in: AG 1998, S. 375 ff.;

Ders.: Kommentar zum Umwandlungsgesetz, 4. Aufl.; 2009, Band II, §§ 138-325, (zit.: *Lutter*, UmwG);

Lutter, Marcus/Gehling, Christian: Verdeckte Sacheinlagen, Zur Entwicklung der Lehre und zu den europäischen Aspekten, in: WM 1989, S. 1445 ff.;

Lutter, Marcus/Zöllner, Wolfgang: Zur Anwendung der Regeln über die Sachkapitalerhöhung auf das Ausschüttungs-Rückhol-Verfahren, in: ZGR 1996, S. 164 ff.;

Lutter, Marcus/Hommelhoff, Peter: GmbH-Gesetz, Kommentar, 15. Aufl., 2000 Köln, (zit.: *Bearbeiter*, in: Lutter/Hommelhoff, 15. Aufl.);

Lutter, Marcus/ Hommelhoff, Peter: GmbH-Gesetz, Kommentar, 16. Aufl., 2004 Köln, (zit.: *Bearbeiter*, in: Lutter/Hommelhoff, 16. Aufl.);

Dies.: GmbH-Gesetz, Kommentar, 17. Aufl., Köln 2009, (zit.: *Bearbeiter*, in: Lutter/Hommelhoff, 17. Aufl.);

Maier-Reimer, Georg/Wenzel, Axel: Kapitalaufbringung in der GmbH nach dem MoMiG, in: ZIP 2008, S. 1449 ff.;

Dies.: Nochmals: Die Anrechnung der verdeckten Sacheinlage nach dem MoMiG, in: ZIP 2009, S. 1185 ff.;

Mangoldt, Hermann v./Klein, Friedrich/Stark, Christian: Kommentar zum Grundgesetz, Band 1: Präambel, Art. 1-19, 5. Aufl., München 2005, (zit.: *Bearbeiter*, in: Mangoldt/Klein/Stark)

Markwardt, Karsten: Kapitalaufbringung nach dem MoMiG, in: BB 2008, S. 2414 ff.;

Martens, Klaus-Peter: Die verschleierte gemischte Sacheinlage als Stolperstein der Gerechtigkeit, Zugleich Anmerkungen zu BGH v. 9.7.2007 – II ZR 62/06 (Lurgi), AG 2007, 741, in: AG 2007, S. 732 ff.;

Maul, Silja: Die Gründung einer SARL, in: RIW 1997, S. 911 ff.;

Mayer, Dieter: Ein Beitrag zur „Entschleierung" der verschleierten Sacheinlage im GmbH-Recht„ in: NJW 1990, 2593 ff.;

Meilicke, Wienand: Die „verschleierte" Sacheinlage – Eine deutsche Fehlentwicklung, Stuttgart 1989, (zit.: *Meilicke*, Die verschleierte Sacheinlage);

Ders.: Die Kapitalaufbringungsvorschriften als Sanierungsbremse – Ist die deutsche Interpretation des § 27 Abs. 2 AktG richtlinienkonform?, in: DB 1989, S. 1067 ff. bzw. DB 1989, S. 1119 ff.;

Ders.: Bareinlage, Sacheinlage und ihre „Verschleierung" im Recht der GmbH, in: GmbHR 1989, S. 411 ff.;

Ders.: „Verschleierte" Sacheinlage und EWG-Vertrag, in: DB 1990, S. 1173 ff.;

Meister, Norbert: Die Auswirkungen des MoMiG auf das Umwandlungsrecht, in: NZG 2008, S. 767 ff.;

Mellert, Christofer Rudolf/Verfürth, Ludger C.: Wettbewerb der Gesellschaftsformen, Ausländische Kapitalgesellschaften als Alternative zu AG und GmbH Berlin 2005, (zit.: *Mellert/Verfürth*)

Merkt, Hanno: Der Kapitalschutz in Europa – ein rocher de bronzer?, in: ZGR 2004, S. 305 ff.;

Meyer, Susanne: Die Verantwortlichkeit des Geschäftsführers für Gläubigerinteressen – Veränderungen durch das MoMiG, in: BB 2008, S. 1742 ff.;

Meyer, Justus/Ludwig, Sören: Französische GmbH-Reform 2003/2004: Hintergründe und „Ein-Euro-GmbH", in: GmbHR 2005, S. 346 ff.;

Michalski: Kommentar zum GmbHG, Band 1, §§ 1-34, 2. Aufl., München 2010, (zit.: *Bearbeiter*, in: Michalski, GmbHG);

Miras, Antonio: Die neue Unternehmergesellschaft, UG (haftungsbeschränkt) und vereinfachte Gründung nach neuem Recht, München 2008, (zit.: *Miras*, Die neue Unternehmergesellschaft);

Mosthaf, Oliver: Die Reformen des Rechts der Gesellschaften mit beschränkter Haftung, Entwürfe, Stellungnahmen und Diskussionen vom Referentenentwurf 1969 bis zur GmbH-Novelle 1980, Frankfurt a.M. 1994, (zit.: *Mosthaf*, Die Reform des GmbH-Rechts);

Muckel, Stefan: Kriterien des verfassungsrechtlichen Vertrauensschutzes bei Gesetzesänderungen, Berlin 1989, (zit.: *Muckel*, Kriterien des verfassungsrechtlichen Vertrau- ensschutzes);

Mülbert, Peter: Das „Magische Dreieck der Barkapitalaufbringung" Verdeckte Sacheinlagen im GmbH- und Aktienrecht, in: ZHR 154, S. 145 ff.;

Ders.: Kapitalschutz und Gesellschaftszweck bei der Aktiengesellschaft, in: Festschrift für Marcus Lutter, Köln 2000, S. 535 ff., (zit.: *Mülbert*, in: FS Lutter);

Ders.: Zukunft der Kapitalaufbringung/ Kapitalerhaltung, in: Der Konzern 2004, S. 151 ff.;

Mülbert. Peter/Leuschner, Lars: Aufsteigende Darlehen im Kapitalerhaltungs- und Konzernrecht – Gesetzgeber und BGH haben gesprochen –, in: NZG 2009, S. 281 ff.;

Müller, Welf: Zum Entwurf eines Gesetzes zur Durchführung der Zweiten Richtlinie des Rates der Europäischen Gemeinschaften zur Koordinierung des Gesellschaftsrechts (Kapitalschutzrichtlinie), in: WPg 1978, S. 565 ff.;

Müller, Klaus: Darlehensgewährung der GmbH an ihren Gesellschafter, in: BB 1998, S. 1804 ff.;

Münchener Anwalts Handbuch Aktienrecht: München 2005, Hrsg.: Matthias Schüppen/Bernhard Schaub, (zit.: *Schüppen/Schaub*, Münchener Anwalts Handbuch);

Münchener Kommentar: Aktiengesetz, Band 1, §§ 1-75, 3. Aufl. München 2008, Band 6, §§ 179-221, 2. Aufl., München 2005, (zit.: *Bearbeiter*, in: MüKo AktG);

Münchener Kommentar: Gesetz betreffend die Gesellschaften mit beschränkter Haftung, Band 1, §§ 1-34, München 2010, (zit.: *Bearbeiter*, in: MüKo GmbHG);

Münchener Kommentar: Bürgerliches Gesetzbuch, Band 2: §§ 241-432, Schuldrecht Allgemeiner Teil, 5. Aufl., München 2007, (zit.: *Bearbeiter*, in: MüKo BGB);

Münchener Kommentar: Bürgerliches Gesetzbuch, Band 5: §§ 705-853, Schuldrecht Besonderer Teil III, 5. Aufl., München 2009, (zit.: *Bearbeiter*, in: MüKo BGB);

Nagel, Michael Benedikt/Meder, Manuel: Laufende Rechtsstreitigkeiten wegen verdeckter Sacheinlagen – Auswirkungen des § 3 Abs. 4 EGGmbHG i.V.m. § 19 Abs. 4 GmbHG n.F., In: ZInsO 2009, S. 944 ff.;

Niemeier, Wilhelm: GmbH und Limited im Markt der Unternehmensträger Marktdaten zur Reformdebatte, in: ZIP 2006, S. 2237 ff.;

Nienhaus, Julia: Kapitalschutz in der Aktiengesellschaft mit atypischer, Zwecksetzung, Köln 2002, (zit.: *Nienhaus*, Kapitalschutz in der AG);

Noack, Ulrich: Der Regierungsentwurf des MoMiG – Die Reform des GmbH-Rechts geht in die Endrunde, in: DB 2007, S. 1395 ff.;

Oechselhäuser: Stenographische Berichte über die Verhandlungen des Reichstags, V. Legislaturperiode, IV. Session, Band 82, (zit.: *Oechselhäuser*, in: Stenographische Berichte über die Verhandlungen des Reichstags);

Oppermann, Thomas: Europarecht, 3. Aufl., München 2005, (zit.: *Oppermann*, Europarecht);

Otte, Sabine: Das Kapitalschutzsystem der englischen limited company im Vergleich zur deutschen GmbH, Hamburg 2006, (zit.: *Otte*, Das Kapitalschutzsystem der englischen limited company im Vergleich zur deutschen GmbH);

Palandt, Otto: Bürgerliches Gesetzbuch, 70. Aufl., München 2011, (zit.: *Bearbeiter*, in: Palandt);

Peetz, Carsten: Anm. zu BGH v. 7.7.2003 – II ZB 4/02, in: GmbHR 2003, S. 1129 f.;

Ders.: Anm. zu BGH v. 9.12.2002 – II ZB 12/02, in: GmbHR 2003, S. 229 ff.;

Pellens, Bernhard Kemper, Thomas/Schmidt, André: Geplante Reformen im Recht der GmbH: Konsequenzen für den Gläubigerschutz, in: ZGR 2008, S. 381 ff.;

Pentz, Andreas: Neues zur verdeckten Sacheinlage, Zugleich Besprechung BGH, Urt. v. 7.7.2003 – II ZR 235/01, ZIP 2003, 1540, in: ZIP 2003, S. 2093 ff.;

Ders.: Die verdeckte Sacheinlage im GmbH-Recht nach dem MoMiG, in: Festschrift für K. Schmidt, Köln 2009, S. 1265 ff., (zit.: *Pentz*, in: FS K. Schmidt);

Ders.: Verdeckte Sacheinlagen nach dem MoMiG und prozessuale, Folgen des Übergangsrechts, in: GmbHR 2009, S. 126 ff.;

Ders.: Die Bedeutung der Sacheinlagefähigkeit für die verdeckte Sacheinlage und den Kapitalersatz sowie erste höchstrichterliche Aussagen zum Hin- und Herzahlen nach MoMiG, Das Qivive-Urteil des BGH v. 16.2.2009 – II ZR 120/07, in: GmbHR 2009, S. 505 ff.;

Ders.: Die Anrechnung bei der verdeckten (gemischten) Sacheinlage, Zugleich Besprechung des BGH-Urteils vom 22.03.2010 – II ZR 12/08 – ADCOCOM, in: GmbHR 2010, S. 673 ff.;

Podewils, Felix: Risiken verdeckter Gewinnausschüttungen bei Darlehensgewährung und „Cash Management“ im Konzernverbund, in: GmbHR 2009, S. 803 ff.;

Pohl, Heike: Rechtsprechungsänderung und Rückanknüpfung, Berlin 2005, (zit.: *Pohl*, Rechtsprechungsänderung und Rückanknüpfung);

Priester, Hans-Joachim: Die Verwendung von Gesellschafterforderungen zur Kapitalerhöhung bei der GmbH, in: DB 1976, S. 1801 ff.;

Ders.: Die Heilung verdeckter Sacheinlagen im Recht der GmbH , in: DB 1990, S. 1753 ff.;

Ders.: Kapitalaufbringung bei korrespondierenden Zahlungsvorgängen, Zur Präzisierung des Tatbestandes „verdeckte Sacheinlage“ , in: ZIP 1991, S. 345 ff.;

Ders.: Kapitalaufbringung, In: Festschrift 100 Jahre GmbH-Gesetz, Köln 1992, S. 159 ff., (zit.: *Priester*, in: FS 100 Jahre GmbH);

Ders.: Heilung verdeckter Kapitalerhöhung aus Gesellschaftsmitteln, in: GmbHR 1998, S. 861 ff.;

Ders.: Kapitalaufbringungspflicht und Gestaltungsspielräume beim Agio, in: Festschrift für Lutter, Köln 2000, S. 617 ff., (zit.: *Priester*, in: FS Lutter);

Ders.: Mindestkapital und Sacheinlageregeln, in: Die GmbH-Reform in der Diskussion, Köln 2006, S. 1 ff.,
(zit.: *Priester*, in: VGR Die GmbH-Reform in der Diskussion)

Ders.: Kapitalaufbringung nach Gutdünken?, in: ZIP 2008, S. 55 f.;

Ders.: Keine Anwendung der Grundsätze der verdeckten Sacheinlage bei entgeltlichen Dienstleistungen – Anmerkung zum BGH-Beschluss vom 01.02.2009 (Az: II ZR 173/08, abgedruckt in DNotZ 2010, 456), in: DNotZ 2010, S. 462 ff.;

Raisch, Peter: Unternehmensrecht, Band I Reinbek 1973,
(zit.: *Raisch*, Unternehmensrecht, Band I);

Raiser, Thomas: Das Recht der Gesellschafterklagen, in: ZHR 153 (1989), S. 1 ff.;

Ders.: Pflicht und Ermessen von Aufsichtsratsmitgliedern – Zum Urteil des OLG Düsseldorf im Fall ARAG/Garmenbeck , in: NJW 1996, S. 552 ff.;

Raiser, Thomas/Veil, Rüdiger: Recht der Kapitalgesellschaften, 4. Aufl., München 2006, (zit.: *Raiser/Veil*, Recht der Kapitalgesellschaften)

Reichert-Clauß, Andrea: Bereicherungsrechtliche Rückabwicklung des verdeckten Geschäfts bei verdeckter Sacheinlage, in: NZG 2004, S. 273 ff.;

Reiner, Günter/Brakemeier, Sabine: Darlehen der GmbH an ihre Gesellschafter als verbotene Einlagenrückgewähr?, in: BB 2005, S. 1458 ff.;

Richter, Michael/Schick, Rainer: Neueste Rechtsprechung des BGH zur verdeckten Sacheinlage - Tatbestandskorrektur auf der Rechtsfolgenseite?, in: GmbHR 1999, S. 97 ff.;

Roth, Günter/Altmeppen, Holger: Gesetz betreffend die Gesellschaften mit beschränkter Haftung (GmbHG), 6. Aufl., München 2009, (zit.: *Bearbeiter*, in: Roth/Altmeppen)

Römermann, Volker: MoMiG: Regierungsentwurf mit „Überraschungs-Coups“ , in: GmbH Report, R 193 f.;

Ders.: Volleinzahlungsgebot bei der UG, in: NZG 2010, S. 1375 ff.;

Römermann, Volker/Passarge, Malte: Die GmbH & Co. KG ist tot – es lebe die UG & Co. KG, Und andere aktuelle Probleme rund um die Unternehmergesellschaft, in: ZIP 2009, S. 1497 ff.;

Rönnau, Thomas: Haftung der Direktoren einer in Deutschlande ansässigen englischen *Private Company Limited by Shares* nach deutschem Strafrecht – eine erste Annäherung, in: ZGR 2005, S. 832 ff.;

Roth, Günter H.: „Schütt aus – hol zurück“ als verdeckte Sacheinlage, in: NJW 1991, S. 1913 ff.;

Rowedder, Heinz/Schmidt-Leithoff, Christian: Gesetz betreffend die Gesellschaften mit beschränkter Haftung (GmbHG), 4. Aufl., München 2002, (zit.: *Bearbeiter*, in: Rowedder/Schmidt-Leithoff, GmbHG);

Sachs, Michael: Kommentar zum Grundgesetz, 5. Aufl., München 2009, (zit.: *Bearbeiter*, in: Sachs, GG);

Schäfer, Carsten: Die „Heilung“ der verdeckten Sacheinlage im Aktienrecht – was bleibt nach Rheinmöve?, in: Festschrift für Hüffer; S. 863 ff., 2010, (zit.: *Schäfer*, in: FS Hüffer);

Ders.: Rechtsprobleme bei Gründung und Durchführung einer Unternehmergesellschaft, in: ZIP 2011, S. 53 ff.;

Schall, Alexander: Kapitalaufbringung nach dem MoMiG, in: ZGR 2009, S. 126 ff.;

Schießl, Harald: Verschmelzung von Kapitalgesellschaften, in: StuB 2009, S. 460 ff.;

Schluck-Amend, Alexandra/Penke, Christoph: Kapitalaufbringung nach dem MoMiG und der „Qivive“-Entscheidung des BGH, in: DStR 2009, S. 1433 ff.;

Schmid, Peter/Dietel, Marco: Praxisfragen bei Anwachsung von Personengesellschaften mit faktischer Rückwirkung, in: DStR 2008, S. 529 ff.;

Schmidt, Karsten: Gesellschaftsrecht, 4. Aufl., Köln, Berlin, Bonn, München 2002, (zit.: *K. Schmidt*, GesellR);

Ders.: Barkapitalaufbringung und „freie Verfügung" bei der Aktiengesellschaft und der GmbH, in: AG 1986, S. 106 ff.;

Ders.: Die Sicherung der Kapitalaufbringung und Kapitalerhaltung in Kapitalgesellschaften, in: Uwe Blaurock, Recht der Unternehmen in Europa, 1. Aufl., Baden-Baden 1993, (zit.: *K. Schmidt*, in: Blaurock, Recht der Unternehmen in Europa)

Ders.: Brüderchen und Schwesterchen für die GmbH?, –Eine Kritik der Vorschläge zur Vermehrung der Rechtsformen –, in: DB 2006, S. 1096 ff.;

Ders.: Reform der Kapitalsicherung und Haftung in der Krise nach dem Regierungsentwurf des MoMiG, Sechs Leitsätze zu § 30 GmbHG-E, § 64 GmbHG-E und, § 15a InsO-E, in: GmbHR 2007, S. 1072 ff.;

Ders.: Mittelaufbringung und Mittelverwendung bei der GmbH & Co.KG – Funktionelles oder formelles Denken im Recht der Unternehmensfinanzierung?, Zugleich Besprechung BGH v. 10.12.2007 – II ZR 180/06, ZIP 2008, 174, in: ZIP 2008, S. 481 ff.;

Ders.: GmbH-Reform auf Kosten der Geschäftsführer?, Zum (Un-)Gleichgewicht zwischen Gesellschafterrisiko und Geschäftsführerrisiko im Entwurf eines MoMiG und in der BGH-Rechtsprechung, in: GmbHR 2008, S. 449 ff.;

Schmidt, Karsten/Lutter, Marcus: Aktiengesetz Kommentar I. Band, §§ 1-149, Köln 2008, (zit.: *Bearbeiter*, in: Schmidt/Lutter, 1. Aufl.);

Dies.: I. Band, §§ 1-149, 2. Aufl., Köln 2010, (zit.: *Bearbeiter*, in: Schmidt/Lutter);

Schmidt-Bleibtreu, Bruno/Hofmann, Hans/Hopfauf, Axel: Kommentar zum Grundgesetz, 11. Aufl., Köln München 2008, (zit.: *Bearbeiter*, in: Schmidt-Bleibtreu/Hofmann/Hopfauf);

Schön, Wolfgang: Kreditbesicherung durch abhängige Kapitalgesellschaften, in: ZHR 159 (1995), S. 351 ff.;

Ders.: Deutsches Konzernprivileg und europäischer Kapitalschutz – ein Widerspruch?, in: Festschrift für Bruno Kropff Düsseldorf 1997, S. 287 ff., (zit.: *Schön*, in: FS Kropff);

Ders.: Wer schützt den Kapitalschutz?, in: ZHR 166 (2002), S. 1 ff.;

Ders.: Die Zukunft der Kapitalaufbringung/-erhaltung, in: Der Konzern 2004, S. 162 ff.;

Schöpflin, Martin: Die Lehre von der verdeckten Sacheinlage – eine gelungene Rechtsfortbildung?, in: GmbHR 2003, S. 57 ff.;

Scholz, Franz: Kommentar zum GmbH-Gesetz mit Anhang Konzernrecht, 10. Aufl., Köln 2006, I. Band, §§ 1-34, Anh. § 13 Konzernrecht, Anh. § 34 Austritt und Ausschließung eines Gesellschafters, (zit.: *Bearbeiter*, in: Scholz, GmbHG);

Schubert, Werner: Das GmbH-Gesetz von 1892 – „eine Zierde unserer Reichsgesetzsammlung", Das historische Geschehen um die GmbH von 1888-1902, Festschrift 100 Jahre GmbH-Gesetz, Köln 1992, S. 1 ff., (zit.: *Schubert*, in: FS 100 Jahre GmbHG);

Schubert, Werner/Hommelhoff, Peter: Hundert Jahre modernes Aktienrecht, Eine Sammlung von Texten und Quellen zur Aktienrechtsreform 1884, Berlin New York 1985, (zit.: *Schubert/Hommelhoff*, Hundert Jahre modernes Aktienrecht)

Schulze-Osterloh, Joachim: Die verdeckte Gewinnausschüttung bei der GmbH als kom- petenzrechtliches Problem, in: Festschrift für Walter Stimpel, Berlin 1985, S. 487 ff., (zit.: *Schulze-Osterloh*, in: FS Stimpel);

Ders.: Bilanzierung nach dem Referentenentwurf eines Gesetzes zur Bereinigung des Umwandlungsrechts, In: ZGR 1993, S. 420 ff.;

Schwarz, Kyrill: „Folgerichtigkeit" im Steuerrecht, Zugleich eine Analyse der Rechtsprechung des Bundesverfassungsgerichts zu Art. 3 Abs. 1 GG, in: Festschrift für Josef Isensee, Heidelberg 2007, S. 949 ff., (zit.: *Schwarz*, in: FS Isensee);

Seibert, Ulrich: GmbH-Reform: Der Referentenentwurf eines Gesetzes zur Modernisierung des GmbH-Rechts und zur Bekämpfung von Missbräuchen – MoMiG, in: ZIP 2006, S. 1157 ff.;

Ders.: Der Regierungsentwurf des MoMiG und die haftungsbeschränkte Unternehmergesellschaft, in: GmbHR 2007, S. 673 ff.;

Seibert, Ulrich/Decker, Daniela: Die GmbH-Reform kommt! Zur Verabschiedung des Gesetzes zur Modernisierung des GmbH-Rechts und zur Bekämpfung von Missbräuchen (MoMiG) im Deutschen Bundestag, in: ZIP 2008, S. 1208 ff.;

Servatius, Wolfgang: Die besondere Zweckbindung des Stammkapitals bei Drittgeschäften mit Gesellschaftern, in: DStR 2004, S. 1176 ff.;

Singhof, Bernd: Zur finanziellen Unterstützung des Erwerbs eigener Aktien durch Kreditinstitute, in: NZG 2002, S. 745 ff.;

Sotiropoulos, Georgios: Fragen der Darlehensgewährung der GmbH an ihre Gesellschafter, insbesondere im Gründungs- und Liquidationsstadium, in: GmbHR 1996, S. 653 ff.;

Specks, Georg: Kapitalerhöhungen bei der Unternehmergesellschaft – Zugleich Anmerkung zu OLG München, Beschluss vom 23.09.2010, 31 Wx 149/10, Rheinische Notar-Zeitschrift 2010, 660 –, In: RNotZ 2011, S. 234 ff.;

Spindler, Gerald/Stilz, Eberhard: Kommentar zum Aktiengesetz, Band 1: §§ 1-178, München 2007, (zit.: *Bearbeiter*, in: Spindler/Stilz, AktG, 1. Aufl.), Band 1: §§ 149, 2. Auflage, München 2010, (zit.: *Bearbeiter*, in: Spindler/Stilz, AktG, 2. Aufl.);

Steindorff, Ernst: Gesellschaftsrechtliche Richtlinien der EG und strengeres staatliches Recht, in: EuZW 1990, S. 251 ff.;

Stimpel, Walter: Zum Auszahlungsverbot des § 30 Abs. 1 GmbHG, Die Befreiung vom handelsbilanziellen Denken und die Unzulässigkeit von Vermögenszuwendungen an Gesellschafter gegen hinausgeschobene schuldrechtliche Ausgleichsverpflichtungen, in: Festschrift 100 Jahre GmbH-Gesetz, Köln 1992, S. 335 ff., (zit.: *Stimpel*, in: FS 100 Jahre GmbHG);

Streinz, Rudolf: Europarecht, Heidelberg 2005, (zit.: *Streinz*, Europarecht);

Suppliet, Roland: Anmerkung zum Urteil des BGH vom 22.03.2010 (II ZR 12/08; NJW 2010, 1948) –, Zur rückwirkenden Neuregelung der Behandlung verdeckter Sacheinlagen, in: NotBZ 2010, S. 370 ff.;

Swoboda, Jörg: Die Anwendung der Vorschriften zur verschleierten Sachgründung im Zusammenhang mit der wirtschaftlichen Neugründung von Vorratsgesellschaften, in: GmbHR 2005, S. 649 ff.;

Teichmann, Christoph: Reform des Gläubigerschutzes im Kapitalgesellschaftsrecht , in: NJW 2006, S. 2444 ff.;

Tesauro, Guiseppe: Schlußanträge des Generalanwalts, in: DB 1992, S. 1668 ff.;

Tettinger, Peter: UG (umwandlungsbeschränkt)?, – Die Unternehmergesellschaft nach dem MoMiG-Entwurf und das UmwG –, in: Der Konzern 2008, S. 75 ff.;

Theusinger, Ingo: Anm. zu OLG Düsseldorf, Urt. v. 25.6.2008 – I 18 U 25/08, in: BB 2009, S. 183 ff.;

Tipke, Klaus/Lang, Joachim: Steuerrecht, 19. Aufl., Köln 2008, (zit.: *Bearbeiter*, in: Tipke/Lang);

Triebel, Volker/Otte, Sabine: Reform des GmbH-Rechts: MoMiG-ein vernünftiger Schritt zur Stärkung der GmbH im Wettbewerb oder Kompromiss auf halber Strecke?, in: ZIP 2006, S. 1321 ff.;

Trölitzsch, Thomas: Differenzhaftung für Sacheinlagen in Kapitalgesellschaften, Köln 1998, (zit.: *Trölitzsch*, Differenzhaftung für Sacheinlagen);

Tromp, Robert /Nagler, Jürgen/Gehrke, Matthias: Die Möglichkeit einer Befreiung von der Offenlegung von Jahresabschlüssen nach § 264 Abs. 3 HGB bei (un-)mittelbarer Konzernmutter im EU-/EWR-Ausland, in: GmbHR 2009, S. 641 ff.;

Ullrich, Christine: Verdeckte Vermögensverlagerungen in den Aktien- und GmbH-Rechten Frankreichs, Belgiens und Deutschlands München 1994, (zit.: *Ulrich*, Verdeckte Vermögensverlagerungen);

Ulmer, Peter: Verdeckte Sacheinlage im Aktien- und GmbH-Recht, in: ZHR 154 (1990), S. 128 ff.;

Ders.: Gesellschafterhaftung gegenüber der GmbH bei Vorteilsgewährung unter Verstoß gegen § 30 Abs. 1 GmbHG, in: Festschrift 100 Jahre GmbH-Gesetz, Köln 1992, S. 363 ff., (zit.: *Ulmer*, in: FS 100 Jahre GmbHG);

Ders.: Der „Federstrich des Gesetzgebers" und die Anforderungen der Rechtsdogmatik, in: ZIP 2008, S. 45 ff.;

Ders.: Die „Anrechnung" (MoMiG) des Wertes verdeckter Sacheinlagen auf die Bareinlageforderung der GmbH – ein neues Erfüllungssurrogat?, in: ZIP 2009, S. 293 ff.;

Ullrich, Christine: Verdeckte Vermögensverlagerungen in den Aktien- und GmbH-Rechten Frankreichs, Belgiens und Deutschlands, Köln 1994, (zit.: *Ullrich*, Verdeckte Vermögensverlagerungen);

Unger, Dieter Friedrich: Das Recht der Kapitalaufbringung und –erhaltung bei der Aktiengesellschaft im Rechtsvergleich Deutschland, Österreich und Schweiz, Frankfurt am Main 2006, (zit.: *Unger*, Das Recht der Kapitalaufbringung und -erhaltung bei der Aktiengesellschaft);

Veil, Rüdiger: Das Konzernrecht der Europäischen Aktiengesellschaft, in: WM 2003, S. 2169 ff.;

Ders.: Die Reform des Rechts der Kapitalaufbringung durch den RegE MoMiG, in: ZIP 2007, S. 1241 ff.;

Ders.: Die Unternehmergesellschaft im System der Kapitalgesellschaften, in: ZGR 2009, S. 623 ff.;

Veil, Rüdiger/Werner, Ulrike: Die Regelung der verdeckten Sacheinlage – eine gelungene Rechtsfortbildung des GmbH-Rechts und bürgerlich- rechtlichen Erfüllungsregimes?, in: GmbHR 2009, S. 729 ff.;

Vetter, Jochen: Grundlinien der GmbH-Gesellschafterhaftung, in: ZGR 2005, S. 788 ff.;

Ders.: Reform des gesellschaftsrechtlichen Gläubigerschutzes, Verhandlungen des 66. Deutschen Juristentag 2006, Band 2, (zit.: *Vetter*, Verh. des 66. DJT, Gutachten P);

Ders.: Darlehen der GmbH an ihren Gesellschafter und Erhaltung des Stammkapitals, Zugleich Anmerkung zu BGH, Urteil vom 24.11.2003 – II ZR 171/01, BB 2004, 293, in: BB 2004, S. 1509 ff.;

Vetter, Eberhard: Eröffnungsrede der wirtschaftsrechtlichen Abteilung des 66. Deutschen Juristentages am 20. September 2006, Verhandlungen des 66. Deutschen Juristentag 2006, (zit.: *Eberhard Vetter*, Eröffnungsrede der wirtschaftlichen Abteilung des 66. DJT);

Vietz, Nadja: Verabschiedung des Gesetzes über die neue Blitz-GmbH in Spanien, in: GmbHR 2003, S. 523 f.;

Wachter, Thomas: Frankreich: Die „Ein-Euro-GmbH" ab 2004, in: GmbHR 2003, R 377;

Ders.: Auswirkungen des EuGH-Urteils in Sachen Inspire Art Ltd. auf Beratungspraxis und Gesetzgebung, Deutsche GmbH vs. englische private limited company, in: GmbHR 2004, S. 88 ff.;

Ders.: Gründung einer GmbH nach dem MoMiG, in: GmbHR Sonderheft Oktober 2008, S. 5 ff.;

Ders.: Die neue Unternehmergesellschaft (haftungsbeschränkt), in: GmbHR Sonderheft Oktober 2008, S. 25 ff.;

Wagner, Gerhard: Prävention und Verhaltenssteuerung durch Privatrecht – Anmaßung oder legitime Aufgabe, in: AcP 206 (2008), S. 352 ff.;

Waldenberger, Arthur/Sieber, Dorothée: Die Unternehmergesellschaft (haftungsbeschränkt) jenseits der Existenzgründer, Rechtliche Besonderheiten und praktischer Nutzen, in: GmbHR 2009, S. 114 ff.;

Weber, Jörg-Andreas: Die Unternehmergesellschaft (haftungsbeschränkt), in: BB 2009, S. 842 ff.;

Wedemann, Frauke: Die Übergangsbestimmungen des MoMiG – was müssen bestehende GmbHs beachten?, in: GmbHR 2008, S. 1131 ff.;

Wendt, Rudolf: Der Gleichheitssatz, in: NVwZ 1988, S. 778 ff.;

Werner, Rüdiger: Anmerkung zu BGH, Urt. v. 21.11.2005 – II ZR 140/04 = GmbHR 2006, 45-43, in: GmbHR 2006, S. 45 f.;

Ders.: Aktuelle Entwicklungen des Rechts der Unternehmergesellschaft, in: GmbHR 2011, S. 459 ff.;

Wernsmann, Rainer: Grundfälle zur verfassungsrechtlichen Zulässigkeit rückwirkender Gesetze, in: JuS 1999, S. 1177 ff.;

Westermann, Harm Peter: Auf dem Weg zum Wettbewerb der Gesellschaftsrechtsord- nungen – die Kapitalbindung im Recht der GmbH, in: ZIP 2005, S. 1849 ff.;

Ders.: Kapitalschutz als Gestaltungsmöglichkeit, in: ZHR 172 (2008), S. 144 ff.;

Wetter, Peter: Die Kommanditgesellschaft mit beschränkter Haftung (KGmbH), Ein Vorschlag de lege ferenda, in: BB 1968, S. 734 ff.;

Ders.: Gegenstellungnahme zu „Brauchen wir eine „Kommanditgesellschaft mit beschränkter Haftung"?", in: BB 1969, S. 342;

Wicke, Hartmut: Gesetz betreffend die Gesellschaften mit beschränkter Haftung (GmbHG), Kommentar, 2. Aufl.; München 2011, (zit.: *Wicke*, GmbHG);

Wiedemann, Herbert: Gesellschaftsecht Band 1, München 1980, (zit.: *Wiedemann*, Gesellschaftsrecht);

Wilhelm, Jan: Die Vermögensbindung bei der Aktiengesellschaft und der GmbH und das Problem der Unterkapitalisierung, In: Festschrift für Werner Flume, Band II, Köln 1978, S. 337 ff., (zit.: *Wilhelm*, in: FS Flume);

Ders.: Kapitalaufbringung und Handlungsfreiheit der Gesellschaft nach Aktien- und GmbH-Recht, in: ZHR 152 (1988), S. 333 ff.;

Ders.: Rechtswissenschaft und Rechtsprechung im Gesellschaftsrecht, Insbesondere in den Beispielen der verdeckten Sacheinlage und der Vor-GmbH, in: Gedächtnisschrift für Brigitte Knobbe-Keuk, Köln 1997, S. 321 ff., (zit.: *Wilhelm*, in: GS Knobbe-Keuk);

Ders.: Umgehungsverbote im Recht der Kapitalaufbringung, in: ZHR 167 (2003), S. 520 ff.;

Winter, Martin: Verdeckte Gewinnausschüttungen im GmbH-Recht, in: ZHR 148 (1984), S. 579 ff.;

Ders.: Die Rechtsfolgen der „verdeckten" Sacheinlage – Versuch einer Neubestimmung, in: Festschrift für Hans-Joachim Priester, Köln 2007, S. 867 ff., (zit.: *Winter*, in: FS Priester);

Winter, Michael: Upstream-Finanzierung nach dem MoMiG-Regierungsentwurf, in: DStR 2007, S. 1484 ff.;

Wirsch, Stefan: Die Legalisierung verdeckter Sacheinlagen – Das Ende der präventiven Wertkontrolle?, in: GmbHR 2007, S. 736 ff.;

Witt, Carl-Heinz: Verdeckte Sacheinlage, Unternehmergesellschaft und Musterprotokoll, in: ZIP 2009, S. 1102 ff.;

Zöllner, Wolfgang: Die sogenannten Gesellschafterklagen im Kapitalgesellschaftsrecht, in: ZGR 1988, S. 392 ff.

Schriften zum Gesellschafts-, Bilanz- und Unternehmensteuerrecht

Herausgegeben von Joachim Hennrichs

Band 1 Moritz Pöschke: Eigenkapital mittelständischer Gesellschaften nach IAS/IFRS. 2009.

Band 2 Ulrike Lehmann: Gesellschaftsrechtliche Gestaltungen im Erbschaft- und Schenkungsteuerrecht. Eine Untersuchung der Erbschaft- und Schenkungsteuersubjektivität der Personengesellschaft sowie der mittelbaren Anteilsschenkung. 2009.

Band 3 Christian Graw: Das Konzept der Anteilseignerbesteuerung nach § 22 UmwStG 2006 – insbesondere im Vergleich zu § 21 UmwStG 1995. 2009.

Band 4 Christopher M. Picot: Die Rechte der Aktionäre beim Delisting börsennotierter Gesellschaften. 2009.

Band 5 Pascal Alexander Salomon: Regelungsaufträge in der Societas Privata Europea. Einführung in eine neue Rechtsform unter besonderer Berücksichtigung des Gesetzgebungsinstruments des Regelungsauftrages. 2010.

Band 6 Anna Sabrina Cryns: Gesellschafterfremdfinanzierung in Frankreich und Zinsschranke – ein Rechtsvergleich. 2011.

Band 7 Björn Karst: Das Marktmanipulationsverbot gem. § 20a WpHG. Unter besonderer Berücksichtigung der „Safe-Harbor“-Regelung. 2011.

Band 8 Ulrike Petig: Verdeckte Sacheinlagen im GmbH- und Aktienrecht. Die Veränderungen durch MoMiG und ARUG. 2012.